Janice Peyré
Enfance et famille d'adoption

LE GUIDE DE
L'ADOPTION

édition 2009

MARABOUT

En souvenir de mon père.
À ma mère et à mon fils.
Pour notre famille.

« Nos enfants ne sont pas nos enfants,
Ils sont les fils et les filles de la vie,
De cette vie qui appelle la vie. »
KHALIL GIBRAN

Enfance et familles d'adoption (Efa), interlocuteur privilégié des candidats à l'adoption et des familles adoptives, partenaire à l'échelon national des ministères concernés (Famille, Justice, Affaires étrangères) et, dans chaque département, des institutions sociales et juridiques, agit concrètement pour que tout enfant puisse grandir dans la famille qu'il attend.
Depuis plus de 50 ans, les familles adoptives et les personnes ayant été adoptées enfant, regroupées au sein d'Enfance et familles d'adoption – elles sont aujourd'hui près de 11 000 – témoignent des réalités de l'adoption, encore souvent méconnues. À travers l'extrême diversité de leurs expériences, fortes de centaines de milliers d'enfances, elles apportent une perception commune de ce que sont un enfant, une famille, l'adoption, une réaffirmation partagée qu'il n'y a pas l'adoption nationale d'un côté, l'adoption internationale de l'autre, mais une nature universelle, générique de l'adoption et des enjeux juridiques, sociaux et psychologiques, quel que soit le continent ou le pays d'origine.

Sommaire

Il existe au monde quelques dizaines de milliers d'enfants qui, chaque année, grâce à l'adoption, trouvent des parents.

Il existe au monde des millions d'enfants privés d'enfance, privés de l'insouciance bienheureuse qui ouvre le chemin vers l'adulte responsable de demain.

Perdus sur les quais de la gare de Bombay, affamés dans les favelas de Rio, poursuivis dans les rues de Santiago, coincés dans un lit d'institution roumaine, oubliés dans un centre médical, ou encore insérés dans leur famille d'accueil, victimes trop souvent de la querelle entre ceux qui les ont mis au monde, ces enfants le sont plus encore des lois qui devraient les protéger, et de l'incapacité de la société dans laquelle ils vivent à faire le choix de les connaître.

À faire enfin pour eux le choix que leurs parents n'ont pas voulu, pas su, ou n'ont pas été autorisés à faire : le choix de les reconnaître comme sujets de besoins, et, surtout, de les regarder comme des petits hommes, en attente non seulement du vivre et du couvert, mais aussi d'amour gratuit, de révoltes bienfaisantes, de certitude d'être à sa place, d'ancrages reconnus, de possibles regards parfois vers le passé, et d'espoir, toujours, en l'avenir.

L'adoption ne sera jamais la réponse à toute la misère du monde ; elle est, chaque fois, la solution pour un enfant ; mais est-il certain aujourd'hui qu'elle soit admise comme la meilleure pour les enfants délaissés, orphelins de l'amour, attendant désespérément des parents ?

Mise sur la sellette par les techniciens et théoriciens des pays d'accueil qui culpabilisent les parents et inquiètent les enfants, l'adoption ne semble souvent qu'une minime ligne de la balance commerciale de certains pays d'origine dont la politique familiale n'existe pas ou ne repose pas sur les mêmes traditions que la nôtre. Les adultes des pays riches, épuisés par la procréatique impuissante, iraient piller les forces vives de merveilleux pays de naissance contraints de laisser partir leur future nation ? Où se situent les enfants dans ces vaines querelles ?

Sans attendre un seul instant, car chaque jour qui passe signe des milliers d'arrêts de mort, quelle coopération internationale va se saisir – si l'adoption n'était pas la réponse immédiate la plus éclatante – de la protection de chaque enfant sur cette planète ?

Préface

Pour l'instant, quelques-uns ont la chance de voir leur « cas » examiné par des institutions privées ou publiques. Aujourd'hui, peu d'entre eux ont le bonheur que des adultes s'offrent en famille à eux, et, franchissant toutes les barrières administratives et philosophiques, les rencontrent enfin, pour leur offrir avec nom et maison, inscription dans une lignée, sécurité et amour.

Rares sont les futurs adoptants qui ne mériteraient pas l'agrément nécessaire pour rencontrer un enfant, l'enfant qui attend, solitaire de l'affection et de la tendresse qui font grandir. La seule difficulté dans l'adoption est d'admettre que notre enfant n'est pas né de nous et d'imaginer, puisqu'il existe déjà quelque part, celui dont on se sent, dont on se veut parent. La vie qui passe apportera ensuite son lot de bonheurs et de craintes, de joies et de souffrances, de rires et de maladies.

Qu'on ne prenne pas de risques, soit ! Mais après avoir vérifié la santé mentale, la capacité d'accueil et les motivations des postulants, laissons parler leur désir de donner de l'amour, leurs sentiments inexplicables souvent vers un pays ou un autre, leur adoration pour un petit garçon ou une grande fille, leur incapacité à rêver la vie avec un adolescent paraplégique ou leur tendresse face à la tendresse d'une enfant trisomique.

Nos enfants sont uniques. Nous sommes uniques dans nos attachements, nos inaptitudes, nos élans, nos répulsions. Nous sommes faits de chair, de sang et de sentiments. Nous sommes humains.

Que le lecteur accepte les obligatoires dédales juridico-administratifs de cette filiation particulière, et qu'il suive Janice Peyré sur le sentier humaniste de l'adoption. Les futurs parents y comprendront qu'ils doivent pouvoir tout dire des chemins qui les ont conduits vers leurs enfants ; les enfants y découvriront l'étonnante ivresse des premières rencontres, les lancinantes questions que tout vrai parent se pose sur leur devenir ; les théoriciens de toute école y pénétreront la vie quotidienne de familles normales et les parents sauront qu'ils sont « les » parents : c'est pour cela que ce n'est pas toujours facile, et non parce qu'ils ne seraient « que » adoptants.

Danielle HOUSSET,
Présidente d'honneur
d'Enfance et familles d'adoption

Introduction

Adoption, « adoptation »

Ils adoptent une loi, vous adoptez une religion, tu adoptes un style, elle adopte un chat, j'adopte, nous adoptons un enfant…

« Journées nationales de l'adoption » ; « Lui aussi, adoptez-le ! » ; « Ne m'abandonnez pas... ». Dans les stations de métro, sur les panneaux publicitaires des grandes villes, fleurissent des affiches qui cherchent à émouvoir le passant par des phrases choc et des photos où l'on voit souvent un enfant... avec un chien ou un chat, parfois avec les deux. Car celui pour lequel on cherche un foyer, c'est l'animal et non l'enfant.

Quiconque cherche sur Internet à en savoir plus sur l'adoption à partir de ce seul mot – sans y adjoindre le mot « enfant » – trouvera des sites perdus au milieu de ceux qui sont consacrés aux animaux, aux textes législatifs ou aux nouvelles tendances en matière de consommation. Plus de 10 000 listes de discussion et de forums consacrés à l'adoption – dont une partie seulement concerne les enfants.

À le voir ainsi galvaudé dans le langage courant mais aussi politique et publicitaire, on en viendrait presque à oublier le sens premier du mot « adopter ».

Ce verbe emprunté au latin est construit à partir du verbe *optare*, « choisir », auquel le préfixe *ad*, « vers », donne toute sa force : adopter, c'est faire sien, prendre à soi.

Dès le XIVe siècle, le verbe se dota d'une signification juridique : il signifiait « choisir légalement pour enfant ». C'est à partir de ce sens premier que l'utilisation s'élargit progressivement, jusqu'à se morceler en cette diversité d'usages que nous connaissons.

Le nom « adoption » est, lui, bien plus ancien encore ; dès le XIIe siècle, il a une connotation sacrée et signifie « grâce du baptême ». Le mot « adoption », au sens de l'action de choisir comme enfant, avait un synonyme charmant tombé en désuétude : « adoptation ».

C'est à une découverte de l'« adoptation » que convie ce livre, de tout ce qu'implique « adopter » au sens qu'en donne le *Littré* (1866) : « Choisir quelqu'un pour fils ou pour fille, et lui donner les droits civils en remplissant certaines formalités. »

D'emblée, il est important de souligner que le premier terme de cette définition n'est plus de mise : les parents, nous le verrons, ne choisissent pas l'enfant, ce sont eux qui se verront choisis pour un enfant précis, en fonction de l'histoire et des besoins de ce dernier.

Pour le reste, tout y est – ou presque : l'idée de devenir parent d'un enfant que l'on n'a pas conçu, de lui donner une filiation (c'est-à-dire son nom), des droits (les mêmes qu'un enfant biologique), dans un cadre qui implique de satisfaire un certain nombre de conditions (avoir un agrément, le consentement des parents de naissance, un jugement d'adoption, etc.).

L'idée de devenir parents dans un cadre défini par la loi était déjà évoquée dans la définition du XIVe siècle (« choisir *légalement* pour enfant »), elle est reprise ici ; y manquent l'intensité de l'engagement affectif, psychique, ce caractère presque sacré du nouveau lien qui se crée qui, s'il est absent de la définition, est présent dans l'esprit de nombreux parents. Laïques ou croyants, ils n'hésitent pas à évoquer cette dimension quasi mystique, cette alchimie mystérieuse qui réunit en une même famille, et pour la vie, parents et enfants, dépassant chacun d'eux et faisant qu'ils s'aiment et finissent par se ressembler, y compris quand ils sont d'ethnies différentes.

À travers leurs témoignages, leur humour et leur amour, ces familles nous permettent de découvrir toute la richesse affective de leur univers, ouvrant des portes parfois inattendues.

Les autres usages du mot jettent le trouble chez les enfants adoptés, qui ont parfois du mal à admettre qu'il ait un sens autre que celui de « donner un papa et une maman à un enfant ». Pour eux, c'est le seul sens qui compte : c'est celui qui donne un sens à leur vie.

« Quand elle était en 6e, lors d'une leçon d'instruction civique, elle ne comprenait pas car, dans le texte, on adoptait une loi, et pour elle le mot « adoption » n'a qu'un sens : on ne peut pas adopter de loi, uniquement des enfants. »

Une maman adoptive

Plus grave, ce faisceau d'usages divers finit par fausser la vision qu'une partie de la société peut avoir de l'adoption : un chien, ça s'achète, donc un enfant… ? On adopte un style, pour le changer dès qu'il est passé de mode ou qu'on s'en lasse, donc un enfant qu'on adopte, on le « rend » au bout d'un certain temps… ? Comment convaincre autour de soi, dès lors, que le projet d'adoption est un engagement dans la durée, pas un caprice, que l'enfant que l'on adopte n'est pas un enfant « jetable » ?

« L'adoption a pour objectif de donner une famille à un enfant qui en est privé, offrir à tout enfant une enfance et la capacité de s'installer dans la société dont il fait partie. »

Annie Lamboley, L'Adoption, une quête partagée, *thèse de doctorat de droit privé, soutenue le 18 novembre 2000 à l'université Montpellier-I*

En même temps, il faut sans doute voir dans l'usage parfois abusif, voire choquant, qui est fait du mot « adopter » une forme de reconnaissance implicite de tout ce que l'adoption a de positif : à travers lui, on cherche à véhiculer l'idée de durée, d'engagement sans contrepartie, la dimension solennelle, la part de conviction d'une décision ou d'un choix.

Au-delà des malentendus sur les mots et les sens qu'on leur donne, l'adoption a un objectif vital, aux antipodes des idées reçues : donner à un enfant le droit d'être enfant et de goûter l'insouciance, le droit de grandir dans l'amour d'une famille, sa famille.

Pour que cette greffe réussisse, la décision ne peut être prise à la légère. La société doit prendre ses responsabilités et s'assurer que l'enfant est préparé à ce bouleversement dans sa vie, la future famille aussi.

Se préparer, pour l'enfant, cela signifie reprendre confiance après le traumatisme qu'il a vécu – délaissement, déplacements, maltraitance, guerre, décès des parents, etc. – et oser prendre la main qu'on lui tend, croire de nouveau en l'adulte et en lui-même.

Se préparer, pour les futurs parents, c'est comprendre que cet enfant qui entre dans leur vie est un enfant meurtri, malade peut-être, déjà grand parfois, mais avec une soif immense de bonheur ; c'est admettre qu'il n'est pas celui qu'ils auraient mis au monde ; c'est accepter que l'histoire qu'il a vécue jusque-là va se rajouter à celle qu'ils ont eux-mêmes vécue ; c'est savoir qu'ils l'aimeront tout autant, qu'il ne ressortira pas de leur vie, qu'il sera pour toujours leur fils ou leur fille aux yeux de la loi ainsi que dans leurs cœurs, quoi qu'il advienne. C'est aussi savoir que la société ne le verra pas toujours forcément du même œil.

Avec ses hauts et ses bas, ses angoisses, ses doutes, mais aussi ses espoirs et ses élans, dont le présent livre cherche à rendre compte sans prétendre être exhaustif, l'adoption est une histoire d'amour, une histoire de tous les jours, qui se rejoue avec l'arrivée de chaque enfant dans sa famille. Une histoire de vie.

« Une maman raconte sa séance de jardinage avec son petit garçon de 4 ans : "Tu vois, je sors la petite plante de son godet, car elle est un peu à l'étroit… Regarde, les racines sont toutes enroulées, toutes serrées… Quand elle sera dans la terre, elle pourra s'étendre, elle pourra grandir… et devenir une belle fleur." Du haut de ses 4 ans, le petit bonhomme lui dit : "Oui, c'est comme l'adoption !" »

Première partie

Des enfants, des parents

Chapitre 1

Ici et ailleurs, des enfants délaissés

L'enfant, pour l'épanouissement harmonieux de sa personnalité, doit grandir dans le milieu familial, dans un climat de bonheur, d'amour et de compréhension.

Convention internationale des droits de l'enfant (1989), préambule

...troduction

Tout enfant, quel qu'il soit et quelle que soit l'histoire ayant conduit à sa naissance, attend de nous, les adultes, que nous lui offrions ce à quoi tous les enfants ont droit ou devraient avoir droit : grandir dans une famille, la leur, avant de devenir adultes et parents à leur tour.

En attendant – jusqu'à quand ? –, certains se débrouillent comme ils le peuvent. Roulés en boule au fond d'un lit à barreaux, dans l'angle duquel un biberon a été coincé pour qu'ils puissent se nourrir sans que l'on ait à les prendre dans les bras, ils grandissent dans un monde sans repères affectifs. Plus âgés, ils partagent avec un autre enfant leur petit lit au matelas délavé qui sent l'urine, dormant tête-bêche ou lovés l'un contre l'autre, dans une quête mutuelle de chaleur et de réconfort. Ailleurs, c'est dans un container transformé en dortoir qu'ils trouveront refuge. Malheureusement trop souvent, c'est dans un amas de tôles et de cartons qu'ils partagent leur vie avec d'autres enfants, solidaires mais aussi rivaux dans leur quête d'une subsistance minimale quotidienne, entre mendicité, vols et fouilles dans des tas de détritus où il n'est pas rare de découvrir un nourrisson qui crie son désir de vie. Et quand nous croisons ces enfants, ils nous regardent avec des yeux d'une profondeur insoutenable, ils nous tendent la main, les bras, tirent sur nos vêtements, nous appellent maman…

Il y a aussi les autres, dans des orphelinats bien tenus, dans des familles d'accueil salariées, compétentes et dévouées. Ces enfants-là, à l'étranger comme ici, mangent à leur faim ; ils sont propres, correctement vêtus, ils voient régulièrement un médecin, ils sont scolarisés. On parle peu d'eux, on les oublierait presque, puisque, apparemment, ils ne manquent de rien.

De rien ? En mars 2002, les services sociaux du New Brunswick, au Canada, lançaient une campagne d'information sur les enfants adoptables de leur province, avec des photos pour illustrer leurs propos (des campagnes similaires sont menées depuis quelques années au Royaume-Uni et aux États-Unis) : une jolie fillette, un gamin joufflu, bien habillés, fixent l'objectif avec un léger sourire, comme pour dire : « Regardez-moi. J'ai 6 ans. Je suis fichu. Personne ne veut de moi. » Ces enfants, eux aussi, manquent de l'essentiel, d'une famille bien à eux.

Où qu'ils vivent, tous les enfants du monde ont un besoin identique.

Qu'ils survivent comme ils le peuvent ou qu'ils soient bien insérés dans une famille d'accueil, ils souffrent du même manque de parents.

Les enfants non adoptables : qui sont-ils ?

La cruauté des chiffres

Combien sont-ils, les enfants délaissés de la planète ? Nul ne le sait, nul ne peut ou ne veut le dire. Certaines statistiques semblent presque inimaginables, tant elles sont insoutenables. Selon Better Care Network, qui regroupe l'Unicef et d'autres organismes non gouvernementaux (ONG), « plus de 60 millions d'enfants ont perdu un de leurs parents, ou les deux, pour des raisons différentes. La pandémie VIH/sida a accéléré cette tendance de manière significative ». Ces 60 millions d'enfants vivraient – ou plutôt survivraient – dans les rues de grandes villes de pays en voie de développement, mais aussi de pays dits « riches », ayant peu ou pas de contact avec des membres de leur famille ; 12 millions d'enfants d'Afrique seraient orphelins de père ou de mère, ou de leurs deux parents, morts du sida.

Dans les couloirs des ministères et des ambassades, dans les milieux de l'aide humanitaire, des estimations analogues circulent, rarement démenties. Elles sont terribles. On compterait des centaines de milliers d'enfants errant dans les régions d'Afrique dévastées par les conflits et par les bouleversements démographiques et agricoles qui en résultent ; plus de 200 000 dans les orphelinats du Vietnam (cette estimation, donnée par un haut fonctionnaire français en 2001, était considérée comme bien en deçà de la réalité par certaines organisations humanitaires) ; à la fin du XXe siècle, on estimait à 2 millions le nombre de fillettes en attente d'une famille en Chine, du fait de la loi de l'enfant unique. Et puis il y a tous ceux qui n'ont pas pu attendre : plus d'un million d'enfants meurent tous les mois ; 13 millions décèdent chaque année ; 610 millions nous ont ainsi quittés en quarante ans.

Tout près de nous, en Roumanie, nous découvrions en 1989, après la chute de Ceaușescu, plus de 100 000 enfants dans 500 orphelinats « le drame de milliers d'enfants atteints massivement du sida, qui leur avait été transmis par l'utilisation de seringues non stérilisées et par du sang contaminé ; entassés dans des orphelinats, sous-alimentés, délaissés, ils témoignaient du niveau déplorable des services

1. Steven L. Jacobs, *Ceaușescu, Nicolae, Le Livre noir de l'humanité,* dir. Israël Charny, Toulouse, Privat, 2001.

de santé, dont ils subissaient cruellement les lacunes[1] ». Le 1er janvier 2007, la Roumanie entrait dans l'Union européenne, avec le plus haut taux d'abandons des pays membres, soit, selon un rapport de l'Unicef publié en 2005, 9 000 enfants abandonnés chaque année dans les maternités et les hôpitaux psychiatriques (sept fois plus qu'en France).

« Un million de personnes ont été déplacées de leur habitat, de leur village, voire de leur pays pendant la guerre ; plus de la moitié d'entre elles sont des enfants. Cent cinquante mille orphelins de guerre ont été assimilés par la communauté plus que véritablement adoptés par une seule famille. Le ministre de l'Intérieur [...] estime à 100 000 le nombre de jeunes délinquants au Guatemala qu'il est décidé à combattre de front. Étonnante coïncidence des chiffres avec quinze ans de décalage. »

Gloria Montenegro Chirouze, ambassadeur du Guatemala en France (1996-2000), oct. 2000

Victimes silencieuses...

Ailleurs, quand ils ne sont ni orphelins ni malades, c'est victimes de l'esclavagisme que nous les retrouvons. En Afrique, plusieurs pays s'efforcent depuis février 2000 d'élaborer une « convention sur le trafic transfrontalier des enfants en Afrique de l'Ouest et du Centre ». Les États signataires d'une telle convention s'engageraient « à protéger tous les enfants présents sur le territoire ».

Selon un document préparatoire signé à Libreville en mars 2002, à l'issue d'une réunion organisée sous l'égide de l'Unicef et de l'Organisation internationale du travail, la lutte contre le trafic des enfants doit passer notamment par la « mise en place d'un cadre juridique approprié, l'amélioration de la prise en charge des enfants victimes de trafic [...] et le renforcement de la coopération intergouvernementale », ainsi que par la « sensibilisation des communautés » et par des « mesures efficaces pour réprimer et poursuivre les trafiquants ».

Un autre traité, datant de la fin de l'année 2001, vise à éradiquer l'instrumentalisation des enfants dans les conflits des adultes : l'organisation non gouvernementale Human Rights Watch estime à environ 300 000 les enfants soldats, filles et garçons, enrôlés de force dans les armées et les milices de quelque 40 pays. Traumatisés par cette expérience, souvent orphelins, ils ont beaucoup de mal à se réinsérer dans le quotidien, même une fois libérés.

Enfin, sur tous les continents, Europe comprise, des enfants sont réduits au statut infâme d'objet sexuel : objet de consommation pour touristes en mal d'exotisme pervers, jouet interdit de parole, accumulant ce que Catherine Bonnet[1] appelle les « bleus psychiques » qui découlent des sévices sexuels infligés aussi, trop souvent, dans le silence des tabous familiaux, par un membre de leur entourage immédiat – père, beau-père, oncle, « ami » de la famille…

L'Unicef et les organisations humanitaires sont préoccupées par l'augmentation de la prostitution infantile à travers le monde. Là encore, les chiffres avancés sont horrifiants : en 2001, 250 millions d'enfants auraient été victimes d'exploitation sexuelle. Aucun continent ni aucune culture ne sont épargnés.

… mais pas nécessairement adoptables

Et pourtant. L'indignation et les bons sentiments ne suffisent pas quand on évoque le drame des enfants privés de famille et d'enfance. Pas plus que nous ne le ferions pour un enfant d'origine rom qui mendie sur un coin de boulevard parisien, il ne suffit pas de repérer un enfant qui mendie sur un coin de rue à Bogota ou à Hanoi pour imaginer que l'on va pouvoir le prendre par la main et faire de lui son enfant.

1. Catherine Bonnet, *L'Enfant cassé : l'inceste et la pédophilie*, Paris, Albin Michel, 2000.

« En Afrique, on parle de "circulation des enfants" : ils circulent en effet d'une famille à une autre à un moment de leur vie, et l'enfant peut lui-même susciter son transfert. Il y a des villes d'Afrique où 40 % des enfants habitent chez des parents qui ne sont pas leurs parents biologiques. C'est vrai qu'il y a abandon des enfants dans les rues, mais cela est lié à la dégradation économique […]. Mais quand on regarde la proportion d'enfants qui sont hébergés par des familles qui ne sont pas leur famille d'origine, celle-là est fortement supérieure à ceux qui sont dans la rue. Et heureusement, car s'il n'y avait pas ces traditions d'accueil, on aurait le triple d'enfants africains dans les rues. »

Ferdinand Ezembé, psychologue, directeur d'Afrique Conseil

L'adoptabilité ou non d'un enfant est régie par les lois de son pays, des lois strictes, ici comme ailleurs, qui cherchent à encadrer juridiquement le placement des enfants, afin d'éviter, sans toujours y parvenir, les risques d'enlèvement pour des raisons inavouables, telles que la prostitution ou l'esclavagisme, voire, comme on le craint souvent dans les pays pauvres, le trafic d'organes. Il ne faut pas oublier que certains enfants mendient ou travaillent pour leurs parents et pour leurs frères et sœurs, que d'autres ont été placés dans des pouponnières ou des orphelinats par leur famille, sans que celle-ci ait pour autant définitivement renoncé à eux. Les parents espèrent pouvoir un jour reprendre leur enfant ou, à défaut de cela, les confier à un autre membre de leur famille – pratique ancestrale encore courante en Océanie, en Amérique du Sud et en Afrique.

Néanmoins, les pressions d'ordre économique entraînent des dislocations des solidarités traditionnelles. Des enfants qui ont pu être recueillis par des oncles ou des tantes, notamment en Afrique, se trouvent contraints de travailler ou de mendier. La naissance d'un enfant, qui vient s'ajouter à tous ceux qui sont déjà là, peut déboucher sur une situation dramatique pour les aînés et, parmi eux, peut-être, le neveu ou la nièce que l'on avait recueilli. Ils peuvent ainsi se retrouver à la rue, s'il n'y a point d'autre membre de la famille vers qui les envoyer ou de maître auprès duquel les placer.

Ailleurs, l'enfant orphelin à qui l'on veut bien donner un toit est employé comme domestique, ce qui est moins choquant qu'il n'y paraît, les enfants biologiques aînés étant eux aussi très tôt sollicités pour les tâches domestiques ou pour s'occuper des jeunes frères et sœurs.

Rappelons que le droit au jeu, à l'insouciance fut, en France, longtemps refusé aux pupilles de l'État, aux enfants placés, aux enfants pauvres. Dans les romans de la comtesse de Ségur, comme dans de nombreux romans aujourd'hui oubliés des années 1920 et 1930, il apparaît tout à fait normal que certains enfants jouent tandis que d'autres aident aux tâches ménagères ou s'occupent du petit dernier pendant que leurs parents travaillent dans les champs.

Les enfants non adoptables en France

Les enfants placés

Il est important de rappeler que tous les enfants placés en institution ou en famille d'accueil ne sont pas des pupilles de l'État, que tous ne sont donc pas juridiquement adoptables et que l'adoption n'est pas nécessairement la meilleure réponse à chaque situation. En effet, si la France comptait 2 504 pupilles de l'État en 2005, contre 63 000 en 1949, et 150 000 en 1910, le nombre d'enfants confiés à l'Aide sociale à l'enfance au 31 décembre 2005 s'élevait à 127 793. On note une baisse du nombre de pupilles mais également, outre les placements à l'ASE (Aide sociale à l'enfance), une augmentation substantielle du nombre de mesures éducatives (à domicile ou en milieu ouvert), qui visent à apporter un soutien à l'enfant dans sa famille.

Les décisions prises dans l'intérêt des enfants pâtissent du nombre d'intervenants (juge des enfants, juge des tutelles, juge des affaires familiales, éducateurs, psychologues, etc.). Elles souffrent aussi de la pression budgétaire que cela fait porter sur les conseils généraux, qui financent 90 % des mesures. Enfin, du fait de la multiplication des statuts de protection de l'enfance, les évolutions des situation et donc éventuellement du statut ne sont pas toujours correctement évaluées, ou elles le sont parfois tardivement.

France : pupilles, placements et adoptions

Année*	1910	1949	1977	1987	1999	2005
Pupilles de l'État	150 000	63 000	24 000	7 600	3 340	2 504

	Enfants placés à l'ASE	Enfants placés en vue d'adoption**	Agréments en cours de validité
1999	111 461	1 133	19 660
2005	127 793	784	27 404

* Source : Observatoire national de l'enfance en danger.
** Depuis 1999 sont aussi comptabilisés les dom-tom.

Des placements... provisoires ?

Le provisoire peut être une question de semaines ou de mois, mais aussi d'années. Trop d'enfants placés jeunes ne sortent qu'à leur majorité de là où ils ont été placés, pour s'installer ensuite dans une précarité affective et matérielle. Des chiffres publiés par l'Observatoire national de l'enfance en danger (Oned) en 2006, portant sur l'année précédente, il ressort que la durée moyenne de prise en charge des enfants avant l'admission comme pupilles de l'État est de 31,9 mois.

L'article 350 du Code civil prévoit qu'une demande en déclaration d'abandon est obligatoirement transmise par le particulier, l'établissement ou le service de l'Aide sociale à l'enfance qui a recueilli l'enfant à l'expiration du délai d'un an dès lors que les parents se sont manifestement désintéressés de l'enfant ; mais les juges ne s'accordent pas sur ce qui constitue un désintérêt manifeste des parents, ne considérant pas toujours que l'intérêt de l'enfant passe par une déclaration judicidiaire d'abandon, même quand l'enfant a peu de contacts avec son père ou sa mère, ou que ces contacts sont néfastes à son épanouissement. Dans ces cas, la durée moyenne de prise en charge d'un enfant avant l'admission comme pupille de l'État s'élève à 68,5 mois, soit plus de cinq ans.

Même dans des cas de maltraitance avérée ayant entraîné une condamnation, certains juges hésitent à franchir le pas, à prononcer un retrait total d'autorité parentale et à rendre ainsi l'enfant adoptable, comme s'ils se sentaient dans l'incapacité de rompre les liens de dépendance, y compris néfastes, voire destructeurs, qui peuvent exister, comme s'ils ne croyaient plus dans la possibilité ou le droit, pour cet enfant, d'une relation (re)constructive avec de nouveaux parents.

L'admission comme pupille de l'État est un statut protecteur pour des enfants privés de possibilité de retour dans leur famille – même s'il s'arrête à la majorité. Un conseil de famille, placé auprès du préfet, est chargé de leur suivi, il veille sur eux, prend des décisions dans leur intérêt, est tenu d'élaborer un projet d'adoption (même si, pour certains enfants, il peut être difficile de trouver une famille).

La famille d'accueil

Pour l'enfant dont les parents de naissance connaissent des difficultés matérielles, médicales ou psychologiques, pour celui qui a été victime de maltraitance ou de délaissement affectif, la famille d'accueil est souvent une bouée de sauvetage, un refuge, un lieu pour lui. Nombreux sont les enfants placés dans une famille d'accueil aimante qui lui témoignent une reconnaissance profonde et qui conservent avec elle des liens après leur majorité, qui disent la considérer, affectivement à défaut de juridiquement, comme leur famille. Mais ils sont nombreux aussi à témoigner, avec tout autant de force, de leur regret de ne jamais avoir été adoptés : ils connaissent un deuxième délaissement, le sentiment d'être abandonnés une fois de plus, quand l'assistante maternelle décide de ne pas continuer d'assumer leur garde ou quand elle prend sa retraite. C'est alors que sont parfois bricolés hâtivement des projets d'adoption : l'enfant subit la situation au lieu d'être au cœur d'un projet familial qui aurait dû être pensé en premier lieu pour lui. La sortie du système à la majorité peut aussi être un moment très difficile. L'autonomie ne s'acquiert pas toujours le jour de ses 18 ans, la majorité légale étant parfois décalée par rapport à la réalité pour de jeunes adultes ayant connu des ruptures ou autres conditions traumatisantes dans leur enfance.

> « Tu resteras un imbécile et un pauvrard à la charité de mes parents, comme tu l'es depuis un an, ce qui n'est agréable ni pour eux ni pour moi, car tu as beau faire, tu resteras toujours un étranger qu'on peut chasser d'un jour à l'autre. »
>
> *Comtesse de Ségur,*
> Le Mauvais Génie

Enfants placés et population SDF

Les personnes ayant été « placées » sont largement surreprésentées parmi les populations sans domicile (estimées à 23 % sur cette enquête de l'Insee, à comparer à 2 % en population générale logée), en particulier parmi les plus jeunes (35 % parmi les 18-24 ans), et ce phénomène s'observe aussi dans d'autres pays occidentaux comme les États-Unis, le Canada et la Grande-Bretagne.

Source : Jean-Marie Firdion, « Influence des événements de jeunesse et héritage social au sein de la population des utilisateurs des services d'aide aux sans-domicile », Revue *Économie et statistique* n° 391-392 (octobre 2006) publiée par l'Insee, p. 86. Disponible en ligne : http://www.insee.fr/fr/ffc/docs_ffc/es391-392e.pdf. Voir aussi l'encadré sur le placement, p. 91-92.

Les enfants non adoptables à l'étranger

Convention internationale des droits de l'enfant (Cide), art. 20

Tout enfant qui est temporairement ou définitivement privé de son milieu familial, ou qui, dans son propre intérêt, ne peut être laissé dans ce milieu, a droit à une protection et une aide spéciales de l'État.
Les États parties prévoient pour cet enfant une solution de remplacement conforme à leur législation nationale.
Cette protection de remplacement peut notamment avoir la forme du placement dans une famille, de la Kafala de droit islamique, de l'adoption ou, en cas de nécessité, du placement dans un établissement pour enfants approprié.

Interdits d'adoption... le temps d'une guerre

Jetés sur les routes, séparés de leurs parents, rassemblés dans des campements de fortune par les équipes de secours – quand elles sont autorisées à œuvrer sur le terrain –, les enfants pris dans une situation de guerre suscitent un élan de compassion qui, chaque fois qu'un conflit fait irruption dans le quotidien des journaux télévisés, se traduit par une augmentation des demandes d'information sur l'adoption auprès des services sociaux et des associations de familles adoptives.

Or la guerre n'est pas le contexte le plus favorable pour accueillir un enfant. Le Haut Commissariat aux réfugiés des Nations unies préconise la suspension des adoptions. Les efforts doivent porter sur la réunification des familles, sur la recherche – quand les parents semblent avoir disparu – d'oncles, de tantes ou de grands-parents susceptibles de recueillir les orphelins. Cela peut prendre du temps, plusieurs années.
Outre la guerre, les catastrophes naturelles peuvent aussi séparer les familles, comme on l'a vu avec le tsunami qui a déferlé sur l'Asie du Sud-Est en décembre

2004. Des pays comme le Sri Lanka ou la Thaïlande ont suspendu les adoptions pendant plus d'un an, mettant tout en œuvre pour favoriser les retrouvailles. Quelle que soit la nature de la catastrophe qui le frappe, ainsi que sa famille, l'enfant a aussi besoin de temps, de soutien afin de pouvoir faire un travail de deuil, d'exprimer ce qu'il a vécu – indispensable pour une nouvelle projection dans l'avenir.

L'exemple du Rwanda

Des placements ou des adoptions trop rapides peuvent déboucher sur des drames déchirants pour les enfants qui, après avoir été les otages d'un conflit d'adultes, se voient transportés en pions dans l'enjeu de batailles diplomatiques : c'est le cas d'enfants rwandais parrainés et adoptés au moment du génocide de 1994 par des ressortissants français, belges et italiens, entre autres.

Dans les années qui ont suivi, les autorités rwandaises ont demandé le retour de certains de ces enfants auprès d'oncles, de tantes ou de grands-parents qui avaient survécu et dont on disait qu'ils souhaitaient les recueillir : ce désir, souvent sincère, aurait aussi été « dicté » par les autorités rwandaises.

Ce retour, forcé dans de nombreux cas, a cruellement mis en évidence les limites de la traditionnelle « circulation d'enfants » dans le contexte d'une crise aussi terrible que celle qui avait ravagé la société rwandaise. Il a débouché sur des situations dramatiques pour les enfants, dont certains étaient déjà adolescents : habitués à un niveau de vie, de santé et d'études confortable auprès des familles européennes qui les avaient accueillis, ils se retrouvaient chez des parents collatéraux qu'ils n'avaient peut-être jamais connus auparavant, dont certains étaient fort démunis. Ils se sont vus contraints de vivre dans la rue, les plus jeunes étant placés... dans des institutions parrainées par leur ex-famille européenne.

En revanche, une fois la paix revenue ou les effets de la catastrophe éloignés, les orphelins peuvent devenir adoptables. C'est ainsi que de nombreux enfants de Corée, du Vietnam, du Liban ont été adoptés au cours des dernières décennies. Les familles doivent savoir que les traumatismes qu'ils ont vécus sont parfois lourds et durables.

L'affaire dite « Arche de Zoé »

Au printemps 2007, une association, l'Arche de Zoé, diffuse sur Internet et notamment sur des listes et des forums de discussion consacrés à l'adoption des appels pour sauver 10 000 enfants du Darfour – un chiffre qui sera ensuite revu à la baisse et ciblera des enfants de moins de 5 ans. L'association se propose d'organiser un pont aérien pour faire venir en France des enfants de cette région, meurtrie depuis de longues années par une guerre qui a déplacé les populations, dispersé les communautés, condamné des milliers de personnes à la mort.

Cette association, présidée par Éric Breteau, a déjà œuvré sur le terrain en Asie du Sud-Est après le tsunami. Cette fois-ci, c'est une opération d'une tout autre envergure, inédite, qui est envisagée : à la différence de la situation au Rwanda, où ce sont des militaires français qui ont sauvé des enfants et les autorités françaises qui ont ensuite lancé un appel pour des familles, ici, c'est un groupe de bénévoles qui se propose d'intervenir. Ces enfants, une fois sur le sol français, doivent être recueillis par des familles, appelées « familles d'accueil » dans la documentation diffusée par l'Arche de Zoé : ce nom, habituellement réservé aux assistantes maternelles professionnelles, désigne ici des familles bénévoles. Où les trouver ? L'Arche de Zoé se tourne (entre autres démarches) vers des candidats à l'adoption et diffuse ses appels sur les forums et des listes de discussion consacrés à l'adoption.

Des réunions publiques sont organisées, un appel à soutien financier est lancé, les familles candidates sont invitées à fournir un certain nombre de documents, dont l'agrément en vue d'adoption si elles l'ont... Elles se voient remettre une documentation leur expliquant comment, à terme, elles pourront adopter l'enfant qu'elles auront recueilli.

L'association Enfance et familles d'adoption (Efa) met en garde les familles : l'adoption n'est pas conseillée en temps de troubles entraînant des déplacements et des dispersions de communautés ; l'adoption n'est pas reconnue au Soudan, pays de droit coranique, donc les enfants ne pourront pas être déclarés adoptables (voir ci-contre) ; l'Arche de Zoé n'est pas un intermédiaire autorisé pour l'adoption ; l'adoption, ce n'est pas « sauver » un enfant, l'humanitaire ne peut pas être instrumentalisé pour répondre au désir de fonder une famille.

Fin octobre 2007, six responsables de l'Arche de Zoé sont arrêtés au Tchad alors qu'ils s'apprêtaient à faire monter dans un avion des enfants couverts de bandages, comme dans le cadre d'une évacuation sanitaire : or ils ne sont pas blessés. Plus tard, il apparaît que ces enfants ne seraient pas du Darfour, et ne seraient pas orphelins. En France, des familles ont préparé la chambre de celui ou de celle qu'elles attendent, elles ont préparé leurs enfants – quand elles en ont – à l'arrivée d'un « nouveau » ou d'une « nouvelle », ils avaient choisi un prénom... Certains s'imaginaient déjà parents... Les enfants, eux, ont attendu de longs mois avant de retrouver leur famille, leur village : redéplacés après avoir été dirigés vers un orphelinat, victimes d'un projet insensé, quelles séquelles psychiques en garderont-ils ? Tout l'argent recueilli n'aurait-il pas pu être utilisé sur place, pour aider des familles ?

Interdits d'adoption : la loi coranique

Dans certains pays, l'adoption par des ressortissants étrangers est interdite ; dans d'autres, l'adoption telle que nous la connaissons n'existe pas. C'est le cas par exemple des pays régis par des lois d'inspiration coranique, où la législation tente, peu ou prou, de s'accommoder des interdits sur l'adoption que d'aucuns lisent dans le Coran (de même qu'il s'en trouvera – plus rarement – pour tenter de lire des interdits analogues dans la Bible ou le Talmud).

> « De vos enfants adoptifs, il [Allah] n'a *point* fait vos fils. Donnez-leur le nom de leur père : c'est plus équitable auprès de Dieu ; si vous ne connaissez pas leur père, qu'on les tienne pour vos frères en religion et vos compagnons... »
>
> Coran, *sourate 33, versets 4 et 5*

Certains pays, comme la Tunisie, le Liban ou la Somalie, ont institué l'adoption créatrice de liens de filiation. D'autres, tels le Maroc, l'Algérie, la Libye, la Mauritanie, le Pakistan ou le Soudan, l'interdisent.

Ce refus repose sur des craintes qui relèvent de croyances et de pratiques ancestrales que l'on a connues dans d'autres cultures : peur de l'inceste (très vive également dans l'Europe médiévale), peur de la naissance illégitime, perçue comme un déshonneur qui entache toute la famille, comme une transgression qui serait la source de futurs malheurs.

Un cas parmi des centaines

Le comédien français Smaïn a eu de la chance, et il le dit. Né en Algérie en 1958, en pleine guerre d'Indépendance, il a pu être adopté – ce n'est qu'en 1963 que l'adoption sera suspendue dans le pays, avant d'être interdite en 1984 : « L'adoption est interdite par la chari'a et la loi » (art. 46 du Code de la famille algérien).

L'hommage qu'il rend à ses parents adoptifs dans son récit autobiographique, *Sur la vie de ma mère* (éd. Flammarion), se double d'une remontée dans le temps. Adulte, il se rend en Algérie ; il apprend que, dans l'hôpital civil de Constantine où il est né, il y avait plus de 200 enfants, « tous abandonnés ». À la question : « Combien ont-ils été adoptés ? », on lui répond : « Quelques-uns. ». Smaïn, songeur : « Seulement ? »

Quelques années plus tard, dans l'Algérie indépendante, une centaine de nourrissons étaient « en dépôt » à la maternité du CHU d'Alger : laissés là, oubliés presque, en attendant que soit terminée la rénovation de la pouponnière départementale, certains y avaient grandi et étaient âgés de 18 mois ou plus.

La kafala

Le droit algérien, marocain et, plus généralement, coranique prévoit toutefois l'accueil des enfants privés de parents : la *kafala* est une forme de garde gratuite ou de « recueil légal », « établi par acte légal », par lequel un adulte s'engage à « prendre bénévolement en charge l'entretien, l'éducation et la protection d'un enfant mineur, au même titre que le ferait un père pour son fils » (art. 116 de la loi algérienne, chap. VII).

La *kafala* judiciaire, reconnue, on l'a vu, par la Cide comme « solution de remplacement » au même titre que l'adoption pour tout enfant « privé de son milieu familial », ressemble à une tutelle, dont l'effet est, sur le plan juridique, limité dans le temps, jusqu'à la majorité de l'enfant, même si, le plus souvent, les liens affectifs qui se créent deviennent permanents : « La personne assurant la *kafala* [...] veille à l'exécution des obligations relatives à la protection de l'enfant abandonné et doit assurer son éducation dans une ambiance familiale saine tout en subvenant à ses besoins essentiels jusqu'à ce qu'il atteigne l'âge de la majorité légale » (art. 23 de la loi marocaine de 1993 relative aux enfants abandonnés).

Petit lexique

Kafala	recueil légal
Kafil	père « adoptif »
Kafila	mère « adoptive »
Koufala	« adoptants »
Kafilet	familles « adoptives »
Mekfoul	enfant « adopté »

C'est le *kafil* qui doit consentir au mariage d'une fille recueillie par *kafala*, cette dernière restant sous sa protection tant qu'elle n'est pas mariée : la prise en charge, on le voit, ne s'arrête pas systématiquement à la majorité. Il en va de même pour un enfant handicapé. Pour une jeune femme qui ne trouverait pas de mari, ou pour un enfant handicapé, l'obligation de prise en charge se poursuit au-delà de la majorité.

Au Maroc, comme dans la majorité des pays de loi islamique, la loi stipule que « l'enfant abandonné de parents inconnus doit porter un nom patronymique différent de celui de la personne qui en assure la *kafala* » (art. 22). L'intérêt de l'enfant fait que, né de parents inconnus et dont on ignore donc le nom, il s'en verra attribuer un qui, par un « heureux hasard », sera identique à celui des personnes auxquelles il sera confié...

En Algérie, un décret de 1992 autorise la « concordance de nom » entre l'enfant et celui qui l'a recueilli. L'association algérienne Enfance et familles d'accueil bénévoles (Efab) milite pour que l'enfant puisse figurer dans le livret de famille. Toutefois, si son père ne l'a pas reconnu (lui seul peut reconnaître l'enfant), la mention « sans filiation » reste sur son état civil. Il est également inscrit, sur l'extrait de naissance, non pas « fils de », mais « *kafil* et *kafila* » (adoptant et adoptante) – ce qui en soi n'est pas entièrement négatif, considère Témi Tidafi, président d'honneur d'Efab, qui a créé deux pouponnières à Alger et une autre à Hadjout, et qui se donne pour mission de trouver des familles pour les enfants recueillis : « Le fait de ne pas avoir la filiation oblige les parents *kafil* à dire la vérité à l'enfant. Ce qu'ils seraient plutôt disposés à ne pas faire, parce qu'il y a une prégnance de la société qui fait que la stérilité est très mal perçue : ils auraient tendance à cacher le fait qu'ils n'ont pas eux-mêmes d'enfants. Et ils feraient passer leur enfant adopté pour leur propre enfant » (congrès Enfance et familles d'adoption, octobre 2000).

Cette possibilité pour le *kafil* de donner son nom à l'enfant représente une avancée. Selon Témi Tidafi, l'Algérie serait « le seul pays musulman qui autorise la possibilité de donner son nom à l'enfant… Toutes les familles adoptives [*kafilet*] demandent la concordance des noms ». L'enfant transmet ce nom à ses propres enfants. Le *mekfoul* – l'enfant qui bénéficie d'une *kafala* – ne peut pas hériter, mais ceux qui l'ont recueilli ont peu de mal à contourner cet obstacle puisque tout musulman peut disposer librement, par testament, du tiers de ses biens, notamment pour les « frères en religion » (toujours selon la sourate 33) ; les parents *koufala* n'hésitent donc pas à distribuer de leur vivant leurs biens, que l'enfant pourra léguer aux siens.

Ces conditions relèvent somme toute d'un souci d'inscrire la garde des enfants privés de famille dans un contexte socio culturel précis et de leur garantir un minimum de droits alignés sur ceux des autres enfants de leur pays.

Comme le fait observer Témi Tidafi, la notion de filiation est, dans les pays musulmans, relativement secondaire, « dans la mesure où l'intérêt premier de l'enfant est qu'il soit pris en charge par une famille de façon permanente et continue ».

Transmission du nom, des biens : dans les faits si ce n'est dans la loi, l'enfant entre dans la filiation de ceux qui le recueillent sur un mode qui n'est pas si éloigné de celui de l'adoption. La procédure de placement par *kafala* judiciaire se rapproche également de celle du placement en vue d'adoption. Les capacités d'accueil des futurs parents sont évaluées, comme le sont celles des candidats à l'adoption et, lorsque la décision est prise de rechercher une famille pour un enfant, c'est un juge qui prononce la *kafala*. Le *kafil* et la *kafila* doivent être mariés et de confession musulmane ; ils peuvent être un couple stérile ou avoir déjà des enfants.

Les effets de la kafala *en France*

Cette proximité des effets dans le quotidien rend d'autant plus incompréhensible et discriminatoire l'attitude de la France face à la *kafala*. En effet, la France a inscrit dans son droit l'interdiction (art. 370-3 alinéa 2) de prononcer l'adoption d'un mineur dont la loi personnelle, c'est-à-dire celle de son pays d'origine, la prohibe, « sauf si ce mineur est né et réside habituellement en France ».

Sont clairement concernés les enfants de pays comme l'Algérie et le Maroc. Des mouvements associatifs œuvrant pour l'enfance délaissée, des associations de parents ayant recueilli leurs enfants par *kafala*, comme l'Apaerk, militent pour l'abrogation de cet article. Ils y voient une discrimination grave envers toute une population d'enfants de notre planète et une insensibilité quant à la précarité que suppose pour un enfant né à l'étranger et résidant en France l'absence de liens de filiation le rattachant à des parents.

Conscients de l'importance de préparer les parents à l'accueil d'un enfant qu'ils n'ont pas conçu, ces mouvements demandent aussi le droit pour les candidats de pouvoir engager une demande d'agrément.

Si de timides avancées ont été constatées en 2007, concernant entre autres la délivrance des visas, les incertitudes continuent de peser sur la transposition en France d'une procédure de *kafala*. Les familles doivent attendre cinq ans avant de pouvoir demander la nationalité française pour l'enfant (à la différence de l'adoption). Une inégalité de statut et donc des droits des enfants subsiste au sein de la famille, entre les enfants qui seraient nés des parents et ceux accueillis par *kafala*. Du fait de l'absence de filiation, une précarité injuste, que les *koufala* (« adoptants ») potentiels doivent mesurer en toute conscience, pèse sur cet enfant, notamment dans le cas où ces parents viendraient à disparaître ou se sépareraient avant que l'adoption n'ait pu être prononcée.

Le parrainage

Un espoir malgré tout

Parce qu'il importe avant tout de s'assurer que l'adoption présente la meilleure solution pour un enfant ; parce que, pour certains enfants, il est peut-être trop tard, que leur vécu est trop loin de ce que devrait être celui d'un enfant ; parce que le lien, ténu, difficile, avec leurs parents biologiques est encore trop important pour eux, ou qu'il n'a jamais été juridiquement rompu : pour toutes ces raisons et pour d'autres encore, évoquées plus haut, certains enfants délaissés ne sont pas adoptables.

Aussi paradoxal que cela puisse paraître à des adultes qui désirent ardemment offrir un foyer à un enfant, il est des cas où l'adoption n'est peut-être pas la meilleure solution. Certains enfants ont été tellement « cassés » par des ruptures successives, par des placements multiples, par des allers-retours douloureux entre parents biologiques et famille d'accueil ou institutions, qu'il est désormais au-dessus de leurs forces de s'investir une fois encore dans la construction de liens familiaux. Pour autant, ces enfants ont droit aussi à un espace familial sécurisant ou à une relation privilégiée avec des adultes. Le parrainage bénévole peut être une réponse adaptée.

Le public connaît le parrainage à distance, le soutien à un enfant vivant dans un pays lointain. Il connaît aussi l'accueil le temps d'un congé scolaire d'enfants dont les familles n'ont pas la possibilité de leur offrir des vacances. Il existe également le parrainage d'une personne, le plus souvent un enfant ou un jeune adulte, supposant un engagement bénévole dans la durée. Basé sur des valeurs de soutien et d'échange, il permet – grâce au vécu de temps partagés qui prennent souvent la forme d'accueil à domicile pour des périodes variables selon les cas – de créer une relation affective durable entre enfants et adultes.

Il offre à des enfants et à des adolescents, placés en institution ou en famille d'accueil, mais aussi vivant dans leur famille, ainsi qu'à de jeunes majeurs isolés ou en rupture familiale, la possibilité de s'attacher à des « parrains », voire à des « grands parrains », au travers d'une relation construite pas à pas, dans la régularité et la durée. Cette relation est instituée au travers d'une information, d'une mise en relation, d'un accompagnement, le plus souvent par une association ; elle est concrétisée par une convention, signée par toutes les parties, qui en explicite les objectifs et les modalités.

Elle est fondée sur la confiance réciproque, l'accord de chacun et le bénévolat des parrains. La demande peut émaner des services sociaux, d'associations d'aide aux jeunes mineurs isolés (souvent de nationalité étrangère) ; elle peut provenir d'une famille, d'une mère élevant seule un enfant et ayant besoin de « souffler ». Les cas de figure sont multiples, chaque situation est unique.

Du côté des parrains, le parrainage peut correspondre aux aspirations de personnes qui auraient songé à se tourner vers l'adoption, sans en avoir mesuré tous les aspects, notamment ceux afférents à la filiation. Le parrainage peut répondre

Parrainage : cadre de référence

Une charte du parrainage d'enfants en France a été établie par le Comité national du parrainage, instance consultative créée en 2003 auprès des ministres de la Famille et de la Justice.

Publiée au *Journal officiel* 201 du 30 août 2005 par un arrêté conjoint des ministres de la Famille et de la Justice, et complétée par un guide pratique de mise en œuvre, elle définit les principes fondamentaux de l'éthique du parrainage, constitue le cadre de référence dans lequel s'exercent les actions de parrainage et présente les bonnes pratiques en ce domaine. Elle permet d'offrir des garanties de qualité à ses acteurs, de sécuriser le parrainage et de contribuer à la cohérence et à l'harmonisation des pratiques, sans l'enfermer dans un statut spécifique (téléchargeable sur le site www.unapp.net, rubrique « parrainage d'enfants »).

L'objet de cette charte est une forme de solidarité inter générationnelle instituée permettant de tisser des liens affectifs et sociaux de type familial. Il est mis en œuvre par des associations et des services.

La très grande diversité des pratiques et des approches – richesse du parrainage – avait été pointée par le rapport remis en 2001 à Ségolène Royal. Le cadre est désormais défini et le parrainage peut enfin trouver sa place dans les schémas de protection de l'enfance et être reconnu par les acteurs institutionnels : départements, notamment services sociaux, justice, mais aussi services de soins, voire hospitaliers, et services éducatifs.

Définition et principes fondamentaux

Construction d'une relation affective privilégiée instituée entre un enfant et un adulte ou une famille, prenant la forme de temps partagés, il repose sur des valeurs d'échanges, d'enrichissement mutuel, et sur la confiance. Il est fondé sur un engagement volontaire. Il se met en place dans l'intérêt de l'enfant à la demande des parents ou autres titulaires de l'autorité parentale. L'avis de l'enfant est sollicité. Il constitue un mode d'accompagnement personnalisé (art. 1).

Il repose sur huit principes fondamentaux (art. 2) :

1. Démarche volontaire et concertée de tous les acteurs ;
2. Bénévolat des parrains ;

3. Engagement dans la durée des parrains et des parents ou autres titulaires de l'autorité parentale ;
4. Respect de l'autorité parentale, du choix de l'enfant, de la place et de la vie privée de chacun ;
5. Souplesse et adaptabilité des propositions en fonction de chaque situation ;
6. Formalisation des engagements réciproques dans une convention signée par tous ;
7. Accompagnement par l'association ou le service qui le met en œuvre ;
8. Instauration d'un partenariat avec les services spécialisés sociaux, médico-sociaux ou judiciaires quand l'enfant bénéficie d'une mesure de protection.

On comprend combien cette relation est exigeante et ne peut pas être improvisée : la bonne volonté est insuffisante sous peine d'ambiguïté, de confusion des rôles et des places qui seraient finalement préjudiciables aux enfants.

Un certain nombre d'associations ont créé l'Union nationale des associations de parrainage de proximité (www.unapp.net) afin de mettre en commun leur expérience pour promouvoir le parrainage et soutenir ce pari : un engagement bénévole « éclairé » permettant aux enfants de s'ouvrir sur le monde et, grâce à ce « don d'avenir[1] », de devenir des adultes dans de meilleures conditions.

L'idée que tout enfant – y compris celui qui n'est pas adoptable – puisse se voir proposer une famille refuge rien que pour lui est en train de faire son chemin.

Le chemin s'ouvre également pour tous ceux qui ont de la générosité et qui se sentent en capacité de s'engager dans la durée aux côtés d'un enfant sans pour autant être un professionnel ni un parent : un parrain.

1. Maria Maîlat, anthropologue pour le Comité de parrainage 17, La Rochelle, 2001.

à leur premier mouvement, celui d'une solidarité envers des enfants délaissés, plutôt qu'un élan portant à fonder ou à élargir la famille. Il peut aussi correspondre à une évolution personnelle ou une volonté d'engagement en rien liées à un projet initial d'adoption. Le parrain ou la marraine peut être déjà connu de la famille, ou avoir été mis en relation avec cette dernière par une association. L'engagement que suppose le parrainage peut être source de satisfactions et d'épanouissement, par exemple pour des personnes ayant vu grandir leurs propres enfants et se sentant encore disponibles pour d'autres enfants, avec lesquels ils peuvent par ce biais être amenés à nouer des liens forts et durables, ainsi, parfois, qu'avec leurs parents. Dans certains cas, le parrainage est inscrit dans la vie de la famille au moyen d'une cérémonie tel un baptême civil et d'une fête.

« Pourquoi j'ai choisi d'avoir une marraine ? Eh bien, parce que j'en voulais une depuis longtemps. Je la connais depuis cinq ans maintenant, c'est une amie de mes parents. Ce qui est bien avec une marraine, c'est que je peux parler avec elle de choses que je ne pourrais pas dire à mes parents. C'est aussi avoir la possibilité de connaître un autre mode de vie. Cela m'a fait très plaisir que mes parents choisissent cette marraine pour moi. Mes parents l'ont bien choisie, je suis contente que ce soit elle ma marraine. C'est une personne exceptionnelle pour moi. Le jour où nous avons organisé le baptême, j'étais très heureuse. Cela a permis de réunir toute la famille. Le maire nous a donné un diplôme à moi et à ma marraine et ensuite nous avons fait une grande fête. Cette journée restera à jamais gravée dans ma mémoire. »

Angélique, 14 ans, enfant parrainée

« Les situations sont très diverses, l'éventail des sensibilités que nous recherchons chez les parrains est très large, et c'est cela qui fait la richesse du parrainage. Nous pouvons être sollicités pour parrainer un enfant jeune ou une personne âgée, une toute jeune mère sans soutien familial ou une personne malade. Les familles adoptives, comme les autres familles, peuvent aussi se tourner vers nous quand elles ont besoin d'aide : nous avons été récemment contactés par une maman adoptive de trois enfants, divorcée, dont la famille n'accepte pas les enfants qu'elle considère comme des "étrangers" : elle souhaitait faire parrainer ses enfants par un couple qui pourrait jouer auprès d'eux un rôle de "grands-parrrains". »

Un responsable d'association

Les enfants adoptables : qui sont-ils ?

Histoires d'amour, passions d'un soir, partagées ou subies… pour beaucoup d'enfants abandonnés à la naissance, les circonstances de leur conception restent un mystère. Quand les faits sont connus, trop souvent, la misère économique, affective l'emporte sur le merveilleux. La part de mystère peut être moindre pour des enfants délaissés plus grands, mais l'incompréhension, la révolte, la douleur ou le sentiment de rupture demeurent aussi.

Accueillir un enfant, c'est l'accepter avec son histoire, parfois très lourde, ou avec les vides lancinants d'une histoire sur laquelle on ne sait rien ou presque.

Avec des spécificités dues à des contextes culturels ou socio-économiques divers, les enfants en attente de famille, en France ou à l'étranger, se ressemblent chaque jour davantage : des enfants jeunes, mais aussi de plus en plus d'enfants plus vieux. L'âge des enfants nés à l'étranger adoptés en 2007 par des familles vivant en France est à cet égard éclairant : sur les 3 162 enfants, 23,5 % ont moins d'un an (31 % en 2006) ; 19,3 % (22 % en 2006) ont entre 1 et 2 ans ; 34,2 % (28 % en 2006) ont entre 2 et 5 ans ; 23,1 % ont 5 ans et plus (19 % en 2006). On note donc une tendance, ressentie ces dernières années, à une augmentation de l'âge de ces enfants.

Dans tous les cas, en France comme à l'étranger, seuls peuvent être adoptés les enfants qui auront au préalable été déclarés juridiquement adoptables. La législation de chaque pays définit les conditions d'adoptabilité ou non d'un enfant : orphelin, sans filiation connue, judiciairement abandonné, ou dont les parents ont consenti à l'adoption, etc. Il est donc essentiel de vérifier avant toute chose que l'enfant proposé en adoption est bien juridiquement adoptable.

« L'attente muette des enfants

Ces dernières années, on a eu tendance à raisonner en pensant à la façon de répondre à une demande de la part des candidats à l'adoption. Il faut renverser la tendance. Cela exige du courage politique. Il faut repartir des enfants, parce que la demande, la vraie demande – et celle-là, elle est muette, elle est silencieuse, elle n'apparaît pas dans les sondages d'opinion ou dans les votes –, c'est celle des enfants : des enfants qui ont droit à un projet de vie, qui ont

Juridiquement adoptables

Article 347 du Code civil

Peuvent être adoptés :

1. Les enfants pour lesquels les père et mère ou le conseil de famille ont valablement consenti à l'adoption ;
2. Les pupilles de l'État ;
3. Les enfants déclarés abandonnés dans les conditions prévues par l'article 350.

Article L. 224-4 du CASF

Sont admis en qualité de pupille de l'État :

1. Les enfants dont la filiation n'est pas établie ou est inconnue, qui ont été recueillis par le service de l'Aide sociale à l'enfance depuis plus de trois mois ;
2. Les enfants dont la filiation est établie et connue, qui ont expressément été remis au service de l'Aide sociale à l'enfance en vue de leur admission comme pupilles de l'État par les personnes qui ont qualité pour consentir à leur adoption, depuis plus de deux mois ;
3. Les enfants dont la filiation est établie et connue, qui ont expressément été remis au service de l'Aide sociale à l'enfance depuis plus de six mois par leur père ou mère en vue de leur admission comme pupilles de l'État et dont l'autre parent n'a pas fait connaître au service, pendant ce délai, son intention d'en assumer la charge ; avant l'expiration de ce délai de six mois, le service s'emploie à connaître les intentions de l'autre parent ;
4. Les enfants orphelins de père et de mère pour lesquels la tutelle n'est pas organisée selon le chapitre II du titre X du Livre Ier du Code civil et qui ont été recueillis par le service de l'Aide sociale à l'enfance depuis plus de deux mois ;
5. Les enfants dont les parents ont fait l'objet d'un retrait total de l'autorité parentale en vertu des articles 378 et 378-1 du Code civil et qui ont été recueillis par le service de l'Aide sociale à l'enfance en application de l'article 380 dudit code ;
6. Les enfants recueillis par le service de l'Aide sociale à l'enfance en application de l'article 350 du Code civil.

Article 350 du Code civil

L'enfant recueilli par un particulier, un établissement ou un service de l'Aide sociale à l'enfance, dont les parents se sont manifestement désintéressés pendant l'année qui précède l'introduction de la demande en déclaration d'abandon, est déclaré abandonné par le tribunal de grande instance et sans préjudice des dispositions du quatrième alinéa. La demande en déclaration d'abandon est obligatoirement transmise par le particulier, l'établissement ou le service de l'Aide sociale à l'enfance qui a recueilli l'enfant à l'expiration du délai d'un an dès lors que les parents se sont manifestement désintéressés de l'enfant.

Sont considérés comme s'étant manifestement désintéressés de leur enfant les parents qui n'ont pas entretenu avec lui les relations nécessaires au maintien de liens affectifs.

La simple rétractation du consentement à l'adoption, la demande de nouvelles ou l'intention exprimée mais non suivie d'effet de reprendre l'enfant n'est pas une marque d'intérêt suffisante pour motiver de plein droit le rejet d'une demande en déclaration d'abandon. Ces démarches n'interrompent pas le délai figurant au premier alinéa.

L'abandon n'est pas déclaré si, au cours du délai prévu au premier alinéa du présent article, un membre de la famille a demandé à assumer la charge de l'enfant et si cette demande est jugée conforme à l'intérêt de ce dernier.

Lorsqu'il déclare l'enfant abandonné, le tribunal délègue par la même décision les droits d'autorité parentale sur l'enfant au service de l'Aide sociale à l'enfance, à l'établissement ou au particulier qui a recueilli l'enfant ou à qui ce dernier a été confié. La tierce opposition n'est recevable qu'en cas de dol, de fraude ou d'erreur sur l'identité de l'enfant.

le droit de grandir dans une famille, d'avoir une enfance aussi insouciante que possible. Ces enfants-là, il y en a en France et il y en a à l'étranger. Ce ne sont pas nécessairement tous des enfants jeunes, ce sont aussi des enfants plus grands, ce sont des enfants en fratrie, ce sont des enfants de minorités ethniques rejetées dans leur pays, ce sont des enfants qui peuvent avoir une maladie génétique ou un handicap, ou avoir simplement besoin de beaucoup d'attention et d'une grande prise en charge. »

Janice Peyré, interrogée sur France Inter, 26.02.2008

Les enfants adoptables en France

L'adoption est une avancée relativement récente. Les aménagements introduits en 1804, restés en vigueur jusqu'à 1923, réservaient l'adoption aux majeurs de plus de 21 ans ayant vécu au moins six ans dans la famille de l'adoptant (Code Napoléon, art. 345). La préoccupation première était d'assurer la transmission du patrimoine en faveur de personnes majeures. Bonaparte aurait souhaité voir s'étendre ce droit aux mineurs, et c'est au cours des travaux préparatoires de la rédaction du Code civil qu'il donna, en 1804, sa définition de l'adoption : « L'adoption est une fiction qui singe la nature, une espèce de sacrement destiné à établir des sentiments et des affections de la filiation et de la paternité entre deux individus nés étrangers l'un à l'autre : c'est dans l'essence de l'institution ainsi conçue qu'il faut rechercher son organisation. » Ce n'est qu'en 1923 que le Code civil autorise l'adoption des mineurs, pour permettre aux nombreux orphelins de guerre de trouver un nouveau foyer. La loi de 1923 est l'expression d'une volonté nouvelle, qui va commander toute l'évolution juridique et sociale postérieure.

« Plus, moins d'enfants adoptables ? Un débat ouvert

S'il est vrai que le contexte de l'adoption internationale est de plus en plus exigeant, il n'est pas vrai que le nombre des orphelins ou des enfants abandonnés soit en baisse. Certains pays, le progrès et le développement aidant, se dotent de politiques nationales et prennent davantage en charge leurs propres orphelins ; mais d'autres pays ou zones géographiques surgissent. Ici même, en France, certains départements constatent que les enfants placés à long terme et précocement, en raison d'un délaissement de leur famille, sont encore une réalité. La souffrance, l'abandon sont là ; la volonté de les prendre en charge existe aussi, en nombre. »

Rapport sur l'adoption : Mission confiée par le président de la République et le Premier ministre à Jean-Marie Colombani (La Documentation française, 2008)

Les pupilles

Aujourd'hui, qui sont les pupilles de l'État, que l'on appelait autrefois « enfants de l'Assistance publique » (devenue Aide sociale à l'enfance en 1956) ? L'article 224-4 du Code de l'action sociale et des familles (CASF), qui renvoie aux articles 378, 378-1 et 350 du Code civil, les décrit : enfants trouvés, ou nés d'un accouchement anonyme, « dont la filiation n'est pas établie ou est inconnue » ; enfants remis au service de l'Aide sociale à l'enfance par leur père ou leur mère ; enfants orphelins de père et de mère pour lesquels la tutelle n'a pas été organisée ; enfants dont les parents « ont fait l'objet d'un retrait total de l'autorité parentale » ; enfants dont les parents se sont « manifestement désintéressés » (art. 350 du Code civil).

Admis comme pupilles de l'État, ces enfants deviennent juridiquement adoptables.

Le pupille est placé sous la tutelle du conseil de famille des pupilles de l'État, le tuteur étant le préfet, et il est confié à l'Aide sociale à l'enfance, qui est chargée de sa prise en charge.

Rappelons ici que, chaque année en France, environ 5 000 enfants font l'objet d'une adoption intrafamiliale ou par le conjoint de leur parent ; ces adoptions ne nécessitent pas d'agrément. Il en va de même pour les adoptions privées d'enfants de plus de 2 ans, dont les parents signent un consentement devant un notaire ou une autre autorité compétente (voir p. 198).

Il est important de souligner que le consentement « reste sans valeur pour les enfants de moins de 2 ans qui n'auraient pas été effectivement remis à un service de l'ASE ou à un OAA[1] ». Tout accord « privé » entre les parents d'un enfant et des candidats à l'adoption est passible de poursuites pénales sévères.

L'accouchement dit « sous X »

En 2005, 532 enfants étaient nés lors d'un accouchement où la mère n'a pas communiqué son identité (accouchement anonyme) ou a demandé le secret de son identité (accouchement secret) : c'est ce qui est couramment appelé « accouchement sous X », même si, juridiquement, cette notion n'existe pas.

Le nombre de ces naissances est en fort recul depuis quelques décennies. Il y en avait plus de 10 000 dans les années 1960, avant la légalisation de la contraception et de l'avortement, qui marqua un tournant au milieu des années 1970, en même temps qu'une évolution de la société voyait s'éroder la notion de faute longtemps associée à la naissance d'un enfant hors mariage. Selon différentes sources, en France, 350 000 à 400 000 personnes actuellement en vie seraient nées « sous X ».

Nous reviendrons dans le chapitre suivant sur les mères qui accouchent dans l'anonymat ou en demandant le secret de leur identité, ainsi que sur celles qui décident de confier leur enfant à l'adoption dès sa naissance. Nous ne parlerons ici que des enfants.

Tout nourrisson né « sous X » reçoit trois prénoms, donnés par la mère si elle le

1. Pascale Salvage, « La filiation par adoption », *Droit de la famille*, Dalloz, 2008-2009)

souhaite, par le personnel de la maternité ou par l'officier d'état civil : le troisième sert de nom de famille.

Si le nom de la mère n'est pas indiqué dans l'acte de naissance de l'enfant, et si de son côté le père n'a pas fait connaître sa paternité, l'enfant est admis à titre provisoire comme pupille de l'État et placé en famille d'accueil, parfois en pouponnière. Après deux mois, si la mère n'est pas revenue sur sa décision, ou si le père n'a pas, au cours de ces deux mois, fait connaître sa paternité, l'enfant est définitivement admis comme pupille de l'État et doit bénéficier d'un projet d'adoption.

Ces bébés, quand ils sont en bonne santé, trouvent sans difficulté une famille : le plus souvent, l'enfant est apparenté à des personnes vivant dans son propre département, mais dans une ville autre que le lieu de naissance.

> La femme qui a demandé le secret de son identité lors de l'accouchement peut faire connaître les prénoms qu'elle souhaite voir attribuer à l'enfant. À défaut ou lorsque les parents de celui-ci ne sont pas connus, l'officier d'état civil choisit trois prénoms dont le dernier tient lieu de nom de famille à l'enfant.
>
> *Art. 57 du Code civil, alinéa 2*

Les orphelins

Les pupilles de l'État comptent aussi des orphelins qui n'ont pas pu être recueillis par des ascendants (grands-parents) ou des collatéraux (oncles, tantes), ou pour lesquels l'absence de famille élargie n'a pas permis la constitution d'un conseil de famille privé qui aurait pu choisir un tuteur.

Parmi ces orphelins, on trouve des fratries que, dans la mesure du possible, on évite de séparer – quand c'est dans l'intérêt des enfants ; parfois, leur intérêt peut exiger des projets individuels, par exemple pour des enfants qui n'ont pas grandi ensemble et qui ont peu ou pas de liens au quotidien.

Aujourd'hui encore, beaucoup de fratries prises en charge par l'ASE sont placées dans des familles ou des institutions différentes.

Les enfants abandonnés ou maltraités

Pour d'autres, l'état effectif d'abandon a été constaté : c'est le cas d'enfants confiés à des institutions ou à des familles d'accueil, qui ne reçoivent plus aucun signe de vie de leurs parents. Le juge peut alors déclarer judiciairement l'abandon (art. 350), ce qui permet l'admission de l'enfant comme pupille de l'État.

Dans d'autres cas, l'autorité parentale a été retirée par un juge, pour des motifs très graves (viol, inceste, tentative d'infanticide, etc.).

Tout enfant admis comme pupille de l'État devient juridiquement adoptable. Cela ne veut pas dire pour autant que l'enfant est psychiquement adoptable, capable de s'investir dans une nouvelle relation familiale. Chaque situation doit être évaluée au cas par cas. L'intérêt de l'un n'est pas nécessairement l'intérêt de l'autre – y compris au sein d'une fratrie. L'un peut exprimer un désir tenace d'avoir sa famille à lui alors que son frère ou sa sœur peut souhaiter rester dans la famille d'accueil.

« L'adoption de l'un, pas de l'autre

Ils étaient deux, frère et sœur, Robin et Muriel, placés dans une même famille d'accueil depuis leur plus jeune âge. La nounou adorait le petit qui le lui rendait, la petite se sentait exclue de cette relation et n'eut de cesse de faire entendre son désir d'avoir une famille « pour elle ». Après une longue procédure qui débouche sur une déclaration judiciaire d'abandon, les deux enfants deviennent pupilles de l'État ; un projet d'adoption est préparé et Muriel rejoint la nouvelle famille tant attendue. Robin n'a pas souhaité être adopté. Les deux enfants restent en contact et, chaque été, le frère passe une partie des vacances dans la famille de sa sœur, où il tisse aussi des liens avec ses frères et sœurs par adoption. À la fin du premier été, il demande à la famille de l'adopter : ce n'est pas leur projet. Les visites continuent chaque année. Ils sont aujourd'hui adolescents. La famille d'accueil n'a jamais souhaité adopter Robin qui, fataliste, dit à sa sœur : "Tu sais, je voulais pas lui faire de la peine, à Tata. C'est pour ça que je suis resté… " »

Les enfants malades ou porteurs de handicap

Un pupille peut aussi être un enfant que les parents ont choisi de confier à l'État, parfois en ayant appris qu'il souffrait d'une malformation ou d'un handicap grave qu'ils ne se sentaient pas la force d'assumer : c'est ainsi que quelques enfants souffrant d'une trisomie 21 deviennent chaque année pupilles de l'État. Hypermédicalisés, ils sont encadrés dans une perspective techniquement irréprochable, dans des conditions institutionnelles si perfectionnées que l'on en viendrait presque à oublier qu'ils ont aussi besoin d'une famille : un projet d'adoption est élaboré, officiellement du moins, mais on ne recherche pas toujours assez activement une famille. Comme si on avait encore du mal à penser qu'ils puissent avoir droit à une famille, ou que des parents puissent les attendre quelque part.

Rechercher une famille pour un enfant

Les enfants dits « à particularité »

Pour certains enfants, il est parfois nécessaire de se tourner hors du département, voire hors de France (des enfants trisomiques français ont été adoptés par des familles belges), pour trouver des parents qui répondent le mieux à leurs besoins.

Ces enfants, si différents les uns des autres, sont parfois dits « à particularité », « à besoins spéciaux », traduction de la formule anglaise « *special needs* », ou « à options », pour reprendre la formule chaleureuse de la travailleuse sociale québécoise Johanne Lemieux. Ils souffrent principalement du handicap à leur adoption que constitue l'insuffisance de l'information sur leur attente et donc la relative rareté des familles susceptibles d'exprimer le désir d'être la leur, de les accueillir à vie tels qu'ils sont, avec leur éventuel retard psychomoteur, leur traumatisme ou leur lourd vécu, mais aussi avec leur sourire, leur regard et leurs joies.

En 2004, un double fichier national, appelé « Système d'information pour l'adoption des pupilles de l'État » (Siape), a été mis en place en France. Il permet de croiser les données sur les enfants en attente et celles sur les candidats à l'adoption d'enfants à particularité, qui peuvent demander leur inscription auprès du Conseil général où ils résident.

Dans l'attente de l'utilisation systématique de ce système, Enfants en recherche de famille (ERF) poursuit sa mission d'accompagnement des familles ayant un projet particulier et de mise en relation de ces dernières avec les services sociaux qui en font la demande. Ce service bénévole, créé en 1981 au sein d'Enfance et familles d'adoption, a permis de trouver des familles pour plus de 400 enfants en un quart de siècle (150 ces huit dernières années).

Par ailleurs, deux Orca (Organisme régional de concertation pour l'adoption) rassemblant les demandes de certains départements de Normandie et de l'Est de la France sont spécialisés dans l'apparentement et l'accompagnement des adoptions réputées difficiles.

Enfin, il existe aussi des organismes autorisés pour l'adoption (OAA) qui s'efforcent de trouver des familles pour des enfants trisomiques ou présentant des handicaps mentaux sévères. À l'heure où la société s'interroge sur la question terrible du droit à la vie ou à la mort de bébés lourdement handicapés, des hommes et des femmes, des bénévoles, des travailleurs sociaux, œuvrent ensemble, avec difficulté mais ferveur, pour tenter d'assurer à tout enfant, quel qu'il soit, le droit à une famille.

Parmi les enfants qui, en 2007, ont pu être adoptés grâce à Efa-ERF, on trouve : des enfants atteints de syndrome alcoolo-fœtal, des enfants ayant un handicap, porteurs de maladies génétiques ou souffrant de malformations, des enfants victimes de maltraitance. Certains étaient des bébés, plusieurs avaient 9 ans ou plus. Pour un enfant, le projet faisait suite à un échec antérieur d'adoption. Les demandes reçues par Efa-ERF en 2007 (de la part de services départementaux ainsi que d'organismes autorisés pour l'adoption) concernaient une cinquantaine d'enfants, dont 8 fratries : pour les autres, la moitié environ avait plus de 7 ans, un quart moins de 3 ans, un quart entre 3 et 7 ans.

Efa-ERF reçoit aussi de la part des OAA œuvrant à l'étranger des demandes de familles pour des enfants de 9 à 10 ans ou pour des fratries de trois ou quatre.

Les fratries

Parmi les enfants qui attendent, en effet, on trouve des fratries. Ces groupes de frères et sœurs fonctionnent souvent comme de véritables « familles » : les « grands » prennent l'habitude de s'occuper des petits, rôle qu'ils occupaient avant d'être adoptés et dont ils ont du mal à se défaire ensuite pour redevenir, au terme d'un travail familial infini, souvent difficile, tissé d'amour et de patience, les enfants d'un père et d'une mère.

La société reconnaît ainsi que tout enfant, et pas seulement un nourrisson, a droit à la stabilité, à la solidarité et à l'amour d'une famille. Mais pas de n'importe quelle famille. De la famille qui saura le mieux répondre à ses besoins. Que l'on aura cherchée pour lui, dans son intérêt, en lui choisissant des parents qui sauront intégrer son histoire, ou son absence d'histoire, qui l'accueilleront tel qu'il est et non tel qu'ils l'ont rêvé.

Les métissages de l'adoption

Contrairement à ce que pensent encore beaucoup de personnes, les bébés nés en France et confiés à l'adoption ne sont pas tous des bébés de type européen. L'accouchement dit « sous X », comme tant d'autres phénomènes sociaux, permet de mieux connaître les réalités de notre société, et notamment sa diversité ethnique : les enfants sont donc à l'image de la France et, surtout, des catégories socio-ethniques plus vulnérables.

Naguère souvent de sang portugais, italien, polonais ou espagnol, ainsi que français, ils peuvent être nés d'une mère dont la famille est issue du Maghreb, des Antilles, de l'Afrique subsaharienne ou de la communauté rom d'Europe centrale.

Donnant lieu à un métissage tout à fait caractéristique, l'adoption nationale ressemble en cela de plus en plus à l'adoption internationale. Au lieu de deux parents d'ethnie différente, avec un enfant qui serait un cocktail de leurs origines, on trouve des familles où la diversité ethnique est générationnelle : des parents de type européen avec des enfants d'origine asiatique, africaine, amérindienne, maghrébine, rom, etc. Et même si de plus en plus de couples mixtes et leurs enfants adoptés viennent joyeusement brouiller les cartes, la famille adoptive est, très souvent, une famille « qui se voit », invitant par là regards, sourires, interrogations, suspicions face auxquels elle apprend tôt à se façonner une réponse – ou une absence de réponse.

« À la question : "Pensez-vous que vous pourriez vous sentir parents d'un enfant d'une ethnie différente de la vôtre ? ", certains postulants nous répondent : "Nous préférerions un enfant français. " Souvent, ils veulent dire par là un "enfant blanc", mais ils n'osent pas, de peur d'être jugés. Or il est indispensable de pouvoir verbaliser ses limites. Nous les amenons alors à réfléchir à ce qu'est un "enfant français" dans la France d'aujourd'hui et, dans nos réunions d'information, nous n'hésitons pas à rappeler que tous les enfants adoptables en France ne sont pas des bébés de type européen. Certains sont grands, d'autres sont petits, et leurs origines ethniques sont très diversifiées. Les témoignages et les réflexions d'adoptés aujourd'hui adultes sont également très précieux et font prendre conscience d'une réalité qui n'est pas toujours aisée à vivre au quotidien. »

Le responsable de l'accueil des postulants dans une association départementale d'Enfance et familles d'adoption

Les enfants adoptables à l'étranger

Chiffres et évolution

L'adoption d'enfants étrangers a fortement augmenté ces vingt dernières années, passant de 935 en 1980 à 4 136 en 2005. Depuis, le nombre d'adoptions internationales a progressivement diminué, se situant à 3 162 en 2007. Tous les continents sont représentés par ces enfants arrivés en France pour intégrer leur famille adoptive.

L'une des causes de cette évolution est le changement de politique d'un pays en matière d'adoption. Aujourd'hui – on y reviendra –, nous sommes manifestement en présence d'une tendance de fond, liée à différents facteurs : le développement de l'adoption nationale dans nombre de pays d'origine, l'augmentation du nombre de candidats à

Visas d'entrée délivrés pour des enfants adoptés à l'étranger

Année	1980	1985	1990	1995	1998	2000	2005	2007
Visas	935	1 988	2 856	3 034	3 768	2 971	4 136	3 162

l'adoption internationale, l'évolution du profil des enfants. Car si des enfants très jeunes (moins de 3 ans) sont toujours adoptés, le nombre d'enfants plus vieux qui trouvent des parents pour les aimer ne cesse d'augmenter : chaque année, de plus en plus d'enfants âgés de 5 ans ou plus trouvent une famille en France.

« Il y a quelques années, dans notre département, l'immense majorité des enfants qui arrivaient étaient des nourrissons. Ma fille, qui avait 3 ans quand nous l'avons adoptée, était considérée comme une grande. Ces deux dernières années, le nombre de bébés adoptés a reculé : nous avons vu l'arrivée de fillettes de 4 ans, de garçonnets de 5 et 6 ans, d'une fratrie de 8 et 10 ans, d'un garçon de 9 ans… Ajoutés à ceux qui étaient arrivés petits et qui ont grandi, cela nous fait une bande de préados, qui ont plaisir à se retrouver entre eux lors de nos rencontres familiales. »

Un père adoptif dans un département rural

De l'inconvénient d'être fille

Dans certains pays, les filles représentent une proportion importante des enfants proposés à l'adoption. L'obligation de payer une dot pour pouvoir les marier fait qu'elles sont considérées comme une malédiction, surtout si elles sont plusieurs à naître dans une même famille. Les réticences à l'égard des filles sont liées à l'idée, mondialement admise mais heureusement contestée chaque fois que progressent les droits de l'homme, qu'elles sont moins importantes, plus aisément remplaçables que les garçons.

Ce mépris envers les filles peut donner lieu à des politiques qui relèvent quasiment du démocide. Il a entraîné en Inde un déséquilibre entre la population masculine et la population féminine des jeunes adultes, au détriment des femmes, mais qui se retourne contre les hommes : ils sont des dizaines de milliers à avoir du mal à trouver une épouse. En Chine, confrontées à l'interdiction d'avoir plus d'un enfant pour les familles urbaines, plus de deux parmi les agriculteurs – interdiction draconienne dans les provinces surpeuplées –, les familles tentent de contourner la loi si l'enfant interdit est un fils, espérant rencontrer une certaine clémence auprès des autorités ; en revanche, les filles ne pouvaient espérer aucun salut en dehors de l'adoption. Presque littéralement jetées dans des orphelinats, quand elles ne périssaient pas avant, elles attendaient, dans un dénuement matériel et affectif total – quoi ? l'adoption, la prostitution, la mort…

Avec le XXIe siècle, un renversement partiel de cette tendance semble s'amorcer, les couples de la classe moyenne chinoise émergente se tournant vers l'adoption d'enfants de leur pays, dans le sillage des étrangers qui se voient attribuer des enfants, alors qu'au printemps 2008 un débat se fait jour sur l'opportunité de supprimer l'interdiction d'avoir plus d'un enfant.

Les jumeaux

Ailleurs, c'est la naissance de jumeaux qui est perçue comme une calamité. Outre les risques, parfois mortels, que présente ce type d'accouchement dans des sociétés où les femmes n'ont pas aisément accès à un hôpital, les mères sont confrontées à la difficulté d'allaiter deux enfants simultanément tout en menant les nombreuses tâches qui leur incombent. Enfin, élever deux enfants peut se révéler économiquement presque impossible. Des parents adoptifs peuvent donc se voir proposer des jumeaux en adoption.

L'adoption : face à la souffrance, un désir éclairé

Nés en France ou à l'étranger, adoptés à l'âge de quelques mois ou de quelques années, les enfants arrivent dans leur nouvelle famille avec leurs blessures, leur lot de souffrances. Comme le montre avec beaucoup d'émotion le film *John John,* à la séparation avec le ou les parents de naissance suivent d'autres séparations, avec le personnel de la crèche, la nourrice, les autres enfants de la famille d'accueil ou de l'institution. Face aux béances que produisent ces absences qui s'enchaînent, l'idée d'un nouvel attachement peut être accueillie avec défiance par un enfant qui a déjà connu une ou plusieurs ruptures.

Les réponses à ces souffrances ne sauraient être les mêmes. Si, pour un nourrisson, il peut apparaître souhaitable que le passage de sa famille biologique ou de son lieu d'accueil à sa famille adoptive se fasse le plus rapidement possible, ce n'est pas toujours la solution la meilleure pour un enfant plus âgé.

Pour l'orphelin, pour l'enfant perdu ou rejeté, à la cruauté de perdre ses parents s'ajoute celle de quitter son foyer, de perdre les repères de l'univers dans lequel il a grandi. La famille d'accueil ou l'orphelinat offre un sas, un lieu où il pourra se donner le temps d'envisager éventuellement une nouvelle relation familiale – à condition que ce temps ne s'éternise pas, qu'il y passe tout ce qui lui reste d'enfance pour se retrouver de nouveau, la majorité venue, seul.

Apparenter un enfant, lui trouver des parents, exige donc de connaître, autant que faire se peut, son histoire personnelle. Même dans le cas d'un enfant trouvé, des éléments peuvent être réunis : son âge approximatif, son état de santé, son origine ethnique, son niveau psychomoteur. L'abandon effectif d'un enfant, son adoptabilité seront également vérifiés avant qu'un projet ne puisse être élaboré pour lui. C'est pourquoi, afin de permettre aux parents de naissance de reprendre leur enfant, la plupart des pays imposent un délai entre le moment où un enfant est recueilli et le moment où il pourra être déclaré adoptable.

À partir des éléments qui auront pu être réunis, on cherchera des parents qui sauront recevoir l'enfant tel qu'il est. D'où l'importance de bien connaître les parents potentiels, d'évaluer leur capacité de l'accueillir. Ouvrir sa maison à un enfant peut apparaître comme une aventure généreuse et passionnante, mais elle doit se faire avant tout dans l'« intérêt supérieur de l'enfant », pour citer la Cide. C'est la raison pour laquelle les candidats à l'adoption devront, avant de pouvoir adopter, entreprendre une démarche en vue de l'obtention de l'agrément. Les autorités doivent bien connaître ceux à qui ils pensent confier un enfant. En outre, le passé d'un enfant délaissé est parfois chargé de souffrances telles que l'aventure n'a rien d'un conte de fées, même si c'est ainsi qu'elle apparaît souvent, dans l'imaginaire collectif. Il vaut mieux le savoir avant qu'après – trop tard.

Chapitre 2

Ici et ailleurs, des parents qui abandonnent leurs enfants

Elle offre son enfant. Dans ses couches archaïques, il reposait comme la vérité dans un lointain chapitre biblique.

Boualem Sansal, L'Enfant fou de l'arbre creux, *Paris, Gallimard, 2000.*

Les parents de naissance

Qu'il soit trouvé, abandonné ou confié, l'enfant est né de l'union d'un homme et d'une femme[1]. Conçu par les uns avant de devenir celui des autres, l'enfant fait d'un adulte un parent.

Lors d'adoption, le parcours des parents géniteurs et celui des parents adoptifs se croisent et se prolongent l'un l'autre en l'histoire de l'enfant. Parents géniteurs et parents adoptifs jouent chacun un rôle : d'une part concevoir et mettre au monde, d'autre part élever, soigner, protéger, aider à grandir et à aimer.

Ces deux rôles sont à la fois scindés et intimement liés. C'est l'enfant qui fait qu'on est parents. On devient parents quand l'enfant est là.

« Mères de l'ombre » (pour reprendre le nom d'une association créée par des mères de naissance qui n'ont pas élevé leurs enfants), parents de l'inconnu... qui sont les géniteurs des enfants adoptables ? Souvent, les parents adoptifs se posent la question, non pas pour violer le désir éventuel d'anonymat des parents biologiques ni par voyeurisme, mais par souci de recueillir des informations qui pourront les aider, le moment venu, à répondre aux interrogations probables de leur enfant : « C'est parce que nos enfants portent leurs traits, même s'ils finissent par nous ressembler aussi, qu'il est important que nous, parents adoptifs, puissions les aider à mettre des visages, des vies, sur ces parents biologiques, à savoir pourquoi ils ont été adoptés. »

Comprendre l'abandon

Tenter de comprendre les raisons qui ont motivé l'abandon de l'enfant par ceux qui l'ont mis au monde n'est pas facile, quand on est soi-même « en mal d'enfant », que l'on désire être parent et que l'on s'interroge sur l'éventualité d'adopter.

Trop souvent, quand on entend parler d'abandon d'enfant, et plus encore s'il s'est produit dans notre pays, la première réaction, simplificatrice mais compréhensible, est de dire : « C'est honteux ! Comment peut-on faire une chose pareille de nos jours ? »

Dans la mesure où il est possible, voire probable, que l'enfant qui sera confié aura été abandonné, il est important de savoir ce qui peut conduire une femme ou un couple à renoncer à être les parents de l'enfant qu'ils ont conçu.

1. Nous laisserons ici de côté les enfants conçus à la suite d'une procréation médicalement assistée, avec ou sans don de gamètes – même si, pour ces enfants-là aussi, on peut imaginer que la question « d'où je viens ? » se posera un jour, comme pour les enfants adoptés.

Une venue au monde acceptée

Un enfant, même abandonné, est un enfant dont la venue au monde a été acceptée – y compris, pensent certains psychologues, dans le cas du déni de grossesse : « Ce déni de grossesse qui permet à l'enfant de grandir clandestinement nous renvoie à cette pulsion de vie fondamentale, le désir[1]. »

En effet, il n'y a pas eu avortement, il n'y a pas eu infanticide. Le refus de cet enfant, une fois qu'il est né, peut être violent, même s'il n'a pas été extrême au point d'entraîner un acte irréversible avant sa naissance. La grossesse a été menée à son terme, l'enfant est né. La vie a été plus forte que le refus de donner la vie.

Parents de naissance, parents biologiques : quel nom leur donner ?

Par définition, les parents de naissance, ou les parents biologiques donnent la vie. L'expression « parents de naissance » est de plus en plus utilisée par les parents adoptifs, les psychologues et les travailleurs sociaux : inscrite dans le droit français, elle paraît mieux exprimer le don de vie qu'est une naissance. Les termes de père ou mère « de naissance » sont utilisés dans le Code d'action sociale et de la famille (CASF) lorsque la filiation n'est pas établie (L. 224-5, al. 2).

Le terme « parents d'origine » renvoie aux racines de l'enfant, à son histoire première dans son pays d'origine, et donne une image plus complète de ces parents premiers que la notion de « parents de sang » ou de « parents biologiques ». C'est le terme souvent utilisé par des personnes ayant été adoptées.

Certaines assistantes sociales font une différence entre la « mère de naissance » et le père de l'enfant, qu'elles désignent comme le « géniteur » lorsque la mère le décrit comme quelqu'un ayant eu un rôle fugace ou non désiré dans sa vie, quelqu'un « qui n'a fait que passer ». Son rôle, toutefois, ne saurait être gommé, puisque l'enfant a été mis au monde.

Les parents adoptifs, quant à eux, ont tendance à parler avec leurs tout jeunes enfants de la « dame qui [l'] a porté dans son ventre », de « maman du ventre », de « dame qui [lui] a donné la vie » ou de « première mère ».

Plus détachées, des assistantes sociales ou des psychologues se montrent plus catégoriques : un enfant ne peut avoir qu'une maman, et cette « maman », c'est celle qui prend la relève.

L'important, pour l'enfant, est de sentir dans la voix et dans l'attitude de ses parents un respect, une compréhension pour ceux qui lui ont donné la vie et

1. Sophie Marinopoulos, psychologue clinicienne, *Accueil*, septembre 1996.

auxquels, physiquement, il ressemble ; c'est essentiel. L'enfant sentira très vite si ses parents sont gênés par l'évocation de ceux par qui il est venu au monde.
Les choses sont moins simples quand il y a eu violence, quand l'enfant recueilli a été victime de viol(s), d'inceste, ou qu'il a été martyrisé. Dans ces cas-là, quand on connaît le passé de l'enfant, se posent pour les travailleurs sociaux (et pour les membres des conseils de famille des pupilles de l'État) des questions difficiles : quels éléments consigner dans le dossier de l'enfant, et avec quels mots (que l'enfant lira un jour), que dire aux futurs parents ? (Voir aussi le chapitre sur les origines.)

« Parents de naissance et parents adoptifs : deux expressions pour deux rôles
L'étude de la langue tahitienne permet de comprendre les structures familiales. Le même terme, *metua tane*, est utilisé pour désigner le père, mais aussi les frères de celui-ci ou encore les cousins du père.
En revanche, il existe des termes précis pour désigner les parents biologiques : *fanau* (littéralement « donner la vie »), et les parents adoptifs : *fa'a'amu* (littéralement « donner à manger »)[1]. »

Le « confiage », entre cultures et traditions

Le don d'enfant

Chez les Polynésiens, comme chez les Maoris, ou encore chez les Hawaïens, le don d'enfant est une tradition tellement bien ancrée que les dons parfois s'entrecroisent, créant des réseaux multiples d'appartenance et de solidarité : telle famille polynésienne donnera son enfant à une autre famille, avant d'en adopter un elle-même un jour, qui lui aura été offert par une troisième famille…
Ainsi parle une femme polynésienne : « Aussi étrange que cela puisse paraître, la mère d'une de nos filles est mère adoptive de sa nièce et n'a pas d'autre enfant. »

1. Dr Jean Vital de Monléon, *Accueil*, mai 2002.

La dynastie royale d'Hawaï se compose indifféremment d'enfants biologiques et d'enfants adoptés : plusieurs rois du XIXe siècle étaient des enfants adoptés. L'arbre généalogique de la dynastie Pomare (1793-1880) indique une proportion importante d'enfants adoptés.

« Marianne, une jeune Française, se trouvait en Mauritanie, invitée au mariage de son beau-frère avec une Mauritanienne. Dans le quartier des femmes, la conversation a inévitablement porté sur les enfants. En réponse aux questions de sa belle-sœur et des autres femmes, Marianne a expliqué qu'elle n'avait pas d'enfants, qu'elle et son mari ne pouvaient pas en avoir, mais qu'elle comptait adopter. Surprise générale : " Tu n'as pas de sœur qui puisse te donner un enfant ? " Et les autres femmes de lui expliquer la tradition du don d'enfant au sein des familles. Marianne n'oubliera pas ; et c'est en Polynésie qu'elle rencontrera ses enfants – et la mère de chacun d'entre eux. »

Une mère adoptive

« La mère de Rarahu l'avait amené à Tahiti, la grande île, l'île de la Reine, pour l'offrir à une très vieille femme du district d'Apiré qui était sa parente éloignée. Elle obéissait ainsi à un usage ancien de la race maorie, qui veut que les enfants restent rarement auprès de leur vraie mère. Les mères adoptives, les pères adoptifs sont là-bas les plus nombreux, et la famille s'y recrute au hasard. Cet échange traditionnel des enfants est l'une des originalités des mœurs polynésiennes. »

Pierre Loti, Le Mariage

La famille élargie

Le don d'enfant se rencontre dans des cultures où le clan, la famille élargie – que ce soit celle dont on est issu ou celle que l'on rejoint par mariage –, constitue la base des relations sociales. Le fait d'appartenir à une même génération, ou à un même espace social, est également un facteur constitutif de liens et de solidarités. De même qu'en Polynésie un seul mot désigne non seulement le père mais aussi les frères et les cousins, en Afrique on appellera « père » ou « mère » tout adulte susceptible d'avoir l'âge de ses propres parents. De surcroît, une mère ne dira pas « mon » enfant, pour ne pas attirer le malheur, sur elle et sur lui. L'enfant se verra attribuer le nom d'un ancêtre, prenant ainsi sa place dans la famille.

« Un Africain fréquentant un marché en Afrique ou même le métro parisien peut se faire interpeller en terme de frère, même quand il ne connaît pas son interlocuteur. La fréquentation du même espace social qu'est la France crée un lien de parenté. Au sein de la communauté noire aux États-Unis, les termes de *brothers* et de *sisters* révèlent la persistance de cette forme de parenté sociale. »

Ferdinand Ezembé, Le Bébé face à l'abandon, le bébé face à l'adoption *(dir. Myriam Szejer), Paris, Albin Michel, 2000*

Un don fait d'amour...

Pourquoi donne-t-on un enfant ? L'amour ou le respect que l'on porte à quelqu'un constitue une motivation puissante. On donne un enfant à sa sœur qui n'en a pas, à une cousine dont l'enfant vient de mourir, à une voisine qui ne peut plus avoir d'enfants.

En Océanie, on donne également un enfant à ses propres parents. Selon Marie-Noël Charles, maître de conférences en droit privé à l'université de Polynésie française, cette coutume « s'appuie sur le culte des aînés et plus précisément sur le fait que les grands-parents sont considérés comme ceux qui ont le temps, la sagesse et l'expérience nécessaires pour élever un enfant[1] ».

1. Marie-Noël Charles, « Comment la filiation adoptive s'organise autour du don d'enfant en Polynésie française », *Le Bébé face à l'abandon, le bébé face à l'adoption* (dir. Myriam Szejer), Paris, Albin Michel, 2000.

Ce don, qui peut très bien ne pas être vécu comme tel par l'enfant, ne se fait pas sans déchirement ; le Dr Jean Vital de Monléon raconte ainsi comment une toute jeune femme polynésienne a donné à sa mère son premier enfant, auquel elle tenait beaucoup : « Dès sa naissance, celui-ci a été accaparé par sa propre mère qui désirait avoir un autre enfant à la maison. Chose rare en Polynésie, et qui laisse supposer des problèmes de fécondité, cette femme n'a eu qu'une fille unique, Victorine. Elle aurait souhaité garder cet enfant, mais il est dur de refuser quelque chose à ses parents[2]. » Donner son premier enfant à la grand-mère maternelle n'est pas rare dans la société maorie : on peut y lire une forme de reconnaissance à la vie.

... et de pragmatisme, sans volonté de rupture définitive ?

Le don aux grands-parents n'a rien de surprenant. De tout temps, en France, des enfants ont été élevés par leurs grands-parents. Les mères qui travaillaient confiaient leurs enfants à leur mère ou à leur belle-mère. Même si l'on ne saurait parler de don ou d'adoption, ces enfants disent souvent avoir été élevés par leurs grands-parents. Une jeune enseignante raconte comment, sa mère

2. Dr Jean Vital de Monléon, *Accueil*, mai 2002.

partie travailler à Paris, elle est restée à la ferme chez sa grand-mère jusqu'à l'âge de 5 ans.

Autre facteur relevé par Marie-Noël Charles et applicable ailleurs qu'en Polynésie, « l'enfant est parfois donné aux grands-parents, et même réclamé par eux, pour pallier la solitude de la vieillesse et assurer aide et soutien ». On rejoint là le proverbe malien, qui définit l'enfant comme « un bâton de vieillesse ».

Aider ses parents aujourd'hui, dans l'espoir d'être aidé un jour… Une famille nombreuse africaine ayant du mal à joindre les deux bouts sera tentée de confier l'un de ses enfants à un proche, à un cousin plus aisé vivant à la ville, pour qu'il assure son éducation, fasse en sorte qu'il apprenne un métier, ait un avenir. L'intérêt inavoué des parents, qui est celui d'avoir un enfant sur lequel pouvoir s'appuyer quand ils seront âgés, rejoint alors l'intérêt de l'enfant. Il n'y a pas volonté de rupture. Enquêtant au Burkina Faso, le journaliste Guy Sitbon interroge des familles sur le projet avorté de l'Arche de Zoé, qui consistait à faire venir en France, à l'insu de leurs parents, des enfants supposés être du Darfour (voir p. 23-25) : « Les parents que j'ai interrogés, qui ignoraient tout de l'affaire, ont été unanimes. Jamais ils ne donneraient un de leurs enfants en bas âge. Ils vivront ou mourront chez eux comme les autres. Plus tard, quand ils seront grands, aller travailler en Europe, oui, bien sûr. Pas avant. Ça ne servirait à rien puisqu'ils n'aideraient pas leur famille.[1] ». D'où l'importance et la portée – nous y reviendrons – du consentement à l'adoption, d'une vérité due à toutes les parties : à la famille de l'enfant, à l'enfant, à ceux qui pourraient l'adopter.

Sentiments et considérations pragmatiques se recoupent dans cette circulation d'enfants. Une jeune femme polynésienne qui trouve du travail et qui sent qu'elle ne peut pas élever son enfant, surtout si elle est seule ; une jeune mère africaine non mariée, qui sait que son enfant ne sera pas bien reçu dans la famille de son futur mari ; une famille nombreuse, d'Océanie ou d'Afrique, qui sait qu'elle ne peut pas élever le petit dernier : chaque fois, ces mères, ce couple vont chercher des parents qui prendront le relais. Si les dons de cette nature existent encore en Polynésie et en Afrique, l'accélération mondiale de l'urbanisation de la société a contribué à distendre les liens de solidarité au sein des familles.

Ce don d'enfant existait aussi en France jusqu'à une époque encore relativement récente. Des personnes, âgées de 60 à 80 ans, racontent avoir été confiées à une parente ou même à une voisine, qui n'avait pas d'enfants. Ce geste n'était pas

1. « La famine inavouée », *Marianne*, 23-29 février 2008

dénué d'arrière-pensées puisque l'on avait bon espoir de récupérer ainsi un héritage, d'agrandir un jour la ferme, de reconstituer un patrimoine familial morcelé lors de quelque succession antérieure.

Une protection et un lien

L'enfant était perçu comme appartenant à une famille dont l'intérêt collectif dépassait celui des individus la constituant. C'est la raison pour laquelle l'ethnologue Doris Bonnet[1] préfère parler de « confiage » : « système de protection sociale pour l'enfant qui se retrouve seul », le « confiage » a principalement pour but de « renforcer ou de créer des liens entre des familles plus ou moins proches ». Les deux ne sont pas perçus comme incompatibles : la dimension affective, psychologique du transfert de l'enfant dans une nouvelle famille n'est pas prise en compte, dans la mesure où l'espace familial dans lequel il vit est un espace large, fait d'attachements multiples ; en revanche, les avantages matériels et pratiques sont valorisés. « Dans beaucoup de cultures, et dans la culture africaine en particulier, l'enfant appartient au groupe familial large. Il est souvent partagé entre sa mère et les autres femmes du foyer, si bien que l'attachement est multiple dans la petite enfance. On peut comprendre le confiage comme une demande d'attachement complémentaire, sans rompre les autres pour autant. » Notons ici que ces attachements « multiples » ne sont pas sans conséquences : un enfant qui viendrait à être confié en adoption à une famille occidentale de type mononucléaire (un ou deux parents et leurs enfants) peut apparaître au prime abord très ouvert, mais se montrer ensuite mal à l'aise dans la relation plus exclusive que les parents attendent de leurs enfants, ce qui peut être source de difficultés relationnelles.

Les limites du don

Ces dons ne sont pas des adoptions au sens où nous l'entendons ; ils ne sont pas organisés ou encadrés par des autorités extérieures, ils sont « révocables » : telle fille « donnée » à un couple sans enfants sera chassée de la maison faute d'avoir voulu épouser celui qu'on lui réservait ; tel enfant sera reconduit chez ses parents pour ne pas avoir accepté de se plier aux règles de son nouveau foyer. L'enfant peut vivre ce don comme un abandon.

Parmi les enfants de la rue, « on retrouve quelquefois à l'origine un confiage qui a échoué, soit parce qu'il se passait dans des conditions de crise économique, comme souvent en Amérique du Sud, soit parce que la cause en est une situation humaine dramatique, comme c'est le cas en Afrique centrale par exemple avec les problèmes liés au sida. »

1. Doris Bonnet, « Confier son enfant, données anthropologiques », *Enfance et psy*, n° 1 (1997), *Questions d'origine*.

Détresse économique, détresse humaine

Assurer un avenir à son enfant

Même dans les pays où le don ou le confiage ne sont pas une coutume ancestrale, la décision de ne pas garder son enfant peut relever d'un souci analogue, celui de lui assurer un avenir, dans des sociétés où les aides sont quasiment inexistantes en dehors des réseaux de solidarité familiale.

C'est le cas des mères qui choisissent de confier leur enfant à l'adoption, telles qu'on les rencontre, par exemple, dans les pays d'Amérique latine.

Qui sont ces mères ? Voici le portrait type qu'en dresse la psychologue Lidia Natalia Dobrianskyj-Weber, qui s'appuie sur des études réalisées au Brésil et en Argentine : « Il s'agit de célibataires exerçant le métier de femme de ménage, ayant jusqu'à 23 ans ; la majorité absolue a suivi jusqu'à quatre ans d'études, et la grossesse survient dans un rapport occasionnel[1]. »

Derrière ce portrait type se cachent des visages de femmes, des histoires douloureuses, des choix déchirants.

Que peuvent en effet une mère et son enfant, seuls face à la misère économique ou sociale, ou face aux conflits ? Quelles chances ont-ils de grandir ensemble ?

Ici, renoncer à élever son enfant apparaît comme la seule alternative, quand le hasard n'a pas placé sur leur chemin une personne, un organisme qui pourra leur venir en aide.

L'abandon « sauvage »

Malheureusement, des milliers de femmes à travers le monde n'ont même pas cette faible chance, elles ne savent pas vers qui se tourner pour demander de l'aide ou pour confier leur enfant en vue d'une adoption. C'est ainsi que, trop souvent, la seule alternative est l'abandon « sauvage » – quand elles ne sont pas la proie de « rabatteurs » recherchant des enfants pour des trafics inavouables. Comme le fait remarquer le psychologue Ferdinand Ezembé, l'abandon survient quand les autres possibilités de « confiage », telles que la circulation traditionnelle des enfants en Afrique, échouent ou se font

1. Lidia Natalia Dobrianskyj-Weber, « Abandon et adoption : regards sur l'Amérique latine », *Le Bébé face à l'abandon, le bébé face à l'adoption*, (dir. Myriam Szejer), Paris, Albin Michel, 2000.

plus difficiles. Certains pays interdisent l'abandon qui, de ce fait, ne pourra qu'être sauvage et anonyme : l'enfant est laissé en un lieu public.

Les difficultés auxquelles certaines mères se trouvent confrontées leur semblent insurmontables. Il peut s'agir d'une mère vivant dans un bidonville, désespérée de se voir déjà entourée par toute une marmaille d'enfants affamés, ou alors d'une jeune servante violée par le maître de maison et jetée dehors, ou encore d'une jeune fille dans l'impossibilité d'avouer une grossesse à sa famille.

Dans les pays victimes de la pauvreté ou des tensions résultant de situations endémiques de guerre civile, de conflits interethniques ou de guérilla, on observe une réelle corrélation entre les abandons, les avortements et les infanticides.

Les mères isolées, mais aussi des couples légitimement constitués aux yeux de la société, se voient parfois contraints d'abandonner leur enfant. Comment faire quand la loi pénalise ceux qui ont plus d'un ou deux enfants (une résolution de janvier 1993 du Comité central du parti communiste vietnamien vise à limiter à deux le nombre d'enfants par famille), alors que le pays n'est pas en mesure de proposer des moyens contraceptifs ou une politique de planification familiale adéquate ? Toutes les femmes ne peuvent pas avorter à temps ; beaucoup tentent envers et contre tout avec leur époux de garder l'enfant, sans déclarer sa naissance, pour éviter de s'attirer des pénalités ; certains couples renoncent dès la naissance, ou au bout de quelques mois ou années – quand la pression des difficultés quotidiennes se révèle trop forte et potentiellement destructrice de liens.

« Grossesses d'adolescentes

Même dans les pays dits « riches », la contraception reste insuffisamment connue des plus jeunes.
Selon une étude annuelle de l'Unicef intitulée « Mères adolescentes dans les pays riches », chaque année, environ 760 000 adolescentes vivant dans les 28 pays de l'Organisation pour la coopération et le développement économiques (OCDE) donnent naissance à un enfant et 500 000 autres ont recours à l'avortement.
Les taux de naissance d'enfants d'adolescentes les plus élevés enregistrés en 1998 se situent aux États-Unis (52/1 000), loin devant le Royaume-Uni (30,8) et la Nouvelle-Zélande (29,8). Le Canada, le Portugal, l'Islande, la Hongrie et la Slovaquie se situent également au-dessus des 20/1 000, le taux pour la France étant de 9,3/1 000. »

La détresse extrême vécue par des familles dans les pays en voie de développement rejoint celle des familles qui se voyaient contraintes d'abandonner leurs enfants en France dans les siècles derniers.

Parmi les bébés trouvés, la plupart, fort heureusement, sont indemnes, enveloppés dans un lange, protégés par quelque étoffe ou châle, seul lien, trop souvent voué à disparaître, avec celle ou celui qui l'a laissé là, dans un lieu de circulation, à proximité d'une crèche, d'un hôpital, d'un lieu de culte. On les trouve parfois dans un couffin « oublié » dans une échoppe. Une mère parfois les confie à une marchande, ou un mendiant, disant qu'elle va revenir....... Plus grands, ils se « perdent » dans la foule un jour de marché. Parfois ils portent des blessures ou des cicatrices, autant de traces de maltraitance, de négligence ou tout simplement d'un dénuement ne permettant pas de soigner adéquatement l'enfant.

Certains reviennent de loin, sauvés *in extremis*, alors qu'ils étaient sur le point d'étouffer dans le sac-poubelle qui les contenait, sur un coin de parking, quelque part en France. Dans *Adopte-moi quand même* (éd. Fayard), Josette Dufour raconte comment une religieuse de Haïti a trouvé un nourrisson âgé de quelques heures, dont un animal avait déjà commencé à ronger les orteils.

L'idée qu'une mère, que des parents, puissent être contraints d'abandonner un enfant, ou de s'en séparer, pour des raisons économiques est extrêmement choquante. Nous ne l'acceptons plus. Des programmes de coopération internationale doivent viser à prévenir les abandons pour raisons économiques.

« Pris de pitié, j'ai même songé à adopter la petite Amina, 1 an, rencontrée dans les bras de sa mère qui justement n'était pas sa mère. "J'étais dans la rue, me raconte la femme, une jeune fille de 14 ans portait un nouveau-né dans les bras. Elle me le tend pour deux minutes, le temps d'aller aux toilettes, et elle ne revient plus. Heureusement que j'étais là, souvent elles les jettent dans les latrines. Je suis allée à l'hôpital, le bébé portait encore son cordon ombilical."» Quoique indigente, on lui a accordé l'adoption, mais elle ne peut pas le nourrir. "Confiez-la-moi, ai-je proposé dans un éclair d'inconscience. – Oh non, je l'aime trop, c'est ma fille." »

« Une famine inavouée », enquête du journaliste Guy Sitbon au Burkina Faso, publié dans Marianne, *23-29 février 2008*

Une même détresse partagée

L'hôpital des Enfants trouvés, à Paris, fut construit au XVIIIe siècle, pour remplacer l'Œuvre créée en 1638 par saint Vincent de Paul : dans les années 1770, il recueillera jusqu'à 7 000 enfants par an, nés à Paris et en province. Deux tiers environ des enfants abandonnés en France à cette époque (soit 2,5 % des naissances) sont illégitimes.

L'historienne Marie-France Morel, spécialiste de la petite enfance, s'est penchée sur les billets ou les médailles laissés par les parents, qui témoignent de leur extrême misère, de la détresse qu'ils ressentent en abandonnant leur enfant, ainsi que de la confiance qu'ils placent dans l'institution. Dans bien des cas, « abandonner son enfant ne signifie pas qu'on le rejette, mais au contraire qu'on lui donne une chance d'échapper au destin misérable de sa famille[1] ».

Des religieuses et d'autres responsables d'orphelinats ou de pouponnières d'Asie ou d'Amérique latine reconnaîtront là les préoccupations des parents qui leur remettent des enfants. À quelques siècles et à des milliers de kilomètres d'intervalle, les motivations sont les mêmes, avec l'espoir secret, identique de retrouver un jour son enfant.

Les risques d'infanticide

Les guerres civiles entraînent des déplacements de population et un appauvrissement massif, qui mettent à mal les solidarités traditionnelles. Isolée, la mère peut se trouver dans une situation d'angoisse susceptible de provoquer une attitude de rejet de l'enfant.

La carence affective qui résulte d'une situation de stress risque de se traduire par des actes de violence pratiqués à l'encontre de l'enfant, que l'on tentera parfois de « justifier » en se réfugiant derrière des croyances populaires : si l'on a maltraité ou abandonné l'enfant, c'est qu'il est un revenant ou un enfant sorcier. « Il apparaît cependant que l'explication de la sorcellerie ne soit qu'un prétexte : confrontés à la pauvreté et à la dilution de la solidarité familiale en milieu urbain, les parents invoquent la sorcellerie pour se séparer des enfants[2]. »

L'incapacité d'être parents

En France aussi, des enfants sont rejetés par leur parent, ou maltraités : on leur fait subir tout le poids de l'incapacité des adultes de faire face. Certains ne parviennent jamais à se sentir parents, parfois parce qu'eux-mêmes n'ont jamais été autorisés à être enfants. D'autres sont incapables d'aimer, et pas forcément parce qu'ils n'ont pas été aimés. D'autres encore sont, dans un renversement des rôles, affectivement dépendants de leurs

1. Marie-France Morel, « Les enfants abandonnés dans la France ancienne », *Le Bébé face à l'abandon, le bébé face à l'adoption* (dir. Myriam Szejer), Paris, Albin Michel, 2000.

2. Ferdinand Ezembé, « Don et abandon des enfants en Afrique », *Le Bébé face à l'abandon, le bébé face à l'adoption* (dir. Myriam Szejer), Paris, Albin Michel, 2000.

enfants. Le pédopsychiatre Maurice Berger n'hésite pas à parler de parents « toxiques » pour l'enfant, rappelant que « les droits des parents n'existent que pour servir les droits des enfants[1] ».

1. Maurice Berger, *Ces enfants qu'on sacrifie... au nom de la protection de l'enfance*, Paris, Dunod, 2005.

Il convient alors de protéger l'enfant, rôle qui revient en France à la justice. L'enfant ne saurait être condamné à endurer. C'est ainsi que, en cas de maltraitance mettant en danger la vie ou l'intégrité de l'enfant, ou si, l'enfant ayant été placé, les parents se sont désintéressés de lui pendant deux ans, le tribunal de grande instance peut être amené à prononcer un retrait total

Du retrait de l'autorité parentale

Article 378 du Code civil

Peuvent se voir retirer totalement l'autorité parentale par une disposition expresse du jugement pénal les père et mère qui sont condamnés, soit comme auteurs, coauteurs ou complices d'un crime ou délit commis sur la personne de leur enfant, soit comme coauteurs ou complices d'un crime ou délit commis par leur enfant.

Article 378-1 du Code civil

Peuvent se voir retirer totalement l'autorité parentale en dehors de toute condamnation pénale les père et mère qui, soit par de mauvais traitements, soit par une consommation habituelle et excessive de boissons alcooliques ou un usage de stupéfiants, soit par une inconduite notoire ou des comportements délictueux, soit par un défaut de soins ou un manque de direction, mettent manifestement en danger la sécurité, la santé ou la moralité de l'enfant.

Peuvent pareillement (loi n° 96-604, art. 19) se voir retirer totalement l'autorité parentale, quand une mesure d'assistance éducative avait été prise à l'égard de l'enfant, les père et mère qui, pendant plus de deux ans, se sont volontairement abstenus d'exercer les droits et de remplir les devoirs que leur laissait l'article 375-7.

L'action (loi n° 96-604, art. 19) en retrait total de l'autorité parentale est portée devant le tribunal de grande instance, soit par le ministère public, soit par un membre de la famille ou le tuteur de l'enfant.

de l'autorité parentale ou une déclaration d'abandon. Admis comme pupille de l'État, l'enfant devient adoptable : s'ouvrira alors pour lui une porte d'avenir, une alternative de stabilité à des placements plus ou moins épisodiques, avec toute l'incertitude que cela suppose pour lui.

> « À parcourir l'histoire des attitudes maternelles naît la conviction que l'instinct maternel est un mythe. [...] Ce sentiment peut exister ou ne pas exister ; être et disparaître. Se révéler fort ou fragile. Privilégier un enfant ou se donner à tous. Tout dépend de la mère, de son histoire et de l'Histoire. Non, il n'y a pas de loi universelle en cette matière qui échappe au déterminisme naturel. L'amour maternel ne va pas de soi. Il est "en plus". »
>
> *Élisabeth Badinter,* L'Amour en plus, *Paris, Flammarion, 1980*

Le refus de la réalité

Le déni de grossesse

Un cas extrême de détresse humaine, de nature à entraver irrémédiablement la relation entre une mère et son enfant, l'un des plus difficiles à comprendre sans doute, pour qui ne l'a pas vécu ou accompagné, est le déni de grossesse.

Ce phénomène psychique affecte des mères de tous âges, dont de très jeunes mères, souvent adolescentes. C'est une réalité à laquelle sont confrontés les proviseurs de lycée ou les principaux de collège, quand une adolescente accouche, entre deux cours, dans les toilettes de l'établissement, au terme d'une grossesse dont personne ne semble s'être rendu compte.

Mode de défense qui passe par le refus de reconnaître la réalité d'une situation vécue comme psychiquement traumatisante, le déni peut déboucher sur des comportements extrêmes porteurs de mort. Les femmes vivent comme si elles n'étaient pas enceintes, à tel point qu'elles réussissent à ne rien laisser paraître de leur état, ni physiquement ni psychiquement, s'induisant par là elles-mêmes en erreur, mais induisant également en erreur leur entourage, voire leur médecin traitant. Dans *Geste d'amour, l'accouchement sous X* (Paris, Odile Jacob, 1990), Catherine Bonnet raconte le cas de Maria, une jeune Portugaise enceinte de sept mois récemment arrivée en France, à qui le médecin conseille de retourner au Portugal, où elle aura sûrement de nouveau ses règles…

Un danger pour l'enfant

Souvent seules, elles vont non pas tant accoucher que se débarrasser de ce poids qui les encombre, laisser tomber l'enfant dont la réalité leur échappe.

Certaines s'enferment dans une indifférence apparemment totale envers l'enfant. Chez d'autres, les sages-femmes sont conscientes du risque concomitant d'infanticide, voire de violence sur l'enfant une fois qu'il est né. Il existerait un danger réel à présenter l'enfant à la mère après l'accouchement, danger que doit évaluer le personnel soignant.

Chercher à convaincre la mère de garder son enfant, du moins sans un travail d'accompagnement psychologique, peut conduire à mettre l'enfant en danger, comme en témoigne l'histoire de nourrissons que les mères, une fois rentrées chez elle, maltraitent jusqu'à produire des séquelles irréversibles. Certains de ces enfants finissent dans des institutions ou dans des familles d'accueil, estropiés à vie ; quelques-uns sont adoptés. La prudence actuelle tranche avec une politique longtemps encouragée, qui recommandait aux personnels soignants de tout faire pour « sauver les maternités », pour qu'une femme reconnaisse son enfant et le garde. Des pédopsychiatres comme Michel Soulé ont mis en évidence les carences affectives imposées aux enfants par les tentatives entreprises pour exiger de la mère une obligation de maternité, alors que l'on n'a pas pu ou eu le temps de « personnifier le bébé et [de] reconnaître son individualité[1] ».

Les cas les plus dramatiques sont ceux qui ne sont pas décelés à temps : des drames d'infanticide commis sur des nourrissons dont les corps sont ensuite cachés (ou conservés) défraient régulièrement les chroniques juridiques.

« Christine a des difficultés avec un […] enfant âgé de 5 ans, petit garçon qu'elle a eu d'une liaison de passage, alors qu'elle se trouvait très dépressive, ayant besoin de réconfort, après un divorce. Elle n'a jamais bien accepté cet enfant et se culpabilise beaucoup de ne pas pouvoir l'aimer comme on le lui demande autour d'elle. Au moment de sa naissance, elle aurait souhaité l'abandonner sachant qu'il pourrait être adopté, mais elle pense que personne ne l'a aidée (comment l'a-t-elle exprimé ?). À la maternité, on lui aurait expliqué que ses sentiments changeraient lorsque l'enfant serait né. Depuis cette date, le petit garçon est placé à l'Ase

---

1. *L'Incroyable Monsieur Bébé : du côté des mères*, vidéo Didier, Antenne 2/Match Images, 1989.

Aider les femmes enceintes en difficulté

Histoire naturelle de la grossesse, droit des femmes enceintes, contraception, interruption volontaire de grossesse, adoption : tels sont les thèmes abordés dans ce site créé par SOS Grossesse, une association de bénévoles qui a pour mission l'information, la consultation et le conseil familial auprès des femmes enceintes. Cette association œuvre sous contrat avec la Ddass de Paris. Elle offre une assistance aux femmes enceintes en difficulté et propose aussi un service d'écoute téléphonique (Tél. : 05 63 35 80 70). E-mail : info@sosgrossesse.org. Internet : http://www.sosgrossesse.org.

• **Accueil et hébergement des femmes en difficulté**
Association Ilithyie (Hauts-de-Seine) - Tél. : 06 81 83 57 50.

• **Soutien et écoute des femmes enceintes en difficulté**
Association de groupement éducatif Moïse :
38, rue Letellier, 75015 (Paris) - Tél. : 01 45 77 75 51.

• **Service Accompagnement des femmes enceintes en difficulté (Safed) (Rennes)** - Tél. : 02 99 87 34 06.

• **Centre de planification et d'éducation familiales (Nantes)** - Tél. : 02 40 08 30 32.

• **Accompagnement des mères adolescentes**
Centre éducatif d'Anjorrant - 88, rue du Général-Buat, 44000 Nantes – Tél. : 02 40 14 51 30.

épisodiquement. Elle est revenue quatre fois sur son acte d'abandon. L'entourage proche, sa nouvelle belle-famille n'admettraient pas, selon elle, qu'elle abandonne cet enfant. Elle le reprend donc périodiquement, mais avoue avoir, malgré elle, des gestes violents à son égard. Le petit garçon [...] devient de plus en plus instable, caractériel, difficilement "supportable" dans ses placements successifs, institutions ou nourrices. »

Témoignage d'une assistante sociale

Apprendre à accepter sa grossesse

Prendre conscience de sa grossesse, décider de mettre au monde un enfant et, surtout, choisir de l'élever, c'est être animée de l'espoir, et mieux, de la conviction que cet enfant existera pour soi mais aussi pour d'autres, qu'il trouvera sa place dans la famille élargie et, au-delà, dans la société environnante.

Au sein d'une association comme Ilithyie, où plus de 400 femmes enceintes ont été hébergées ou accueillies depuis 1992, l'équipe s'attache à aider la mère à replacer cette « grossesse impossible » dans son histoire personnelle et familiale, à lui redonner un sens, pour qu'elle puisse esquisser une ébauche d'avenir pour elle et pour l'enfant, ensemble ou séparés ; mais aussi pour qu'elle puisse décider, et non plus simplement subir, s'éloignant ainsi de l'abandon pour approcher du don. Un abandon consenti est un acte de parent.

> « L'abandon, la séparation d'avec un enfant à la naissance peuvent être envisagés comme une forme de maternité possible, accueillie et reconnue en tant que telle. »
>
> *Sylvie Babin,* Des maternités impansables, *Paris, L'Harmattan, 2001*

Anne Ter Minassian, psychologue et psychanalyste qui a longtemps travaillé à l'association Ilithyie, rapporte que, derrière le déni de grossesse, se profile souvent une histoire familiale faite de séparations subies (exils) ou non exprimées (deuils enfouis sous le silence), ou encore de relations forcées (grossesses imposées, violences matrimoniales ou incestueuses) ou interdites. C'est ainsi que certains cas de grossesses adultérines donnent lieu à un déni.

Interdits sociaux et religieux

Le poids de la religion et de la culture face à la famille

Le déni n'est pas uniquement propre à la future mère. Il viendrait aussi du géniteur ou du partenaire sexuel, qui abandonne la femme enceinte et se dérobe ainsi à une confrontation avec la réalité.

Il peut venir de la famille de la future mère, qui ne voit pas la grossesse. Impensable quand elle est accidentelle ou hors mariage, qu'elle est vécue comme une tache dans des milieux où la religion et la « norme » sociale façonnent les relations. C'était le cas, il y a une trentaine d'années, dans les familles catholiques ou protestantes françaises, pratiquantes ou non, fussent-elles bourgeoises ou modestes.

C'est encore le cas pour des jeunes filles d'origine maghrébine, qui se sentent contraintes de cacher cette grossesse à leur père, tout en souffrant d'un manque de communication avec leur mère qui les condamne de ce côté-là aussi au silence.

La souffrance extrême de quelques-unes de ces adolescentes résonne dans les témoignages recueillis par Catherine Bonnet dans *Geste d'amour : l'accouchement sous X* (Paris, Odile Jacob, 1990).

Il y a notamment le cas de Nadia, 14 ans, victime d'un viol collectif. Après une dispute avec son père, qui menace de la conduire chez un médecin pour s'assurer de sa virginité, elle cache sa grossesse à ses parents et à ses sept frères et sœurs, malgré l'exiguïté de leur logement. À la maternité, elle hurle son refus de l'enfant et, à travers lui, la situation bloquée dans laquelle elle se trouve.

« Les mécanismes de méconnaissance [...] sont puissants et handicapants pour ces jeunes filles qui sont totalement abasourdies quand elles apprennent leur grossesse. Certaines n'en prennent conscience que six mois plus tard, d'autres disent ne pas avoir fait le lien entre "l'accident" – la relation sexuelle – et la grossesse. Il y a donc une sorte de déni de la réalité : ne pouvant concevoir leur sexualité avant le mariage, toute relation complète ou superficielle est vécue dans la culpabilité et est niée ou déniée, d'où l'impossibilité d'envisager la contraception. »

Badra Moutassem-Mimouni,
Naissances et abandons en Algérie,
Paris, Éditions Karthala, 2001

La difficulté d'avorter

Les interdits qui pèsent sur ces jeunes femmes, nombreuses à demander une réfection de l'hymen après l'accouchement, renvoient aux interdits auxquels doivent faire face les femmes du Maghreb, et notamment sur celles d'Algérie ou du Maroc. Une femme non mariée ne pouvant pas déclarer son enfant à l'état civil et l'inscrire dans une filiation légitime, se retrouve trop souvent confrontée au douloureux choix entre avorter dans un autre pays et abandonner son enfant.

En raison d'une politique de visas restrictive, il est devenu quasiment impossible pour une Algérienne enceinte de venir aujourd'hui accoucher en France, soit dans l'espoir de rester et d'y élever son enfant, soit dans l'optique d'une naissance « aller-retour », l'enfant étant confié après un accouchement anonyme ou secret aux services sociaux français ou à un organisme autorisé pour l'adoption.

Une étude de femmes isolées accouchant en Algérie pendant les années 1990, dans un contexte de surenchère intégriste, fait apparaître le stress et la terreur qu'elles vivent pendant leur grossesse. Le paroxysme atteint au moment de la naissance est parfois tel qu'il affecterait leur équilibre mental. Certains spécialistes, dont Badra Moutassem-Mimouni, chercheur en anthropologie, s'interrogent en outre sur les effets hormonaux possibles que cette tension psychologique extrême pourrait avoir sur le fœtus.

Le poids des intégrismes

En France, le poids de l'union et de l'honneur de la famille pèse lourdement sur les jeunes filles vivant dans certaines communautés : c'est ainsi que de jeunes femmes d'origine maghrébine, parfois accompagnées du père de l'enfant, demandent l'anonymat au moment de l'admission à la maternité ou le secret de leur identité.

Les travailleurs sociaux français reconnaissent que la force du rejet est dans

Le Planning familial

Fondé il y a cinquante ans, le Mouvement français pour le planning familial réunit des associations départementales en une confédération nationale ; il agit auprès des pouvoirs publics pour faire reconnaître le droit des femmes à la maîtrise de leur fécondité (contraception, avortement) et lutte pour l'élimination de la violence sexiste. Le MFPF accueille et soutient les femmes victimes de violence, réalise des actions de formation et de sensibilisation dans chaque département, participe à des campagnes de prévention des agressions sexuelles sur les enfants.

www.planning-familial.org ; Numéro Vert : 0 800 803 803 (nord de la France), 0 800 105 105 (sud de la France).

Chaque département propose des centres de planification et des lieux d'information. Liste disponible sur le site du ministère de la Santé : www.sante.gouv.fr/htm/dossiers/contraception_ivg/

Organismes autorisés pour l'adoption (OAA) qui recueillent des enfants nés en France

À noter : le nombre d'enfants recueillis est très faible et certains de ces OAA n'ont pas d'enfants actuellement. Voir aussi p. 79 les OAA recueillant des enfants handicapés.

• **Famille adoptive française** : 90, rue de Paris - 92100 Boulogne-Billancourt
Tél. : 01 48 25 61 86 - Fax : 01 46 04 11 87
E-mail : contact@afaf.org - Site internet : http://www.afaf.org

• **Lumière des enfants** : 1, chemin de Crech-an-Taro, Beg Léger
22300 Lannion - Tél. : 02 96 23 00 77 - Fax : 02 96 47 26 87
E-mail : luminance@club-internet.fr

certains cas telle qu'une grossesse extra-conjugale entraîne un risque de mort, non seulement sociale, mais parfois physique, pour certaines jeunes filles et, si elles venaient à le garder, pour leur enfant. En raison de l'évolution des mœurs à différents rythmes au sein d'une même communauté ces situations en côtoient d'autres où l'on voit un père cherchant à retrouver sa fille et prêt à l'accueillir avec son enfant, ou de jeunes couples n'hésitant pas à transgresser la tradition familiale pour tenter de vivre un amour et une relation familiale librement choisis par eux.

Plus largement, on note dans la société française, comme dans les sociétés italienne, espagnole ou américaine, des tensions non pas tant identitaires que confessionnelles. Elles sont liées à un regain, en cette première décennie du XXIe siècle, d'un militantisme anti-avortement dans lequel certaines religions semblent avoir trouvé un champ d'action commun. Ainsi, en février 2008, des permanences parisiennes du Planning familial étaient l'objet de menaces et de tentatives d'intimidation.

Anonymat et secret

Le secret des origines

Si, dans de nombreux pays, l'abandon d'un enfant est proscrit par la loi et, plus intimement, par les coutumes et les croyances, cet interdit vient se heurter à d'autres interdits tout aussi puissants, passibles, sinon de mort, de ségrégation ou d'exclusion du corps social : celui, par exemple, d'adultère ou de relations sexuelles prénuptiales, ou encore de liaison avec un homme ou une femme d'une autre ethnie, d'un autre clan, d'une autre caste, d'une autre catégorie sociale, d'une autre religion.

Le tour

En France et dans d'autres pays occidentaux, une façon de préserver l'anonymat fut, des siècles durant, de placer l'enfant dans le tour (armoire cylindrique tournant sur pivot), aménagé dans les portes des couvents. En 1811, sur ordre de Napoléon, les hospices également se dotèrent d'un tour. Longtemps, l'abandon fut encouragé pour tenter d'empêcher les infanticides, pour protéger les géniteurs, sans doute aussi afin d'assurer de futurs soldats pour l'armée et la marine.

À partir des années 1840, toutefois, l'abandon fut découragé, car les mères se débarrassaient de leur enfant pour venir ensuite le récupérer en se le faisant attribuer en nourrice moyennant paiement.

Pour convaincre les mères de garder leur enfant, l'Assistance publique créa une pression psychologique sur elles en organisant le transfert des bébés vers d'autres départements – 32 000 nourrissons furent ainsi déplacés entre 1830 et 1838, dans des conditions souvent fatales pour eux, ce qui pourrait expliquer, ne serait-ce qu'inconsciemment, les réticences des services sociaux à rechercher pour les enfants qui leur sont confiés des parents vivant hors des limites du département.

Mais la crainte des infanticides et des avortements demeurait et, à partir de 1904, le système du « bureau ouvert », qui remplaça le tour, permettait d'accueillir la mère dans le secret absolu.

L'ambivalence sur le rôle de l'Assistance publique subsistait encore jusqu'à il y a quelques décennies : les mères qui laissaient leur enfant dans l'espoir de le récupérer un jour se voyaient encouragées à l'abandonner ; parfois, elles revenaient le prendre et découvraient que l'enfant avait été confié en adoption – sans avoir le souvenir d'avoir signé le moindre papier.

Ce fut le cas de Jacqueline : « Dans le dossier de Laurence, il n'y avait aucun papier signalant que j'avais abandonné ma fille. En revanche, il y avait mes lettres, dont je ne me souvenais plus, dans lesquelles je réclamais ma fille et suppliais qu'on me la rende. C'était en 1948. » (Témoignage recueilli dans *Destins de mères, destins d'enfants*, Georgina Souty et Pascal Dupont.)

Le tour existe toujours dans certaines paroisses d'Italie. En Autriche, ces dernières années, un tour médicalisé a été créé dans quelques maternités ; il se présente comme un lieu équipé d'une couveuse reliée à une alarme. Des aménagements analogues ont été introduits en Allemagne. Le 18 avril 2000, la première *Babyklappe* (trappe à bébé) est installée à Hambourg.

Depuis, des *Babyklappen* ont été installées dans les principales villes du pays. Il en existe aussi en Suisse. Aux États-Unis, en 2000, les commissariats et les centres de sapeurs-pompiers ont reçu comme consigne de respecter l'anonymat des femmes venant remettre un enfant.

L'accouchement secret, en France et ailleurs

L'accouchement secret ou la « mise au monde d'un enfant impossible », pour

Le droit au secret inscrit dans la législation française

Article 326 du Code civil (ordonnance n° 2005-759 du 4 juillet 2005)

Lors de son accouchement, la mère peut demander que le secret de son admission et de son identité soit préservé.

Article L. 222-6 du Code de l'action sociale et des familles (loi n° 2002-93 du 22 janvier 2002)

Les frais d'hébergement et d'accouchement des femmes qui ont demandé, lors de leur admission en vue d'accouchement dans un établissement public ou privé conventionné, à ce que le secret de leur identité soit préservé, sont pris en charge par le service de l'Aide sociale à l'enfance du département siège de l'établissement. [...] Aucune pièce d'identité n'est exigée et il n'est procédé à aucune enquête.

Article 57 du Code civil (loi du 5 juillet 1996)

La femme qui a demandé le secret de son identité, lors de son accouchement, peut faire connaître les prénoms qu'elle souhaite voir attribuer à l'enfant.

reprendre la formule de la psychologue Anne Ter Minassian, se situe dans le prolongement d'une culture de l'anonymat et répond, pour ceux qui en défendent le principe, au double souci de protéger la mère et de préserver l'enfant.

En France, le droit à l'accouchement dans des conditions dignes était déjà ratifié sous la Révolution, dans un décret-loi de 1793 : « La fille enceinte pourra se retirer secrètement pour faire ses couches… il sera pourvu par la Nation aux frais de la gésine [l'accouchement] de la mère et à tous ses besoins pendant le temps de son séjour […]. Le secret le plus inviolable sera conservé sur tout ce qui la concerne. »

La notion de secret, apparue dans la loi de 1904, est renforcée dans le décret-loi de 1941, qui organise les conditions secrètes d'accouchement en maternité. Toute femme enceinte pouvait désormais accoucher dans un hôpital ou dans une clinique sans avoir à donner son identité. Elle bénéficiait en outre de soins gratuits et d'hébergement. Cette mesure est connue sous le terme d'« accouchement sous X ». Un décret de 1953 reformule cette disposition, qui devient « secret de la grossesse et de la naissance ». Enfin, en 1993, cette forme de maternité est inscrite dans le Code civil (art. 326) : « La femme qui a demandé le secret de son identité lors de l'accouchement peut faire connaître les prénoms qu'elle souhaite voir attribuer à l'enfant. » Elle est maintenue dans la loi sur l'accès aux origines personnelles du 10 janvier 2002.

Le droit à l'anonymat au moment de l'accouchement a été conservé en Algérie après l'indépendance. Il est également inscrit dans le droit luxembourgeois. Les femmes ont droit à l'anonymat en Italie et en Espagne si elles ne sont pas mariées. Sans être inscrites dans le droit, des mesures analogues sont pratiquées dans d'autres pays.

« Quand je vois ce qui se met en place en Allemagne et en Autriche, ces tours et ces boîtes à bébés, je me demande dans quelles conditions accouchent ces femmes qui déposent ensuite leurs bébés et je me félicite que la France dispose – comme le Luxembourg et l'Italie – d'une législation sur l'accouchement sous X. »

Véronique Neiertz, député, rapporteur du projet de loi relatif à l'accès aux origines personnelles (loi votée le 10 janvier 2002)

« Ce n'est pas le régime de Vichy qui a juridiquement organisé la naissance dans l'anonymat ; c'est un décret de la Convention qui a institué la procédure désormais inscrite à l'article 57 [devenu 326] du Code civil. Si, au milieu des

…es 1970, on dénombrait environ 10 000 accouchements sous X, le développement de la contraception et la légalisation de l'avortement ont fait tomber ce chiffre à 500. Toutefois, le désir d'accoucher dans le secret n'a pas disparu et, dans les pays où cette faculté n'existe pas, des mécanismes alternatifs ont dû être institués. »

Gilbert Gantier, député (débat à l'Assemblée nationale le 10 janvier 2002)

« La vie privée de la mère continuera d'être protégée par la confidentialité et par la gratuité de l'accouchement. Ma conviction intime est cependant que parce qu'elles seront mieux accompagnées, de plus en plus de femmes choisiront l'option de la réversibilité du secret. Davantage de femmes encore feront, j'en suis convaincue, le choix de ne pas accoucher dans le secret et de consentir personnellement à l'adoption de leur enfant. L'initiative parlementaire consistant à consentir la gratuité de l'accouchement aux mères qui ne sont pas en mesure de garder leur enfant y contribuera certainement. »

Ségolène Royal, ministre déléguée à la Famille (débat à l'Assemblée nationale le 10 janvier 2002 au moment du vote sur le projet de loi relatif à l'accès aux origines personnelles)

Une fausse identité

Ailleurs, comme en Amérique latine ou en Inde, l'absence de telles dispositions, liée à l'interdiction d'abandonner un enfant, pousse les femmes qui viennent accoucher à décliner souvent une fausse identité et à donner une fausse adresse.
Une solution parfois utilisée est celle de la fausse déclaration de grossesse, avec une confusion des générations, quand la grand-mère du nourrisson imprévu se fait passer pour la mère de ce dernier – qui devient le frère de sa propre mère.
Selon le psychologue Ferdinand Ezembé, la puissance d'enfermement du carcan social et religieux dont sont victimes de nombreuses femmes de par le monde – et, en France, pas seulement celles issues de l'immigration – est tel que l'abandon sauvage et parfois l'infanticide leur apparaissent comme moins grave que le rejet qu'entraîne la venue au monde d'un enfant « interdit ».

Les aménagements sur l'accouchement secret : la loi du 10 janvier 2002

Les débats qui ont eu lieu au Sénat et à l'Assemblée nationale au moment du vote de la loi sur l'accès aux origines personnelles (adoptée en seconde lecture le 10 janvier 2002) ont reflété une connaissance de ces réalités.
C'est sans doute la raison pour laquelle, en dépit des demandes pressantes for-

mulées par des groupes de mères de naissance et d'adultes « nés sous X », les parlementaires ont choisi de préserver, sur le sol français, la possibilité pour les femmes d'accoucher dans le secret ou l'anonymat si tel est leur désir.

Selon la loi française (art. 341-1 du code civil), toute femme peut demander l'anonymat au moment de son admission à la maternité : elle ne donne aucune identité. Elle peut aussi choisir, et la loi sur l'accès aux origines personnelles du 10 janvier 2002 l'y encourage, de consigner son identité dans une enveloppe scellée. La possibilité lui est également offerte de remettre ultérieurement cette enveloppe, scellée ou non d'ailleurs, à tout moment. C'est le secret de l'identité.

La mère doit être informée de la possibilité qui lui est laissée de revenir à tout moment sur ce secret. Elle est également invitée à laisser des renseignements sur sa santé et sur celle du père, éléments fréquemment demandés par les médecins et plus souvent encore par les intéressés : qu'ils soient adoptés ou non, le questionnement sur les antécédents familiaux les renvoie à leur capital génétique.

Des informations peuvent également être communiquées sur les circonstances de la grossesse et de la naissance. Enfin, l'importance pour l'enfant de connaître son origine est rappelée à la mère.

Autre avancée importante de la loi du 10 janvier 2002, la gratuité des frais afférents à l'accouchement est garantie à toute femme qui confierait son enfant à l'adoption, même sans consentir au secret.

La lecture de cette loi laisse transparaître une volonté de ne pas supprimer brutalement l'accouchement dit « sous X », mais d'encourager une évolution qui déboucherait à terme sur sa quasi-disparition, l'espoir étant que les mères soient de plus en plus amenées à « consentir personnellement à l'adoption de leur enfant » – pour reprendre les propos de Ségolène Royal, alors ministre déléguée à la Famille, à qui revient l'initiative d'une loi qui se veut une tentative d'équilibrer et de réconcilier le droit d'accoucher dans la dignité et la liberté de connaître ses origines.

Le consentement à l'adoption est un désir de transmission et non de rejet. Même si, juridiquement, cela reste sans effet, dans la mesure où le placement de l'enfant est décidé par le conseil de famille des pupilles de l'État, il est souhaitable, pour la mère comme pour l'enfant, qu'elle puisse exprimer ce consentement, y compris quand elle opte pour l'anonymat au moment de l'accouchement.

Les conditions d'admission

Article R1112-28 du Code de la santé publique

Si, pour sauvegarder le secret de la grossesse ou de la naissance, l'intéressée demande le bénéfice du secret de l'admission, dans les conditions prévues par l'article L. 222-6 du Code de l'action sociale et des familles, aucune pièce d'identité n'est exigée et aucune enquête n'est entreprise. [...] Le directeur général informe de cette admission le directeur départemental des affaires sanitaires et sociales.

Article L. 222-6 du Code de l'action sociale et des familles (loi n° 2002-93 du 22 janvier 2002) :

I. « Toute femme qui demande, lors de son accouchement, la préservation du secret de son admission et de son identité par un établissement de santé est informée des conséquences juridiques de cette demande et de l'importance pour toute personne de connaître ses origines et son histoire. Elle est donc invitée à laisser, si elle l'accepte, des renseignements sur sa santé et celle du père, les origines de l'enfant et les circonstances de la naissance ainsi que, sous pli fermé, son identité. Elle est informée de la possibilité qu'elle a de lever à tout moment le secret de son identité et, qu'à défaut, son identité ne pourra être communiquée que dans les conditions prévues à l'article L. 147-6 [voir p. 375]. Elle est également informée qu'elle peut à tout moment donner son identité sous pli fermé ou compléter les renseignements qu'elle a donnés au moment de la naissance. Les prénoms donnés à l'enfant et, le cas échéant, mention du fait qu'ils l'ont été par la mère, ainsi que le sexe de l'enfant et la date, le lieu et l'heure de sa naissance sont mentionnés à l'extérieur de ce pli. Ces formalités sont accomplies par les personnes visées à l'article L. 223-7 avisées sous la responsabilité du directeur de l'établissement de santé. À défaut, elles sont accomplies sous la responsabilité de ce directeur. »

« Sur leur demande ou avec leur accord, les femmes mentionnées au premier alinéa bénéficient d'un accompagnement psychologique et social de la part du service de l'Aide sociale à l'enfance. »

II. « Pour l'application des deux premiers alinéas, aucune pièce d'identité n'est exigée et il n'est procédé à aucune enquête. »

III. « Les frais d'hébergement et d'accouchement dans un établissement public ou privé conventionné des femmes qui, sans demander le secret de leur identité, confient leur enfant en vue d'adoption, sont également pris en charge par le service de l'Aide sociale à l'enfance du département, siège de l'établissement. »

Le recueil de l'enfant par un organisme autorisé pour l'adoption : article R225-25 du CASF

Décret n° 2002-575, art. 12 - Lors du recueil d'un enfant sur le territoire de la République française, l'organisme autorisé pour l'adoption établit un document attestant que les père et mère de naissance, ou la personne qui lui remet l'enfant si sa filiation est inconnue, ont été informés :

1. Des mesures instituées, notamment par l'État, les collectivités territoriales et les organismes de sécurité sociale pour aider les parents à élever eux-mêmes leurs enfants ;
2. Des délais et conditions suivant lesquels l'enfant pourra être repris par ses père et mère, et notamment de leur droit de le reprendre sans aucune formalité pendant un délai de deux mois ;
3. Des conséquences du recueil et du placement en vue d'adoption de l'enfant, au regard notamment de l'article 352 du Code civil ;
4. De la possibilité de laisser, à l'occasion de l'établissement du document rédigé lors du recueil par l'organisme, tous renseignements concernant les origines de l'enfant ainsi que les raisons et les circonstances de ce recueil, et des modalités selon lesquelles ces renseignements sont recueillis.

Dans l'hypothèse où la femme a demandé lors de son accouchement la préservation du secret de son admission et de son identité, ces renseignements sont recueillis par le correspondant du Conseil national pour l'accès aux origines personnelles dans le département où l'enfant est recueilli ; la femme est également informée de la possibilité qu'elle a de déclarer son identité à tout moment ainsi que de lever le secret de celle-ci.

À sa demande, le recueil d'information peut se faire en présence de la personne de l'organisme autorisé qui l'accompagne.
L'organisme donne aux parents ou à la personne qui lui remet l'enfant une copie du document établi conformément au premier alinéa.

L'accompagnement de la mère et le recueil des informations : articles R147-21 et R147-22 du CASF

R147-21
Les informations prévues à l'article L. 222-6 du code précité [voir article cité ci-dessus] et celles qui doivent être délivrées en application de l'article L. 224-5 du même code [tous renseignements concernant la santé des père et mère, les origines de l'enfant, les raisons et les circonstances de sa remise au service de l'Aide sociale à l'enfance] et de l'article 12 du décret du 18 avril 2002 [relatif aux OAA : voir ci-dessus] susvisé font l'objet d'un document établi par le Conseil national.
Ce document est remis à la femme lors de son accouchement et, au plus tard, pendant son séjour dans l'établissement de santé.
Ce document précise :
• les effets juridiques de la demande expresse de secret ou de son absence ;
• les modalités de levée du secret ;
• les moyens de communiquer l'identité de la mère de naissance à l'enfant ou aux personnes mentionnées au 3. de l'article L. 147-2 du Code de l'action sociale et des familles [descendants de l'enfant, ou son tuteur, s'il est majeur et placé sous tutelle], de son vivant ou après son décès ;
• les conséquences de son choix en matière de filiation et notamment les modalités et le délai pendant lequel elle peut, le cas échéant, établir volontairement le lien de filiation ainsi que les effets qui s'attachent au placement et à l'adoption plénière de l'enfant ;
• le rôle du Conseil national pour l'accès aux origines personnelles et celui de ses correspondants dans le département ;

• la nature des renseignements qu'elle est invitée à laisser dans l'intérêt de l'enfant ainsi que les modalités de conservation et de transmission de ces renseignements et de ceux contenus dans le pli fermé.

R147-22

Le correspondant du Conseil national recueille sur un document établi en double exemplaire et conforme à un modèle défini par arrêté du ministre chargé de la Famille les renseignements prévus à l'article L. 223-7 du code précité.

Il atteste sur ce document :

• que la mère de naissance a été invitée à laisser son identité sous pli fermé et qu'elle a demandé expressément le secret de cette identité ;

• que lui ont été remis le document d'information prévu à l'article 22 accompagné des explications nécessaires ainsi qu'un modèle de lettre de demande de restitution de l'enfant comportant les coordonnées du service compétent.

Il y mentionne, le cas échéant, les objets laissés par la mère de naissance.

Un exemplaire de ce document est versé au dossier de l'enfant. Selon la situation de ce dernier, il est intégré ou annexé soit au procès-verbal d'admission de l'enfant en tant que pupille, prévu à l'article L. 224-5 du Code de l'action sociale et des familles, soit au document prévu à l'article 12 du décret du 18 avril 2002 susvisé. Un autre exemplaire est remis à la mère de naissance.

Qui sont les mères qui choisissent l'anonymat ?

Toutes les décisions de ne pas élever son enfant ne proviennent pas d'un déni, d'un refus de l'enfant. Dans de nombreux cas, la décision est assumée avec autant de lucidité que faire se peut en pareilles circonstances.

Il peut y avoir le souhait de poursuivre ses études chez les plus jeunes, qui prennent parfois cette décision en couple.

Ce peut être aussi une preuve de réalisme chez certaines femmes, plus âgées, mères déjà d'un ou de plusieurs enfants, qu'elles élèvent seules ou dans un contexte conjugal difficile (avec, en arrière-plan, un chômage endémique ou, pis, la violence).

Un portrait assurément incomplet des mères en difficulté peut être brossé à partir des données réunies dans des centres comme Ilithyie, la Consultation des femmes enceintes en difficulté du CHU de Nantes ou le Safed (Service d'accompagnement des femmes enceintes en difficulté) de l'Hôtel-Dieu de Rennes.

Sur les 200 femmes reçues chaque année par le Safed (dont une quinzaine choisissent l'anonymat au moment de l'accouchement), 90 % ont moins de 21 ans (ce qui correspond à la mission du service) ; 80 % vivent seules ; deux tiers d'entre elles logent chez leurs parents, sont sans domicile ou en foyer ; 63 % n'exercent aucune activité.

Parmi les causes qu'elles avancent, l'isolement revient très souvent. Soit elles n'ont pas de compagnon, soit elles ne reconnaissent pas ce dernier comme pouvant être un père pour l'enfant. Certaines souhaitent reprendre ou poursuivre leurs études. Les données recueillies au CHU de Nantes permettent également de mieux connaître ces mères. Sur 40 femmes qui, entre 1996 et 2000, se séparent de leur enfant à la naissance, 5 sont mineures, 26 ont entre 18 et 30 ans, 6 ont plus de 30 ans (aucun renseignement sur l'âge n'étant recueilli dans trois cas).

Étudiantes, lycéennes, femmes au foyer, employées : 23 d'entre elles vivent seules ou séparées, 6 ne donnent aucun renseignement sur leur situation matrimoniale, enfin 11 sont mariées ou en concubinage, le père étant associé à la décision de ne pas garder l'enfant.

Si 16 ne fournissent aucune identité, 13 laissent au moins un prénom et 10 donnent une identité complète. Enfin, 22 choisissent au moins un prénom pour l'enfant[1].

Les situations sont très variables d'un département à un autre : ainsi, en Île-de-France, des correspondants départementaux du Conseil national pour l'accès aux origines personnelles font état de mères d'origine étrangère, se présentant avec une carte Vitale prêtée ou dérobée, ou de façon anonyme : certaines seraient sans papiers et donc expulsables, d'où la nécessité de taire son identité pour ne pas porter tort au reste de la famille, illégalement présente sur le territoire français. S'identifier constitue ici une autre forme de risque.

Laisser son enfant n'est pas un choix, mais une nécessité. Dans ces cas, la grossesse est peu ou pas suivie, l'arrivée à la maternité se fait au dernier moment, la mère repart le plus rapidement possible.

Un don d'amour

Parmi les mères qui peuvent être accompagnées, les professionnels disent constater qu'elles voient dans l'adoption une « chance extraordinaire » pour l'enfant.

Myriam Szejer, psychanalyste qui accompagne les parents et leurs bébés à la maternité de l'hôpital Antoine-Béclère

1. Voir les tableaux à la fin de l'ouvrage de Sylvie Babin, *Des maternités impansables*, Paris, L'Harmattan, 2001.

de Clamart, note leur « étonnante détermination à mener parfaitement leur grossesse à terme, [...] leurs bébés sont en pleine santé. Comme si elles voulaient mettre toutes les chances du côté de cet enfant qu'elles n'élèveront pas. C'est pourquoi, dans la majorité des cas, elles sont favorables à laisser des informations sur l'histoire de l'abandon et même leur identité afin d'aider l'enfant[1] ».

« Cela fait quelques années maintenant que je rencontre des mères qui souhaitent remettre leur enfant en vue d'adoption ; chaque fois, je suis frappée par l'amour qu'elles expriment. C'est un don d'amour qu'elles font pour leur enfant. »

Une assistante sociale

Un abandon forcé

D'autres mères, en revanche, comme celles qui se sont regroupées pour créer des associations d'entraide, expriment, les années passant, une grande colère, un ressentiment envers ceux, fussent-ils parents, proches, responsables des services sociaux ou d'œuvres privées, perçus comme ayant « organisé » le secret autour d'elles.

Un très fort sentiment de s'être fait manipuler prévaut, l'impression d'avoir été dépouillée de tout pouvoir de décision. Vingt ans, trente ans après, elles estiment ne pas avoir choisi la séparation d'avec leur enfant, mais l'avoir subie. Elles n'ont pas donné l'enfant, il leur a été pris.

D'où des réactions très fortes, une recherche de l'enfant qui, parfois, frise l'illégalité, viole le droit à l'intimité et à la sérénité de celui-ci (droit dont elles disent qu'il leur fut un jour nié), au risque de mettre en danger les retrouvailles dont elles espèrent tant. La création du Conseil national pour l'accès aux origines personnelles (Cnaop), en application de la loi du 22 janvier 2002, devrait permettre d'apporter un certain apaisement à des souffrances jamais anesthésiées (voir le chapitre « Origines et construction de l'identité »). La composition du Cnaop oblige en effet au dialogue. Outre les représentants de l'État et des collectivités territoriales, ainsi que des personnes qualifiées, le Cnaop réunit en son sein des associations de défense des mères, des représentants des personnes à la recherche de leurs origines et un représentant des familles adoptives.

« Delphine, enceinte à 15 ans, anesthésiée avant l'accouchement, apprend au réveil que son nourrisson est mort. Plus de trente ans plus tard, elle découvre qu'il est encore vivant. "Je considère ce que j'ai subi comme un viol. On a entravé ma liberté,

1. Myriam Szejer, *Les Femmes et les bébés d'abord*, Paris, Albin Michel, 2001.

on a décidé pour moi et, pour comble, on m'a volé mon enfant." »

Extrait de témoignage, Georgina Souty et Pascal Dupont, Destins de mères, destins d'enfants, *Paris, Odile Jacob, 1999*

La place des pères

Parfois, c'est ensemble que le couple se présente à la maternité et demande alors le secret ou l'anonymat. Toutefois, les mères sont généralement seules (situation trop souvent subie plutôt que choisie) et elles ont peu d'informations à donner sur le père, soit parce qu'elles ne veulent pas enn fournir, soit parce qu'elles sont dans l'impossibilité de le faire. Les pères, quant à eux, ne sont pas toujours au courant de la grossesse, surtout quand il n'y a pas de vie commune. Même quand ils le savent, l'impossibilité d'établir un lien entre eux-mêmes et la mère (puisqu'elle a demandé l'anonymat ou le secret) et l'absence de filiation établie permettent difficilement de retrouver la trace de l'enfant et de faire valoir sa paternité : aussi étonnant que cela puisse paraître, un accouchement secret sur lequel la mère ne sera pas revenue en reconnaissant l'enfant qu'elle a mis au monde est censé ne jamais avoir eu lieu. Pour autant, la loi du 22 janvier 2002 n'a pas oublié les pères : ceux qui ont fait une reconnaissance anténatale peuvent saisir le procureur et lui demander de procéder à des recherches pour retrouver l'enfant. La démarche ne peut aboutir que si la demande est faite dans les deux mois suivant la naissance.

Le consentement à l'adoption : l'enfant que l'on ne peut pas assumer

Une promesse d'avenir

Certaines femmes choisissent de confier l'enfant à l'adoption après avoir établi la filiation, d'emblée ou après l'avoir élevé un certain temps, peut-être parce qu'elles ont refait leur vie et que leur compagnon refuse de lui faire une place ou qu'il représente un danger pour son intégrité morale ou physique.

Confier l'enfant à l'adoption devient ainsi une façon de lui proposer un avenir qu'elle ne se sent pas capable de lui

Organismes autorisés pour l'adoption (OAA) recueillant des enfants handicapés

• **Emmanuel** : M. et Mme Alingrin
Mont Joie - 49150 Clefs - Tél. : 02 41 82 80 62
• **Le Chemin de Vie**
10, rue de la Robertsau - 67800 Bischheim - Tél. : 03 88 83 42 40
• **Vivre en famille** : Mme Labaisse
La Source de Varenne - 61700 Champ-Secret - Tél. : 02 33 37 96 07

offrir, de le mettre à l'abri dans la mesure où vivre seule lui est désormais devenu impossible.

Le diagnostic médical

Au moment de l'accouchement, un diagnostic médical tombe comme un couperet : l'annonce d'une trisomie 21, d'une malformation grave ou d'un handicap lourd. Certains parents se sentent démunis devant une telle réalité, incapables de l'assumer. Ils se résolvent à confier l'enfant à l'Aide sociale à l'enfance ou à une œuvre privée.

Parfois, après avoir appris le diagnostic, ils demandent l'anonymat, ce qui peut être perçu comme un détournement de l'accouchement dit « sous X », dans la mesure où rien ne les empêche de donner leur nom à l'enfant et de le confier ensuite en adoption. Certains demandaient le secret après avoir reconnu l'enfant. Désormais, avec la loi du 22 janvier 2002, cette possibilité disparaît : dès lors que la filiation d'un enfant est établie, il est impossible de revenir en arrière.

Ici et ailleurs : consentement et possibilité de rétractation

Une mère ou un père et une mère qui décident de confier leur enfant à l'adoption, se voient informés de leurs droits et des effets qui découleront de cette décision, tant pour eux que pour leur enfant. C'est dans le but de renforcer ces droits et de tenter de prévenir des abus que la convention de La Haye du 29 mai 1993 relative à l'adoption internationale consacre l'importance du consentement, qui devra être recueilli pour que l'enfant devienne adoptable. Les parents sont invités à consentir à l'adoption, après avoir été conseillés et informés des conséquences irréversibles de leur décision. C'est ce que l'on appelle le « consentement éclairé ».

Ces conséquences doivent être replacées dans le contexte culturel de la famille. Pour une famille vietnamienne, par exemple, il importera qu'elle ait bien compris que son fils n'assurera pas le culte des ancêtres. Ailleurs, l'idée que l'enfant ne sera pas élevé dans la même religion peut se révéler un obstacle à donner son consentement. Une famille africaine vivant en Afrique ou immigrée devra clairement prendre conscience du fait qu'elle ne pourra pas attendre de l'enfant qu'il prenne soin d'elle à l'avenir : il ne sera pas son « bâton de la vieillesse ». La loi française apporte également des précisions sur les conditions de remise d'un enfant en vue d'adoption et sur les conditions de rétractation. Les parents sont informés des diverses mesures de soutien qui peuvent les aider à élever leur enfant, ainsi que des délais et des conditions dans lesquels ils peuvent se

Convention de La Haye (1993)

Article 4

Les adoptions visées par la Convention ne peuvent avoir lieu que si les autorités compétentes de l'État d'origine :

a - ont établi que l'enfant est adoptable ;

b - ont constaté, après avoir dûment examiné les possibilités de placement de l'enfant dans son État d'origine, qu'une adoption internationale répond à l'intérêt supérieur de l'enfant ;

c - se sont assurées :

1. que les personnes, institutions et autorités dont le consentement est requis pour l'adoption ont été entourées des conseils nécessaires et dûment informées sur les conséquences de leur consentement, en particulier sur le maintien ou la rupture, en raison d'une adoption, des liens de droit entre l'enfant et sa famille d'origine,
2. que celles-ci ont donné librement leur consentement dans les formes légales requises, et que ce consentement a été donné ou constaté par écrit,
3. que les consentements n'ont pas été obtenus moyennant paiement ou contrepartie d'aucune sorte et qu'ils n'ont pas été retirés,
4. que le consentement de la mère, s'il est requis, n'a été donné qu'après la naissance de l'enfant.

Article 348-3 du Code civil

Le consentement à l'adoption est donné devant le greffier en chef du tribunal d'instance du domicile ou de la résidence de la personne qui consent, ou devant un notaire français ou étranger, ou devant les agents diplomatiques ou consulaires français. Il peut également être reçu par le service de l'Aide sociale à l'enfance lorsque l'enfant lui a été remis.

Le consentement à l'adoption peut être rétracté pendant deux mois. La rétractation doit être faite par lettre recommandée avec demande d'avis de réception adressée à la personne ou au service qui a reçu le consentement à l'adoption. La remise de l'enfant à ses parents sur demande même verbale vaut également preuve de la rétractation.

Si à l'expiration du délai de deux mois le consentement n'a pas été rétracté, les parents peuvent encore demander la restitution de l'enfant à condition que celui-ci n'ait pas été placé en vue de l'adoption. Si la personne qui l'a recueilli refuse de le rendre, les parents peuvent saisir le tribunal qui apprécie, compte tenu de l'intérêt de l'enfant, s'il y a lieu d'en ordonner la restitution. La restitution rend caduc le consentement à l'adoption.

rétracter. Le délai de rétractation varie d'un pays à l'autre. En France, le délai est de deux mois. Il est porté à six mois si la filiation a été établie au nom des deux parents mais que seul l'un des deux parents a consenti à son adoption, pour laisser le temps de retrouver l'autre parent et recueillir sa volonté. S'il refuse, l'enfant lui sera remis. Dans un cas comme dans l'autre, au-delà de ce délai, les parents peuvent encore demander que l'enfant leur soit restitué, et la restitution aura pour effet d'annuler le consentement à l'adoption. Mais elle sera refusée si l'enfant a déjà été placé en vue d'adoption. De même, après le placement, il ne sera plus possible d'établir valablement une filiation paternelle ou maternelle qui ne l'aurait pas été auparavant. Dans l'intérêt de l'enfant, la période de transition, l'entre-deux, où il n'est plus avec ses parents de naissance et où il n'a pas encore rencontré ses parents adoptifs, ne saurait se prolonger. En 1996, la période de transition a été abaissée de trois mois à deux mois.

On peut considérer que, jusqu'au moment du placement, la législation s'efforce de préserver les droits des parents. Une fois ce délai passé, une fois l'enfant placé, c'est de lui que l'on doit s'occuper en priorité.

Dans son intérêt, comme dans celui de ses parents de naissance, ces derniers sont, du moins en France, entendus, accompagnés, épaulés. Quand vraiment ils sentent qu'ils ne peuvent pas se projeter dans l'avenir avec cet enfant-là, ils sont encouragés à laisser des informations, à expliquer leur démarche. L'enfant peut ainsi être pensé, son avenir envisagé : un projet pour lui est esquissé, il devient réalité, en dehors de ses géniteurs. Il a droit à sa propre vie, physique mais aussi psychique, il est autorisé à exister, à vivre, car le passage a été autorisé par ceux qui l'ont conçu et mis au monde vers ceux qui l'élèveront.

Chapitre 3

Ici et ailleurs, des parents adoptifs

Il n'y a pas une vraie mère qui est celle qui a mis cet enfant au monde et vous qui seriez une mère adoptive. Cet enfant n'aura jamais d'autre mère que vous.

Nazir Hamad, L'Enfant adoptif et ses familles, *Paris, Denoël, 2001*

Qui sont les parents adoptifs ?

Il n'y a pas de droit à l'enfant

À la « grossesse impossible » de la mère de naissance répond l'« impossibilité de grossesse » de celle qui n'a pas eu d'enfants biologiques et qui deviendra peut-être la mère adoptive.

Mais la situation est loin d'être symétrique. Car si la femme enceinte ou les géniteurs ont le droit de consentir à l'adoption de leur enfant, la femme souffrant de stérilité, le couple sans issue, le ou la célibataire qui aspire à devenir parent n'ont pas le droit de se voir confier automatiquement un enfant. Le désir d'être parent n'ouvre pas un droit à le devenir.

Le droit des premiers est un droit qui permet à la société d'assurer la survie et le devenir de l'enfant dans des circonstances difficiles pour lui ; le droit des seconds, s'il était institué comme tel, indépendamment de toute autre considération, n'aurait pour but que d'assouvir une insatisfaction personnelle, en déclarant adoptables autant d'enfants qu'il y a de parents adoptifs potentiels.

C'est pour cela que l'on ne peut pas parler de droit à l'enfant. Peut-on parler de désir d'enfant ? Oui, bien sûr, à condition de se garder de toute dérive possible vers le droit à l'enfant, et ce d'autant plus dans notre société de consommation, où les désirs prennent la force du besoin et sont par là revendiqués comme des droits.

> « Et la jeune femme, radieuse, emporta le marmot hurlant, comme on emporte un bibelot désiré d'un magasin. »
>
> *Guy de Maupassant, « Aux champs »,* Contes de la bécasse, *1883*

Quand l'enfant ne paraît pas

Un besoin de prolongement de soi-même

Fonder une famille, voilà un souhait commun à ceux qui vivent à deux et qui s'aiment, et à ceux qui vivent seuls. Dans tout amour, il y a quelque chose de narcissique : même en aimant l'autre pour ce qu'il est, on aime l'autre pour l'image de nous qu'il nous renvoie, on aimera l'enfant pour les traits physiques et psychologiques qu'il nous aura empruntés ou qu'il aura empruntés à celui ou celle qui nous aime, on l'aimera comme prolongement de ce que l'on est et de ce que l'on souhaite transmettre.

Un besoin de prolongement de sa famille

En fondant une famille, on répond aussi à ce besoin inconscient inscrit dans nos gènes depuis l'apparition de l'homme, celui de perpétuer sa race, sa lignée, sa famille, son patrimoine – génétique, culturel, religieux, immobilier.

Animés par la peur de disparaître, de se dissoudre dans un autre groupe, le clan, la tribu voyaient leur survie dans une reproduction soumise à des règles strictes, souvent endogamiques : les unions devaient se faire au sein de la tribu ou avec une tribu de même ethnie, parfois même entre cousins et cousines.

Si cela peut sembler de nos jours archaïque et révolu, il suffit, pour se convaincre que ces réflexes sommeillent au fond des êtres, de constater, autour de nous, les réticences qu'entraînent encore les unions mixtes, entre personnes d'origines ou de confessions différentes, ou les adoptions : cet enfant que l'on accueille au sein de la famille ne vient-il pas « d'ailleurs », *a fortiori* quand il est d'une autre ethnie et que cela se voit ?

Donner la vie à un enfant, c'est poursuivre l'œuvre commencée par nos ancêtres, c'est s'inscrire dans la continuité, c'est aller vers l'avenir, défier cette mort que nous savons inéluctable.

Une absence difficile

Mais quand l'enfant ne paraît pas, le cercle de famille s'étrique, se recroqueville autour de l'absence d'enfant.

Les causes de cette absence, au sein d'un couple, peuvent être multiples : peurs refoulées ou inconscientes, dues parfois à des histoires familiales d'accouchements difficiles ou non voulus, à des abandons ou à des secrets de filiation tus, ou tout simplement à des raisons médicales.

La stérilité, un tabou

La stérilité hante les mythes. Longtemps, l'absence d'enfants ne pouvait être imputable qu'à la seule femme, à celles dont Dieu semble se détourner dans la Bible, les faisant attendre longtemps avant de leur concéder un enfant.

Combien de femmes, aujourd'hui encore, sont « accusées » de stérilité par leur belle-famille alors que le « responsable » est en fait le mari.

La stérilité masculine est longtemps restée un tabou car elle a souvent été associée, à tort, à l'impuissance – idée que les parents adoptifs stériles doivent veiller à ne pas laisser s'installer chez leurs enfants.

De nos jours, il en est qui, confrontés à un cas de couple adoptant, ne peuvent résister à la tentation de savoir si c'est « elle » ou « lui » qui n'a pas pu avoir d'enfants.

Il n'y a pas si longtemps, il importait d'enfermer à double tour cette stérilité dans le cabinet des secrets de famille inavouables. Une solution était de faire porter le fardeau à la femme et de la répudier pour en prendre une autre – ce que des monarques n'ont pas hésité à faire jusqu'au XXe siècle –, mais voilà que cela devenait gênant si la seconde, elle non plus, ne parvenait pas à concevoir.

Dans ce cas-là, il fallait se tourner vers un tiers, qui viendrait offrir sa semence : un frère, un cousin, quelqu'un – si l'on était suffisamment puissant et désireux d'assurer la survie de sa lignée – que l'on pouvait éventuellement faire disparaître discrètement. C'était l'équivalent, pourrait-on dire, dans d'autres mœurs et d'autres temps, d'une procréation assistée avec don de sperme.

> « Il ne faut pas oublier que la stérilité masculine était traitée de façon extrêmement pratique. Inutile d'aller voir un juge pour trouver quelqu'un pour faire un enfant à votre épouse. Il suffit d'un peu d'argent, éventuellement d'un coup de revolver… »
>
> *Bruno Décoret, sociologue, Congrès Enfance et familles d'adoption, octobre 2000*

Dans les cas de stérilité féminine, une sœur parfois donnait l'un de ses enfants, situation qui se produit encore dans certains pays.

En Occident, on faisait aussi appel à l'occasion à la maîtresse (ou à l'une des maîtresses) de l'époux.

Benito Pérez Galdos, romancier espagnol du XIXe siècle, raconte dans *Fortunata y Jacinta* comment une jeune femme qui ne peut pas avoir d'enfants décide d'en avoir un quand même, de son mari volage, par maîtresse interposée – mère porteuse avant la lettre. Voilà qu'on lui présente un enfant ; or il se révèle qu'il n'est pas de son mari. Jacinta veut le garder, mais son entourage s'y oppose et le lui reprend pour lui remettre, plus tard, un enfant dont on l'assure cette fois qu'il est bien de son mari : Jacinta était prête pour accueillir l'enfant réel, son entourage ne l'était pas.

De façon plus prosaïque, la stérilité cachée, masculine ou féminine, débouche à l'occasion sur de fausses reconnaissances en paternité, les suppositions d'enfant et des arrangements délictueux : l'homme reconnaissant l'enfant d'une femme qui ne souhaite pas le garder, pour ensuite l'élever avec son épouse ; ou l'enfant déclaré sous le nom d'une femme autre que celle qui a accouché.

Les tests ADN, certes, rendent hasardeux un tel accommodement avec la vérité.

Fort heureusement, un couple qui n'a pas d'enfants n'est plus stigmatisé, dans la plupart des pays, comme il pouvait l'être jadis. Fort heureusement, d'innombrables couples, comme d'innombrables célibataires, continuent de tracer un chemin, trouvent d'autres façons de s'épanouir, de donner un sens à leur vie, de partager et de transmettre. Il est certain qu'il faut une certaine force pour accepter, ou se résigner à l'idée, que l'on ne sera peut-être pas parent, pour résister à la « dictature » des attendus sociétaux ou familiaux. Car autour du couple sans enfants se crée une certaine expectative, une attente faite, dans les cas les plus courtois, de non-dits. Pis, cette attente se traduit trop souvent par des insinuations, des reproches plus ou moins conscients, de la part de l'entourage familial, des plaisanteries lourdes et des silences gênés de la part des amis, et ce d'autant plus quand ces derniers commencent à avoir un, deux, voire plusieurs enfants et que les années passent…

> « Oh, regarde, Henri, ce tas d'enfants ! Sont-ils jolis, comme ça, à grouiller dans la poussière. […] Il faut que je les embrasse ! Oh ! comme je voudrais en avoir un, celui-là, le tout petit. »
>
> *Guy de Maupassant, « Aux champs »,*
> Contes de la bécasse, *1883*

La pression sociale

À la douleur intime du couple vient ainsi s'ajouter la pression sociale qui pousse à faire quelque chose.

Cette pression menace de rendre difficile le dialogue du couple, ajoutant au désarroi personnel, aux aspirations intimes un sentiment de devoir, de nécessité de se conformer à ce qui est présenté comme une norme, une exigence sociale : celle de fonder une famille.

Là où, nous l'avons vu, les pressions de l'environnement familial refusaient l'enfant à la femme dont la grossesse se situait hors convention, ici, elles exigent implicitement un enfant du couple qui jouit d'une reconnaissance sociale.

Voir autour de soi ses amies devenir enceintes presque par magie, juste au moment où elles le souhaitent, voir les couples que l'on fréquente devenir des parents gâteaux, accaparés par leurs enfants qui naissent les uns après les autres comme autant de petits champignons dans un terreau fertile : l'expérience est douloureuse, physiquement, affectivement et socialement.

Les efforts pour concevoir, avant même de demander une aide médicale à la procréation (AMP), peuvent mettre à mal l'intimité sexuelle, voire la complicité d'un couple ; les traitements entrepris dans le cadre d'une AMP sont souvent épuisants. On en vient presque à oublier l'élan premier qui nous a portés l'un vers l'autre, ces instants partagés sans penser encore à un enfant, à oublier pourquoi on se soumet à tout cela si ce n'est, comme le dit crûment un mari, « parce qu'une vie sans enfants, c'est une vie de cons, et qu'on en a marre de voir tous les copains avec leurs gosses et d'entendre "Et vous, c'est pour quand ? Qu'est-ce que vous attendez ?" ».

Quand l'AMP ne réussit pas, certains se replient sur leur souffrance. D'autres divorcent. D'autres encore reportent leur désir frustré sur un animal de compagnie. D'autres, enfin, entament une procédure d'adoption, un cheminement vers l'enfant désiré aux traits encore flous, qui ne seront pas les leurs. Un cheminement qui ne doit pas se faire par dépit, mais parce que c'est une autre voie vers l'enfant attendu, qui nous touche au plus profond. Car mieux vaut ne pas adopter qu'adopter par défaut : il y a de fortes chances que nous ne fassions jamais nôtre cet enfant et il en souffrirait toute sa vie.

« Je vis ce début de procédure d'agrément très sereinement (et il n'y a pas de raison que cela change...), beaucoup plus que mes quatre mois d'AMP que j'ai vraiment vécus comme un enfer. L'attente est mieux vécue car je sais qu'elle aboutira, de plus elle me permet de réfléchir à mon projet. Je me sens "future" maman, avec une grossesse plus longue que la normale, mais avec tout autant d'émotion. Je vais d'ailleurs bientôt demander des fraises à mon mari ! »

Une postulante à l'adoption

Quand la grossesse n'est pas souhaitée

Les parents porteurs d'une maladie transmissible

Tous les couples sans enfants qui se tournent vers l'adoption ne connaissent pas forcément un problème de stérilité. Certains souffrent d'une maladie génétiquement transmissible : en se tournant vers l'adoption, ils choisissent d'épargner à leur enfant les risques associés à cette maladie dont ils sont porteurs.

Cela ne veut pas dire, loin de là, que l'enfant adopté sera nécessairement à l'abri de tout problème de santé : comme tout enfant, il peut un jour ou l'autre avoir des soucis médicaux ; il peut aussi arriver avec ses propres pathologies, qui ne sont pas toujours détectées au début (voir le chapitre « La santé de l'enfant »). Pour autant, les parents ne s'en sentiront pas responsables.

Les couples qui ont déjà des enfants

On trouve aussi parmi les parents adoptifs des couples qui ont déjà un, voire plusieurs enfants, et qui décident d'adopter pour élargir leur famille.

Avant 1966, il était impossible d'adopter un enfant s'il y avait déjà des enfants légitimes ; l'adoption était réservée aux couples qui n'en avaient pas. Après 1966, les restrictions commencent timidement à tomber, jusqu'à ce que la loi du 22 décembre 1976 les balaie totalement ; la priorité désormais, comme le souligne depuis sa création Enfance et familles d'adoption, sera de donner une famille à un enfant qui en est dépourvu.

La présence d'enfants biologiques ou adoptés dans la famille est donc autorisée dans le cas des couples mariés et des célibataires, en France et dans de nombreux autres pays.

Comme les couples souffrant de stérilité, ceux qui sont déjà parents doivent entreprendre un cheminement vers un enfant extérieur à eux-mêmes, un enfant qu'ils n'auront pas conçu. Mais le point de départ sera différent : dans ce cas, il leur faudra renoncer à leur fécondité, élargir leur regard et leur capacité de parents à un enfant que d'autres auront conçu à leur place.

Il leur faudra s'assurer que à travers cette façon différente de devenir parents, le désir d'enfant reste intact. L'enfant adopté est-il désiré tout autant que le furent les enfants conçus ? Sera-t-il accepté tel qu'il est, avec son vécu singulier, ses aptitudes et ses expériences propres, les différences ethniques, physiques, psychologiques qu'il pourra présenter avec l'enfant ou les enfants qui sont déjà là et qui auront davantage de probabilités de ressembler physiquement aux parents ?

Parfois, le choix de l'adoption rejoint un constat médical, quand une première grossesse difficile met fin à tout espoir de donner naissance à d'autres enfants.

Les célibataires

Les célibataires peuvent aussi choisir de renoncer, du moins momentanément, à une fécondité possible. Dans ce cas, ce renoncement est lié à l'absence d'un compagnon stable qu'il ou elle puisse imaginer parent de son enfant.

Là encore, une réflexion s'impose : l'enfant adopté ne saurait prendre la place ni du compagnon « pour la vie » que l'on n'a pas, ni de l'enfant biologique que l'on aurait pu avoir avec lui/elle.

En France, les célibataires sont autorisés à adopter depuis longtemps. En 1804, le Code Napoléon permettait l'adoption de majeurs par des hommes célibataires âgés de plus de 50 ans.

En 1923, confronté à la nécessité de trouver des foyers pour les orphelins de guerre, l'État français étendait l'adoption aux mineurs ; beaucoup de ces orphelins furent adoptés par des femmes seules. Il en fut de même pour des enfants trouvés sous les décombres pendant la Seconde Guerre mondiale.

Les investigations sociales et psychologiques prennent, en ce qui concerne les célibataires, une tournure spécifique. Au cours des entretiens, le travailleur social (assistante sociale ou éducateur) cherchera à s'assurer que cette personne vivant seule pourra assumer financièrement, matériellement, ainsi qu'au niveau de la gestion du temps, qu'elle a « la tête sur les épaules », pour reprendre l'expression d'une mère adoptive.

Il voudra aussi savoir si le parent potentiel a songé à la personne qui prendrait le relais s'il venait à décéder. Les motivations du candidat, son insertion dans son milieu familial et social seront examinées avec attention : y a-t-il, dans la vie de cette personne célibataire, des proches de l'autre sexe qui sauront s'impliquer dans le projet ?

La relation entre un seul parent et un enfant (adopté ou non) ne doit pas se refermer sur elle-même. Le risque d'une relation trop fusionnelle entre l'enfant et le parent existe, et cette relation, à l'adolescence, surtout si le parent et l'enfant sont du même sexe, peut se retourner en une confrontation cruelle et parfois destructrice, allant bien au-delà de l'opposition qui marque souvent le passage de l'enfance à l'âge adulte. Si l'enfant est du sexe opposé, le parent veillera à s'assurer qu'il aura des personnes proches, du même sexe, auprès desquelles il pourra établir une relation de complicité et trouver un modèle à partir duquel se construire.

La plupart des célibataires qui choisissent l'adoption sont des femmes qui ont vécu une relation qui ne s'est pas concrétisée, ou qui ne veulent plus attendre le « prince charmant », comme disent certaines, même si elles n'excluent pas de rencontrer un jour quelqu'un qui partagera leur vie, et celle de leur enfant. Parvenues à une certaine stabilité, elles se sentent prêtes à assumer un rôle de parent et entreprennent avec dynamisme un projet d'adoption.

De plus en plus nombreuses ces dernières années, elles ont joué un rôle d'avant-garde, accueillant des enfants relativement grands ou en fratrie alors que la tendance générale était à l'adoption d'enfants jeunes et isolés. Certaines se sont trouvées confrontées à des difficultés, qui ont fait dire ici ou là qu'il faudrait peut-être repenser ce droit ancien des célibataires à adopter.

Il est hasardeux de décréter que tous les problèmes rencontrés sont attribuables à l'adoption ou au modèle familial monoparental : certes, il est plus facile d'être deux pour endosser les problèmes, surtout ceux qui sont inattendus et qui ont un effet durable (tel qu'un retard de développement non diagnostiqué au départ). Dans le cas de célibataires ayant rencontré des difficultés, certaines reconnaissent avoir été encouragées à envisager une adoption qui ne correspondait pas à leur désir initial et avoir accepté trop hâtivement tel ou tel enfant.

Une fois de plus, il est important de prendre le temps de mûrir son projet, de se donner des limites, de ne pas cheminer en vase clos mais de rencontrer d'autres personnes qui ont une expérience de l'adoption monoparentale pour prendre conscience des éventuelles difficultés rencontrées. Il faut savoir que, si la France autorise l'adoption par les célibataires, les conseils de famille des pupilles de l'État leur confient rarement un enfant. Elles sont donc amenées à se tourner vers l'étranger, vers les pays qui autorisent l'adoption par les célibataires.

« L'homme avec qui j'espérais avoir des enfants s'est révélé ne pas être l'homme de ma vie… Le temps a passé, je me sentais toujours une mère potentielle. Mais j'ai compris que je devais aider mon enfant à combler le vide du père absent… Nous sommes une famille très unie. D'emblée, mon frère et mon beau-frère ont bien accueilli mon projet et se sont sentis investis d'une mission. Ils prennent régulièrement ma petite avec eux, la conduisent parfois chez une copine ou à l'école… Grâce à eux, à cette complicité qui s'est installée, elle a relativement bien vécu mon hospitalisation il y a quelque temps, même si elle a été perturbée, comme tout enfant dans ce cas : ils l'ont prise chez eux, elle venait me voir tous les jours, et c'est chez eux, avec elle, que j'ai pu me reposer pendant ma convalescence. C'est essentiel d'assurer ses arrières, sur le plan affectif, pour l'enfant, et pour soi. »

Une mère adoptive célibataire

Qui peut adopter ?

Que dit la loi ?

Les différents modèles parentaux esquissés sont ceux que reconnaît aujourd'hui le droit français. En effet, peuvent juridiquement adopter, à condition qu'ils obtiennent l'agrément, deux époux mariés depuis plus de deux ans ou âgés l'un et l'autre de plus de 28 ans, et toute personne âgée de plus de 28 ans.

Dans le cas des couples mariés, la demande d'adoption est généralement conjointe. Si elle émane d'un seul des deux époux, il est indispensable d'avoir le consentement de l'autre époux et d'être âgé de plus de 28 ans : les liens de filiation ne seront établis qu'avec le conjoint candidat.

Âge et loi

Article 343

L'adoption peut être demandée par des époux non séparés de corps, mariés depuis plus de deux ans ou âgés l'un et l'autre de plus de 28 ans.

Article 343-1 (modifié, loi n° 96-604, 5 juill. 1996, art. 2). L'adoption peut être aussi demandée par toute personne âgée de plus de 28 ans.

Si l'adoptant est marié et non séparé de corps, le consentement de son conjoint est nécessaire à moins que ce conjoint ne soit dans l'impossibilité de manifester sa volonté.

Article 344

Les adoptants doivent avoir quinze ans de plus que les enfants qu'ils se proposent d'adopter [...] (loi n° 76-1179, 22 déc. 1976, art. 4). Toutefois, le tribunal peut, s'il y a de justes motifs, prononcer l'adoption lorsque la différence d'âge est inférieure à celles que prévoit l'alinéa précédent.

Les étrangers vivant en France et les Français vivant à l'étranger

Tout étranger résidant sur le sol français et souhaitant adopter devra au préalable obtenir l'agrément ; un enfant adopté à l'étranger sans agrément ne sera pas autorisé à entrer sur le sol français.

La convention de La Haye prévoit que l'évaluation de la capacité des parents potentiels d'adopter soit faite par le pays d'accueil de l'enfant, c'est-à-dire par le pays où il va résider. Néanmoins, avant de demander un agrément, il est essentiel de vérifier qu'il n'y a pas d'incompatibilité entre la loi française et la loi personnelle de l'adoptant. Certains pays interdisent l'adoption ou ne l'autorisent que pour les couples mariés. Or les conditions de l'adoption dépendent de la loi personnelle des adoptants.

Les mêmes règles valent, en sens inverse, pour les Français vivant à l'étranger. Il leur faut respecter la législation du pays de résidence en ce qui concerne les conditions régissant l'accueil d'un enfant, et celle de la législation française afin que l'enfant puisse avoir un état civil en France.

En mars 1998, le Conseil supérieur de l'adoption proposait les recommandations suivantes pour les Français vivant à l'étranger : soit ils y résident temporairement, et ils déposent une demande d'agrément dans le dernier département où ils résidaient avant de quitter la France ; soit ils se sont établis dans un pays, et c'est là qu'ils doivent demander l'agrément.

Y a-t-il une limite d'âge pour adopter ?

Certains pays fixent une différence d'âge maximale entre le parent adoptif et l'enfant adopté : 40 ans en Italie et en Inde. Certains pays fixent une limite d'âge pour les adoptants : 45 ans en Corée du Sud, 55 ans au Pérou, 60 ans au Chili.

La loi française n'en fixe pas, bien que le Conseil supérieur de l'adoption, relayé par Jean-Marie Colombani dans son *Rapport sur l'adoption* (mars 2008), se déclare favorable à un écart d'âge maximal de 45 ans. Dans la pratique, la commission d'agrément ne recommandera pas que des postulants en âge d'être grands-parents (la soixantaine ou plus) soient autorisés à adopter, l'idée étant que l'on cherche des parents, et non des grands-parents, pour un enfant. C'est pour cette raison que des parents plus « âgés » seront invité à réfléchir à l'adoption d'un enfant plus « grand » : avoir la cinquantaine passée et demander à adopter un nourrisson peut se révéler un projet difficilement réalisable, en France mais aussi à l'étranger puisque c'est la législation du pays de l'enfant qui prévaudra.

Qui ne peut pas adopter ?

Le cas du pacs

Les concubins et les personnes ayant signé un pacs (pacte civil de solidarité), qu'elles soient hétérosexuelles ou homosexuelles, ne peuvent pas adopter conjointement, le seul couple reconnu sur le plan juridique en France étant celui qu'unissent les liens du mariage. Le pacs est un contrat entre deux adultes, il n'institue pas un modèle familial.

Impossible en France, une adoption conjointe par deux personnes non mariées est irréalisable à l'étranger puisqu'un jugement d'adoption prononcé pour deux personnes non mariées ne serait pas reconnu en France. Les pays d'origine qui confient des enfants à des concubins sont très peu nombreux. La convention de La Haye de mai 1993 mentionne spécifiquement les couples mariés et les célibataires.

Les concubins hétérosexuels

La seule possibilité pour les concubins d'adopter conjointement est de se marier, ce que font la majorité d'entre eux lorsqu'ils ont à cœur un projet d'adoption. En dehors du mariage, l'un des deux membres du couple peut adopter en célibataire – sachant que, si certains services d'adoption ferment les yeux, d'autres refusent d'instruire la procédure d'agrément pour un ou une postulant(e) qui se présente en célibataire tout en disant vivre en couple –, et ce quelle que soit son orientation sexuelle.

Par ailleurs, il est des départements où les investigations se feront avec les deux concubins dont les noms apparaissent dans les rapports, mais l'agrément sera délivré à un seul des deux, l'évaluation ne portera donc que sur l'un des deux, même si l'implication des deux dans la vie avec l'enfant aura pu être appréciée. Cela aura pour conséquence pratique de fermer la porte de certains pays, dans la mesure où il y aura une incompatibilité entre un agrément délivré pour une personne seule et des enquêtes faisant apparaître une vie en couple.

Inversement, taire sa vie en couple signifie que l'on est en train de construire un projet de vie pour un enfant sur un mensonge par omission : on tait une partie de la réalité au conseil de famille des Pupilles de l'État ou au pays d'origine de l'enfant.

Au-delà de la position que l'on est amené à prendre à l'égard de la démarche administrative se pose donc une dimension éthique, et l'intérêt d'un tel projet pour l'enfant : est-ce à dire qu'un seul des deux adultes au foyer s'investira auprès de l'enfant, dans les faits comme dans le droit ? Car aucun lien de filiation ne lie l'enfant et le membre du couple qui n'a pas adopté. Un mariage ultérieur ne suffit pas à créer automatiquement ce lien, puisqu'il faudra ensuite demander à adopter l'enfant du conjoint.

Or, pour le bien de l'enfant, il faut pouvoir envisager le pire. Si le parent qui a adopté vient à décéder, l'autre parent n'aura aucun lien de filiation avec l'enfant.

Si les deux viennent à décéder, les parents de celui qui n'avait pas adopté n'auront plus le droit de se voir attribuer la garde qu'il avait de fait : l'enfant perd ainsi non seulement ses parents, mais également le droit d'être accueilli ou recueilli par ses grands-parents paternels ou maternels, selon le cas.

Célibataires ou en couple, les homosexuels peuvent-ils adopter ?

La loi française ne précise pas l'orientation sexuelle ! Les célibataires en tant que tels, homosexuels ou hétérosexuels, ont donc le droit d'entreprendre une démarche en vue de l'obtention d'un agrément. Quant aux homosexuels vivant en couple et souhaitant adopter conjointement, ils se heurteront à la même impossibilité juridique que les couples hétérosexuels non mariés.

L'aspiration à être parent transcende les différences d'orientation sexuelle. Ces dernières années, en Amérique mais aussi en Europe, on assiste à une augmentation du nombre de couples homosexuels élevant leurs enfants – ou du moins à leur plus grande visibilité – avec de grandes disparités régionales et culturelles : il est plus facile, pour soi et pour l'enfant, de vivre ouvertement sa condition de parent homosexuel à San Francisco, ou dans des quartiers « branchés » de Paris, que dans un quartier de forte immigration, où l'homosexualité est parfois mal perçue, ou dans une province dont la culture locale est fortement empreinte de références familiales traditionnelles.

Souvent, les enfants de couples homosexuels ont été conçus par l'un des deux partenaires lors d'une précédente union hétérosexuelle : ces situations s'apparentent à celles des familles dites recomposées, avec circulation des enfants entre leurs deux parents de naissance et les partenaires de ces derniers.

Chez d'autres couples, les enfants ont été conçus avec un partenaire de sexe opposé, vivant parfois aussi une relation homosexuelle, ou à la suite d'une fécondation *in vitro* réalisée à l'étranger, l'aide médicale à la procréation étant réservée en France aux seuls couples hétérosexuels, mariés ou non.

Certains hommes ont fait appel à des mères porteuses. D'autres, hommes ou femmes, élèvent ensemble l'enfant adopté par l'un des deux. Leurs parcours, leurs expériences d'homosexuels et de parents, les difficultés rencontrées par les enfants pour intégrer cette « différence » vis-à-vis de leurs camarades ont fait l'objet de nombreux témoignages. Dans *Des parents de même sexe* d'Éric Dubreuil, des parents et des enfants se racontent sans détour. Il en ressort un fort désir de reconnaissance sociale, assorti d'un constat de blocages et de discriminations encore grandement ancrés.

> « Des enfants qui ont à gérer des différences, il y en a une foultitude. Cela peut être douloureux [...], mais [...] c'est aussi un mode de construction de sa personnalité sacrément intéressant. »
>
> *Éric Dubreuil,* Des parents de même sexe, *Paris, Odile Jacob, 1998*

Faut-il étendre aux homosexuels le droit à l'adoption ?

Après avoir obtenu, par le biais du pacs, une certaine reconnaissance du couple homosexuel, la revendication porte actuellement sur le droit à l'adoption, voie vers la reconnaissance de la famille homosexuelle.

La revendication aurait pu porter sur un droit à l'AMP élargi aux célibataires et aux couples homosexuels (mais voilà qui n'aurait pas aidé les couples d'hommes à devenir parents), il pourrait porter demain sur la reconnaissance en France du statut de mère porteuse ou de gestation pour autrui. Revendiquer le droit à l'adoption a semblé dans un premier temps plus emblématique.

Ouvertement débattue dans les médias depuis la fin des années 1990, et notamment depuis la promulgation de la loi sur le pacte civil de solidarité, la question de savoir s'il faut étendre aux homosexuels le droit à l'adoption a fait couler beaucoup d'encre. À la lecture de diverses études, ainsi que de témoignages personnels, il semble acquis que les enfants élevés par les homosexuels ne reproduisent pas le schéma sexuel de leurs parents et que leur évolution psychosociale ne diffère pas sensiblement de celle des autres enfants.

En février 2002, l'Académie américaine de pédiatrie, qui regroupe 55 000 médecins, se déclarait favorable à l'adoption par les homosexuels : aux États-Unis, à l'heure où nous écrivons, plusieurs États autorisent un compagnon de même sexe à devenir juridiquement le second parent. En Europe, les Pays-Bas, l'Espagne, la Belgique, l'Angleterre et le pays de Galles autorisent l'adoption par un couple d'homosexuels ; en Allemagne, un dispositif juridique permet le partage de l'autorité parentale.

Au vu des enquêtes menées aux États-Unis, au Canada, dans les pays scandinaves et en France, et qui ne portent pas uniquement, loin s'en faut, sur les enfants adoptés, certains spécialistes iraient jusqu'à laisser entendre que les parents homosexuels réussissent mieux avec leurs enfants que les parents hétérosexuels ; on peut voir là, comme chez certains parents adoptifs, des résultats qui seraient à rattacher à un investissement actif, quasi « militant », animé par une volonté de « prouver » aux autres que l'on est tout à fait capable de « réussir » sa famille, même quand elle est atypique.

Pour ce qui est des enfants adoptés, un des « avantages » à être élevé par des homosexuels serait, toujours selon certains chercheurs, que ces parents-là ne pourront pas faire semblant d'être les parents d'origine, qu'ils ne pourront pas « tricher » avec la vérité. Selon Martine Gross, présidente d'honneur de l'Association des parents gays et lesbiens (APGL), « l'adoption, en tant qu'institution, ne doit pas continuer à imiter la nature, elle doit montrer la voie d'une famille basée sur l'engagement ». C'est là oublier que la grande majorité des parents adoptifs hétérosexuels ne cherchent nullement à masquer les origines de leur enfant, exercice d'autant plus difficile quand les enfants, comme c'est de plus en plus le cas, sont d'une ethnie autre que celle de leurs parents.

Tous les spécialistes, pourtant, ne sont pas unanimes. Certains, comme le psy-

Une construction occidentale ?

À travers le monde, un père et une mère, une mère seule, quelles que soient les cultures, à quelques différences près, sont des modèles universels. L'idée d'instituer un modèle familial homosexuel est une construction occidentale, un exemple de ces « bricolages de la parentalité », pour reprendre l'expression de la sociologue Anne Cadoret, auxquels s'essaient les pays riches, avec des effets encore indéterminés sur les enfants qui les subissent.
À supposer que l'adoption soit étendue aux couples homosexuels, ces derniers ne peuvent espérer se voir proposer des enfants du jour au lendemain. À ce jour, aucun pays d'origine ne confie sciemment d'enfant à des homosexuels. La convention de La Haye, qu'ont signée ou ratifiée plus d'une soixantaine de pays, limite l'adoption aux couples mariés et aux célibataires. Certains pays d'origine, dont le Pérou, ont d'ores et déjà interdit l'adoption par des couples de même sexe tandis qu'un pays comme Madagascar, qui a adhéré à la convention, a modifié sa législation pour lier le mariage à l'hétérosexualité. En France, où il y a actuellement plus de 25 000 candidats à l'adoption titulaires d'un agrément pour quelque 2 500 pupilles de l'État, les difficultés risquent d'être analogues...

chanalyste Jean-Pierre Winter, estiment qu'« il faudrait trois ou quatre générations pour savoir ce que devient un enfant élevé par un couple d'homoparents ». Bruno Décoret, chercheur en sciences de l'éducation, va dans le même sens, tandis que le professeur Jean-François Mattéi maintient qu'il faut à l'enfant « deux référents, l'un paternel, l'autre maternel ».
La psychologue Claude Halmos s'est penchée sur les enfants adoptés : « L'adoption est, pour un enfant que ses géniteurs n'ont pas pu élever, la possibilité d'avoir des parents équivalents à ses parents biologiques. Permettre son adoption par un couple homosexuel reviendrait donc à lui dire que ses parents adoptifs (homosexuels) peuvent être l'équivalent de ses parents de naissance (forcément hétérosexuels) ; donc que la différence des sexes n'existe pas[1]. ».
Ces divergences se retrouvent sur le plan juridique. En février 2002, la Cour européenne des droits de l'homme donnait raison à l'administration française, qui

1. *Psychologies*, mai 1999

avait refusé l'agrément à un enseignant homosexuel – tout en indiquant dans les exposés joints à l'arrêt les divergences d'interprétation ayant opposé les magistrats.

Les uns, majoritaires, se sont « en quelque sorte fondé[s] sur le principe de précaution [et] les intérêts supérieurs de l'enfant à adopter (la primauté des droits de l'enfant sur le droit à l'enfant), en l'absence de consensus de la communauté scientifique sur l'impact d'une adoption par un célibataire ou un couple homosexuel ».

Les autres ont rappelé que « le motif du refus de l'agrément opposé au requérant par les autorités judiciaires repose uniquement sur l'homosexualité du requérant et donc sur l'opinion qu'être élevé par des parents homosexuels serait, en tout état de cause et dans toutes les situations, dommageable pour l'enfant ».

Six ans plus tard, en janvier 2008, la Cour européenne des droits de l'homme condamnait la France pour avoir refusé l'agrément à une célibataire vivant en couple avec une autre femme au motif que cela constituait une forme de discrimination : la majorité des magistrats considérait par là que la non-implication de sa partenaire dans le projet n'était pas une objection recevable.

Entre ces deux jugements, un tribunal parisien autorisait une femme à consentir à l'adoption par sa compagne de ses deux filles, conçues dans le cadre d'une procréation médicalement assistée à l'étranger, et prononçait une adoption simple. Si le stratagème visait à imiter l'adoption de l'enfant du conjoint, qui permet un partage de l'autorité parentale, la situation ici était différente du fait de l'absence de mariage : par son consentement, la mère biologique des filles renonçait à exercer l'autorité parentale, qui était transférée sur la mère adoptive. Cela signifiait que, en cas de séparation, elle n'avait aucune garantie de recouvrir ses droits. Elle avait en quelque sorte « offert » ses enfants à sa compagne – une nouvelle configuration du don d'enfant ?

Et l'enfant, dans tout ça ?

L'enfant adopté, déjà fragilisé par son histoire, n'a-t-il pas besoin de parents sécurisants ? Devra-t-il de surcroît défendre ses parents et les aider à acquérir une reconnaissance sociale ?

Les célibataires disent combien leurs enfants sont parfois déstabilisés par les remarques dont ils font l'objet (« Tu n'as pas de père/de mère ? Comment ça se fait ? »). Les discriminations, dans beaucoup d'endroits et surtout dans les cours de récréation, sont encore réelles et violentes ; les propos échangés entre les enfants véhiculent une agressivité parfois inquiétante : tout cela doit être combattu avec énergie par les adultes. Il n'est pas sûr que l'adoption soit le meilleur angle d'attaque. Beaucoup d'enfants élevés par des couples homosexuels racontent avoir dû cacher cette situation à leurs camarades d'école.

Dans la société actuelle, demander à l'enfant adopté d'affronter un double regard, celui sur sa propre condition d'enfant adopté et celui sur sa condition familiale d'enfant d'homosexuels, revient à lui imposer un lourd fardeau : devoir protéger ses parents d'attaques injurieuses.

Or, comme l'a rappelé le philosophe Gunter Gorhan lors d'un colloque sur l'adoption en 2000, « le parent adulte est responsable pour son enfant, mais l'inverse n'est pas le cas : l'enfant n'est pas responsable pour son parent (adulte) ».

Lors du colloque « Parentés et différences de sexes », organisé par l'Association des parents gays et lesbiens (APGL) en octobre 1999, les représentants d'Enfance et familles d'adoption considéraient que l'on « ne peut pas exposer davantage les enfants adoptés ».

Une table ronde sur l'adoption qui a eu lieu à l'Assemblée nationale en novembre 2005 a permis d'entendre des avis divers. Le Dr Robert Neuburger, psychiatre, a souligné que l'important à ses yeux, « ce sont les qualités éducatives des parents, plus que leur sexe », et le rôle des grands-parents, qui permettent « de l'inscrire dans une filiation de transmission ».

Martine Gross, présidente d'honneur de l'APGL, a évoqué l'intérêt pour l'enfant d'avoir deux parents : « Je souligne que l'intérêt de l'enfant est d'être adopté par deux personnes si deux personnes se présentent pour s'engager en tant que parents auprès de lui. [...] Pourquoi ne donner qu'un seul parent à un enfant lorsque deux sont prêts à s'engager, et ce au seul motif que deux personnes de même sexe ne peuvent faire semblant d'avoir procréé ? »

Jean-Marie Muller a rappelé la position de la Fédération des pupilles de l'État qu'il préside : « Nos représentants sont opposés à l'adoption des pupilles de l'État, déjà en situation d'assumer une histoire douloureuse, par des couples homoparentaux. L'enjeu de société qu'en font les demandeurs est trop important pour que l'enfant pupille de l'État en devienne un instrument. »

Pour ma part, je rappelais les réticences qu'expriment nombre de ceux qui ont été adoptés, adolescents ou adultes : Ils témoignent de ce sentiment intime de différence avec lequel ils ont grandi et qu'accompagne une aspiration très profonde à la normalité. Avoir des parents homosexuels viendrait à leurs yeux ajouter une différence et une curiosité supplémentaires à celles que suscite déjà l'adoption, voire, dans certains cas et dans certains milieux, un rejet. La question de l'intégration des enfants adoptés est une question réelle.

C'est dans ce contexte, et avant tout dans l'intérêt de l'enfant, que doit être pensée une éventuelle démarche d'adoption par un homosexuel, vivant seul ou en couple.

« Supposons que je sois noir. Supposons que j'aie des parents blancs. Supposons qu'en plus ils soient deux papas ou deux mamans. Ça va en faire, des choses à expliquer aux copains ! »

Sébastien, 8 ans, noir, né en France, adopté par des parents blancs

Deuxième partie

L'adoption

Chapitre 1

La démarche de l'adoption

Aller de l'enfant que l'on aurait voulu avoir « comme tout le monde », sans se poser tant de questions, vers celui que l'on décide d'avoir, soit par assistance médicale à la procréation, soit par adoption, suppose une démarche, une procédure, une obligation de mettre en paroles ce que d'autres se contentent de « faire » dans l'intimité.

Adopter un enfant, un engagement à vie

De l'enfant rêvé à l'enfant réel

Tout cela prend du temps et suppose d'accepter des contraintes médicales dans un cas, une démarche administrative dans l'autre, qui entraîne de surcroît le renoncement à une grossesse, à un enfant « né de soi ».

Dans le premier cas, même avec l'aide d'un tiers anonyme, on vit une grossesse, on donne naissance physiquement à un enfant; dans le second cas, l'enfant existe déjà quelque part, né de quelqu'un d'autre. Il ne vient pas de l'intérieur, il vient de l'extérieur, on ne sait pas très bien d'où ni de qui. Dans les deux cas, s'il doit être notre enfant, les sentiments que l'on ressentira pour lui nous viendront des tripes.

Intégrer cette idée, et tout ce qu'elle implique, ne se fait pas du jour au lendemain. Il faut se donner le temps de pouvoir cheminer de l'enfant désiré vers l'enfant réel, avec, entre les deux, l'enfant qu'il aura fallu imaginer autrement, puisqu'il n'aura pas forcément les traits du grand-père ni de la mère.

Ce cheminement n'est pas facile. Pour certains, il se fait assez rapidement, sans passer par le détour d'une AMP; pour d'autres, il se révèle douloureux, voire impossible, d'autant plus qu'il implique d'admettre sa propre stérilité, restée tue au cœur de la vie du couple, comme un secret dont, par atavisme, on aurait presque honte. C'est seulement lors de rencontres avec d'autres parents ayant vécu le même parcours que l'on parvient à s'exprimer sur ces questions.

Ce cheminement conduit de celui que les psychologues appellent « l'enfant rêvé » à l'enfant réel. Il implique une prise de conscience que tout enfant, biologique ou adopté, est un individu à part entière, un être extérieur à soi.

Un enfant dont il faut admettre que, même s'il vient à ressembler à ses parents, il est aussi, naturellement, différent et unique.

Telle jeune mère se plaindra volontiers de ce que sa fille ne lui ressemble pas assez, qu'elle est brune là où elle la voyait blonde. Les différences ne doivent pas pour autant relever du pittoresque ni de l'esthétique.

Telle postulante à l'adoption dit rêver d'une jolie petite fille noire pour lui faire toutes ces magnifiques tresses...

Assitance médicale à la procréation (AMP) et démarche d'adoption : une certaine écoute

Le couple sans enfants se trouve en position vulnérable. Il peut trouver un appui et une aide à la réflexion auprès des équipes psychomédicales, dans l'hypothèse où il demande une assistance médicale à la procréation (AMP), avec ou sans don de gamètes (sperme ou ovules), ou auprès des psychologues et des assistantes sociales de l'Aide sociale à l'enfance, dans l'éventualité où il envisage une adoption.
Dans un cas comme dans l'autre, l'échange avec des personnes tierces, extérieures au débat, du moins dans sa dimension affective, permet de renouer avec une certaine sérénité, de se libérer et de s'exprimer.
Avec, toutefois, une différence notable entre les deux équipes, et les deux approches : dans le cas d'une AMP, l'équipe est l'ingénieur, le maître d'œuvre du projet, c'est par elle qu'arrivera la naissance souhaitée, si elle se produit ; dans le second cas, l'équipe sonde un désir d'enfant, évalue la capacité d'accueil d'un couple, mais ne sera nullement le passeur direct.

Accepter l'enfant, tel qu'il est

L'enfant n'est pas une poupée Barbie ! L'enfant, c'est pour la vie, avec ou sans les tresses, pour le meilleur et pour le pire. Accepter l'enfant tel qu'il est, et non tel qu'on l'imagine, cela signifie grandir, sortir de soi pour aller vers l'autre.

Se donner le temps de laisser mûrir son désir d'enfant, pour faire sienne cette notion d'individualité, qui permettra à l'enfant d'occuper la place réelle qui lui revient et de grandir dans l'assurance de l'amour indéfectible de ses parents : cela est important pour tous les enfants, pour toutes les familles.

Dans le cas d'une adoption, c'est essentiel. Prendre conscience de cette individualité sera précisément une des conditions pour que la création des liens puisse s'opérer, pour que la greffe puisse prendre.

L'enfant existe déjà quelque part

À la différence de celui qui nous vient d'une conception naturelle ou d'une procréation artificielle, l'enfant que nous adoptons existe déjà quelque part, alors même que nous commençons à creuser notre désir d'enfant, sûrement avant qu'il ne nous soit confié, même s'il s'agit d'un enfant jeune. Il est là, quelque part : chez ses parents biologiques, dans une pouponnière, un orphelinat, une famille d'accueil, dans une ruelle de bidonville...

Physiologiquement, il nous vient d'ailleurs, de l'extérieur, même si, affectivement, il est déjà là, lové dans notre sein et dans notre cœur, et que son arrivée dans notre vie peut provoquer des sensations extrêmes analogues à celles que l'on ressent au moment de l'accouchement. Une mère qui n'a jamais accouché suscitera un sourire dubitatif lorsqu'elle raconte en ces termes l'arrivée de son enfant adopté ; mais des mères adoptives qui ont aussi connu une grossesse et un accouchement bien physiques sont là pour en témoigner.

Les parents d'enfants biologiques seraient-ils de meilleurs parents adoptifs ?

Certains psychologues se sont demandés si les meilleurs parents adoptifs ne seraient pas en fin de compte ceux qui ont déjà donné naissance à des enfants. Le danger d'une confusion entre enfant biologique et adopté, entre enfant désiré, imaginé et réel ne viendrait pas ainsi se télescoper avec autant d'intensité sur cet enfant né ailleurs et devenu sien.

L'expérience montre que les parents d'enfants biologiques qui ont adopté des enfants ne font « aucune différence » entre eux, comme ils disent – si ce ne sont les degrés de connivence ou d'empathie variables que l'on peut avoir avec ses enfants, fussent-ils tous biologiques, tous adoptés, ou un mélange des deux !

Le risque, pourtant, serait de vouloir trop gommer les différences : l'enfant adopté arrivera avec son tempérament, son état de santé, son vécu. Il devra être accueilli et respecté dans sa différence, il aura besoin de temps pour s'adapter à un mode de vie qui pour les autres va de soi, pour acquérir selon les cas une langue, des conventions et des notions que les autres auront assimilées sans difficulté.

On aura beau accorder un amour égal, si on ne sait pas reconnaître ces différences propres à l'enfant, l'adoption pourra être un échec.

> « Quand Sarah est descendue de l'avion avec son père – je n'avais pas pu l'accompagner, j'étais restée avec nos deux enfants "faits maison" –, quand je l'ai vue, j'ai été saisie de douleurs violentes, et d'un mélange très fort d'émotions, comme au moment de l'accouchement des deux premiers. Sarah était là, elle approchait, elle avait 9 ans ; ce jour-là, dans l'aéroport, j'ai accouché d'elle, mon troisième enfant. »
>
> *Une mère adoptive*

La place de l'enfant adopté

Que les futurs adoptants soient un couple stérile, un couple qui a déjà des enfants ou un(e) célibataire, ils devront tenter d'évaluer la place qu'occupera l'enfant, de cerner les motivations qui font qu'ils souhaitent fonder ou élargir leur famille par le biais de l'adoption : cet enfant qu'ils se proposent d'accueillir, vont-ils vraiment le considérer comme le leur, au même niveau que les enfants biologiques qu'ils ont eu ou qu'ils auraient voulu avoir ? Vont-ils le porter dans leur cœur et le sentir dans leurs tripes, quand il est malade ou malheureux ? Comment vont-ils réagir si, adolescent, il dit les rejeter ou rejeter ce qu'ils représentent ? À travers ces interrogations, le dialogue avec d'autres, la découverte d'expériences multiples, l'enfant, peu à peu, devient réel...

La tentation humanitaire

Face à la détresse des enfants à travers le monde, la priorité pourrait sembler d'explorer toutes les pistes afin de trouver un foyer pour le plus grand nombre d'entre eux, le plus rapidement possible. La Convention internationale des droits de l'enfant (Cide) rappelle que tout doit être fait dans un premier temps pour maintenir ce dernier dans son pays et sa culture d'origine – à condition que cela n'entrave pas son épanouissement, autre droit inscrit dans la Cide. Dans certains pays, cela équivaut à une cruelle quadrature du cercle. L'adoption apparaîtrait donc comme l'une des réponses au problème.

Dans les années 1960 à 1980, face à la misère du monde rendue plus visible par la télévision, des œuvres américaines et européennes travaillant sur le terrain ont encouragé l'adoption d'enfants qu'elles recueillaient. En France, à la même époque, il y avait des pupilles de l'État « oubliés » dans leurs familles d'accueil ou dans des institutions. Si certains parents se tournaient vers l'étranger plutôt que vers la France, c'était en partie parce que les services sociaux ne recherchaient pas toujours activement une famille pour les enfants dont ils avaient la charge. C'était aussi parce que les reportages dans les médias sensibilisaient le public davantage aux carences des enfants d'ailleurs qu'à celles – moins flagrantes et pourtant tout aussi réelles et nocives sur le plan psychique et affectif – des enfants d'ici. De surcroît, la démarche pouvait apparaître comme plus simple, comme ayant plus de chances d'aboutir. L'autorisation d'adopter, ce que nous appelons aujourd'hui l'agrément, était obligatoire pour l'adoption nationale et internationale. Elle comportait dans les deux cas le même nombre de rencontres avec une assistante sociale et un psychiatre. Néanmoins, il y avait une différence notable. Afin que l'autorisation soit valable pour une adoption en France, son obtention était conditionnée au fait que le conseil de famille des pupilles de l'État, qui, avec le préfet, assure leur tutelle, jugeât les candidats aptes à accueillir un enfant. Pour l'adoption internationale, l'obtention de cette autorisation était simplement conditionnée au fait que les candidats aient déjà trouvé un enfant, ou qu'un enfant leur ait été proposé.

C'est ainsi que, s'étant vu proposer un enfant par une œuvre humanitaire, certains couples demandaient et obtenaient une autorisation. Ces enfants, assurément, ont été aimés et chéris, et sont aujourd'hui pour la plupart de jeunes adultes épanouis et bien insérés dans la société française.

Quelques-uns, toutefois, adoptés trop hâtivement dans un élan de générosité qui n'a pas survécu aux assauts du quotidien, ont été confiés aux services sociaux et ont grandi douloureusement dans des institutions ou dans des familles d'accueil françaises, sans savoir ce qui leur avait valu d'être là.

En même temps, dans la discrétion, de nombreux couples, qui refusaient une vision humanitaire de la famille, entreprenaient, souvent seuls, avec ténacité, un cheminement personnel vers un enfant dont ils aspiraient tout simplement à devenir les parents – rien de plus ni de moins. Sans le savoir, ils ouvraient les portes de l'adoption internationale à des milliers de couples, ce qui allait permettre d'offrir à des enfants du monde entier une famille et une place à part entière dans la société française.

C'est là toute la différence entre action humanitaire et adoption. L'engagement humanitaire se définit selon les besoins d'une collectivité, même quand il soulage les difficultés des individus qui la composent ; il répond à des carences matérielles, sanitaires, éducatives, qu'il cherche à pallier à la fois dans l'urgence et sur le long terme.

L'adoption, en revanche, est une action au cas par cas, une réponse unique apportée aux besoins précis d'un enfant précis. Au sein d'une même institution, le cas de chaque enfant adoptable devra être traité de façon individualisée, ses besoins devront être appréciés aussi bien que faire se peut : les parents qui pourront convenir à tel bambin ne conviendront peut-être pas du tout à tel autre.

Âge, ethnie, fratrie… admettre ses limites

Un enfant dans l'attente n'est pas forcément un nourrisson

Tous les enfants juridiquement adoptables ne sont pas des nouveau-nés, loin de là : les enfants âgés de plus de 3 ans représentent une proportion croissante des adoptions nationales et internationales.

La procédure d'adoption peut se révéler bien plus longue que prévue, même après l'apparentement, c'est-à-dire après que l'enfant a été proposé aux parents.

Les parents potentiels devront réfléchir et répondre à des questions essentielles : l'âge (approximatif) de l'enfant, son origine ethnique, son état de santé, son appartenance ou non à une fratrie.

« Deux ans se sont écoulés entre le moment où on nous a attribué Frank et le moment où il est enfin arrivé chez nous ! Nous avions accepté un enfant de 13 mois, nous nous trouvions face à un enfant de 3 ans. Il a fallu s'adapter, le recevoir tel qu'il était, et non tel que nous l'attendions au départ. »

Des parents adoptifs

Le temps des hésitations

Il n'est pas rare que l'on hésite, que les désirs fluctuent d'un jour ou d'une semaine à l'autre.

Au sein d'un couple, les deux conjoints n'ont pas toujours la même vision. L'un se voit avec un nourrisson, l'autre avec un enfant plus grand ; l'une s'imagine accueillant un seul bambin, l'autre voit déjà arriver sa famille toute constituée ; l'un est prêt à accueillir un enfant d'origine maghrébine, l'autre s'inquiète de la réaction de ses parents ou de son intégration sociale…

D'où l'importance de se donner le temps, de se sonder, séparément et ensemble, de parler et de reparler de tout cela, pour enfin s'accorder, si besoin, sur ce que Danielle Housset, présidente d'honneur d'Enfance et familles d'adoption, appelle « le plus petit dénominateur commun » : chacun des deux doit pouvoir être parent à part entière de l'enfant ; on ne peut attendre de l'un qu'il aille au-delà de ses limites pour faire plaisir à l'autre. L'enfant doit pouvoir sentir que ses deux parents l'ont attendu et voulu tel qu'il est.

Rencontrer des familles adoptives

Parler, s'informer sur la réalité de l'adoption aujourd'hui, voir des familles adoptives avec leurs enfants : tout cela aide à donner de la substance au projet.

Ainsi, on découvrira rapidement que, si l'on espère adopter un enfant de moins d'un an, on a peut-être plus de chances si l'on se tourne vers le Burkina Faso (pour prendre un exemple qui peut être sujet à changement !) que si l'on essaie du côté de la Pologne.

Se pose alors la question de savoir comment nous réagissons à l'idée de cet enfant qui n'aura pas notre apparence ethnique ; c'est une question essentielle, qu'il ne faut pas hésiter à explorer en toute sincérité. Ceux qui vont élever l'enfant et le faire leur, ce sont les parents, et personne d'autre. Et ce sera pour la vie.

On ne doit pas se sentir obligé de dire « oui » là où l'on pense « non ». Et autant une rencontre avec des familles adoptives peut aider des candidats à l'adoption à se dire : « Oui, un enfant comme celui-là, je n'y avais pas vraiment pensé mais, maintenant que je le vois, je sens que je pourrais l'aimer et être son parent » ; autant elle peut aussi avoir l'effet contraire… et tout aussi salutaire : « Non, décidément, un enfant comme celui-là, je ne sens pas que je pourrais l'aimer et être son parent. »

L'âge de l'enfant

Rencontrer des familles, assister à des réunions sur l'adoption, c'est aussi apprendre, par exemple, que, dans le monde de l'adoption, un « tout-petit », cela peut être un bouchon qui nous toise du haut de ses 3 ans ; qu'un enfant d'âge préscolaire (jusqu'à 5-6 ans) est, encore, à de nombreux égards, un enfant qui a besoin d'être materné ; qu'un enfant de 7 ans n'est pas si « grand » que ça ; que tous ont forcément une histoire ; et que, si ce n'est pas tous les jours simple, un enfant arrivé « grand » avec déjà un vécu chargé a peut-être intégré le pourquoi de son adoption, tandis que le nourrisson nous réserve – qui sait ? – des surprises…

Les fratries

Se sent-on, même si l'on est encore relativement jeune, l'énergie suffisante pour devenir, d'un seul coup, parents de deux enfants, dont l'un d'eux, à moins qu'il ne s'agisse de jumeaux, sera forcément plus grand que l'autre, alors que l'on n'a encore aucune expérience de parents ?

Un enfant de treize mois et un autre de 4 ans mangent-ils la même chose, jouent-ils aux mêmes jeux… seront-ils propres ou faudra-t-il leur mettre des couches à tous les deux ? Et auquel faudra-t-il consacrer le plus de temps ?

Les enfants victimes de maltraitance ou porteurs d'autres particularités

Des parents songeront à adopter un enfant ayant été victime de maltraitance, ce qui peut entraîner des troubles associés conséquents, ou un enfant avec un handicap moteur ou psychique.

Mais qu'est-ce qu'une maltraitance, un handicap? Y a-t-il des blessures psychiques et des difficultés physiques réparables? (Voir le chapitre « Santé » pour quelques éléments de réflexion.)

Certains parents s'orientent dès le début vers un enfant présentant une particularité précise, souvent pour des raisons qui ont trait à leur histoire personnelle: ces personnes sont en général prêtes pour une telle adoption. D'autres y viennent par un processus qui les conduit à imaginer un projet de vie familiale avec un enfant présentant un handicap ou un traumatisme psychique ou affectif.

Comprendre les parents qui adoptent un enfant particulier

Pourquoi? C'est la question que l'on se pose mais que l'on n'ose pas toujours poser, quand on rencontre une famille qui a sciemment adopté un enfant présentant un handicap ou porteur de difficultés diverses. Pourquoi l'ont-ils adopté? Cette question fait sourire les parents. Voici quelques réponses:

- C'est une rencontre. Inexpliquée, inexplicable: notre enfant a une dimension étonnante. Elle nous fait découvrir la vie autrement.
- Nous avons été gâtés par la vie, au fil du temps, nous avons élevé plusieurs enfants, nous pensons avoir acquis un savoir-faire, alors nous nous sommes dit: « Pourquoi pas? »
- Nous avons été touchés par la notion d'enfants sans famille: l'idée d'un enfant grandissant sans famille alors que nous pouvions être ses parents nous était insupportable.
- C'est un cheminement qui a pris plusieurs années, qui nous a permis de voir plus loin que le handicap, de rencontrer l'enfant au niveau émotionnel et intuitif.
- Nos enfants [trisomiques] nous offrent une qualité de relation exceptionnelle. Ils fonctionnent par un mode intuitif et affectif. Et je vous dirai que la vie est simple avec eux ! Offrez-leur un bonbon ou un nouveau pyjama, ils vous sauteront au cou. Ils sont toujours contents !

L'accueil d'un enfant dit « à particularité » est un projet auquel il convient de réfléchir et de se préparer avec beaucoup de soin. Toutes les difficultés, tous les handicaps ne sont pas les mêmes, chaque personne a ses limites, ce qui est supportable pour les uns ne saurait l'être pour les autres.

Organismes autorisés pour l'adoption spécialisés dans le placement d'enfants dits « à particularité »

• **Chemin de vie** (1993). Resp. : Mme Fonteneau, 10, rue de la Robertsau - 67800 Bischeim - Tél. : 03 88 83 42 40, E-mail : adopt@altern.org
Enfants grands, enfants petits et grands avec handicap moteur ou mental, hépatite, cardiopathie, bec-de-lièvre, fratries de grands enfants, enfants victimes de maltraitance (avec troubles associés possibles tels que le retard mental).
Accepte la candidature de couples mariés, de concubins et de célibataires.

• **Emmanuel** (1975) - Resp. : M. et Mme Alingrin, Montjoie, 49150 Clefs, Tél. : 02 41 82 80 62, Fax : 02 41 82 83 28
Nombre d'enfants placés en vue d'adoption depuis la création de l'œuvre : plus de 1 700, dont plus de 400 enfants trisomiques français, enfants avec troubles sensoriels ou fratries de grands enfants, originaires de l'étranger.
Accepte la candidature de couples mariés et de célibataires.

• **Vivre en famille** (1997)
Resp. : Mme Labaisse - La Source de Varenne - 61700 Champ-Secret - Tél. : 02 33 37 96 07 - Fax : 02 33 37 96 10
Enfants trisomiques, VIH, hépatite C, syndrome alcoolo-fétal (SAF) diagnostiqué (voir le chapitre « La santé de l'enfant »).
Nombre d'enfants placés en vue d'adoption depuis sa création : 70.
Accepte la candidature de couples mariés et de quelques célibataires.
Frais : aucuns ; dons possibles.
(*À noter* : Vivre en famille cherche aussi des familles pour des enfants de Djibouti, dont des enfants séropositifs.)

Certains, une fois bien informés de tout ce que peut supposer tel handicap, seront prêts à aller plus loin, d'autres reculeront.

La meilleure façon de réfléchir à cette forme d'adoption est de rencontrer des psychologues, des médecins, des familles, des personnes chargées de placer des en-

- **Enfants en recherche de famille** (ERF-Efa) (1981)

Enfance et familles d'adoption. E-mail : erf@adoptionefa.org, 221, rue La Fayette, 75010 Paris, tél. : 01 40 05 57 78, www.adoptionefa.org.

(Sur le travail de ERF-Efa et les enfants placés par son action, voir p. 40-41).

Grands prématurés (nés à 27-30 semaines), enfants porteurs de maladies génétiques, enfants victimes de maltraitance, enfants autistes, enfants souffrant de carences affectives, enfants grands, grandes fratries.

Nombre d'enfants placés par le biais d'ERF-Efa depuis sa création : plus de 400.

ERF-Efa recueille la candidature de postulants qu'elle propose ensuite aux ASE qui recherchent des parents pour des enfants.

Frais : aucuns.

- **Orca** : Organisme régional de concertation pour l'adoption (1981).

Resp. : Mme Cornelia Burckhardt, 48, rue du Sergent-Blandan, 54000 Nancy, Tél. : 03 83 27 47 74

- **Orcan** : Organisme régional de concertation pour l'adoption Normandie (2004).

Resp. : Mme Marie-Laure Bouet, e-mail : ml.bouet-simon@cg14.fr

Services d'État, l'Orca et l'Orcan regroupent des départements de l'est de la France et de Normandie en vue de la préparation à l'adoption des enfants à particularité. Les deux organismes assurent également le suivi de ces enfants et de leur famille après l'adoption.

Grands enfants présentant des troubles du comportement ; enfants avec handicap physique important ; enfants trisomiques ; enfants avec incertitude sur leur avenir (hépatite C ou prématurés).

Nombre d'enfants placés à ce jour : plus de 180 par l'Orca ; 20 par l'Orcan.

Frais : aucuns.

fants dits « à particularité », et ce avant ou pendant la démarche d'adoption, pour mieux évaluer la prise en charge que peut supposer l'accueil de cet enfant, l'adaptation matérielle de la maison que peut supposer son arrivée, le suivi qu'il faudra assurer, les complications possibles liées au handicap, les questions de son avenir qu'il faudra envisager. Il est aussi important d'essayer d'identifier pourquoi et comment telle ou telle difficulté résonne en nous, à quoi elle nous renvoie.
Tout cela, et bien d'autres aspects, quand ils sont abordés au préalable, permettent de mieux définir le projet qui sera abordé avec les travailleurs sociaux chargés des investigations. Cela est d'autant plus important que ces derniers n'ont pas toujours l'expérience requise : dans leur département, ils n'ont peut-être jamais rencontré auparavant de familles engagées dans une démarche de cette nature. Ils peuvent aussi, pour des raisons personnelles, manquer de recul face à un tel projet et manifester des réticences, voire un blocage : il appartiendra alors aux candidats de savoir les convaincre.
Le mieux est d'entrer en contact avec des structures d'accueil et de placement d'enfants à particularité. Le service Enfants en recherche de famille (ERF), au sein d'Enfance et familles d'adoption (EFA), propose un accompagnemnt et une préparation des futurs parents.

Un passeport pour l'adoption : l'agrément

À chacun son rythme

Une procédure d'agrément doit être commencée quand on se sent prêt. Ce moment varie selon l'histoire de chacun. Au sein d'un couple, un conjoint peut se sentir prêt avant l'autre : là encore, mieux vaut, pour que la suite se déroule dans de bonnes conditions, attendre que l'autre fasse son chemin avant de le contraindre à pousser la porte de l'Aide sociale à l'enfance.

« Mon homme a mis plus d'un an avant de me dire : "Bon, OK pour l'adoption", et là je me suis retrouvée au pied du mur et je me suis demandé si j'étais bien prête ! Il ne ressent pas le même besoin que moi de rencontrer d'autres parents adoptants, de se renseigner... Par contre, il est heureux de savoir que je me renseigne et que je peux avoir les réponses à ses questions... Ces hommes ! »

Une candidate à l'adoption

Quand on a commencé à se renseigner sur ce que suppose l'adoption, quand on a déjà rencontré des familles qui ont adopté, l'expérience tend à montrer que plus on a réfléchi et sondé ses capacités avant de commencer la démarche, mieux on est préparé. Le temps est un allié précieux : alors même que l'on est pressé d'avoir un enfant, il faut savoir se donner le temps de préparer son arrivée dans notre vie, et pas simplement sur le plan matériel. C'est pour cela qu'une démarche d'adoption peut prendre plusieurs mois : le délai fixé par la loi pour instruire la demande est de neuf mois. Mais il ne faut pas se tromper : à l'issue de ces neuf mois, délai qui devrait toujours être respecté, on n'accouche pas d'un enfant ; on accouche, au mieux, d'un document indiquant que l'on est apte à accueillir un enfant en adoption.

Certains se tournent spontanément vers l'adoption. D'autres y sont doucement conduits, parfois par leur entourage ou par des amis qui connaissent des familles adoptives, parfois par leur médecin généraliste ou leur gynécologue : une loi de 1994 (L. 152-10 du Code de la santé publique) prévoit avant toute mise en œuvre d'une AMP des entretiens qui « permettent de vérifier la motivation de l'homme et de la femme formant le couple et de leur rappeler les possibilités ouvertes par la loi en matière d'adoption ». Jean Michaud, membre du Comité consultatif national d'éthique, voit là « un rappel qui tendrait à montrer que l'AMP est subsidiaire à l'adoption » – alors que certains peuvent vivre l'adoption comme un pis-aller.

Peut-on mener de front une AMP et une procédure d'agrément ?

De nombreux couples entament une procédure d'agrément alors qu'ils poursuivent une AMP. Légalement, rien ne s'y oppose. Mais est-ce souhaitable ?

Ce qui importe avant tout, c'est d'être « clair dans sa tête » et de distinguer les deux « démarches », tout en sentant intimement que l'on n'établit pas de hiérarchie entre les deux voies possibles vers l'enfant. Dans le cas d'une AMP, on fabrique un enfant, on vit une grossesse (et le futur papa sentira et verra chaque jour son enfant grandir), on désire mettre un enfant au monde. Dans le second cas, on se propose de devenir les parents d'un enfant conçu par d'autres, on s'interdit de juger ces autres qui seront toujours les parents de naissance, on reconnaît cette histoire passée et on admet que ce passé rejaillira dans notre futur commun. L'adoption n'est donc pas la suite logique des AMP manquées.

C'est parce que les travailleurs sociaux et les psychologues ou psychiatres chargés des investigations sont conscients du risque de confusion et de hiérarchisation que cette double démarche menée en parallèle suscite parfois chez eux une certaine méfiance : elle fera donc nécessairement l'objet de questions poussées ou, tout aussi déroutant, d'un simple « pourquoi ? ».

Dans certains départements, la double démarche, à moins d'être vraiment clairement débattue et expliquée, peut déboucher sur un refus d'agrément.

« Un couple sans enfants est prêt à se soumettre à un maximum de tentatives de fécondation *in vitro* (Fiv), parce que ce manque leur est insupportable. En cas d'échec total, l'adoption serait l'ultime recours et l'on assiste à des points de vue contrastés, opposés, qui peuvent conduire à des conflits au sein du couple. L'ultime recours en cas d'échec est l'occasion pour moi de revenir sur cette option et de l'analyser avec eux, même s'ils sont décidés à effectuer ensemble cette démarche vers l'adoption. La notion de filiation adoptive par défaut (au cas où la « vraie filiation » ne marcherait pas) semble de mauvais pronostic. En revanche, si l'adoption est représentée à chaque Fiv comme un premier ou second enfant dans une fratrie agrandie, la perspective change du tout au tout. En effet, il n'y a plus "c'est l'un ou l'autre", mais ce sont deux ou trois enfants qui prennent à égalité leur place dans le projet parental. [...] Dans ma pratique de la PMA, il n'est pas rare de connaître des familles ayant un enfant adopté, puis un autre issu de fécondation *in vitro* et un troisième en cours d'adoption. »

Béatrice Koeppel, psychologue et psychothérapeute familiale, Accueil, *n° 146 (fév.-mars 2008)*

Quel est le meilleur moment pour se « lancer » ?

C'est peut-être le moment où la personne vivant seule aura assumé sa condition de célibataire, où le couple sans enfants sera parvenu, non sans souffrance, à envisager un avenir sans enfants, à dépasser cette absence pour tenter de construire une nouvelle relation à deux, qu'elle ou il sera prêt à accueillir un enfant. Certains couples, désireux de fonder une famille et prenant conscience des difficultés qui les amènent à envisager une AMP ou une adoption, choisissent de prendre une « année sabbatique », qu'ils consacrent à eux-mêmes, à leur vie à deux, à

Accueillir l'enfant tel qu'il est : deux histoires, deux réponses

Un pauvre paysan était assis, le soir, au coin du feu, attisant les braises, tandis que sa femme filait près de lui.
« Comme c'est triste que nous n'ayons pas d'enfants ! lui dit-il. Tout est si morne chez nous, alors que chez les autres il y a de la joie et de l'animation...
– Oh, oui ! soupira sa femme, n'en aurions-nous qu'un seul, et serait-il même minuscule, tiens : pas plus grand que le pouce, j'en serais déjà bien heureuse. Et nous l'aimerions de tout notre cœur ! »
Or, il advint que la femme après cela ne se sentit pas bien. Sept mois plus tard, elle mettait au monde un enfant parfaitement formé, mais qui n'était pas plus grand que le pouce.
« Il est ainsi que nous l'avions souhaité, dirent les parents, et il sera notre enfant bien-aimé. »

Contes de Grimm, Tom Pouce

Il était une fois un paysan qui avait de l'argent et des biens en suffisance ; mais aussi riche qu'il fût, il manquait pourtant quelque chose à son bonheur ; sa femme et lui n'avaient pas d'enfants. Bien souvent, les autres paysans, quand il allait avec eux à la ville voisine, se moquaient de lui [...]. Un jour, cela finit par le mettre en colère, et de retour chez lui, il prononça ces mots : « Je veux un enfant, quand bien même ce devrait être un hérisson ! »
Par la suite, sa femme mit au monde un enfant : le haut de son corps était celui d'un hérisson, et le bas, celui d'un garçon. Sa mère [...] : « Tu vois ! Tu nous as jetés un mauvais sort ! [...] Je ne vois pour lui qu'un seul nom de baptême : Hans-mon-hérisson. » Hans-mon-hérisson coucha derrière le fourneau pendant huit ans. Son père en avait assez et ne souhaitait qu'une chose : le voir mourir. Mais non, il ne mourait pas : il était toujours là, couché derrière le fourneau.

Contes de Grimm, Hans-mon-hérisson

consolider leur situation professionnelle. En même temps, il faut être conscient que, dans le cas d'une AMP, l'horloge biologique qui tourne ne favorise pas la possibilité d'une grossesse, de même que, dans le cadre d'une adoption, de nombreux pays et les conseils de familles des pupilles de l'État fixent des règles (juridiques ou tacites) d'écart d'âge entre enfants et parents : ils hésitent ainsi à confier de jeunes enfants à des parents en âge d'être grands-parents. Assurément, des enfants plus grands attendent aussi…

Enceinte alors qu'une démarche d'adoption est en cours

C'est enceintes, après avoir longtemps désespéré d'avoir un enfant, que certaines femmes vont accueillir celui ou celle qu'elles adoptent.

Pour d'autres, l'enfant biologique arrive à point nommé quand l'aîné, qui a été adopté, commence à réclamer un petit frère ou une petite sœur.

Déblocage de barrières psychologiques, disparition du stress, réveil hormonal ? Probablement un mystérieux mélange de ces différents facteurs, auquel s'ajoute une projection vers l'avenir : la mère oublie le tic-tac inexorable de son horloge biologique qui la rapproche du moment où la ménopause lui interdirait toute grossesse.

Mais il ne faut pas pour autant croire que le seul fait de décider d'adopter entraîne nécessairement une grossesse. On n'adopte pas pour tomber enceinte ! Il faut être convaincue au plus profond de soi-même, « avec ses tripes », que chacun des enfants aura sa place dans la vie et dans le cœur des parents. Et ces derniers doivent faire preuve de réalisme : l'arrivée presque simultanée de deux enfants peut supposer un défi, une adaptabilité matérielle et psychique pour que ni l'un ni l'autre des enfants ne souffre de ce télescopage.

« Plusieurs mères par adoption parlent de crampes, de changements hormonaux lorsqu'elles reçoivent leur enfant par adoption. Le système reproductif s'éveille pour accueillir cet enfant. Il peut ainsi débloquer une barrière psychologique ou physique et permettre une grossesse par la suite. Mais ce n'est pas automatique… même si ça arrive fréquemment. »

Claire-Marie Gagnon, présidente de la Fédération des parents adoptants du Québec

Adopter après le deuil d'un enfant ?

Le projet doit être travaillé en profondeur : l'enfant adopté ne peut pas être une « thérapie » pour le ou les parents, qui doivent laisser au deuil le temps de se faire. Les travailleurs sociaux et les psychologues prendront le temps avec les candidats pour qu'ils puissent mettre des mots sur ce qu'ils ont vécu, pour aider leur capacité de s'investir auprès d'un nouvel enfant tout en gardant le souvenir de celui qui n'est plus là, pour évaluer la place que chacun des enfants occupera dans le cœur des parents, mais aussi dans la filiation, pour s'assurer que chacun aura effectivement sa propre place, qu'il ne se produira pas de superposition, de télescopage, de brouillage, qui soit détrimentiel pour l'enfant qui arrive.

« Remplacer un enfant mort par un enfant adopté est particulièrement délicat. Celui qui a perdu un enfant devrait se donner du temps pour faire le deuil de cette perte. Faute de quoi, il risque, peut-être inconsciemment, de chercher dans l'enfant adoptif celui qui est mort. Or un enfant ne correspond jamais à l'image d'un autre. L'adoption n'a une chance de réussite que si l'enfant est accepté avec sa propre personnalité. »

Fanny Cohen-Herlem, L'Adoption d'enfants de cultures étrangères

Commencer une démarche d'adoption

Où se renseigner?

C'est le service de l'Aide sociale à l'enfance (ASE) qui est chargé des investigations en vue de l'obtention d'un agrément. C'est donc ce service qu'il faut contacter pour tout renseignement. Vous trouverez ses coordonnées auprès du conseil général de votre département.

En même temps, il est utile de commencer en parallèle une réflexion sur l'adoption auprès d'une association de parents adoptifs comme Enfance et familles d'adoption (Efa), qui organise des rencontres avec les postulants à l'adoption. Pour trouver l'adresse d'Efa dans votre département, contactez les bureaux de la fédération au 01 40 05 57 70 ou consultez le site www.adoptionefa.org.

À quoi sert l'agrément?

Avec la démarche d'adoption, le couple retrouve une maîtrise, une autonomie, une capacité d'initiative et de décision auparavant déléguée, souvent pendant des années, au corps médical : dans une AMP, on est « pris en charge », on vit au rythme des examens et des traitements dont décident les médecins. En adoption, il faut se penser parent et c'est sans doute là le plus difficile, on attend de nous que nous sachions exprimer ce désir d'enfant pour en convaincre ceux qui ont la responsabilité de l'enfant adoptable. L'attente, jusqu'alors passive, devient active.

Avec l'adoption, ce désir si intime d'enfant devient une question dont il faut débattre avec autrui, une question qui affecte la collectivité. En effet, celle-ci est responsable de l'enfant et elle a pour devoir de s'assurer, autant que faire se peut, que les parents auxquels il sera confié seront ceux qui lui conviennent le mieux.

En 2001, Marylise Lebranchu, alors garde des Sceaux, rappelait que « l'adoption, c'est une responsabilité collective des adultes ». Les autorités sont redevables envers la collectivité, envers les parents biologiques, envers l'enfant lui-même, du devenir de ce dernier.

Le souci de s'assurer de l'aptitude des parents à élever un enfant confié n'est pas nouveau. Aux États-Unis, déjà en 1851, une loi du Massachusetts prévoyait qu'un juge devait s'assurer que « les parents adoptifs potentiels étaient adéquats et convenables[1] ».

L'agrément : une démarche gratuite et obligatoire

L'agrément est délivré par le président du conseil général (qui délègue ce droit au directeur des services sociaux), sur avis d'une commission, au terme d'une évaluation sociale et psychologique. La démarche est gratuite.

L'agrément est valable cinq ans, dans toute la France (y compris les dom-tom) et, pour l'adoption internationale, à condition que l'on confirme chaque année que l'on est toujours engagé dans une procédure d'adoption.

Une fois que l'on possède l'agrément, on peut postuler pour adopter un pupille de l'État en France. On peut aussi, en même temps, déposer des dossiers pour adopter un enfant à l'étranger.

Tel qu'il existe aujourd'hui, l'agrément n'est pas infaillible, loin de là ; mais il offre une assurance, certes imparfaite, qu'une évaluation a été faite des familles candidates à l'adoption. L'article 5 de la convention de La Haye impose au pays d'accueil, c'est-à-dire le pays où résidera

1. E. Wayne Carp, « Les caractéristiques principales de l'histoire de l'adoption aux USA », *Parents de sang, parents adoptifs* (dir. Agnès Fine et Claire Neirinck), Paris, LGDJ, 2000, p. 25-43.

l'enfant adopté, de constater que « les futurs parents adoptifs sont qualifiés et aptes à adopter », qu'ils « ont été entourés des conseils nécessaires », montrant que l'adoption est un acte réfléchi.

L'article 15 précise que l'évaluation doit concerner « leur situation personnelle, familiale et médicale, leur milieu social, les motifs qui les animent, leur aptitude à assumer une adoption internationale, ainsi que les enfants qu'ils seraient aptes à prendre en charge ». Les dispositions prises en France, qui s'appliquent tant à l'adoption nationale qu'à l'adoption internationale, vont dans le même sens.

L'agrément est donc obligatoire pour entreprendre une démarche d'adoption, en France comme à l'étranger. L'agrément n'est toutefois pas nécessaire dans le cadre des adoptions intrafamiliales jusqu'au sixième degré. Sont également dispensées de l'obtention d'un agrément les familles d'accueil souhaitant adopter un pupille de l'État qui leur a été confié.

L'article L. 225- 2 du CASF prévoit que les pupilles de l'État pourront être adoptés par « les personnes à qui le service de l'Aide sociale à l'enfance les a confiés pour en assurer la garde lorsque les liens affectifs qui se sont établis entre eux justifient cette mesure ».

Dans ce cas, le conseil de famille (voir p. 165-167), qui est chargé de choisir des parents, examinera en premier le dossier de la famille d'accueil. Cela ne signifie pas qu'elles soient « prioritaires » : l'intérêt de l'enfant doit primer.

L'instruction de la demande d'agrément comprend une série d'investigations sociales et psychologiques. Si ces enquêtes semblent marquer le début de ce que certains appellent le « parcours du combattant », elles se situent en fait à une étape charnière de la réflexion des futurs parents adoptifs.

« Allez chez Monsieur Le curé, chez le boucher, le charron, le maréchal, le maître d'école, le boulanger, l'épicier et bien d'autres encore : ils vous diront tous que je ne suis pas une méchante femme. Je suis veuve ; j'ai vingt-six ans ; je n'ai pas d'enfants, je suis seule avec ma sœur qui a dix-sept ans ; nous gagnons notre vie sans trop de mal ; […] il me manque des enfants ; en voilà deux tout trouvés. Je ne vous demande rien, moi, pour les garder ; je n'en fais pas une affaire. Seulement, je sais que je les aimerai, que je ne les rendrai point malheureux et que vous aurez la conscience tranquille à leur égard. » Moutier se leva, serra les mains de l'hôtesse dans les siennes et la regarda avec une affectueuse reconnaissance. « Merci, dit-il d'un accent pénétré. Où demeure votre curé ? »

[...] Il faut croire que les renseignements ne furent pas mauvais, car Moutier revint un quart d'heure après, l'air calme et joyeux.

« Vous aurez les petits, mon excellente hôtesse, dit-il en souriant. Je vous les laisserai demain. »

Comtesse de Ségur,
L'Auberge de l'ange gardien

Se préparer

Bien préparer les entretiens, c'est déjà se préparer à l'arrivée de l'enfant. N'attendez pas d'être convoqué à votre premier entretien pour commencer à réfléchir à votre projet. L'expérience montre que plus on a réfléchi en amont, plus on s'est informé, plus on est en position de mesurer la portée de l'engagement que suppose une adoption. Certains pays organisent des formations préagrément, mesure que préconise aussi Jean-Marie Colombani dans son rapport sur l'adoption remis au président de la République en mars 2008.

Le mieux sans aucun doute est de rencontrer des familles adoptives qui partageront avec vous leur expérience, de se poser et de leur poser toutes les questions, y compris celles que parfois on n'ose pas formuler.

Enfance et familles d'adoption organise des points rencontre et autres types de réunions d'information, ainsi que des entretiens privés avec des familles formées pour accueillir les postulants. Elles sont là pour vous écouter, pas pour vous juger.

Des séances thématiques sont aussi prévues par la loi : mais si certains services sociaux les organisent en amont de l'examen de la demande d'agrément, d'autres les utilisent pour assurer un accompagnement après la délivrance de l'agrément. Des séances d'information précoces, peut-être obligatoires, semblent appelées à se développer, pour améliorer les conditions de préparation des futurs parents et les conditions d'accueil des enfants. Renseignez-vous auprès de l'ASE ou d'Efa.

Comment se déroule la demande d'agrément ?

L'instruction de la demande d'agrément comporte la constitution d'un dossier administratif, des visites médicales et d'investigations sociales et psychologiques faites par des travailleurs sociaux (assistantes sociales ou éducateurs), et des psychologues (ou psychiatres) désignés par l'Aide sociale à l'enfance.

Une fois l'agrément obtenu, on peut postuler pour adopter un pupille de l'État en France. On peut en même temps constituer des dossiers pour adopter un enfant à l'étranger. Pour que l'agrément conserve sa validité durant cinq ans, il ne

Pour obtenir l'agrément

- En règle générale, pour l'agrément et pour la suite, conservez les originaux ou, si on vous les demande, une photocopie de tous les documents. Les envois en recommandé avec accusé de réception permettent aussi de conserver des traces.
- Écrivez au président du conseil général de votre département de résidence en indiquant votre souhait d'entamer une procédure d'adoption. Si vous résidez à l'étranger, adressez-vous au président du conseil général de votre dernier département de résidence, ou d'un département où vous avez conservé des attaches.
- Dans un délai de deux mois, vous recevez une information portant notamment sur :

– les dimensions psychologiques, éducatives et culturelles ;
– les procédures administratives et judiciaires ;
– les principes en matière d'adoption internationale ;
– le nombre d'enfants adoptables dans le département, leur âge, leur situation, etc. ;
– le nombre de demandeurs et de personnes agréées ;
– le fonctionnement des organismes autorisés pour l'adoption et de l'Agence française de l'adoption.

Cette information, actuellement délivrée dans le cadre d'une rencontre collective et individuelle n'excédant pas une demi-journée, pourrait être appelée à de développer sur plusieurs séances obligatoires.

- Après avoir pris connaissance de ces informations, vous devez faire parvenir au président du conseil général une confirmation de votre demande, avec le questionnaire qui vous aura été remis lors de cette réunion. C'est à partir de ce moment que commence l'instruction, qui est censée ne pas dépasser neuf mois.
- L'instruction de cette demande d'agrément comporte la constitution d'un dossier administratif, une visite médicale et des investigations sociales et psychologiques faites par des travailleurs sociaux et des psychologues (ou psychiatres) désignés par l'Aide sociale à l'enfance.

Pièces à fournir en vue de l'obtention de l'agrément

- Une copie intégrale de l'acte de naissance du ou des postulants et, si vous avez déjà des enfants, les pièces justificatives (actes de naissance, copie du livret de famille).
- Le bulletin n° 3 du casier judiciaire (en outre, le bulletin n° 2 est délivré « aux présidents de conseils généraux saisis d'une demande d'agrément en vue d'adoption », C. pr. pén., art. 776, 5°).
- Un certificat médical établi par un médecin figurant sur une liste établie par le président du conseil général.
- Une attestation de ressources (bulletin de salaire...).
- Le questionnaire remis à l'issue de la première réunion.

faut pas oublier d'écrire à l'Aide sociale à l'enfance chaque année pour confirmer que l'on est toujours engagé dans une procédure d'adoption (même si l'on n'a pas encore de projet définitif) et préciser que, même si l'on pense se tourner vers l'adoption internationale, l'on serait éventuellement heureux d'adopter un pupille de l'État. Le non-respect de cette démarche pourrait entraîner un retrait de l'agrément. Les modalités de la procédure peuvent varier d'un département à l'autre, mais partout la procédure se déroule en trois temps : phase d'information, instruction de la demande et avis de la commission d'agrément. Lors de la phase d'information, les candidats à l'adoption sont informés sur les réalités de l'adoption : aspects juridiques, nombre de postulants dans leur département, nombre de pupilles de l'État, nombre d'adoptions ayant abouti au cours de l'année écoulée, déroulement de l'enquête, listes des organismes autorisés pour l'adoption agréés dans le département, liste des pièces à fournir, coordonnées (dans de nombreux départements) de l'association Enfance et familles d'adoption. C'est là un premier panorama très rapide il conviendra d'en creuser les divers aspects auprès des associations de familles adoptives, ou en assistant aux éventuelles rencontres thématiques proposées par le conseil général, qui pourraient devenir obligatoires.

À la suite de la confirmation de demande d'agrément par les candidats, celle-ci est instruite dans un délai qui ne doit pas dépasser neuf mois.

Les délais sont illégalement longs dans certains départements où des services sous-encadrés doivent faire face à de nombreuses demandes.

Le questionnaire remis à l'issue de la première réunion porte essentiellement sur des renseignements administratifs (état civil, situation familiale, revenus, etc.). Il comporte aussi une question sur le projet d'adoption : les postulants doivent se sentir libres de ce qu'ils souhaitent ou non indiquer, surtout si à ce stade tout leur semble encore ouvert. Au cours des neuf mois que dure la procédure d'agrément, le projet mûrit, l'idée chemine, et la perception que l'on a de la famille que l'on souhaite fonder ou élargir est susceptible d'évoluer. Certaines personnes savent d'emblée, ou croient savoir, ce qu'elles veulent ou peuvent faire, d'autres ont besoin de se donner du temps pour mieux réfléchir à l'âge, à l'origine ethnique, aux vécus possibles de l'enfant, à leurs aptitudes à accueillir ou non une fratrie. S'engager par écrit sur le choix d'un seul pays, par exemple, risque de poser de réels problèmes si le projet s'oriente par la suite vers d'autres pays, ou si celui initialement choisi vient à suspendre les adoptions : l'univers de l'adoption internationale est un monde très mouvant où la situation peut changer du jour au lendemain.

Ce sont ces investigations sociales et psychologiques qui vont permettre d'instruire la demande. Certains candidats s'étonnent de ce que les questions posées par le travailleur social et le psychologue sont parfois les mêmes : il faut comprendre que, de par leur formation et leur approche, leur analyse des réponses ne sera pas la même. L'accueil d'un enfant, biologique ou adopté, nous renvoie pour partie à l'enfant que nous fûmes, et revisiter notre enfance peut nous aider à avancer vers notre enfant ; ce retour est instructif pour tous, pour les candidats, pour ceux qui les évaluent, pour ceux qui demain examineront leur candidature en vue de leur confier un enfant ; mais c'est avant tout de l'accueil de ce dernier qu'il est important de parler.

Si les candidats sentent que les entretiens tournent vraiment trop autour du passé, autour de la famille en amont ou élargie, il est utile de sonder si ce ressenti correspond à des blocages, à des difficultés à exprimer des événements ou des vécus passés, pour tenter de les comprendre et de mesurer leurs répercussions possibles sur notre future relation avec notre enfant.

Dans un même temps, les candidats, sans refuser ce retour sur soi, doivent se sentir tout à fait libres de reprendre l'initiative et de se recentrer sur leur projet d'adoption – cette attitude dynamique sera en général portée à leur crédit.

Dans la mesure où souvent l'initiative de l'entretien est laissée aux candidats (parfois déroutés par ce professionnel assis devant eux, qui les regarde sans rien dire), ils n'ont pas à se « déshabiller » devant le psychologue, à se laisser aller à dire plus que ce que l'on est en droit d'attendre d'eux.

Instruction de la demande

- Dans le questionnaire remis en début de procédure, vous n'êtes pas tenus dedonner de détails sur votre projet, qui pourra évoluer.
- Un travailleur social (assistante sociale ou éducateur) est tenu de visiter le lieu de résidence des postulants au moins une fois. Un psychologue (souvent de l'Ase) ou un psychiatre évalue le contexte psychologique : « Les évaluations sociale et psychologique donnent lieu chacune à deux rencontres au moins » (art. R225-4 CASF).

Ces enquêtes, qui font souvent peur aux postulants, ont pour objet d'évaluer la stabilité des candidats d'examiner la situation professionnelle (ressources),
son aptitude à faire une place à un enfant, à s'adapter à lui, tel qu'il sera. Elles dresseront un portrait de ces parents potentiels, pour permettre aux services français ou étrangers chargés de placer un enfant de les connaître.

De nombreux postulants s'inquiètent de cette rencontre avec un psychologue, surtout si c'est la première fois qu'ils se trouvent face à un « psy ». Certains font état de ce qu'ils ressentent comme une enquête poussée dans leur vie privée, leur passé, leur famille, leur intimité.

Y a-t-il des choses à ne pas dire lors des entretiens ?

Les entretiens doivent amener les postulants à réfléchir à l'accueil d'un enfant qu'ils n'ont pas mis au monde et qui a déjà un passé, même s'il a été adopté très jeune. Les entretiens doivent donc permettre de voir si les postulants peuvent intégrer cet aspect particulier à la filiation adoptive. Taire ses motivations ou ses craintes (par exemple sur des questions comme l'intégration sociale, la santé, le regard d'autrui) risque de fausser le processus et de conduire à un échec, même dans l'éventualité où l'agrément serait délivré.

Peut-on faire modifier les résultats de l'enquête ou demander une contre-enquête ?

Les rapports d'évaluation rédigés à l'issue des investigations doivent être présentés aux postulants avant que la demande ne soit examinée par la commission d'agrément. Il est très important de prendre connaissance de ces rapports, éventuellement de demander à faire modifier certains points. Pour les erreurs

matérielles (âge, profession, description du logement), il n'y a en général aucun problème.
Parfois, on peut se trouver devant des jugements à l'emporte-pièce. Dans ces cas, si un blocage est constaté, il y a possibilité de demander – avant l'examen du dossier en commission – une deuxième investigation, portant sur l'un ou l'autre volet, social ou psychologique, parfois sur les deux. Cette nouvelle enquête devra être instruite par un autre professionnel.

« Il ne faut jamais baisser les bras, et pourtant c'est ce que nous avions envie de faire. La première psychologue s'est penchée surtout sur notre enfance. Ma femme ne travaillant pas, moi ayant eu un père dépressif, elle a déconseillé l'adoption pour motif de "fragilité", et a dit que nous ne "voyions" pas l'enfant – alors que nous en avions très peu parlé, nous en avions pourtant envie, mais elle ne faisait que revenir en arrière, et c'est vrai qu'on n'osait pas trop changer de sujet.
Sur le conseil de familles adoptives, que nous avions rencontrées lors d'une réunion d'information organisée par Enfance et familles d'adoption, nous avons demandé une seconde enquête psychologique. Et nous avons profité de ce temps pour continuer les rencontres avec des familles adoptives et pour assister à d'autres réunions d'information. Puis

L'agrément est accordé pour cinq ans, dans un délai de neuf mois, par le président du conseil général après avis d'une commission dont la composition est fixée par voie réglementaire. Le délai court à compter de la date à laquelle la personne confirme sa demande d'agrément dans les conditions fixées par voie réglementaire. L'agrément est délivré par un arrêté dont la forme et le contenu sont définis par décret.
L'agrément est délivré pour l'accueil d'un ou de plusieurs enfants simultanément. Une notice, dont la forme et le contenu sont définis par décret, décrivant le projet d'adoption des personnes agréées, est jointe à l'agrément. Cette notice peut être révisée par le président du conseil général sur demande du candidat à l'adoption.
L'agrément est caduc à compter de l'arrivée au foyer d'au moins un enfant français ou étranger, ou de plusieurs simultanément.

Articles L. 225-2 et suivants du CASF

nous avons rencontré un deuxième psychologue. Il nous a dit qu'il estimait que son rôle était d'évaluer notre capacité d'accueillir un enfant et nous a invités à parler de notre projet. À l'issue des entretiens, il a émis un avis favorable. »

Un couple de postulants

Qui délivre l'agrément ?

L'agrément est délivré par le président du conseil général sur avis de la commission d'agrément, qui comprend obligatoirement deux représentants du conseil de famille des pupilles de l'État : un représentant de l'Association d'entraide des pupilles et anciens pupilles de l'État et de l'ASE (Adepape) et un de l'Union départementale des associations familiales (Udaf). La commission comprend aussi trois personnes appartenant au service de l'Aide sociale à l'enfance et une personnalité qualifiée dans le domaine de la protection sociale et sanitaire de l'enfance. La commission émet un avis motivé. Les membres de la commission prennent connaissance des rapports et peuvent demander à entendre les candidats pour avoir une information plus précise sur leur projet. Vous pouvez demander à être entendu par la commission d'agrément.

• Important

N'oubliez pas de confirmer chaque année par écrit au président du conseil général que vous maintenez votre projet d'adoption. Même si vous songez à l'adoption internationale, précisez si vous accepteriez d'accueillir un pupille de l'État.

Quels sont les motifs pour lesquels l'agrément est refusé ?

Les taux de refus varient d'un département à un autre. Globalement, environ 10 % des candidats se voient refuser leur demande d'agrément – sachant qu'environ une personne sur deux ne confirme pas son désir d'entamer une procédure en vue de l'obtention de l'agrément à l'issue de la première réunion d'information.

• La santé des parents

Si nul n'est à l'abri d'un malheur, l'état de santé des parents est évalué dans le but de mesurer leur capacité d'élever l'enfant, de prendre soin de lui, de l'accompagner sur le chemin de sa vie jusqu'à ce qu'il devienne adulte à son tour. Un handicap moteur n'est pas en soi un motif de refus : ce qui sera évalué, c'est la façon dont ce handicap est vécu, l'organisation matérielle de la vie de famille, la capacité de prendre en charge un enfant, d'assumer un rôle de parent.

L'état de santé ne peut être un motif de refus d'agrément que dans des cas extrêmes, tels qu'une maladie mentale ou une maladie à pronostic réservé ou en phase terminale.

• L'âge

C'est dans cette même perspective que peut être refusé l'agrément à une personne ou à un couple âgé, qui plus est quand il exprime clairement le désir d'adopter un bébé. L'âge en soi ne peut être motif de refus dans la mesure où la France, à la différence d'autres pays, ne fixe pas d'écart d'âge maximal – même si l'opportunité d'une modification législative en ce sens a été évoquée.

Une célibataire ou un couple âgé de 50 ans ou plus, désireux de se voir confier un bébé et qui ne parvient pas à envisager l'enfant autrement, apparaîtra comme ayant des difficultés à regarder la réalité avec lucidité, à se projeter dans l'avenir, à mesurer sa propre capacité d'accompagner l'enfant vers une autonomie qui peut se voir retardée du fait d'un vécu d'abandon. C'est donc l'évaluation négative de ces aspects qui peut motiver un refus d'agrément – bien que dans certains départements il soit possible, en dépit de cela, d'obtenir l'agrément ; la commission d'agrément ou le président du conseil général, se dérobant en quelque sorte à leurs responsabilités, estimant que de toute façon il est improbable que cette personne ou ce couple se voit jamais confier un enfant... C'est ce que certains appellent un agrément « thérapeutique ».

Il faut bien comprendre qu'il s'agit de trouver des parents pour un enfant, et non des grands-parents. Dans cette perspective, il est dommage de ne pas parler vrai, il conviendrait de traiter les adultes en responsables, de les amener à comprendre la réalité, à renoncer par eux-mêmes, même si c'est douloureux, pour rebondir et passer à autre chose. Car ces mêmes personnes peuvent jouer un rôle précieux auprès d'enfants délaissés, celui de parrains ou de grands-parrains : des formules de parrainage existent, permettant d'ouvrir son foyer et d'offrir son temps et sa tendresse à un enfant, y compris le temps des vacances ou des week-ends. Le parrainage, qui se déve-

Devenir grands-parrains/grands-marraines

Offrir un peu de sa disponibilité, de sa tendresse, partager son expérience avec des enfants, des adolescents, de jeunes familles... et aussi partager un peu de bonheur, source de jeunesse et d'équilibre... c'est possible, utile, passionnant. Ceux qu'une telle démarche intéresse peuvent se rapprocher de l'Union nationale des associations de parrainage de proximité (Unapp) : www.unapp.net.

loppe en France (voir p. 28-32), peut être une excellente façon de rebondir, tout en apportant chaleur, sécurité et affection à un enfant.

« Quand on est allés à une réunion d'information sur l'adoption, tout le monde a cru qu'on était les parents de quelqu'un qui n'avait pas pu se déplacer, les grands-parents du futur gamin, quoi... Sur le coup, ça a été dur ; mais, maintenant, on se rend compte qu'ils avaient raison, c'est vrai qu'on n'a plus le tonus... On a une grande maison à la campagne, vous comprenez, ma femme ne travaille pas, je suis retraité, on pensait qu'on aurait le temps de s'occuper d'un gosse qui n'a rien... Et puis on nous a parlé de parrainage, alors, depuis, on accueille des enfants de la ville tous les étés, ils découvrent tout, et moi je me régale. C'est vrai qu'ils ne sont pas toujours calmes, mais la maison est pleine de vie... »

Des parrains qui se sont vu refuser l'agrément

• Une instabilité psychologique et familiale

Consommation d'antidépresseurs, arrêts de travail à répétition, cessation brutale d'activité, relations sociales inexistantes ou irrégulières... Ce sont des raisons parmi d'autres qui peuvent faire qu'un couple ne présente pas des garanties suffisantes ni des conditions d'accueil pour un enfant.

De même que dans certains couples, on décide parfois d'« avoir un bébé » pour pallier des troubles ou des vides apparus dans la relation de couple, certains peuvent être tentés de se tourner vers l'adoption pour des raisons analogues. Or, en aucun cas l'enfant ne peut ni ne doit être une thérapie, un sparadrap, pour panser les plaies du mal-être des adultes.

• Une motivation humanitaire

C'est le cas de certains couples qui, émus par un reportage à la télévision ou par un drame international, songent à l'adoption, sans toutefois parvenir réellement à s'imaginer parents de l'enfant qu'ils se proposent d'accueillir. Les services sociaux notent une augmentation des demandes de ce type chaque fois que l'actualité internationale est dominée par un drame humanitaire majeur. On a vu l'intérêt qu'a suscité auprès de certains candidats à l'adoption le projet de l'association Arche de Zoé (voir p. 23-25).

Pour la plupart, ces demandes sont pensées en termes humanitaires et non en termes de projet familial.

Dans le même esprit, la psychologue Françoise Maury (qui a exercé des responsabilités au sein de l'organisme non gouvernemental Terre des Hommes-France) classe parmi les « motivations

« Candidature militante » ou « candidature de militant » ?

Selon Françoise Maury, il est important de distinguer les deux candidatures. Car si l'on trouve parmi les parents adoptifs de nombreuses personnes engagées dans la lutte des droits de l'homme, dans l'antiracisme, ou encore dans l'aide aux pays en voie de développement, ils sont néanmoins adoptants avant d'être militants : « En général, ils ne poussent pas en avant leur progéniture pour montrer à quel point leur militantisme est efficace. »

irrecevables » ce qu'elle appelle « le militantisme » de ceux pour qui « la demande d'adoption, le choix de l'enfant étranger, visent avant tout à démontrer quelque chose : l'antiracisme, le dévouement des candidats, la sympathie pour un pays ou une politique[1] ».

• Important

L'agrément est caduc à compter de l'arrivée au foyer d'un ou de plusieurs enfants simultanément.

L'adoption en présence d'enfants biologiques ou adoptés

Les parents qui ont déjà adopté un enfant, ceux qui en ont mis au monde s'étonnent, s'indignent parfois de constater que l'Aide sociale à l'enfance n'avance pas plus vite sur leur dossier que sur celui de parents n'ayant pas encore d'enfants.

• Connaître ses motivations

Comme pour un premier enfant, les motivations doivent être bien analysées. Pour certains parents, l'idée d'un deuxième enfant s'impose au moment où ils se rendent dans une institution pour adopter le premier : là, ils rencontrent celui qui leur est proposé, ils commencent à tisser autour de lui ce cocon d'amour protecteur dont il a tant besoin et qui, inévitablement, laissera les autres enfants à l'extérieur. Combien de parents ont ressenti un mélange de détresse en partant avec « leur » enfant, combien ont pensé « si seulement je pouvais les adopter tous », « je reviendrai »... ; combien l'ont fait, agrément en poche, pour adopter un autre enfant... Mais alors, la motivation est-elle la même ? Des sentiments de culpabilité, une volonté de « réparation » ne viennent-elles pas

1. Françoise Maury, *L'Adoption interraciale*, Paris, L'Harmattan, 1999.

brouiller les pistes ? Il est important d'y réfléchir, de se sonder.

• Agrandir la famille

Si les parents décident d'élargir le cercle de leur famille, c'est parce qu'ils se veulent parents de plusieurs enfants, qu'ils souhaitent donner un frère ou une sœur au premier. Le cheminement vers leur deuxième, leur troisième enfant les conduira peut-être vers un enfant français ou originaire d'un autre pays, vers un enfant porteur d'un handicap. Là encore, le projet ne sera pas nécessairement le même qu'au moment de la première adoption.

Il faut aussi s'assurer que l'équilibre atteint avec le premier enfant ne sera pas brisé, même s'il est un temps bousculé. En général, les parents se voient conseillés, quand ils réfléchissent à ces adoptions, de préserver l'ordre « d'entrée » dans la famille : le premier arrivé sera l'aîné, ceux qui le suivent seront donc plus jeunes que lui.

Tout n'est pourtant pas si simple : il y a des chances pour que l'enfant qui arrive, plus jeune, soit adopté plus grand que ne l'avait été le premier, il peut déjà avoir acquis une apparente autonomie, supérieure à celle de son aîné, et il cherchera à « s'imposer » avec d'autant plus de force. L'enfant déjà là devra être rassuré sur le fait que son frère ou sa sœur ne lui « prend » pas ses parents, que ces derniers ont assez d'amour pour tous : les parents peuvent s'attendre à ce que la répartition des câlins soit comptabilisée par les uns et par les autres avec une efficacité jalouse. Et quand l'aîné est lui aussi un enfant adopté, l'arrivée du ou des suivants peut le renvoyer à sa propre histoire, faire remonter des interrogations ou des souffrances, soit parce que les histoires se ressemblent, soit parce qu'elles sont diamétralement opposées : pourquoi a-t-il connu sa mère de naissance et pas moi ? Pourquoi est-il est de la même couleur que papa et maman et pas moi ? Pourquoi... ?

Dans certains cas, l'enfant qui arrive est plus grand que celui ou ceux qui sont déjà là. Un équilibre délicat devra être préservé entre les besoins et les inquiétudes des uns et des autres. L'aîné qui devient benjamin, *a fortiori* s'il était jusque-là enfant unique, doit sentir qu'il n'a rien perdu de ses relations privilégiées avec ses parents, il doit être et se sentir autorisé à exprimer ses frustrations, son irritation ou son désarroi, tout en découvrant peu à peu tout ce que va lui apporter la présence d'un frère ou d'une sœur. Celui qui, par son âge, est devenu l'aîné ne doit pas se voir imposer toutes les contraintes de ce rôle : il doit pouvoir régresser, redevenir enfant, bébé même, pour mieux repartir (voir le chapitre « L'arrivée de l'enfant dans la famille ») ; les parents doivent eux aussi apprendre à voir cet enfant, sur le seuil parfois de l'adolescence, comme un grand bébé, qui a besoin d'être pouponné – ou à le respecter s'il refuse de se laisser approcher, toucher, câliner. Cette adaptation à laquelle invite l'enfant n'est pas toujours facile.

Ce travail d'apprivoisement mutuel peut même être difficile et avoir des répercussions sur toute la famille. Une deuxième adoption se passe généralement tout aussi bien que la première. Mais elle ne va pas de soi, d'où la nécessité d'une réflexion approfondie au moment de la procédure d'adoption, qui devra donc être tout aussi rigoureuse que la première. C'est pour cela qu'il est essentiel de prendre du temps, de réfléchir à ce qu'on peut offrir à la famille agrandie.

Françoise Hallet, présidente de l'association belge Pétales (Parents d'enfants présentant des troubles de l'attachement : voir p. 299-303) et mère de trois enfants, regrette avec le recul de ne pas avoir « attendu deux ou trois ans entre chaque adoption, pour avoir le temps de tisser avec chaque enfant un lien exclusif, [de ne pas avoir] cessé toute activité professionnelle pour m'en occuper [...] au lieu de les confier à une jeune fille au pair pendant que j'étais au travail et [...] renforcer ainsi leur sentiment d'abandon ».

Quelles sont les possibilités de recours en cas de refus d'agrément ?

En cas de refus d'agrément, il faut attendre trente mois avant d'entamer une nouvelle procédure.

Les possibilités de recours existent (voir ci-dessous), mais ils sont très longs. Avant d'en arriver là, il peut être judicieux de demander une seconde évaluation et de

Que faire en cas de refus ?

- Déposer une nouvelle demande 30 mois après notification du refus d'agrément.
- Déposer un recours gracieux auprès du signataire de la décision (par exemple le responsable de l'Aide sociale à l'enfance), un recours hiérarchique auprès du président du conseil général et enfin un recours contentieux auprès du tribunal administratif, dans un délai de deux mois à compter de la notification de refus d'agrément.

La procédure judiciaire peut être longue et remonter jusqu'au Conseil d'État ; il convient donc de s'interroger sur l'utilité d'un recours avant d'entamer la procédure. Ne vaut-il pas mieux faire une nouvelle demande d'agrément ?

se renseigner, tant auprès des services sociaux que d'une association de familles adoptives.

S'arrêter, renoncer, repartir ?

Sur les listes de discussion, ou dans les rencontres avec les postulants, on entend régulièrement des candidats exprimer le mal-être avec lequel ils vivent la procédure d'agrément. D'autres manifestent leur désarroi face aux réalités de l'adoption qu'ils découvrent, dont ils sentent qu'elles ne correspondent pas à leurs aspirations profondes. Certains, obtenant l'agrément, ne parviennent pas à s'investir ensuite dans la concrétisation d'un projet ou se découragent face à l'évolution si mouvante de la situation de l'adoption. Comme pour les aides médicales à la procréation, il ne faut pas oublier la liberté que l'on a, à tout moment, de marquer un temps, d'interrompre les démarches, pour les reprendre plus tard, voire de renoncer et de passer à autre chose dans sa vie. Vérité douloureuse à entendre parfois, mais qui peut correspondre à une réalité que l'on a cherché à enfouir.

Un avis favorable

L'agrément comporte deux pièces : l'avis favorable du président du conseil général et une notice, qui décrit le projet (nombre d'enfants, âge, particularités éventuelles). Le jour où l'on reçoit un coup de téléphone nous annonçant que la commission d'agrément a donné un avis favorable est un de ces jours que l'on n'oublie pas. C'est un premier constat de réussite, d'autant plus important pour ceux qui ont vu entravé jusque-là leur désir d'être parent. C'est le signe qu'une première étape a été franchie, que l'on avance vers l'enfant. Le parcours ensuite est encore long, complexe, douloureux parfois. Mais la voie est ouverte. Munis de ce passeport qu'est l'agrément, des parents sont là pour un enfant qui attend quelque part, ici ou ailleurs.

Validité de l'agrément

L'agrément est valable cinq ans, à condition de confirmer annuellement son souhait d'adopter, en France ou à l'étranger.

Les candidats doivent obligatoirement signaler tout changement dans la vie familiale : naissance d'un enfant, séparation, divorce, mariage, changement de statut professionnel. S'il y a non-information, l'agrément peut être retiré. En cas de déménagement, les candidats informent le conseil général de leur nouveau département de résidence. Après deux ans, les candidats, s'ils n'ont pas adopté, sont invités à rencontrer un travailleur social ou un psychologue pour faire le point : cela peut déboucher sur une révision de la notice, après un nouveau passage devant la commission d'agrément.

Chapitre 2

Après l'agrément : un temps de démarches et d'attentes

L'adoption ne saurait se réduire à un simple dossier. C'est un projet de vie, pour l'enfant et pour soi, qui implique de remplir certaines formalités incontournables. Se renseigner, anticiper, entreprendre des démarches, attendre : l'après-agrément est une période complexe.

Adoption nationale ou internationale ?

Un choix... qui a du poids

Au cours de l'agrément, les postulants sont invités à indiquer s'ils souhaitent se tourner vers l'adoption nationale (c'est-à-dire vers l'adoption d'un enfant de métropole ou des départements d'outre-mer) ou vers l'adoption internationale. Quelques-uns optent pour l'une ou l'autre de ces possibilités, au risque de ne pas pouvoir un jour réorienter leur choix ; la plupart disent clairement être ouverts aux deux. Que l'on s'imagine parent d'un enfant en France, que l'on se tourne vers l'étranger, que l'on explore en parallèle les deux voies, les efforts vont porter sur la meilleure façon de concilier le projet que l'on se sent capable de mener à terme et les réalités de l'adoption. Conserver au projet une souplesse qui permette de s'adapter à une réalité insuf-

Quelques exemples de dossiers « bloqués »

- Olivier et Jacqueline ont demandé un agrément pour un pupille de l'État, un nourrisson de type européen. Ils attendent depuis trois ans. Ils n'ont aucun moyen de savoir si leur projet a un espoir d'aboutir. Le dernier bébé placé dans leur département (il y a un an) est un enfant d'origine maghrébine.
- Jérôme et Solange, qui ont déjà une petite fille née à Madagascar, souhaitent adopter leur deuxième enfant dans ce même pays. Mais Madagascar suspend les procédures pour mettre en place une réforme législative de l'adoption. Ils hésitent entre attendre la reprise des adoptions dans ce pays et se tourner vers le Mali ou le Burkina Faso.
- Thierry et Anne sont inscrits sur une liste d'attente pour le Vietnam à l'Agence française de l'adoption (voir p. 203-205). Il y a plus de 2 000 dossiers en attente pour ce pays, avec peut-être à la clé une centaine d'adoptions par an. Mais Thierry et Anne ne parviennent pas à entreprendre de démarches ailleurs, au risque de devoir renoncer à l'adoption.

fisamment connue et souvent fluctuante, sans dépasser les limites que l'on s'est fixées, faire preuve de pragmatisme sans renoncer à son désir intime, veiller à ne pas s'enfermer dans un projet trop étroit, ou alors savoir en assumer les risques : tout cela est assurément difficile.

Un contexte incertain...

La réalité de l'adoption fluctue au gré des transformations sociales et des événements géopolitiques et diplomatiques. Certaines évolutions sont progressives. Pour ce qui est de la France, on peut noter une baisse du nombre d'enfants abandonnés à la naissance, une diversification des prises en charge (plus de placements conservant des liens avec la famille d'origine, moins d'enfants accédant au statut de pupille de l'État) une diversification ethnique accrue. À l'étranger, on retrouve selon les régions du monde des évolutions analogues : priorité à une politique de placement en famille d'accueil en Roumanie (malgré la difficulté de financer et de former un personnel), une baisse du nombre d'enfants proposés à l'adoption par l'Inde ou le Sri Lanka, une évolution du profil des enfants (plus d'enfants grands en Lettonie).

D'autres changements sont conjoncturels : baisse soudaine des adoptions décidée par les autorités coréennes avant les Jeux olympiques de Séoul ; ralentissement (pour des raisons analogues ?) des adoptions en Chine au cours des dix-huit mois précédant les Jeux olympiques de Pékin de l'été 2008 ; suspension des procédures dans tel ou tel pays pour raison de réforme législative ou de crise politique, ou fermeture à l'adoption.

En dépit des volontés régulièrement affichées par les ministres, la situation n'est pas près de se simplifier du jour au lendemain. Le nombre d'enfants adoptés en France chaque année a chuté de près

L'adoption en chiffres

À la fin de l'année 2007, il y avait en France plus de 28 000 personnes titulaires d'un agrément en cours de validité (plus de 8 000 agréments délivrés dans la seule année 2007), pour 698 placements en vue de l'adoption de pupilles de l'État et 3 162 adoptions internationales. D'où une moyenne d'attente qui est actuellement de quatre ans pour l'adoption en France et de trois ans pour l'adoption à l'étranger. La validité d'un agrément étant de cinq ans, cela signifie, statistiquement, que certains ne verront jamais leur projet aboutir.

Que faire si l'agrément devient caduc ?

À la fin des cinq ans, si l'on n'a toujours pas adopté, l'agrément est caduc, il faut (si vraiment l'on souhaite poursuivre) entamer une nouvelle procédure.

Toutefois, une extension d'agrément peut être demandée si l'on a déjà reçu (et accepté) une proposition d'apparentement avec un enfant (ou une fratrie). Il convient de s'adresser au conseil général avec tous les éléments concernant l'enfant qui nous a été proposé.

de 50 % en dix ans. Il est illusoire de penser qu'il y aura demain autant d'enfants adoptables par des familles françaises que de candidats à l'adoption, même si une révision des politiques de protection de l'enfance pourrait permettre à plus d'enfants aujourd'hui placés sans espoir de grandir auprès de leurs parents de retrouver une famille permanente grâce à l'adoption.

Les enfants adoptables en France, nous l'avons vu, ne sont pas toujours ceux que souhaitent accueillir la majorité des adoptants. Les pays d'origine aussi ont leurs priorités, leur vision de l'adoption, ils encouragent pour certains l'adoption nationale, ils privilégient les pays auxquels ils souhaitent confier des enfants. Les pays d'accueil comme la France semblent avoir, comme il se doit, peu de prise sur leurs décisions : ils peuvent parfois proposer des projets de soutien à la protection sociale du pays (sans pour autant lier cela à un nombre d'adoptions) surtout, ils doivent témoigner de la qualité de l'accueil, de l'intégration, de l'égalité en matière de filiation et de citoyenneté qui est accordée aux enfants une fois qu'ils sont définitivement admis sur leur territoire.

Dans ce contexte, tout au plus une réforme de l'adoption pourra-t-elle accompagner les évolutions de l'adoption, inciter à mieux informer et préparer les futurs parents aux réalités, pour adopter non pas plus d'enfants, mais sans doute autrement : certains pourront s'adapter à ce virage, d'autres, peut-être, renonceront.

... mais des projets qui aboutissent

Il n'empêche : les chiffres sont des statistiques derrière lesquelles se cachent aussi des histoires à aboutissement heureux, comme en témoignent les quelques témoignages qui suivent : ils datent du milieu des années 2005-2008 (voir encadré ci-contre).

Dans tous les cas évoqués, le projet a été mûrement réfléchi, les capacités d'accueil ont été évaluées avec réalisme et une certaine flexibilité ou une capacité d'adaptation à la réalité des enfants en attente d'une famille ont prévalu.

Le contact avec des associations de familles adoptives pendant et après la démarche d'agrément s'est révélé déterminant, ne serait-ce que pour l'encouragement que les futurs parents y ont trouvé à persévérer, ce qui, selon eux, leur aurait permis d'attendre avec un peu moins d'angoisse.

Se préparer

La période d'après-agrément doit permettre d'approfondir les connaissances que l'on peut recueillir sur les enfants dans l'attente tout en explorant les pistes qui vont permettre de constituer et de déposer un ou plusieurs dossiers.

Autant pendant la période de l'agrément il y a des notions, des réalités que l'on a du mal à intégrer, tant on est arc-bouté sur l'obtention de ce fameux « sésame », comme certains l'appellent, autant la

Des démarches assorties de succès

- Dix-huit mois après avoir obtenu leur agrément, Jacques et Denise accueillaient un petit garçon du Burkina Faso, en mars 2005.
- Dominique est célibataire. En février 2006, dès qu'elle a su qu'elle allait avoir l'agrément, elle a constitué un dossier pour Haïti. Six mois plus tard, un enfant lui est proposé. Mais l'attente ensuite est très longue: deux ans pour mener à terme la procédure et obtenir enfin le visa !
- François et Marie ont deux enfants. En juin 2007, dix-huit mois après avoir obtenu leur agrément, ils accueillaient un enfant jeune, atteint d'une maladie orpheline, que leur confiait l'Ase d'un département français. Leur projet a été élaboré avec le soutien d'Enfants en recherche de famille (voir p. 114-115).
- Pierre et Céline ont adopté un enfant en Colombie où leur dossier a été retenu. La tranche d'âge qu'on leur proposait correspondait à leur projet. L'attente a été longue, mais le projet a abouti.
- Martine a un fils biologique. Elle a demandé un agrément en tant que parent célibataire et a rencontré Christian, qui a adhéré avec enthousiasme au projet d'enfant porteur d'un handicap moteur. Bien qu'opposé au mariage pour des raisons personnelles, il s'y est résolu pour renforcer les garanties d'accueil de l'enfant à venir. Au bout de quelques mois, l'Ase d'un département leur confiait Thomas, 8 ans, qui est malvoyant.

période qui suit est propice pour s'imprégner de tout ce que suppose une adoption, pour l'enfant et pour la famille qui va se constituer ou s'élargir autour de lui. Son intérêt, le nôtre, exige une véritable préparation.

En cette ère où l'on sent pointer une revalorisation du « tout biologique », une des questions fondamentales à se poser est comment on se situe intimement sur les notions de l'inné et de l'acquis, sans complaisance ni angélisme. Associe-t-on à telle ethnie ou à tel groupe religieux ou social des caractéristiques, dont on pense qu'elles se transmettent (les Chinois seraient hypocrites mais bons en maths, les Africains indolents mais avec un sens inné du rythme, les Roms chapardeurs mais des musiciens-nés, etc.) ? Si notre fille, née à Madagascar, se retrouve enceinte à 14 ans, va-t-on dire qu'elle « avait ça dans le sang » ? Si notre fils de 15 ans né en Normandie se met à consommer de l'alcool, va-t-on dire que « c'est parce que les Normands têtent le calvados au sein de leur mère et au biberon » ? Va-t-on renvoyer à la figure de notre enfant ses « origines » dès la première difficulté venue ou s'il ne choisit pas de se couler dans notre mode de vie? Va-t-on le juger à l'aune de nos préjugés sur la génétique? Inversement, croit-on qu'avec l'amour on va tout résoudre, que le nouveau contexte socio-familial et culturel va tout « gommer » ? Ne risque-t-on pas là de sérieuses déconvenues? Et cela ne cache-t-il pas un certain mépris pour l'enfant et ceux qui l'ont conçu?

Si notre attente est douloureuse, se soucie-t-on suffisamment de celle de l'enfant? Pense-t-on à la chaîne de bouleversements qui s'opèrent dans sa vie? à la séparation d'avec ses parents de naissance, par abandon, décès, retrait (ou parce qu'il s'est perdu), au recueil, à l'attente et à l'espoir de retrouver des visages connus, au placement en vue d'adoption, au déplacement vers un nouveau foyer, un nouveau mode de vie, un nouveau pays?

Anticipe-t-on sa plongée dans un nouvel univers, avec d'autres façons de parler, de manger, de s'habiller, de vivre, d'exprimer ses sentiments?

D'où peut venir un enfant qui nous attend dans une pouponnière ou un orphelinat? Comment est-il arrivé là? Quelles peuvent être les circonstances de sa remise ou de son abandon? Quelles garanties doit-on nous fournir sur son adoptabilité? Comment savoir si les informations données sont fiables?

Quelles sont les conditions possibles qui ont précédé à sa prise en charge? Y a-t-il eu errance, malnutrition, maltraitance? Depuis, quelles sont ses conditions d'attente? Quels sont les effets possibles de tout cela sur son développement, son adaptation, sa relation à nous et à d'autres enfants?

Comment pense-t-on s'organiser ? quels congés, quelle disponibilité ? Connaît-on les processus de nouage des liens ? Mesure-t-on le temps qu'il va falloir à cet enfant pour prendre ses repères affectifs, nous reconnaître comme parents, après avoir été ballotté entre trop d'adultes ? Savons-nous comment les favoriser ? Comment envisageons-nous de nous organiser pour créer un cocon autour de lui, pour ne pas avoir à le confier à une nourrice, pour qu'il ne parte pas rapidement à l'école même s'il est en âge d'être scolarisé, etc. ?

Et demain, quand il posera des questions sur son histoire, des questions différentes au fur et à mesure qu'il grandira ? Qu'il voudra savoir combien cette adoption a coûté, s'il fait partie de ces enfants « volés pour adoption » régulièrement évoqués dans les médias ? Qu'un jour il nous « balancera », en pleine crise d'adolescence, qu'on n'est pas ses parents ? Ou qu'il ira très mal, parce qu'il veut savoir d'où il vient ? Ou, à l'inverse, qu'il ne dira rien, mais qu'on sentira qu'il ne va pas bien, faudra-t-il mettre cela sur le compte de l'abandon ?

Nombre de ces aspects, qui touchent aussi bien des enfants arrivant grands ou petits, nés en France ou ailleurs, sont abordés dans la partie de cet ouvrage consacrée à l'arrivée de l'enfant. Mais rien ne vaut les rencontres humaines. Il est important que les futurs parents puissent échanger avec des professionnels, d'autres parents, des adultes ayant été adoptés enfants, au sein de rencontres thématiques et de groupes de parole organisés dans leur département par le conseil général, par des associations comme Enfance et familles d'adoption ou Racines coréennes. Les parents dont les dossiers sont retenus par un organisme autorisé pour l'adoption (OAA) doivent bénéficier aussi d'échanges sur ces questions. L'Agence française de l'adoption organise également des rencontres après l'acceptation d'un apparentement proposé par le pays d'origine de l'enfant.

Bien s'informer

On peut être candidat à l'adoption en France mais aussi à l'étranger. On peut contacter plusieurs départements, on peut constituer des dossiers pour plusieurs pays, simultanément ou non, on peut se concentrer sur un seul dossier. Tout cela dépend beaucoup de la capacité que l'on se sent de s'investir sur plusieurs pistes à la fois, des opportunités qui peuvent surgir. L'acceptation d'un dossier par un organisme autorisé pour l'adoption (OAA) peut s'accompagner d'une demande d'exclusivité.

Le détail des démarches, nous le verrons, varie selon qu'il s'agit d'une adoption nationale ou internationale (avec des spécificités selon les pays). Dans un cas comme dans l'autre, aucune information

Sources d'informations possibles et complémentaires qu'il est utile de consulter

Aussi étonnant que cela puisse paraître, la France n'a pas à ce jour de portail informatique unique permettant une vision globale de l'adoption, avec une arborescence d'aiguillages vers des pages ou des sites plus détaillés ou spécialisés. En l'attente de la création de ce portail, voici quelques pistes :

• **Les associations de parents adoptifs**

Elles se répartissent en deux grands groupes d'associations reconnues comme partenaires des pouvoirs publics car invitées à siéger sur des instances nationales comme le Conseil supérieur de l'adoption : les associations Enfance et familles d'adoption qui regroupent des familles ayant adopté en France et à l'étranger, ainsi que des adoptés majeurs ; des associations par pays d'origine des enfants (Appo), dont certaines sont regroupées au sein du Mouvement pour l'adoption sans frontières (MASF).

Ces différentes associations permettent d'avoir des informations actualisées sur la situation de l'adoption en France et à l'étranger. Les rencontres avec des familles constituées remettent le projet dans une perspective vivante et réaliste ; les contacts avec d'autres candidats à l'adoption permettent de savoir quels projets ont des chances d'aboutir ; le savoir-faire des associations permet de vérifier la légalité de la démarche entreprise ou de telle ou telle proposition d'apparentement. Elles permettent surtout de connaître les conditions dans lesquelles sont recueillis les enfants selon les pays, dans lesquelles ils attendent, les principaux facteurs de santé, etc. En outre, Efa propose un accompagnement des candidats dans la réflexion sur l'adoption des enfants à particularité, dans le cadre de son service Enfants en recherche de famille (ERF), qui organise des rencontres avec des correspondants départementaux.

• **Les services et organismes spécialisés dans l'adoption**

L'Agence française de l'adoption (Afa, www.agence-adoption.fr) renseigne sur tous les pays qui sont partie à la convention de La Haye (voir p. 185-191), vers lesquels elle achemine les dossiers, ainsi que sur les pays où elle joue le rôle d'intermédiaire autorisé (Vietnam, Russie). Les candidats peuvent aussi se renseigner auprès des

correspondants départementaux de l'Afa, rattachés aux services de l'Aide sociale à l'enfance du conseil général.
Le Secrétariat général de l'Autorité centrale pour l'adoption internationale (SGAI, voir plus loin p. 212) propose (actuellement, sur le site www.diplomatie.gouv.fr) des pages sur les procédures dans les pays qui ne sont pas partie à la convention de La Haye et une actualité internationale qu'il est important de suivre (conseils aux voyageurs, modifications intervenant dans les pays, mises en garde contre des procédures irrégulières, etc.). Ce site propose également des fiches de présentation des organismes autorisés pour l'adoption (OAA) qui connaissent les profils des enfants des pays dans lesquels ils sont accrédités.
Les services de l'Aide sociale à l'enfance fournissent une liste des OAA autorisés dans leur département et peuvent donner des informations sur les enfants dans l'attente en France : enfants adoptables dans le département, informations sur les pupilles de l'État pour lesquels d'autres départements recherchent des enfants, avec possibilité de demander à s'inscrire sur le fichier Siape, de contacter ERF ou les Orca (voir p. 40-41, 116)

• **Les médias**

La presse et la télévision permettent de connaître la situation sociopolitique de tel ou tel pays, et d'évaluer l'intérêt de s'orienter éventuellement ailleurs : un coup d'État peut laisser supposer des troubles susceptibles de rendre difficile, voire impossible, un séjour ; une guerre civile ou un cataclysme naturel signifient la suspension des adoptions pendant le temps nécessaire pour s'assurer de la disparition effective des parents. L'amélioration des conditions de vie dans un pays peut laisser présager une augmentation de l'adoption nationale, et donc une baisse du nombre d'enfants proposés à des parents étrangers, ou une évolution de leur profil (enfants plus grands, porteurs de handicaps, etc.). Si certains journaux ou reportages sont friands d'un sensationnalisme qui peut nuire au sérieux, d'autres font un suivi plus rigoureux des réformes et de la législation françaises en matière d'adoption, de placement d'enfants, de droit de la famille.

• **Le bouche-à-oreille**

Très diffus, jouant à l'occasion un rôle décisif, il prend diverses formes : échanges entre familles adoptives au sein d'un département, informations reçues par le biais de parents, d'amis ou d'un médecin... à vérifier systématiquement et à croiser avec d'autres sources.

• **Les forums et les listes de discussion sur l'adoption**

On y trouve tout et son contraire : des renseignements précieux et fiables à côté d'affirmations erronées ou de rumeurs. Le contenu de certains messages est parfois sujet à des réactions émotives très personnelles, à des procédés d'autojustification de démarches irrégulières, à des effets d'emballement, de diffusion extrêmement rapides de rumeurs qui peuvent se révéler inexacts ; une fois encore, il est très important de vérifier, de croiser les informations, de les hiérarchiser. En règle générale, privilégiez les sites d'associations reconnues, partenaires des pouvoirs publics, et n'hésitez pas à vérifier les informations glanées auprès d'organismes officiels (SGAI, Afa, Ase).

• **Le hasard, qui fait parfois si bien les choses...**

Prenez votre bâton de pèlerin, explorez toutes les pistes. Soyez à la fois exigeant sur tout ce qui a trait à la légalité, et réaliste... sachez renoncer à toute procédure illégale et ne vous laissez pas décourager.

• **Croisez vos sources et restez très vigilant**

Méfiez-vous de toute sollicitation directe ou de toute démarche insolite (par exemple la proposition de l'association Arche de Zoé en 2007, diffusée sur des forums et des listes de discussion consacrés à l'adoption, de faire venir en France des centaines d'enfants du Darfour ; voir p. 23-25). Avant de vous engager dans une démarche, vérifiez sa légalité auprès du SGAI, de l'Afa, de votre Ase. N'oubliez pas que nul n'est censé ignorer la loi.

n'est à négliger ; il importe d'être à l'affût de toutes les confirmations possibles, qu'il faut ensuite croiser et vérifier pour s'assurer encore et toujours que l'on reste dans la légalité, dans la transparence, pour soi et pour l'enfant qui voudra savoir. Il est essentiel de s'informer des changements qui peuvent se produire en matière de législation, de procédure, mais aussi de s'entourer de conseils, pour décider ensuite. En fait, un postulant déterminé devient vite un détective infatigable, une sorte de Tintin ou de Sherlock Holmes de l'adoption, avec pour seules armes sa patience, sa ténacité, une grande rigueur morale et la conviction que, tôt ou tard, il aboutira.

Et si, le temps passant, on souhaite modifier l'agrément ?

Il arrive qu'après avoir obtenu l'agrément, l'idée que l'on se fait de l'enfant évolue encore.

Il est alors possible de demander une modification de la notice qui accompagne l'agrément. Quelles peuvent être les raisons qui poussent à modifier un agrément ?

• Un changement de situation familiale

« Au départ, nous avions demandé notre agrément pour un seul enfant, plus jeune que notre fils (âgé de 8 ans). Puis, mon mari a pu bénéficier d'une cessation progressive d'activité. Cette plus grande disponibilité nous a encouragés à envisager l'adoption d'une fratrie. »

• Un enfant plus grand

« À l'origine, nous étions attachés à l'idée d'accueillir un enfant jeune (moins de 3 ans) ; puis nous nous sommes liés d'amitié avec un couple qui avait accueilli un enfant de 5 ans. Nous les voyions régulièrement, nous avons pu constater que toutes les activités, le soutien qu'ils lui apportaient réveillaient en nous une fibre sensible. Les allers-retours de l'enfant entre la petite enfance et son désir d'avancer, ses colères même (!) : tout cela était si riche et si fort. Et puis, nous n'avions plus 20 ans… changer les couches, se lever dans la nuit, était-ce vraiment notre truc ? »

Ces changements reflètent une réévaluation de la capacité d'accueil de l'enfant au vu d'une évolution de la situation personnelle, d'expériences nouvellement acquises depuis l'agrément, et ils prennent compte d'une réflexion qui a évolué avec le temps.

Généralement, l'assistante sociale demande à rencontrer les postulants afin de s'assurer que la nouvelle orientation demandée a effectivement été réfléchie, qu'elle correspond à un désir authentique et qu'elle n'est pas le reflet d'une fuite en avant, d'une décision prise « en désespoir de cause », par crainte de ne pas aboutir. La demande sera de nouveau examinée par la commission d'agrément pour avis.

« Quand nous avons commencé notre démarche d'agrément, notre aîné avait 3 ans. Pour nous, notre deuxième enfant devait être plus jeune que le premier, pour respecter l'ordre d'arrivée dans la famille. Nous sommes donc partis sur l'idée d'un bébé. Le temps a passé. Notre fils a maintenant 6 ans. Est-ce vraiment un bébé que nous attendons ? Après réflexion, nous demandons à ce que la notice de renseignements jointe à l'agrément fasse apparaître notre souhait d'adopter un enfant plus jeune que notre fils, indiquant que c'est là la seule limite d'âge que nous nous fixons désormais. »

« Si nous avions su tout ce que nous savons aujourd'hui, avant l'agrément, nous aurions peut-être adopté notre premier enfant plus grand – ce qui nous permettait, quatre ans plus tard, d'aborder l'adoption d'un deuxième enfant plus jeune. »

Des candidats à l'adoption

La lettre de motivation

Mettre des mots sur le désir d'enfant

La démarche d'agrément exige des postulants qu'ils mettent des mots sur leur désir d'enfant, sur la famille qu'ils rêvent de fonder, sur l'enfant qu'ils souhaitent accueillir. Qu'ils se tournent vers un département français autre que celui où ils résident ou vers l'adoption internationale, les candidats à l'adoption doivent se présenter au moyen d'un courrier.

Une des pièces importantes du dossier est la lettre de motivation, c'est-à-dire la lettre dans laquelle ils exprimeront les raisons pour lesquelles ils se sentent en mesure d'accueillir tel ou tel enfant, où ils décriront ce qu'ils peuvent offrir en termes de disponibilité, de cadre de vie, d'environnement familial, physique, social, etc. S'il existe un enfant adoptable dans un département, les dossiers des personnes titulaires d'un agrément résidant dans ce même département sont automatiquement examinés : en dehors de la lettre de confirmation annuelle à la date anniversaire de l'agrément, il n'est donc pas nécessaire de « faire acte de candidature » ; mais il n'est pas interdit non plus de donner de ses nouvelles, de faire savoir que l'on est toujours motivé.

Inutile d'attendre d'avoir l'agrément pour commencer à y réfléchir : certains parents disent s'être penchés sur leur lettre de motivation vers la fin de la procédure d'agrément, quand ils savaient que les enquêtes étaient favorables. Souvent, ces parents ont déjà une idée du pays, du département ou de l'organisme autorisé pour l'adoption vers lequel ils comptent s'orienter et ils n'attendent pas d'avoir l'agrément pour commencer à constituer un dossier.

Une lettre comme prolongement du projet

Cette lettre doit être en harmonie avec les enquêtes qui ont été menées : le projet évoqué doit être celui qui a été décrit lors de l'investigation sociale et psychologique, et qui est normalement consigné dans les rapports (rappelons qu'il est possible de demander des modifications en cas de désaccord avec quelque élément des rapports, au moment où ils sont communiqués) et la notice.

Il ne s'agit pas pour autant de recopier ce qu'ont dit les professionnels des postulants ! C'est aux futurs parents de parler d'eux-mêmes afin que le lecteur ait l'impression de les avoir rencontrés, de les connaître.

Pour ces raisons, il ne peut pas y avoir de lettre type et nous ne proposerons ici que des pistes de réflexion. Cette lettre doit permettre à ceux qui la lisent de se faire une idée des candidats, comme s'ils les rencontraient, de mesurer leur engagement auprès de l'enfant, dans le quotidien, dans la construction de sa personnalité, dans la durée. Très personnelle, elle doit être écrite avec le cœur, avec sa raison, avec tout ce que l'on est. Ce n'est pas un exercice de style qui est recherché, c'est un ressenti, une authenticité qui va « parler » à ceux qui la liront. Seuls les parents potentiels peuvent l'écrire, personne d'autre ne peut faire à leur place. Toutefois, s'ils craignent de laisser passer quelque maladresse de style qui leur causerait des soucis inutiles, si l'orthographe n'est pas leur fort et que cela les angoisse, ils peuvent, pour se rassurer, la montrer à quelqu'un de confiance pour relecture.

Il ne faut pas hésiter à y consacrer du temps, à l'écrire, à la réécrire, jusqu'à en être satisfait, jusqu'à s'y reconnaître. Il vaut mieux ne pas envoyer le premier « jet », mais le garder, pour le relire quelques jours plus tard.

Cette lettre pourra être sensiblement la même, quelle que soit la démarche choisie, avec bien évidemment des modifications qui seront apportées selon le destinataire.

« Chaque fois, nous nous sommes enfermés tout un week-end pour écrire notre lettre de motivation : comme trame, nous avons utilisé le questionnaire de l'Ase, mais nous avons ajouté plein de choses. Nous avons parlé de notre désir d'enfant, de nous, de notre éducation, de notre enfance, de la façon dont nous souhaitions élever notre enfant, des cousins qu'il aurait... Tout cela a donné une lettre assez longue, de cinq à six pages. Nous étions partis sur l'idée qu'à la fin le lecteur devait avoir l'impression d'avoir passé une heure à dialoguer avec nous. Je crois qu'il ne faut pas hésiter à "vendre" sa capacité à être parent. Si nous ne le faisons pas, personne d'autre ne le fera pour nous. »

Les parents de trois enfants adoptés

Manuscrite ou imprimée ?

Si vous ne devez envoyer que quelques lettres, il est préférable d'écrire à la main : une lettre manuscrite donne plus de force aux sentiments exprimés qu'une lettre imprimée, dont on peut soupçonner qu'elle a été reproduite en plusieurs exemplaires.

Cependant, la lettre imprimée permet de joindre plus de personnes à la fois.

Si vous optez pour cette dernière solution, songez à personnaliser votre lettre, en indiquant le nom et les coordonnées de votre destinataire et en ajoutant chaque fois quelques phrases particulières.

N'oubliez pas de signer la lettre, d'une couleur différente de celle utilisée pour imprimer, afin de bien montrer qu'il ne s'agit pas d'une photocopie (méfiez-vous des photocopies couleur).

Certains pays, comme la Chine, attendent de recevoir une lettre dactylographiée : l'OAA, l'Afa ou une association pourra vous conseiller.

Des photos jointes à la lettre permettent aussi de se faire connaître et de montrer le futur cadre de vie de l'enfant. Les clichés sont plus « vivants » et plus flatteurs que les photos d'identité.

Les meilleures photos sont celles qui montrent les parents de façon relativement détendue et naturelle : il y a un juste milieu à trouver entre la photo raide, où l'on est coincé dans son meilleur costume, et les tenues ou les poses trop

Conseils

Conservez toujours les originaux des documents demandés.

Dans presque tous les cas, on vous demandera les pièces suivantes :

- agrément (avec notice),
- enquête sociale,
- évaluation psychologique,
- lettre de motivation,
- le cas échéant, des photos des parents potentiels, du cadre de vie, etc.

Rappel : n'oubliez pas de confirmer chaque année que vous êtes toujours candidat à l'adoption et si vous souhaitez toujours accueillir un pupille de l'État.

relâchées, sur la plage ou autour d'une table chargée de bouteilles vides, à la fin d'une fête. Joignez des photos où l'on peut clairement distinguer les traits des futurs parents et légendez les photos si elles montrent d'autres membres de la famille.

Pour les enfants qui sont déjà dans la famille, il est inutile de les conduire tout endimanchés pour une séance chez le photographe ; les photos qui les montrent jouant ou se livrant à leur passe-temps favori conviennent bien mieux.

Et après ?

N'hésitez pas à téléphoner : parfois, cela peut débloquer une situation en limitant les malentendus ; par ailleurs, prendre des nouvelles apporte aussi un certain soulagement. Mieux vaut entendre que sa candidature ne sera pas retenue que de rester dans l'attente.

Un coup de téléphone, sous prétexte de s'assurer que la lettre est bien arrivée, permet d'en savoir un peu plus. L'expérience de certains adoptants montre qu'il n'est pas inutile de renouveler les appels et les courriers, en veillant toujours à rester courtois. Il faut éviter le harcèlement tout en communiquant son désir profond de devenir parent. Il faut savoir ne pas insister si l'on vous déclare que ces coups de fil ne servent à rien. Ce qui est difficile à vivre, c'est que certains pays ne communiquent jamais sur le refus d'un dossier.

Certains organismes ou interlocuteurs invitent les parents potentiels à donner régulièrement de leurs nouvelles, d'autres ne le font pas ou décrivent la situation de façon décourageante, sans pour autant dire clairement que le dossier est refusé. Dans ces deux cas, il ne faut pas se démotiver mais reprendre l'initiative. Cet équilibre est très difficile à trouver, surtout quand on est dans l'attente du premier enfant ; pour le second, que l'on désire tout aussi fort, une certaine sérénité semble plus fréquente, du moins en début de démarche...

« Nous avons envoyé notre dossier dans un département français, sur le conseil d'Enfants en recherche de Famille (ERF-Efa) : l'Ase de ce département avait contacté ERF. Le temps a passé. Pas de réaction, pas de réponse. Nous avons donc appelé l'Ase : ils avaient bien reçu notre dossier, notre candidature les intéressait beaucoup, mais ils hésitaient à nous faire déplacer de l'autre bout de la France ! Deux jours plus tard, nous étions dans le bureau de l'assistante sociale. Une semaine plus tard, le conseil de famille décidait de nous confier un enfant. »

Des parents adoptifs

L'adoption, combien ça coûte ?

Prévoir un budget

Un enfant n'a pas de prix mais son arrivée dans une famille entraîne forcément des coûts. Il y a quelques années, une enquête nationale estimait à environ 750 € le coût mensuel d'un enfant (tous frais inclus).

Il faut prévoir la chambre – mais pour un enfant adoptif, ne la prévoyez pas trop tôt : qui sait ? Il sera peut-être plus grand que prévu et ne voudra pas de petits moutons roses et blancs se bousculant sur la tapisserie ; ou alors il arrivera avec un frère ou une sœur. Il y a le jardin à clôturer, pour qu'il n'aille pas sur la route, un sèche-linge à acheter, une voiture plus grande à prévoir, etc.

Un enfant ne se pense évidemment pas en termes matériels, mais commencer à réfléchir à ces détails, à mettre un peu d'argent de côté, ne serait-ce que symboliquement, est une façon de se préparer à l'arrivée de l'enfant, de lui ouvrir une place, de s'adapter déjà à lui.

Considérer la dimension financière et pratique de l'accueil de l'enfant tout en réfléchissant à la vie qu'on veut lui offrir, c'est se libérer d'angoisses matérielles qui pourraient jeter une ombre sur la rencontre, et c'est aussi une façon de mieux sonder ses désirs.

L'adoption suppose également des frais additionnels que n'entraîne pas l'arrivée d'un enfant biologique. Dès le début, et quelle que soit l'orientation que prendra ensuite le projet, il faut prévoir que l'on va dépenser bien plus qu'à l'ordinaire en téléphone (surtout s'il faut appeler à l'étranger), en courrier, en photocopies, en reproduction de photos, en achats éventuels de livres (encore que beaucoup d'associations départementales de parents adoptifs mettent une bibliothèque à disposition de leurs adhérents), en déplacements éventuels pour rencontrer des familles adoptives ou des organismes.

Au-delà de ces frais communs à toutes les procédures, le budget à prévoir varie beaucoup selon que l'on adopte en France ou à l'autre bout du monde, selon que l'on doive effectuer un long séjour dans un pays ou payer des honoraires importants aux personnes sur place qui vont accomplir les démarches (avocat), selon l'aide que l'on versera à l'orphelinat où a été placé l'enfant.

Le coût d'une adoption en France

En France, l'adoption d'un pupille de l'État n'entraîne aucun coût administratif ni juridique pour la famille adoptante. L'État étant le tuteur, les frais afférents aux besoins de l'enfant sont pris en charge par les pouvoirs publics et les formalités à accomplir sont considérées comme faisant partie du travail habituel des services sociaux concernés.

L'enfant a été suivi médicalement, il a reçu les vaccinations obligatoires et son carnet de santé est tenu à jour.

Les seuls frais éventuels que devra prendre en charge la famille seront des frais de déplacement, si l'enfant confié vit dans un autre département (de métropole ou d'outre-mer) : déplacements pour rencontrer l'Ase, puis pour faire connaissance avec l'enfant, séjours dans son département d'origine pour la mise en relation, ainsi qu'un billet de train ou d'avion, éventuellement, pour le ramener à la maison.

Si l'enfant adopté en France a été confié à un organisme autorisé pour l'adoption (OAA), ce dernier demandera des frais pour couvrir une participation au fonctionnement de l'OAA, aux frais de placement de l'enfant ainsi qu'à l'aide apportée à la mère (hébergement éventuel de celle-ci avant l'accouchement, dans le cas d'un nourrisson). Tous ces frais, qui doivent être détaillés, peuvent être évalués entre 1 500 et 2 500 € environ.

Certains OAA, notamment ceux qui confient des enfants handicapés, ne font pas payer de frais : les parents sont alors libres de leur faire un don.

« Nous avons adopté notre petit garçon à l'autre bout de la France. C'était un enfant qui avait subi des sévices et qui avait été placé en famille d'accueil. Enfant très meurtri, dans sa chair et dans son esprit, il a dû être préparé très progressivement à l'idée d'une nouvelle famille. Nous avons fait de nombreuses visites, avec des séjours à l'hôtel. Financièrement, ce fut très dur. Ainsi, quand nous sommes arrivés chez nous avec l'enfant, l'Ase de notre département nous a "versé" pendant deux mois l'équivalent des frais de garde d'un enfant en nourrice : ça nous a beaucoup aidés. »

Des parents adoptifs

Le coût d'une adoption à l'étranger

Aux différents coûts évoqués ci-dessus viennent s'ajouter deux sortes de frais, qui interviennent au moment de la démarche, avant l'apparentement : ce sont les frais de communication et les frais de dossier.

Les frais de communication (téléphone) seront plus importants que pour une adoption en France. Renseignez-vous auprès des différents opérateurs : il existe des formules spéciales qui permettent de réduire la facture.

Pour les frais d'envoi de dossiers, ne cherchez pas les modes d'envoi les plus économiques. Afin d'éviter les lenteurs et le risque de voir s'égarer les dossiers, il est vivement conseillé d'utiliser un acheminement suivi et garanti offert par un service spécialisé – type Chronopost, DHL ou autres – dans les cas où vous envoyez votre dossier vous-même. Ce type d'envoi est également conseillé quand vous habitez en province et que vous devez faire parvenir vos passeports au consulat du pays d'origine de l'enfant pour obtenir les visas d'entrée et de séjour.

Le coût de tels envois peut aller de 175 € à 250 €, selon les garanties proposées : si toutes ne sont pas toujours nécessaires, certaines, telles qu'une remise en main propre, peuvent être précieuses suivant les situations et les destinations.

Le coût d'un dossier envoyé par l'Afa varie selon les pays et les modes d'envoi retenus ; il s'élève par exemple à 10,71 € pour le Mali et à 45 € pour un envoi sécurisé en Colombie (courant 2008).

Selon le pays, il faudra prévoir le coût de traduction du dossier : cela peut atteindre à plusieurs centaines d'euros, dans la mesure où toutes les pièces doivent être traduites par un traducteur officiel ou assermenté, dont la liste est communiquée par la SGAI, l'Afa ou par l'ambassade du pays, ou encore auprès de la cour d'appel.

Certains pays demandent que les documents soient envoyés en français puis traduits chez eux : il faudra bien évidemment régler les frais. Pour une traduction en France, vous pouvez avoir des devis comparatifs, bien que, pour certaines langues plus rares, les traducteurs assermentés ne soient pas légion.

Ces frais se multiplient parfois par deux, puisqu'il faut aussi payer la traduction en français du jugement d'adoption et des pièces d'état civil de l'enfant. En outre, il faut parfois prévoir d'avoir recours sur place à un traducteur/interprète qui vous accompagne dans vos déplacements et vos démarches.

Pour certains pays, le dossier doit être légalisé et apostillé au départ de la France puis surlégalisé par le consulat du pays de l'enfant, pour une somme préétablie (voir p. 216-219 l'explication de ces démarches).

Les frais de voyage

Une fois que l'apparentement est fait, c'est-à-dire qu'une proposition d'enfant a été faite aux postulants et acceptée, il faut penser au voyage, qui interviendra dans les mois qui suivent – parfois jusqu'à un an ou deux plus tard.

Que l'on se rende ou non dans le pays, il faut prévoir un visa et au moins un billet aller-retour pour un adulte (le parent ou la personne qui aura été chargée d'accompagner l'enfant : dans ce cas, le voyage se fera en sens inverse) et un aller simple pour l'enfant.

On trouve des billets à prix réduit, mais ils supposent des contraintes (ils sont souvent non modifiables ou non remboursables, ou alors ils imposent un départ ou un retour par un autre pays de l'Union européenne) auxquelles il est important de réfléchir : le départ est parfois retardé au dernier moment ; ou, une fois sur place, la procédure peut prendre plus de temps que prévu. De tels contretemps peuvent obliger à acheter un nouveau billet (plein tarif cette fois-ci) et par là alourdir le budget bien au-delà de ce que l'on avait envisagé au départ. Une assurance permet aussi un rapatriement d'urgence en cas de besoin.

Dans la brochure qu'elle remet aux adoptants, l'Afa écrit : « Nous vous recommandons vivement de signaler aux compagnies aériennes que vous êtes dans une démarche d'adoption puisque certaines d'entre elles proposent des tarifs et des conditions de voyage adaptées. »

« J'habite en province... J'étais à l'aéroport quand on m'a appelée : c'était l'avocat, le dossier avait pris du retard car il était parti au mauvais tribunal : l'adoption qui aurait dû être prononcée le lendemain ne le serait que quinze jours plus tard. Il me conseillait donc d'attendre... Je suis rentrée chez moi, dans l'état que vous pouvez imaginer. Heureusement, j'avais fait l'effort financier d'acheter un billet normal, je n'ai donc pas eu de problème pour le modifier – ce qui était d'autant plus appréciable que je suis seule et que j'avais un "budget" assez serré.

J'ai acheté des billets à tarif réduit, pour moi et pour l'enfant : la date de retour n'était pas modifiable. Jamais je ne le referai ! J'ai passé mon séjour là-bas à angoisser que toutes les formalités ne soient pas accomplies à temps, qu'il me faudrait acheter de nouveaux billets... Quand on adopte, pour la première fois, dans un pays qu'on ne connaît pas, on n'est pas dans son assiette, dans son état habituel, il faut donc tout faire pour minimiser les soucis, et pas en ajouter. »

Deux témoignages de mères adoptives

Le séjour sur place

Ceux qui se rendent à l'étranger devront prévoir les frais d'un séjour sur place. Ces frais varient d'un pays à l'autre et selon la formule d'hébergement prévue.

Dans certains cas, l'orphelinat, la pouponnière ou la structure ayant accueilli l'enfant dispose d'hébergements, parfois sommaires, qui sont proposés aux parents.

On peut aussi trouver à se loger dans une mission religieuse ou humanitaire, mais là encore le confort peut être très sobre (absence de climatisation ou de salle de bains).

Beaucoup d'adoptants, et des spécialistes de l'adoption – dont le docteur québécois Jean-François Chicoine qui dirige une consultation spécialisée dans l'accueil d'enfants nés à l'étranger – incitent les parents à s'installer dans un lieu confortable, comme un hôtel aux normes internationales, pour qu'ils puissent se consacrer tout entiers à l'accueil de l'enfant dans des conditions optimales, semblables à celles auxquelles ils sont habitués, et non pas dans des conditions où l'aspect matériel du quotidien viendrait à leur peser. L'enfant, de surcroît, commencera à s'habituer à un nouveau cadre de vie, ce qui favorise la transition vers son nouveau foyer. Un hôtel confortable peut coûter moins cher à l'étranger qu'un hôtel équivalent en France, mais ce n'est pas toujours le cas.

« Les autres adoptants étaient dans une mission religieuse, en plein centre-ville : c'était sympathique, pour pouvoir se promener, mais il n'y avait pas de climatisation et, surtout, pas de salle de bains. Quand je suis rentrée la première fois de la pouponnière avec mon fils, je l'ai déshabillé, je me suis déshabillée, et nous avons pris un long bain ensemble. Après ce bain, déjà, le petit visage se décrispait, les yeux commençaient à perdre leur regard anxieux... »

Une mère adoptive

Les autres frais

À tout cela viennent s'ajouter d'éventuels frais de procédure, d'honoraires pour l'avocat chargé de représenter la famille au jugement d'adoption (obligatoire dans certains pays), de timbres fiscaux, d'obtention du passeport pour l'enfant, du visa de sortie, etc.

Dans le cas d'une adoption par un OAA, à tous ces coûts, qui devront être précisés, viendront s'additionner les frais de gestion de la procédure, qui doivent, eux aussi, être décomposés au moment de l'acceptation du dossier.

Les OAA ont pour obligation de détailler tous les coûts dès le début de la démarche. Les candidats éventuels peuvent déjà avoir une idée approximative du montant total en consultant les fiches concernant les OAA publiées sur le site internet du ministère des Affaires étrangères (voir p. 397).

Pour les adoptions menées dans le cadre de l'Agence française de l'adoption (Afa),

Les procédures qui conduisent à choisir des familles françaises pour les enfants doivent se dérouler dans le respect des enfants et des parents

- Respect des enfants, qui ne sont pas des marchandises ; on ne choisit pas pour eux des parents à la loterie du carnet de chèques ou du numéro d'arrivée de dossier.
- Respect des parents d'origine par la certitude des volontés.
- Respect des parents adoptants qui ont le droit de dire quels enfants ils peuvent prendre pour leurs, par quelle voie ils choisissent de rejoindre ces enfants qui attendent ; respect de leur choix de s'engager ou non ultérieurement dans une aide (humanitaire) particulière en faveur du pays de leur enfant (ou d'un autre) ; respect enfin de l'angoisse de ceux qui se proposent en parents à des enfants sans espoir.

cette dernière fournit aux adoptants une indication des coûts pays par pays.
La prudence s'impose toutefois. Pour certains pays, notamment ceux où l'adoption n'est possible que par un OAA, les montants avancés par la SGAI sont sensiblement analogues à ceux qui seront effectivement versés par les adoptants. Il n'en va pas de même pour tous les pays. En outre, de grandes disparités peuvent exister au sein d'un même pays, selon le mode d'adoption choisi, voire selon la région ou la ville. Nous avons vu que le mode de transport ou d'hébergement retenu et la durée du séjour pouvaient aussi peser sur le budget. Le mieux est de prendre contact avec des familles qui se sont rendues récemment dans le pays pour y adopter.

Il est impossible de détailler ici, pays par pays, le coût moyen d'une procédure. La fourchette se situe approximativement entre 3 500 € pour le Mali et 25 000 € pour la Russie. Les frais décrits ci-dessus représentent dans leur majorité des dépenses objectivement quantifiables. Certaines sommes demandées peuvent être tout à fait légales et cependant exorbitantes : c'est le cas, par exemple, des honoraires réclamés par certains avocats en Russie, qui les placent parmi les mieux rémunérés au monde.
Peuvent s'ajouter, selon les circonstances, des frais de garde de l'enfant, de son suivi médical – parfois de celui de la mère de naissance. Certains pays demandent une aide aux orphelinats : le montant de cette aide doit être connu au départ, avant que

l'on se rende dans le pays, de préférence dans une information écrite (surtout si l'adoption se fait dans le cadre d'un OAA ou d'une démarche *via* l'Afa).

La question des frais de garde d'un enfant suscite des interprétations fort diverses. Si une quelconque participation était liée à la durée du séjour de l'enfant dans l'orphelinat, ce dernier pourrait être tenté de le garder plus longtemps afin de s'assurer une « rentrée » d'argent plus importante.

Poussée à son extrême, cette logique aurait pour effet de rendre encore plus difficile l'adoption des enfants plus grands, puisque le coût de leur adoption serait plus important que celui d'un enfant jeune.

C'est pour cette raison qu'Enfance et familles d'adoption préfère évoquer la notion de coût moyen lié à l'adoptabilité d'un enfant : les parents participeraient ainsi à la même hauteur, qu'ils adoptent un nourrisson ou un enfant plus âgé ; les frais couvriraient non seulement la garde de l'enfant et sa prise en charge matérielle, mais aussi le suivi médical qui, lui donnant une chance de survie, permet de le rendre adoptable.

« Les dons en nature permettent d'éviter les excès et les dérives. Une autre possibilité est d'acheter sur place des articles de première nécessité pour la pouponnière ou l'orphelinat, tels que des draps, des matelas, de la nourriture : on encourage ainsi l'économie locale tout en offrant à l'établissement des objets qu'il reconnaît. »

Danielle Housset, présidente d'honneur d'Enfance et familles d'adoption

Un contrôle des coûts

Quels que soient le pays ou la démarche retenus, la vigilance est essentielle : les parents doivent exiger de savoir à quoi sont destinées les sommes demandées.

En cas de doute, le mieux est de se renseigner auprès de l'Afa, du SGAI, de l'ambassade de France dans le pays, de l'ambassade du pays d'origine en France ou auprès de parents les ayant précédés dans cette démarche.

Certains actes liés à l'adoption ne sauraient aucunément être monnayés : c'est le cas, rappelons-le, du consentement à l'adoption.

La convention de La Haye relative à l'adoption internationale (1993) souligne que les consentements, tant des parents de naissance que de l'enfant, lorsque le sien est requis en raison de son âge ou de sa maturité, doivent être reçus avant l'apparentement et ne sauraient être obtenus « moyennant paiement ou contrepartie d'aucune sorte » (art. 4).

Des notions telles que « gains matériels indus », « honoraires raisonnables » ou « rémunération disproportionnée » (voir encadré ci-contre) restent encore à définir. C'est la raison pour laquelle de plus en plus de voix s'élèvent pour demander un contrôle plus rigoureux des coûts liés à l'adoption : si les futurs parents se doivent d'être extrêmement vigilants, l'éthique en matière d'argent est une responsabilité qui incombe aux autorités des différents pays, et non pas aux seuls candidats à l'adoption.

Un moment sensible

La vigilance doit être particulièrement vive au moment où les parents sont sur place, où ils se sont vu confier l'enfant et que des « imprévus » surgissent : placés dans une situation d'extrême vulnérabilité affective, les adoptants vivent souvent avec angoisse les délais administratifs, la lenteur de la démarche, qui peuvent leur paraître excessifs mais être normaux dans le pays où ils se trouvent.

La tentation est alors grande de faire avancer les choses à coups de « bakchich », de s'en remettre à quelque intermédiaire qui se présenterait, conseillé par le réceptionniste de l'hôtel ou par un chauffeur de taxi...

Cela dit, comme le reconnaît Johanne Lemieux, assistante sociale québécoise qui fut un temps bénévole dans une agence d'adoption, « il y a toujours de l'argent échangé, mais cela peut être fait raisonnablement ».

À tout moment, il convient de se rappeler que l'argent n'a pas la même valeur partout, de comparer ce que l'on pourrait être amené à payer au salaire minimal. Ainsi, 50 € peuvent nous sembler peu ; or il est des pays où cette somme permet de faire vivre une famille pendant un mois.

La facilité à laquelle on peut être tenté de céder crée ou alimente la corruption et, par là, contribue à compliquer, ralentir et alourdir artificiellement les procédures, sinon pour soi, du moins pour les adoptants qui suivront.

Gare aux amalgames !

Les parents doivent la transparence la plus totale à leur enfant qui, intuitivement, sentira s'ils esquivent les questions. S'il est un point sur lequel les enfants adoptés ont besoin d'être rassurés, c'est précisément celui de l'argent.

Dans l'opinion populaire, l'amalgame entre adoption et trafic est fréquent, et il n'est pas rare qu'ils se voient demander si leurs parents les ont « achetés ».

Les textes internationaux invitent à la vigilance

Convention internationale des droits de l'enfant (Cide), 1989

Les États parties qui admettent et/ou autorisent l'adoption s'assurent que l'intérêt supérieur de l'enfant est la considération primordiale en la matière, et:

[...] prennent toutes les mesures appropriées pour veiller à ce que, en cas d'adoption à l'étranger, le placement de l'enfant ne se traduise pas par un profit matériel indu pour les personnes qui en sont responsables. (art. 21)

Convention de La Haye, 1993

Les Autorités centrales prennent, soit directement, soit avec le concours d'autorités publiques, toutes mesures appropriées pour prévenir les gains matériels indus à l'occasion d'une adoption. (art. 8)

1. Nul ne peut tirer un gain matériel indu en raison d'une intervention à l'occasion d'une adoption internationale.
2. Seuls peuvent être demandés et payés les frais et dépenses, y compris les honoraires raisonnables des personnes qui sont intervenues dans l'adoption.
3. Les dirigeants, administrateurs et employés d'organismes intervenant dans une adoption ne peuvent recevoir une rémunération disproportionnée par rapport aux services rendus. (art. 32)

« J'ai apporté un grand sac de médicaments de première nécessité, sur le conseil d'un pharmacien et d'un médecin qui partaient chaque année travailler dans le pays où j'allais adopter... Je savais que le dentifrice était très cher là-bas, que la directrice de l'orphelinat avait une fille scolarisée, j'ai donc apporté des tubes de dentifrice, un dictionnaire et un livre de grammaire française... Quand nos amis ont su que nous partions chercher notre enfant, ils ont organisé une collecte de jouets: des jouets en plastique, légers, faciles à transporter et à laver, à la différence des jouets en tissu ou des peluches. Ils y ont ajouté des vêtements... Nous sommes partis avec deux immenses sacs ! »

Des parents adoptifs

Quelques conseils

- Si vous devez faire un emprunt pour l'achat d'un bien immobilier ou d'une voiture, essayez de vous réserver une marge de manœuvre afin de pouvoir, le cas échéant, négocier un prêt personnel qui permettra de financer une partie des frais (des adoptants racontent avoir trouvé un soutien chaleureux auprès du personnel de leur agence bancaire, des mutuelles, comités d'entreprises ou conseils généraux...).

- La famille, les futurs grands-parents viennent parfois en aide : dans ces cas-là, il est important de mesurer la dimension affective que représente cette aide. Autant elle peut être perçue comme une façon pour la famille élargie de s'impliquer, de s'ouvrir à l'enfant, autant elle ne doit pas peser dans les relations ultérieures, ni entraîner un quelconque « droit de regard » sur l'éducation de l'enfant ou sur son avenir, ni autoriser de petites phrases assassines du type : « Heureusement qu'on était là pour prêter de l'argent à tes parents ! »

Comment financer son projet d'adoption ?

Si les postulants s'interrogent sur les coûts de l'adoption, ils restent souvent pudiques sur la façon dont ils espèrent pouvoir financer leur chemin effectif vers l'enfant. Pour la plupart, ils y songent très tôt, car ils savent que leurs chances de se voir proposer un enfant dans leur propre département sont relativement minces, eu égard au nombre de candidats à l'adoption. Certains départements ou organismes tels que la Caisse d'allocations familiales proposent des prêts à taux zéro.

L'argent est certes un aspect incontournable de l'adoption internationale, un aspect parfois discriminatoire ; pourtant, chaque année, des candidats à l'adoption aux revenus proches du smic mènent à terme des procédures lointaines.

Songer à tous ces aspects communs à toutes les démarches d'adoption permet de continuer à avancer vers l'enfant et de se préparer à son arrivée. C'est encore la meilleure façon de gérer l'attente parfois si longue.

Continuer de vivre, de vaquer à ses occupations quotidiennes et de profiter de ses loisirs habituels, tout en concen-

Un exemple d'une aide financière accordée par un conseil général

En 2002, le conseil général du Finistère accordait une aide financière à l'adoption.

Le prêt accordé était d'un montant maximal de 4 600 € sans intérêts, remboursable sur 4 à 6 ans. La famille devait remplir les critères suivants : le quotient familial ne devait pas dépasser 1 200 € ; l'arrivée de l'enfant devait être imminente ou effective. Les pièces à joindre au dossier comprenaient :

- une attestation de l'organisme autorisé pour l'adoption ou de tout autre organisme certifiant l'arrivée de l'enfant ;
- les photocopies des bulletins de salaire ;
- des documents permettant de justifier la demande (état des dépenses engagées : frais de l'organisme, traduction, voyage, hébergement, etc.) ;
- un questionnaire à remplir.

Pour savoir si de telles aides existent dans votre département, adressez-vous à l'Aide sociale à l'enfance.

trant un maximum de ses énergies sur le projet d'adoption afin qu'il se réalise est un équilibre difficile qu'il faut tenter de conserver, afin de se trouver dans les meilleures conditions possibles pour accueillir l'enfant.

Les candidats trouveront autour d'eux des personnes pour les épauler et pour entendre leur impatience, spécialement parmi des familles qui ont déjà vécu ce moment particulier. Toutefois, ils ne peuvent espérer trouver ailleurs qu'en eux-mêmes l'énergie et la ténacité indispensables à l'heureux aboutissement de leur rêve.

Dur et difficile défi que nous lance notre enfant, avant même d'être physiquement là. Sachons que, au bout du compte, nous oublions les difficultés quand nous le rencontrons.

Chapitre 3

L'adoption nationale

L'enfant venu d'ailleurs n'arrive pas toujours d'un pays étranger. Il peut nous attendre dans une ville voisine, dans un département de métropole ou d'outre-mer, quelque part en France.

Les pupilles de l'État

Une évolution significative

Il y a encore quelques décennies, l'adoption par des familles françaises était essentiellement tournée vers des enfants français, principalement les pupilles de l'État: c'est dans le but de trouver des familles pour les orphelins de la guerre de 1914-1918 que l'adoption, jusque-là réservée aux majeurs et à des fins essentiellement successorales, fut étendue aux mineurs en 1923.

Afin d'assurer à l'enfant une place centrale, irremplaçable, dans sa nouvelle famille, il sembla à l'époque prudent au législateur que les adoptants n'eussent pas d'enfants et fussent en âge, du moins pour la mère, de ne plus procréer: la crainte était que, en présence d'un enfant biologique, l'enfant adopté connaisse un second délaissement, affectif cette fois-ci, au sein de sa famille adoptive.

On l'a vu, l'âge minimal requis a été abaissé; et, depuis 1966, l'adoption en présence d'enfants (biologiques ou adoptés) est autorisée.

L'image de la famille dont l'enfant délaissé a besoin ressemble désormais à la « famille moyenne ».

Cet élargissement de l'éventail des adoptants possibles, dont le nombre a augmenté d'année en année, et le fort recul du nombre des pupilles ont conduit les postulants à s'orienter de plus en plus vers l'adoption internationale.

Où s'adresser?

Pourtant, il y a des enfants adoptables en France, c'est-à-dire en métropole et dans les départements d'outre-mer.

La grande majorité sont des pupilles de l'État (les autres étant essentiellement des enfants adoptés au sein de leur famille élargie ou par le conjoint de leur parent). Au sein de chaque département, les pupilles sont placés sous la tutelle du conseil de famille des pupilles de l'État, le tuteur étant le préfet du département. Le conseil de famille assume la responsabilité des décisions majeures pour le devenir de l'enfant (mode de placement, traitement médical, orientation scolaire) comme le ferait un père ou une mère de famille.

L'application des décisions du conseil de famille relatives à la prise en charge de l'enfant (placement en foyer ou en famille d'accueil, suivi scolaire, psychologique ou médical, ou tout autre geste de « garde et d'attention » au quotidien) incombe au service de l'Aide sociale à l'enfance (Ase), qui dépend du conseil général.

L'Ase rend compte au conseil de famille de la situation et de l'évolution de l'enfant. C'est le conseil de famille qui sera chargé, le moment venu, de lui choisir une famille. C'est également lui qui consent à l'adoption – une fois de plus, dans ce parallélisme entre son rôle et celui laissé vacant par les parents.

D'autres enfants sont confiés dès leur naissance, par leurs parents d'origine ou sur leur demande, à une œuvre privée, un organisme autorisé pour l'adoption (OAA). Dans ce cas-là, l'organisme qui a recueilli l'enfant est chargé d'organiser sa tutelle par le juge des tutelles qui constituera un conseil de famille privé appelé à choisir des parents pour l'enfant.

L'apparentement par l'Aide sociale à l'enfance, dans le département où réside le postulant

Choisir une famille pour un enfant, lui trouver des parents : telle est la délicate mission d'apparentement que devront prendre un nombre restreint de personnes.

Que la tâche incombe au conseil de famille des pupilles de l'État ou à un conseil de famille privé constitué par un juge des tutelles, seuls seront examinés les dossiers de postulants titulaires d'un agrément en cours de validité, c'est-à-dire obtenu il y a moins de cinq ans et confirmé chaque année.

La seule exception qui pourra être faite concernera le cas d'une famille d'accueil auprès de laquelle l'enfant a été placé et qui aurait manifesté son désir de le garder définitivement en son sein en créant un lien de filiation. Le dossier sera alors examiné avant celui des autres candidats. Maintenir l'enfant auprès de l'assistante maternelle représente pour lui un avantage incontestable, dès lors que se sont noués, avec tous les membres de la famille, des liens affectifs authentiques, suffisamment solides pour qu'on les envisage comme permanents. Le conseil de famille devra évaluer le regard porté par l'enfant sur la famille, son désir d'y rester et de la prendre pour sienne. Selon son âge, il pourra être entendu par le conseil de famille.

Le Conseil de famille des pupilles de l'État doit connaître tous les agréments en cours. Cependant, tous ne sont pas étudiés chaque fois qu'un projet d'adoption est fait pour un enfant. Les responsables de l'ASE (aidés parfois d'un représentant du tuteur), préparent trois à quatre dossiers pour chaque cas à examiner.

Le conseil peut exiger d'autres présentations (dossiers plus « anciens », de parents « plus jeunes » ou de « familles avec enfants », familles acceptant des enfants maghrébins, noirs, etc., y compris des dossiers envoyés par des postulants résidant hors du département).

Si, au moment de la démarche en vue de l'obtention de l'agrément, un postulant a indiqué son souhait d'accueillir un pupille, le dossier ne sera présenté au conseil de famille que s'il est susceptible de correspondre à l'attente et aux besoins de l'enfant : ainsi, le dossier d'un postulant souhaitant adopter un nourrisson ne sera pas étudié si l'enfant à confier a 6 ans.

L'apparentement par l'Aide sociale à l'enfance, dans un autre département

Les postulants peuvent aussi chercher à savoir si leur candidature est susceptible de retenir l'attention d'autres départements ; il convient dans ce cas de prendre contact avec leurs services d'Aide sociale à l'enfance.

Les informations par téléphone étant généralement lacunaires et laconiques, le mieux est de laisser une trace de sa démarche, en envoyant une photocopie de l'agrément, de la notice, du bilan psychologique et du rapport de l'enquête sociale, ainsi qu'une lettre de motivation avec, le cas échéant, des photos de la famille et du cadre de vie.

Si on désire devenir parents d'un enfant « jeune et en bonne santé », une telle démarche a peu de chances d'aboutir : ce projet-là correspond à la majorité des demandes d'adoption que reçoivent tous les départements – sauf si le conseil de famille a décidé qu'il était dans l'intérêt de l'enfant d'être placé dans un autre département.

Par ailleurs, il est souvent inutile d'envoyer un courrier si l'Ase déclare catégoriquement ne pas avoir d'enfant correspondant aux souhaits des postulants.

En revanche, si la réponse semble laisser une porte ouverte, les adoptants ne doivent pas hésiter à faire connaître leur candidature, à communiquer leur motivation sincère et à décrire leur projet et son évolution depuis la procédure d'agrément. Mieux vaut écrire pour rien que laisser passer une chance pour ce département de trouver enfin la famille qu'un enfant attend.

Des informations complémentaires

Avant que le conseil de famille se réunisse, l'assistante sociale de l'Aide sociale à l'enfance peut reprendre contact par téléphone avec les postulants dont les dossiers ont été retenus, pour s'informer d'éventuelles démarches entreprises ailleurs, du stade où elles en sont (le dossier ne sera pas étudié si les adoptants ont déjà accepté un apparentement avec un enfant), et pour s'assurer que la motivation reste intacte. Elle peut également souhaiter savoir si des changements se sont produits dans la situation familiale depuis la dernière confirmation de l'agrément (par exemple, l'annonce d'une naissance). Rappelons ici que les postulants sont tenus de communiquer spontanément à l'Ase tous les changements

Le conseil de famille

Selon l'article L. 224-1 du Code de l'action sociale et des familles, le conseil de famille est composé « des représentants du conseil général désignés par cette assemblée, sur proposition de son président; des membres d'associations à caractère familial, notamment issus de l'union départementale des associations familiales, d'associations d'assistantes maternelles et d'associations de pupilles et anciens pupilles de l'État [...] ; de personnalités qualifiées désignées par le représentant de l'État dans le département ». Parmi ces personnalités qualifiées peuvent figurer le procureur de la République et l'inspecteur d'Académie.
Le conseil de famille réunit donc tant des professionnels que des parents et des anciens pupilles, c'est-à-dire des personnes directement concernées par les liens familiaux et les questions de délaissement. Ses membres, nommés pour un mandat de six ans renouvelable une fois, sont tenus au secret professionnel.

importants intervenus dans leur famille depuis l'obtention de l'agrément, sous peine de risquer de se le voir retirer.
Selon le dossier, l'assistante sociale peut demander à rencontrer les postulants, surtout s'ils résident dans un autre département : elle n'aura en effet pas eu l'occasion de les connaître au moment des investigations sociales. Le conseil de famille peut aussi demander à les rencontrer.

L'annonce de la décision

La décision prise par le conseil de famille est notifiée quinze jours plus tard à la famille par l'assistante sociale, qui envoie un courrier recommandé, mais aussi qui téléphone aussi, surtout quand elle pense que les personnes peuvent être difficilement joignables par courrier : il est important de toujours indiquer dans le dossier plusieurs numéros de téléphone auxquels on peut être contacté (domicile, travail, portable, etc.).
L'assistante sociale informe les postulants retenus que le conseil de famille se propose de leur confier un enfant, et elle les invite à la rencontrer pour avoir plus d'informations.
Cette rencontre ne les engage pas d'emblée à accepter la proposition d'apparentement. Elle a pour but de leur donner des éléments leur permettant de décider librement.

Les organismes autorisés pour l'adoption (OAA) en France

Un organisme privé

Ces organismes privés se voient confier des enfants par des parents ne souhaitant pas les remettre à l'Aide sociale à l'enfance.

Les raisons qui peuvent conduire un parent à préférer un OAA à l'Ase sont diverses. Pour certains, les services sociaux sont encore assimilés à l'ancienne Assistance publique : ils ont l'impression d'« abandonner » l'enfant s'ils le laissent à l'État ; ils ont peur d'être jugés, d'être considérés comme de « mauvais parents » et préfèrent donc le « confier » à un OAA.

Pour d'autres, surtout de jeunes femmes en difficulté qui ont caché leur grossesse et qui craignent pour leur vie ou pour celle de leur enfant, l'OAA représente un

OAA recueillant des enfants nés en France

Voir aussi p. 114-115 le nom des OAA qui se voient confier des enfants handicapés nés en France.

Autres OAA recueillant des enfants nés en France :

- **La Famille adoptive française**
  90, rue de Paris - 92100 Boulogne-Billancourt - Tél. : 01 48 25 61 86 - Fax : 01 46 04 11 87 E-mail : contact@afaf.org - Site internet : http://www.afaf.org

- **Les Nids de Paris**
  83, avenue de Saint-Mandé - 75012 Paris - Tél. : 01 43 43 25 38

Pour savoir si ces OAA sont autorisés à accepter des candidatures dans votre département, contactez l'Aide sociale à l'enfance.

refuge : une prise en charge de la mère, avec hébergement, est mise en place par certains organismes.

Certains OAA qui recueillent des enfants nés en France œuvrent également à l'étranger. Le nombre d'enfants nés en France qu'ils ont à placer est relativement faible : quelques dizaines pour des centaines de dossiers de candidature.

Un OAA autorisé

Quand un OAA recherchant des familles pour des enfants en France et à l'étranger retient une candidature de postulants, c'est lui qui décide s'il garde le dossier pour la France ou pour un autre pays dans lequel il œuvre ; c'est lui également qui choisit la famille selon les besoins de l'enfant.

Dans tous les cas, un conseil formé par les responsables de l'organisme est mis en place pour étudier les dossiers des candidats et des enfants, et pour les soumettre au conseil de famille en France ou aux responsables de l'orphelinat à l'étranger, pour que soit procédé un apparentement. Des contacts auront été pris au préalable avec les candidats, par téléphone, avant de fixer une rencontre pour un entretien.

Pour savoir si votre dossier est susceptible d'intéresser un OAA, il est nécessaire d'entrer en contact avec son secrétariat. La première chose à faire toutefois est de vous assurer que cet OAA est autorisé dans votre département, c'est-à-dire qu'il est compétent pour accepter des candidatures des personnes y résidant. En effet, le conseil général délivre une autorisation aux OAA qui ont (ou qui doivent avoir) des personnes référentes à proximité ; celles-ci rencontreront les candidats à l'adoption, puis assureront un suivi postadoption, deux obligations de ces organismes autorisés.

Si l'OAA est agréé dans votre département, le dossier à constituer est le même que pour les Ase, avec une lettre de motivation, l'agrément, le rapport de l'enquête sociale et le bilan psychologique, ainsi que des photos des parents et du cadre de vie.

Si la candidature intéresse l'OAA, cette dernière proposera une première rencontre avec la personne référente, puis des entretiens avec des responsables nationaux pour approfondir le projet d'adoption.

« On est plus sereins à partir du moment où on sait que l'association nous garde... On n'est plus dans un rapport de "demande". C'est l'attente, mais on sait qu'on aboutira... »

Des parents adoptifs

La première rencontre

La mise en relation

Qu'elle se fasse par l'Ase ou par un OAA, la mise en contact d'un enfant et de sa famille est sensiblement la même. Les futurs parents sont reçus par l'assistante sociale ou par un autre membre du service de l'Aide sociale à l'enfance chargé des adoptions, ou par un responsable de l'OAA, qui leur apporte des éléments d'information sur l'enfant. On leur décrit également les circonstances qui ont rendu l'enfant adoptable, son vécu jusque-là, son âge, son état de santé, etc. Les parents sont ensuite invités à réfléchir avant de prendre une décision.

Les délais légaux

Rappelons ici que les parents disposent de délais de rétractation quand ils confient leur enfant à l'Ase ou à un OAA (voir p. 37-38).

Passé ce délai, l'enfant recueilli par l'Ase pourra être admis à titre définitif comme pupille de l'État. Cette admission de l'enfant à titre définitif comme pupille de l'État (les délais légaux des parents étant épuisés) fait l'objet d'un arrêté lui-même susceptible de recours (1 mois).

Un projet d'adoption pour l'enfant ne peut pas être fait tant que ces délais ne sont pas épuisés.

Le conseil de famille doit consentir à l'adoption au plus tard au moment du choix de la famille. Ses membres disposent d'un délai de recours de quinze jours.

Un enfant pourra être proposé à l'adoption au plus tôt un mois et un jour après son admission à titre définitif comme pupille de l'État.

Pour les enfants confiés à un OAA, passé les délais de rétraction auxquels ont droit les parents, le conseil de famille privé constitué par le juge des tutelles est appelé à choisir des parents.

Une fois que les parents se sont engagés, une photo de l'enfant leur est montrée, voire remise, pour qu'ils puissent l'emporter chez eux. Si certaines assistantes sociales montrent la photo avant que les parents aient confirmé leur décision, la plupart s'y refusent, pour des raisons éthiques et psychologiques : on ne répond pas « oui » ou « non » en fonction d'une photo, on ne « choisit » pas un enfant sur sa simple apparence physique ; pour les parents potentiels, en outre, qui éventuellement seraient amenés à refuser l'adoption qui leur est proposée pour une raison quelconque, ils garderaient en eux les traits de cet enfant, avec tout ce que cela suppose de douloureux.

« C'est le directeur du service des adoptions qui nous a reçus. L'assistante sociale était en vacances. Il nous a parlé de Matthieu. En fait, il nous a dit peu de choses, il ne voulait pas sortir du juridique. C'était très administratif, et assez réfrigérant. Puis il nous a dit : "Vous n'êtes pas obligés de répondre tout de suite." Il y a eu un silence. Nous étions là, assis autour de la table. Au bout d'un moment, nous avons demandé si nous pouvions parler en tête à tête. Il nous a ouvert la porte. Nous nous sommes retrouvés dans le couloir. Pas une chaise, pas un endroit où s'asseoir et parler. Nous avons fait quelques pas, nous nous sommes regardés, et nous avons éclaté de rire. Nous étions euphoriques. Nous sommes rentrés et nous avons dit : "Voilà, Matthieu a des parents." »

Des parents adoptifs

La première rencontre

Dans le cas d'un enfant jeune, un deuxième rendez-vous est pris pour permettre aux parents de rencontrer l'enfant, en présence de la responsable de la pouponnière ou de l'assistante maternelle et de l'assistante sociale (ou d'un représentant de l'OAA et des personnes ayant à charge l'enfant).

L'heure choisie est généralement une heure où l'enfant a été nourri, où il est censé être reposé. Il a été préparé à la venue de ses futurs parents.

Ces visites sont renouvelées, laissant aux parents et à l'enfant le temps de s'apprivoiser. Les parents pourront, par exemple, donner le biberon, changer la layette, donner le bain. Cette première rencontre se déroule chez la nourrice (c'est généralement le cas pour un bébé placé en famille d'accueil) ou à la pouponnière.

Dans le cas d'un enfant plus âgé, la mise en relation est progressive. Un entretien téléphonique et une deuxième rencontre avec l'assistante sociale qui a accompagné le placement de l'enfant permettent d'obtenir plus d'informations. L'image de l'enfant se précise, surtout quand l'assistante sociale arrive avec un album de photos. Les détails de son quotidien, chez sa nourrice ou en institution, permettent d'entrer un peu plus dans sa vie.

La première rencontre se déroule en présence de l'assistante sociale ou de la puéricultrice chargée de l'enfant, dans des locaux neutres, si possible connus de l'enfant : seuls sont présents les futurs parents, l'enfant, l'assistante sociale et éventuellement le psychologue.

La rencontre chez la nourrice viendra plus tard : c'est une rencontre délicate, tant pour elle que pour les parents. Même si la nourrice a choisi de ne pas adopter l'enfant, elle s'est attachée à lui, elle voit arriver des personnes qui viennent le lui « prendre » : les réactions ou réflexions de la famille d'accueil sont parfois difficiles à entendre pour les parents (« il/elle va nous manquer », « on l'aurait bien gardé si on avait pu », etc.). Il ne faut en aucun cas culpabiliser. Cet enfant attendait des parents ; il les a désormais.

Ces visites se font ensuite en sens inverse : c'est l'enfant qui vient visiter son nouveau domicile, en compagnie de l'assistante sociale qui, rapidement, le confie pour la journée entière à ceux qui se sentent dorénavant pleinement les parents.

La mise en relation s'intensifie. Vient le moment où l'enfant est prêt à entrer définitivement dans sa nouvelle maison.

« Nous avons adopté notre fille par un OAA... Elle était dans une pouponnière... On nous a conduits dans la pièce... Elle était dans son petit lit. Je l'ai prise dans les bras, j'ai pris mon bébé, je l'ai mis contre moi. "On est papa et maman, on est venus te chercher pour toute la vie." Je le lui ai dit tout de suite. On est restés toute la journée, tard dans la soirée. Dans l'après-midi, pendant qu'elle dormait, nous sommes allés nous promener en ville, nous sommes passés devant un magasin de puériculture, et là nous avons craqué. Nous sommes entrés et nous avons acheté toute sa layette. Quand nous sommes revenus, elle était réveillée : je me souviens de ce regard inquiet. Nous lui avons donné le biberon et son bain. Nous lui avons mis le pyjama et nous sommes partis quand elle dormait, en laissant dans son lit un cadeau. »

Un père adoptif

« Cela ne faisait que cinq mois que nous avions l'agrément... Nous nous étions dit qu'il nous faudrait trois ans pour adopter, nous avions demandé un agrément en Lettonie. Nous travaillions beaucoup tous les deux. Et puis, un soir, il y a eu un message sur le répondeur, de l'assistante sociale, nous demandant de la rappeler.
Et quand on l'a rappelée, qu'elle nous a dit qu'un petit garçon nous attendait... on est tombés des nues.
Le lendemain, elle nous a reçus, nous a décrit le bébé, nous a montré une photo. Elle nous a dit qu'il était né sous X. Deux jours après, elle nous a menés chez l'assistante maternelle qui le gardait. Et là, j'ai craqué. L'assistante maternelle le tenait, elle m'a dit : "Dites-lui que vous êtes sa maman."
Je ne pouvais pas, je pleurais, j'étais tétanisée ; alors c'est elle qui le lui a dit. Au bout d'un moment, je l'ai pris dans les bras, je lui ai donné le biberon, fait des câlins ; l'assistante

maternelle l'a baigné. On était arrivés vers 3 heures de l'après-midi, il devait être 22 heures quand on est repartis. Après ça, on a pratiquement squatté chez l'assistante maternelle : mon mari y allait le matin, pendant que je travaillais, je le rejoignais l'après-midi, et nous y passions toute la soirée. L'Ase avait prévu un temps d'adaptation de dix jours : le délai pour un précédent enfant avait été trop court, et le nourrisson avait fait de l'anorexie. Mais je crois que chaque situation est différente... Au bout d'une semaine, on lui a dit qu'on en avait assez, qu'on voulait prendre Philippe chez nous. Et c'est ce qu'on a fait. »

Une mère adoptive

Des sentiments particuliers

La première rencontre est un instant que l'on n'oublie jamais. Tout bascule.

Pourtant, le sentiment éprouvé n'est pas toujours comparable au coup de foudre des contes de fées ; comme pour n'importe quelle rencontre d'amour, cet instant merveilleux a tellement été attendu et imaginé que la réalité est souvent autre.

On se sent ému et attendri, on a les larmes qui coulent peut-être, la gorge sèche, on se sent humble et gauche devant cet enfant que l'on nous présente, on est pris de crampes, comme pour un accouchement, ou alors, on est (on se croit) calme, détaché, presque... C'est plus tard que viendront les émotions.

Quelle que soit la réaction, il ne faut surtout pas s'inquiéter ! L'instinct maternel ou paternel, on le sait désormais, n'est pas toujours inné, l'attachement n'est pas toujours aussi spontané ou exprimable qu'on nous le dit. Une fois l'angoisse passée, les témoins sortis, l'intimité retrouvée, le temps fera son travail.

Inutile surtout de se sentir un mauvais parent si l'on éprouve un sentiment d'hésitation ; l'amour se tisse au fil du temps. Attention cependant au sentiment de déception, au geste de recul que le temps de la mise en relation devrait faire disparaître. Il faut admettre, de rares fois toujours douloureuses, que l'on ne peut pas être parent de tous les enfants de la terre. Encore faut-il pouvoir exprimer ce ressenti si besoin est.

Mais, de façon générale, les rencontres se rapprochent dans le temps, se prolongent. Puis vient le jour où les séparations deviennent impossibles : les parents sont autorisés à repartir avec l'enfant. La période transitoire est terminée ; la porte se referme sur cette nouvelle intimité à deux ou trois...

« Ce n'était pas l'enfant attendu... Je n'oublierai pas cette femme, très touchante, très sympathique. Elle sortait de tentatives de procréation médicales à répétition. Nous avions

bien vu qu'elle était assez fragile, elle avait les larmes aux yeux quand elle parlait de son désir d'enfant. Son mari semblait plus "solide". Ils nous avaient dit qu'ils étaient candidats à l'adoption d'un enfant français. Nous avons fait l'erreur de ne pas creuser, nous avons reçu cette formulation comme le souhait d'adopter un enfant pupille de l'État. Il y a peu de pupilles de l'État dans notre département. Une petite fille est née, d'origine maghrébine, une enfant blonde aux grands yeux foncés. Le conseil de famille des pupilles de l'État a décidé de la confier à ce couple. Nous avons convoqué le couple et leur avons présenté ce que nous savions de l'enfant. Ils ont accepté l'apparentement et nous avons commencé la phase de mise en relation. Ce fut un désastre. Cette femme ne pouvait pas prendre l'enfant dans les bras. Elle éclatait en sanglots, s'éloignait de l'enfant. Au bout de dix jours, nous avons renoncé.
Était-ce l'origine ethnique de l'enfant qui faisait écran ? Ou l'évidence qu'elle n'aurait sans doute jamais d'enfant biologique ? Quoi qu'il en soit, ce fut dramatique pour le couple, dramatique pour l'enfant, à qui nous avions parlé de ses nouveaux parents. Il a fallu la rassurer, lui expliquer, l'entourer, avant de refaire un projet d'adoption pour elle quelques mois plus tard : c'était devenu un bébé stressé, anxieux. »

Une assistante sociale

« La première rencontre avait lieu dans les locaux de l'Ase, dans une pièce préparée à cet effet, avec des jouets et une petite table pour le goûter. Catherine avait l'habitude d'y aller, pour rencontrer la psychologue ou l'assistante sociale. Celle-ci avait préparé la rencontre avec l'enfant, comme elle l'avait préparée avec nous. Elle nous a dit que la petite avait monté un scénario, qu'elle allait arriver, frapper à la porte et dire : "Qui c'est ?" Et elle s'attendait à ce que nous répondions : "Papa et maman !" Nous étions tous tendus, l'assistante sociale presque autant que nous. Elle nous avait prévenus que les enfants prennent parfois du temps avant d'appeler leurs parents "papa" et "maman", qu'il se pourrait que, au lieu de frapper à la porte, elle s'enfuie dans le couloir...
Dans la cour, nous avons vu une voiture arriver. La porte s'est ouverte, une fillette est sortie comme une bombe, un bouquet de fleurs à la main. Elle a foncé dans la pièce, s'est jetée sur Gérard et a dit : "Papa, c'est pour maman !" »

Des parents adoptifs

L'adoption d'un enfant « à particularité »

Dans le cas des enfants handicapés ou présentant des problèmes de santé, la disponibilité des parents et le cadre de vie sont des éléments déterminants. Un projet de cette nature fait l'objet d'échanges approfondis pendant, mais aussi après la procédure d'agrément.

Quand une famille semble convenir aux besoins d'un enfant précis, les questions sont de nouveau reprises, et les aspects médicaux, psychologiques ou autres sont abordés en détail. Après cet échange, les parents sont invités à réfléchir de nouveau aux limites qu'ils se sentent ou non capables de franchir.

La mise en relation se fera de façon progressive, là encore, jusqu'au moment où l'enfant est prêt. Lorsque ce dernier est placé par un organisme, les parents peuvent rencontrer d'autres familles ayant accueilli des enfants présentant un handicap analogue.

« Nous avons reçu un courrier de l'Ase nous demandant de prendre contact avec l'assistante sociale. Le lendemain, elle nous recevait et nous décrivait l'enfant, son âge, son ethnie, ses difficultés de santé. Elle nous a demandé d'y réfléchir et de reprendre contact avec elle deux semaines plus tard. Cette fois, nous avons rencontré le psychiatre qui suivait cette enfant, qui était aussi celui avec qui nous avions préparé notre agrément. Nous avons eu un historique plus détaillé ; on nous a montré sa photo ; nous avons dit que nous souhaitions être ses parents, mais on nous a imposé une nouvelle semaine de réflexion. Nous l'avons donc occupée à prendre nos dispositions, à annoncer l'arrivée d'une petite sœur à notre fils. Nous pensions que nous allions trouver ce temps très long, en fait nous l'avons employé à préparer l'arrivée de notre enfant.
Nous sommes arrivés à la pouponnière. On nous a de nouveau raconté son histoire, on nous a mis en garde : il est probable qu'elle vous refuse, elle ne vous regardera peut-être pas. Quand je me suis trouvée devant elle, je lui ai parlé, elle m'a regardée et elle s'est glissée sur mes genoux. Je me suis dit : "C'est bon, ma petite, on est partis." Elle s'est endormie dans mes bras. On nous avait dit qu'il fallait prévoir un temps d'adaptation de

quinze jours avant que nous puissions envisager de la prendre à la maison. Nous venions tous les jours à la pouponnière. Une semaine après la première visite, elle était chez nous. Elle était prête. »

Une mère adoptive

L'adoption en présence d'enfants

Quand il y a déjà des enfants dans le foyer, l'annonce de l'arrivée d'un nouvel enfant – que ce soit par naissance ou par adoption – suppose un choc. Bien que préparés, ils n'ont pas vécu cette attente avec la même intensité que leurs parents, et la démarche est restée abstraite pour eux. Même quand il s'agit d'une volonté familiale collective, le projet reste celui des parents. Comme le note Marcel Rufo[1], les parents s'entendent dire, dès la première fatigue ou difficulté : « Tu l'as voulu, tu assumes. »

L'annonce de l'arrivée est donc le moment où les enfants prennent vraiment conscience de l'événement (à la différence de la visibilité d'une grossesse) : si certains réagissent avec philosophie, d'autres expriment de la joie, de l'agitation ou de l'angoisse, cherchant à se rappeler à l'attention de leurs parents pour calmer l'inquiétude qu'ils éprouvent de se voir déboulonnés par celui ou celle qui doit arriver.

« Il y avait un message sur le répondeur, nous invitant à contacter une Mme X. Ce nom ne me disait rien, mais Martine a tout de suite dit : "C'est l'assistante sociale." Notre fils, qui avait 12 ans, a sursauté : "Au secours ! On va nous proposer un gosse !" Et il a filé chez son copain. »

Un père adoptif

La démarche, les visites et les rencontres sont organisées de la même façon pour l'accueil d'un enfant dans une famille où l'attendent des frères et sœurs. Ces derniers peuvent assister aux rencontres,

1. Marcel Rufo, *Frères et sœurs*, Paris, Fayard, 2002.

et y participent souvent de façon active. La première rencontre doit être préparée avec soin.
Parfois intimidés au début, les enfants reprennent rapidement l'initiative et parviennent souvent à un échange intuitif avec celui ou celle qui va les rejoindre au sein de la famille – même si, ultérieurement, dans la phase d'acclimatation, quand ils se retrouveront tous ensemble à la maison, de petites tensions et des jalousies passagères peuvent se manifester, avec parfois cette réaction : « Mais il va rester longtemps, celui-là ? »

« Notre fille nous avait dit qu'elle voulait bien d'un petit frère, à condition qu'il ne sache rien faire, mais alors rien du tout, pour qu'elle lui apprenne tout, qu'elle reste l'aînée. Nous l'avons signalé à la directrice de la pouponnière. Quand nous sommes arrivés, la directrice lui a parlé de son petit frère, lui a dit qu'il allait bien, mais qu'elle était très ennuyée car il ne savait rien faire, mais alors rien du tout. L'attente un peu tendue de notre fille s'est dissipée en rires. »

Des parents adoptifs

Le placement en vue d'adoption

Une sécurité juridique

La date du placement en vue d'adoption est fixée par le conseil de famille. Désormais, l'enfant séjourne sous le toit de ses futurs parents adoptifs – futurs aux yeux de la loi. Car si l'enfant et les parents se considèrent comme dorénavant unis, la loi prévoit que l'enfant séjourne au moins six mois auprès des adoptants avant que le jugement d'adoption ne soit prononcé. Ce placement préalable doit permettre au conseil, toujours responsable légal de l'enfant, d'apprécier que des liens familiaux sont effectivement créés avant que le juge n'intervienne pour établir la filiation adoptive (art. 345, alinéa 1 du Code civil.)
Un suivi est assuré par une assistante sociale pendant la durée du placement, avec des visites périodiques au domicile de la famille. Dans le cas d'un OAA, c'est celui-ci qui assure le suivi.
Dès le placement en vue d'adoption, la stabilité du lien affectif qui se crée est juridiquement protégée. La loi s'efforce en

effet d'établir des conditions satisfaisantes permettant d'assurer un maximum de sérénité pour toute la famille.
En application de l'article 352 du Code civil, l'enfant ne peut plus être reconnu et ne peut pas être restitué à la famille biologique durant ces six mois. La sécurité du placement est essentielle pour favoriser la constitution et la consolidation de liens au sein de la nouvelle famille.

L'adoption [plénière] n'est permise qu'en faveur des enfants âgés de moins de 15 ans accueillis au foyer du ou des adoptants depuis au moins six mois.

Article 345, alinéa 1 du Code civil

Le placement en vue de l'adoption met obstacle à toute restitution de l'enfant à sa famille d'origine. Il fait échec à toute déclaration de filiation et à toute reconnaissance.

Article 352 du Code civil

Chapitre 4

L'adoption internationale

Les textes internationaux incitent chaque pays à trouver des solutions à l'enfance délaissée, à mieux organiser et encadrer les situations où il n'y a pas d'autre réponse que l'adoption, nationale ou, subsidiairement, internationale.

La situation actuelle

L'adoption internationale en essor

À mesure que baissait, dans les pays occidentaux les plus développés, le taux de natalité et le nombre de naissances non désirées ou impossibles à assumer, l'adoption internationale prenait son essor. La courbe descendante des adoptions nationales croisait la courbe ascendante des adoptions internationales.

Au fil de ces dernières décennies, les parents désireux de fonder une famille par l'adoption ont été de plus en plus nombreux à regarder au-delà de leurs frontières. Actuellement, environ 40 000 enfants sont adoptés chaque année par des ressortissants d'un pays autre que le leur.

Ce nombre peut paraître infime, eu égard au nombre d'enfants délaissés dans le monde. Toutefois, on peut considérer que, globalement, le nombre d'adoptions a augmenté : les adoptions internationales se situaient autour de 24 000 par an dans les années 1990 : outre l'augmentation globale, chaque jour, des couples se proposent aussi comme parents dans des pays tels que la Corée, l'Inde, le Brésil, la Colombie, la Pologne ou la Russie (pour n'en citer que quelques-uns), là où jadis les enfants étaient majoritairement confiés à des familles étrangères. Face à ces évolutions, on peut se demander si l'adoption internationale n'a pas atteint ses limites ou si elle n'est pas en train de changer de nature.

Les pays adoptants

De par le nombre d'enfants adoptés à l'étranger (un peu moins de 20 000 en 2007), les États-Unis figurent en première place, accueillant environ la moitié des enfants. Longtemps, la France a occupé la deuxième place : environ 80 000 enfants nés à l'étranger ont été adoptés depuis 1979. Malgré la suspension des procédures au Cambodge ou au Guatemala et une forte baisse des adoptions au Vietnam, le nombre d'enfants adoptés en 2006 avoisine les 4 000, avec toutefois une baisse de 20 % en 2007.

En Espagne, le nombre d'adoptions internationales, pratiquement inexistantes il y a quelques années, a triplé en quinze ans, pour atteindre 5 500 pour l'année 2004 – avec une baisse, comme pour la France, en 2007.

Face à une baisse généralisée du nombre d'adoptions internationales en 2006-2007, l'Italie est l'un des rares pays à progresser : 3 420 adoptions en 2007, contre 3 188 en 2006. L'un des facteurs d'explication serait l'âge des enfants adoptés : 42 % des enfants ont entre 5 et 9 ans, et seuls 10 % ont moins d'un an. L'autre serait que les Italiens, qui adoptent dans plus de 50 pays, ne se tournent pas vers la Chine, où les adoptions ont ralenti en 2006-2007, après un envol rapide (voir ci-dessous). Un troisième serait l'aide que l'Italie apporte aux pays d'origine des enfants.

> « En France, la proportion des adoptions internationales est, chaque année, d'environ 5 pour 100 000 habitants, contre 10 en Espagne et 9 en Suède, et l'on compte 4 adoptions internationales pour 1 000 naissances en France contre 9 en Espagne et 8 dans les pays scandinaves. Ces rapports sont, cependant, à prendre avec beaucoup de précaution : ils peuvent traduire la "performance" des organisations mises en place, mais aussi exprimer des politiques nationales différenciées sur la protection de l'enfance. »
>
> *Jean-Marie Colombani,*
> Rapport sur l'adoption, *2008*

Les pays d'origine

Si quelque 70 pays sont disposés à confier leurs enfants en adoption à des parents étrangers, on note en pratique qu'une proportion importante des enfants provient seulement de quelques pays.

Selon les années, les adoptants, français, américains, canadiens ou autres, ont massivement adopté en Corée, au Brésil, en Roumanie, au Vietnam et en Colombie.

Cette convergence dans un nombre restreint de pays d'adoptants de nationalités différentes s'explique en partie par des facteurs économiques, politiques et démographiques inhérents à l'État d'origine.

Il n'en demeure pas moins que l'explosion de l'adoption dans un pays doit inciter à la prudence, surtout dans le cas d'adoptions d'enfants très jeunes (c'est-à-dire de moins d'un an). Les pays qui confient des enfants de moins d'un an se font de plus en plus rares.

Même quand il n'y a pas démarche directe (pas de contact avec les parents de naissance avant le consentement à l'adoption), même lorsque c'est une institution ou une personne autorisée telle qu'un avocat qui propose un enfant, une angoisse parfaitement légitime des adoptants est de ne pas avoir la certitude que cet enfant n'a pas été fabriqué ou volé pour l'adoption, que son adoptabilité n'a pas été possible sans contrepartie financière, que l'abandon ou le consentement à l'adoption ne sont pas dus à des pressions sur les parents de naissance – voire à leur insu. Cette angoisse est d'autant plus prégnante si l'adoption par des familles étrangères a fait décupler le

nombre d'adoptions dans un pays en particulier.
Le nombre de pays où un adoptant peut se rendre sans passer par un OAA ou par l'Afa sont de moins en moins nombreux (voir plus bas). Avant toute chose, il faut vérifier quelles sont les procédures régulières et rejeter toute idée de démarche n'entrant pas dans le cadre légal défini par les autorités françaises, seul cadre de référence. Si l'adoptant venait, dans une procédure légale, à se rendre dans un pays où il voit dans les orphelinats des enfants très jeunes (quelques semaines ou quelques mois), il est en devoir d'exiger de connaître l'histoire de l'enfant et celle de sa mère. Certes, les abandons existent, et ce dans des pays où relativement peu d'adoptions sont réalisées ; mais dans un pays où affluent des adoptants, mieux vaut vérifier que l'enfant n'est pas né d'une mère porteuse, que des « rabatteurs » n'opèrent pas dans les villages... ou dans les maternités. L'ambassade ou le consulat de France, ainsi que des ONG internationales, peuvent être des sources d'informations précieuses sur la fiabilité de tel ou tel orphelinat, ou de tel ou tel intermédiaire ou avocat. Les personnels diplomatiques devraient d'ailleurs à l'avenir recevoir une formation spécifique pour accueillir les adoptants. La mise en place progressive dans une vingtaine de pays de corps de volontaires œuvrant pour l'adoption internationale, annoncée à la fin du mois de juillet 2008, devrait permettre une meilleure lisibilité des structures. (Le premier d'entre-eux a été envoyé au Cambodge au courant de l'été 2008).
Au Guatemala, la crainte que certaines femmes aient subi des pressions pour mener leur grossesse à terme ou pour consentir à l'adoption de leur enfant, qui leur est retiré dès la naissance afin d'être placé dans des crèches surnommées *casas a engordar* (maisons d'engraissement), a mené à la suspension de l'adoption par de nombreux pays, dont la France. Cela a conduit le Guatemala à rejoindre les pays partie à la convention de La Haye et à modifier sa législation : les adoptions devraient reprendre en 2008.
Qu'en est-il ailleurs ? Les rencontres entre parents de naissance et parents adoptifs ont assurément donné lieu à des dérives au Vietnam. En Polynésie, des adoptants tentent de monnayer le « don » d'enfant. Au Cambodge, où toute démarche individuelle est désormais interdite, des nourrissons sont proposés à des couples dans quelques orphelinats, alors que, dans d'autres, des enfants d'un, deux, trois ans attendent toujours... En Chine, en 2007, un procès de responsables d'un orphelinat de la province du Hunan a mis en évidence le vol d'enfants ou leur enlèvement quand les parents n'avaient pas pu payer l'amende qu'ils doivent à l'État dans le cas d'une seconde naissance. On estime à un

millier les enfants ainsi dérobés à leurs parents entre 2002 et 2005 pour être ensuite confiés à l'adoption internationale... au terme d'une démarche « encadrée » tant par les autorités chinoises que par les agences ou OAA étrangers.

La vigilance incombe donc aux États, qui ont la responsabilité de tout faire pour que les enfants proposés à l'adoption soient effectivement des enfants déclarés adoptables. Il n'en demeure pas moins que les candidats à l'adoption ont aussi leur part de responsabilité et le devoir de veiller à ce que leur désir d'être parents ne les place pas dans une situation qu'il leur sera un jour difficile d'expliquer à leur enfant.

Telle l'ouverture d'une brèche dans laquelle s'engouffre un torrent, l'adoption massive dans un pays – même si elle reste presque insignifiante en proportion des enfants délaissés – doit faire réfléchir ceux qui sont en démarche d'adoption : ce n'est peut-être pas le meilleur moment de se tourner vers ce pays, sur le plan éthique, mais aussi pratique.

À un moment ou à un autre, en effet, le nombre d'adoptions risque de ralentir, voire, s'il y a eu des reportages ou des rapports critiques, de s'arrêter net devant le mur implacable d'une suspension des procédures, dont les enfants sans famille seront les premières victimes.

C'est ainsi que, pour des raisons différentes, il a été décidé à divers moments de ralentir ou de suspendre un temps les procédures au Brésil, au Sri Lanka, au Vietnam, en Roumanie ou au Guatemala.

Sans que ce soit là une règle générale, un pays ayant connu une flambée adoptive n'est pas le meilleur pays où entreprendre une procédure d'adoption. On peut s'attendre à moins de surprises dans des pays où le nombre d'adoptions progresse lentement ou reste relativement stable (par exemple, la Colombie, la Corée du Sud, Djibouti, la Thaïlande) ; les délais d'attente, toutefois, risquent d'être estimés « trop longs » par des familles mal informées : en effet, il est habituel, dans l'adoption internationale, d'attendre deux à trois ans, voire plus, pour que la démarche aboutisse, même si ces délais peuvent varier en fonction du projet. Par ailleurs, il est intéressant d'observer l'évolution de pays nouvellement arrivés sur la scène de l'adoption internationale.

La Chine, par exemple, s'est ouverte à l'adoption en 1998 : le nombre d'enfants adoptés par des familles françaises est passé de 23 en 1998 à 491 en 2004 ; dans le même temps, plusieurs milliers d'enfants ont été adoptés chaque année au Canada, aux États-Unis et en Espagne. Rapidement, pourtant, face au déferlement de demandes, la tendance s'est inversée et la durée des procédures s'est allongée. Les critères pour les candidats sont devenus plus restrictifs. La baisse du nombre d'adoptions en Chine en 2006-2007 s'est ainsi fait ressentir

sur celle de l'ensemble des adoptions internationales.
Certaines régions de Russie et les anciennes républiques de l'Union soviétique sont elles aussi en train de rechercher des familles adoptives (nationales et étrangères).
Sur le continent africain, le nombre de pays recherchant des familles adoptantes est sans doute appelé à augmenter. Dans des régions entières, des dizaines de milliers d'enfants n'ont pas de famille ; toutefois, traumatisés par les ravages démographiques dus à l'épidémie du sida, de nombreux gouvernements africains font tout pour les garder, y compris ceux qui n'ont personne pour s'occuper d'eux, préférant des formules de parrainage.
Quant aux pays de droit islamique ou dont la législation est inspirée par le Coran, qui s'autorisent tous à rechercher des familles pour leurs enfants délaissés par le biais de la *kafala* (voir p. 26-28) ou, pour quelques-uns, de l'adoption, ils les confieront peut-être un jour à des parents non musulmans. L'Algérie et le Maroc confient déjà des enfants à des couples dont l'un au moins des conjoints est originaire de leur pays mais vit à l'étranger.

Les critères des pays d'origine

Avant d'envisager d'adopter dans tel ou tel pays, il est important de vérifier quels sont ses critères. Ces critères sont soit inscrits dans la législation du pays, soit fixés en fonction d'une situation conjoncturelle ou de l'intérêt des enfants. Ils sont susceptibles d'évoluer. Quelques exemples (non exhaustifs et susceptibles d'évolution) de critères fixés par les pays d'origine :

- un écart d'âge maximal entre l'enfant et le futur parent : 40 ans en Pologne, 45 ans en Ukraine. *À noter :* la Colombie fixe des fourchettes d'âge enfant/parents (par exemple, enfant de 0 à 2 ans pour parents de 25 à 38 ans, enfant de 3-4 ans pour parents de 39-41 ans, etc.) ;
- une limite d'âge pour l'adoptant : 50 ans en Chine et en Lituanie ; 55 ans en Inde ou au Pérou ;
- adoption ouverte aux célibataires, généralement des femmes : Brésil, Bulgarie, Burkina Faso (quasi impossible dans les faits), Colombie, Congo, Côte d'Ivoire, Djibouti (quasi impossible dans les faits), Éthiopie (quasi impossible dans les faits), Haïti, Lettonie, Lituanie (enfants de plus de 8 ans ou à besoins spécifiques), Mali, Pérou (enfants de plus de 5 ans ou à besoins spécifiques), Russie, Vietnam. *À noter :* même si la législation n'interdit pas explicitement l'adoption par les hommes, certains pays (comme la Russie) refusent tout de même dans la pratique les dossiers ;
- adoption en présence d'enfants adoptés ou biologiques : Bulgarie, Burkina

Faso, Brésil, Côte d'Ivoire (dans les faits, de plus en plus difficile), Éthiopie, Haïti (enfants adoptés, dispense présidentielle pour enfants biologiques), Lettonie, Lituanie, Madagascar, Mali (enfants adoptés), Russie, Vietnam. *À noter:* au sein d'un même pays, ce critère peut varier en fonction des enfants adoptables : ainsi, au printemps 2008, le Cambodge faisait savoir qu'il privilégiait les candidatures de couples sans enfants, mais il acceptait celles de familles avec enfants pour l'adoption d'un enfant plus grand ou présentant un handicap ;
- revenu minimal : 3 000 €/mois pour le Cambodge, 10 000 $ annuels par membre du foyer pour la Chine.

Pour se renseigner : consultez les fiches pays du Ministère des Affaires étrangères (www.diplomatie.gouv.fr) et de l'Agence française de l'adoption (www.agence-adoption.fr). Informations aussi auprès des associations de familles adoptives.

La convention de La Haye du 29 mai 1993

La nécessité d'une éthique

Face au développement de l'adoption internationale, il est apparu nécessaire de mettre en place des principes éthiques communs et de définir des pratiques, pensées dans le respect de l'enfant, de ses parents de naissance et de ses parents adoptifs, de même que dans l'intérêt de son avenir au sein de sa famille adoptive. Ainsi, dans le prolongement de la Convention internationale des droits des enfants (Cide) de 1989, plusieurs textes relatifs à l'adoption ont été élaborés, dont le plus important est la convention de La Haye sur la protection des enfants et la coopération en matière d'adoption internationale, signée le 29 mai 1993 et appliquée en France ainsi que dans la majorité des pays d'accueil et d'origine. Cette convention définit, comme son nom l'indique, les grands principes de la protection des enfants et la coopération en matière d'adoption internationale.

Les grands principes de la convention

• Droit de l'enfant à grandir dans une famille

Dans le préambule, les États signataires expriment leur volonté de traduire en dispositions concrètes les principes énoncés dans la Cide relatifs au droit de tout enfant, « pour l'épanouissement harmonieux de sa personnalité, [à] grandir dans un milieu familial, dans un climat de bonheur, d'amour et de compréhension » (Cide et CH), en reconnaissant que « l'adoption internationale peut présenter l'avantage de donner une famille permanente à l'enfant pour lequel une famille appropriée ne peut être trouvée dans son État d'origine » (CH). La convention reconnaît ainsi que le placement familial en institution ne saurait être une solution à long terme.

• Prévenir l'enlèvement, la vente ou la traite d'enfants

À deux reprises, la convention souligne la nécessité de « prévenir l'enlèvement, la vente ou la traite d'enfants » (préambule et art. 1). La meilleure façon de s'assurer que « les adoptions internationales aient lieu dans l'intérêt supérieur de l'enfant et le respect de ses droits fondamentaux » (préambule) passe donc par un « système de coopération entre les États contractants » (art. 1 b) et l'établissement d'un ensemble de « dispositions communes » (préambule), avec la création dans chaque État d'une autorité centrale chargée de veiller à l'application de la convention et de coopérer en matière de législation et de protection de l'enfance.
La convention présente l'adoption internationale comme un contrat entre l'État d'origine où réside l'enfant adoptable et l'État d'accueil où résident habituellement ses futurs parents et où l'enfant est appelé à résider. Pour que le déplacement de l'enfant puisse se faire dans la légalité, l'État d'origine doit établir son adoptabilité, qui lui permettra de quitter le pays, tandis que l'État d'accueil doit tout faire pour qu'il soit « autorisé à entrer et à séjourner de façon permanente dans cet État » (art. 5 c).

• L'intérêt supérieur de l'enfant

L'État d'origine doit s'assurer que l'adoption internationale répond à l'intérêt supérieur de l'enfant : ce dernier est consulté s'il est assez âgé ou s'il a une maturité suffisante pour comprendre les enjeux de son adoption.
L'adoption doit permettre à un enfant né à l'étranger d'avoir une famille et des droits identiques à ceux d'un enfant adopté dans le pays où il résidera.
C'est ce que souligne l'article 26-2 : « Si l'adoption a pour effet de rompre le lien préexistant de filiation, l'enfant jouit, dans l'État d'accueil et dans tout autre État contractant où l'adoption est reconnue, des droits équivalents à ceux résultant d'une adoption produisant cet effet dans chacun de ces États. »

• Dispositions relatives aux parents

Ce travail de vérification et de contrôle suppose de s'intéresser aux parents, ceux de naissance et ceux qui adoptent.

Le pays d'origine doit veiller à ce que les parents de naissance aient donné leur consentement, sans contrepartie financière, après la naissance de l'enfant, en mesurant les conséquences qu'entraîneront pour eux et pour l'enfant le maintien ou la rupture des liens juridiques (art. 4).

C'est ce que l'on appelle un « consentement éclairé », pièce essentielle du dossier de l'enfant, tant pour le jugement d'adoption que pour l'obtention du visa long séjour qui lui permettra d'entrer dans le pays d'accueil.

Celui-ci a pour mission de s'assurer que « les futurs parents adoptifs sont qualifiés et aptes à adopter » (art. 5 a) et qu'ils ont été « entourés des conseils nécessaires » (art. 5 b).

L'agrément, l'enquête sociale et le bilan psychologique attestent que ce travail a été mené ; ce sont des pièces incontournables dans toute démarche d'adoption, pour laquelle l'État d'accueil doit mettre en place un accompagnement.

• Un suivi de la procédure d'adoption

Que ce soit par le biais des autorités publiques ou d'organismes autorisés, l'autorité centrale de chaque pays a pour mission de « faciliter, suivre et activer la procédure en vue d'adoption » (art. 9) en s'assurant que toutes les informations « relatives à la situation de l'enfant et des futurs parents adoptifs » ont été rassemblées, conservées, échangées entre pays d'accueil et pays d'origine. En France, ce travail de suivi incombe, selon la démarche choisie par les adoptants, à l'Agence française de l'adoption (qui a délégation de l'autorité centrale pour tous les pays

Pays contractants à la convention

En 2008, la convention était entrée en vigueur dans 75 pays.

- **Pays d'accueil** (certains sont aussi pays d'origine : des enfants trisomiques nés en France ont été adoptés en Belgique et en Suisse). La totalité des pays d'accueil, à l'exception (pour l'Union européenne) de l'Irlande et de la Grèce.

- **Pays d'origine**. La quasi-totalité des pays d'origine, à l'exception des pays suivants : Éthiopie, Haïti, Russie, Vietnam, Cap-Vert, Congo, Corée du Sud, Kazakhstan, Népal, Serbie, Tchad, Togo, Ukraine (les quatre premiers représentent 39 % des adoptions internationales en 2007 pour la France).

contractants à la convention de La Haye) ou aux organismes autorisés pour l'adoption (OAA).

La convention de La Haye est-elle un « label de qualité » ?

Les pays partie à la Convention partagent des procédures communes, que l'adoptant va retrouver d'un pays à un autre : acheminement du dossier par l'Afa ou un OAA à l'autorité centrale du pays, interdiction de se rendre directement dans le pays pour y « identifier » un enfant dans un orphelinat, proposition d'apparentement transmise par l'autorité centrale du pays à l'Afa ou l'OAA. C'est l'État d'origine de l'enfant qui prend la responsabilité de vérifier l'adoptabilité de l'enfant et de recueillir les consentements avant de les proposer en adoption.

Quelques États n'ont pas encore signé la convention parce qu'ils sont conscients de ne pas avoir les moyens matériels de la mettre en place ou parce que cela exigerait des modifications législatives trop importantes. D'autres n'en voient pas l'utilité. Cela ne veut pas dire que les adoptions y sont systématiquement moins « sûres », plus sujettes à des dérives. Certains de ces pays ont passé des conventions bilatérales ou des accords plus informels avec la France, ainsi qu'avec d'autres pays d'accueil : c'est le cas du Vietnam.

En revanche, il ne faut pas chercher à adopter dans des pays qui interdisent l'adoption ou qui ont suspendu l'adoption. En cas de doute, consulter le Secrétariat général de l'Autorité centrale pour l'adoption internationale (SGAI, voir p. 212)

Y a-t-il plus d'enfants adoptables dans les pays qui ont signé la convention de La Haye que dans les autres pays ?

D'année en année, la part des enfants adoptés dans des pays partie à la convention de La Haye augmente (du fait de l'augmentation du nombre de pays contractants) : pour la France, 38 % en 2007 contre 32 % en 2006.

Il arrive que les adoptions internationales ralentissent ou soient provisoirement suspendues le temps d'introduire des réformes législatives ou administratives ; au-delà, pourtant, on constate dans certains pays qu'elles diminuent.

En effet, certains pays hésitent à reconnaître désormais qu'ils ont encore des enfants privés de famille et à mettre en place une politique volontariste en matière d'adoption, comme si c'était « mal vu » pour un pays du « club » de La Haye d'avoir des enfants sans famille : distorsion regrettable des principes qui ont présidé à la rédaction de la convention, quand l'adoption nationale ne se développe pas et que l'adoption internationale diminue.

D'autres pays, sous la pression d'ONG et de l'Unicef, s'orientent vers une politique de placement en famille d'accueil. Si cela permet de désinstitutionnaliser des enfants, la formation et le financement des familles d'accueil laissent parfois à désirer. Les enfants délaissés, sans véritable prise en charge, sont livrés à eux-mêmes, avec peu ou pas de perspectives d'avenir (enfants des rues, mineurs ou jeunes majeurs isolés, drogue, prostitution, etc.). Le maintien « à tout prix » dans le pays ne doit pas se faire en oubliant le droit de grandir dans une famille pour la vie, une famille de cœur.

Aute raison : la vérification de l'adoptabilité des enfants est devenue plus lourde, donc plus lente dans des États où les moyens matériels manquent souvent, cela en contradiction avec le principe énoncé dans l'article 35 de la convention : « Les autorités compétentes des États contractants agissent rapidement dans les procédures d'adoption. »

Arriver à concilier la nécessaire vérification de l'adoptabilité de l'enfant et la nécessité d'éviter à l'enfant une attente inutilement longue dans des conditions précaires est le défi que pose la convention.

Car, aujourd'hui encore, il n'est pas rare qu'un enfant décède en cours de procédure ; un enfant a déjà été apparenté, une personne, un couple, a commencé à se sentir parents – pour s'entendre dire : « Ce n'est pas grave, nous vous en trouverons un autre. »

Une dernière raison, positive celle-là : l'adoption nationale se développe, comme en Pologne ou en Inde. C'est ce que l'on appelle le « principe de subsidiarité ».

Le principe de subsidiarité

La Convention internationale des droits de l'enfant incite les États à tout mettre en œuvre pour encourager l'adoption nationale, c'est-à-dire l'adoption par des ressortissants du pays où réside l'enfant : « L'adoption à l'étranger peut être envisagée comme un autre moyen d'assurer les soins nécessaires à l'enfant, si celui-ci ne peut, dans son pays d'origine, être placé dans une famille nourricière ou adoptive ou être convenablement élevé » (art. 21).

C'est la raison pour laquelle la convention de La Haye rappelle, dans son préambule, que « l'adoption internationale peut présenter l'avantage de donner une famille permanente à l'enfant pour lequel une famille appropriée ne peut être trouvée dans son état d'origine ».

L'adoption internationale ne devrait donc être proposée qu'aux enfants pour lesquels aucun projet d'adoption nationale n'a pu aboutir, selon le principe de subsidiarité. Il a permis, dans certains pays comme la Pologne, que la proportion d'enfants adoptés sur place augmente tandis que diminuait celle d'enfants confiés en adoption internationale. On retrouve cette tendance en Hongrie, en République tchèque, dans les pays baltes.

L'augmentation des adoptions nationales peut s'expliquer par la baisse du nombre de naissances, par une amélioration plus ou moins générale du niveau de vie (Portugal, Pologne), par l'émergence d'une classe moyenne (Inde) ou encore par la prise de conscience de la nécessité de créer ou d'améliorer une politique de la famille et de l'enfance. Cette évolution est inégale et les adoptants nationaux sont parfois défavorisés par les sommes importantes que génèrent les adoptions internationales, y compris dans le cadre de procédures tout à fait transparentes, par exemple sous forme d'aide aux orphelinats ou de frais d'avocat, d'intermédiaires, de traducteurs, qui alimentent toute une « économie » autour de l'adoption.

L'adoption nationale peut se développer quand il existe une volonté politique en ce sens. L'Inde offre l'exemple d'un pays où l'adoption internationale est devenue subsidiaire à l'adoption nationale. Plusieurs facteurs ont contribué à renverser la tendance, notamment un arrêt de la Cour suprême, qui avait pour but non de stopper l'adoption internationale, mais d'obliger les organismes chargés des apparentements à examiner en priorité les demandes des postulants indiens. Le Brésil aussi s'attache à développer l'adoption nationale, avec une médiatisation d'événements tels qu'une journée nationale de l'adoption.

En plus d'offrir, en l'absence d'autres solutions, une famille à un enfant, l'adoption internationale a un effet d'entraînement, comme l'explique Danielle Housset, présidente d'honneur d'Enfance et familles d'adoption : « Dans certains pays qui s'ouvrent à l'adoption, donc qui comprennent que l'enfant doit vivre dans une famille, l'adoption internationale est un révélateur, qui ensuite fait que l'on peut appliquer le principe de subsidiarité. »

Ici encore, l'exemple de l'Inde est significatif. Rakesh Kapoor, avocat indien, spécialisé dans l'adoption, explique : « Les magistrats sont parfois très étonnés, quand on vient déposer une requête pour une adoption internationale, de constater que les enfants indiens qui vont être adoptés par des parents étrangers sont des enfants âgés, avec parfois des particularités psychologiques ou mentales, parfois des fratries. Ce sont tous des enfants que les parents indiens refusent aujourd'hui d'adopter ; il y a encore beaucoup d'Indiens à la peau très sombre qui se dirigent vers une agence pour adopter, et qui souhaitent un enfant à la peau très claire. Dans les zones urbaines, toutefois, la situation est en train d'évoluer. La presse, la radio, la télévision, Internet diffusent la perception que l'on peut avoir de

Convention de La Haye : pour l'adoptant, concrètement, ça veut dire quoi ?

Avant d'entreprendre toute démarche dans un pays, je me renseigne.

Si le pays est partie à la convention de La Haye de mai 1993, je sais que je ne peux constituer un dossier que par l'Afa ou par un OAA : c'est par l'Afa ou l'OAA que mon dossier partira dans le pays ; c'est par l'Afa ou l'OAA qu'il me sera fait une proposition d'apparentement ; je ne dois pas me rendre dans le pays à la « recherche » d'un enfant.

Si le pays n'est pas partie à la convention de La Haye de mai 1993 :

Passage obligatoire par l'OAA ou l'Afa : je prends contact avec eux.

Démarche individuelle possible : je me renseigne en prenant toutes les précautions.

l'adoption à l'étranger. Si les motivations des parents étrangers étonnent encore en Inde, particulièrement quand ils adoptent des enfants âgés, on assiste néanmoins à une évolution des familles, notamment dans les milieux les plus cultivés qui sont de plus en plus nombreuses à comprendre que l'adoption n'est pas une question de race, d'âge ou de sexe, mais de cœur » (congrès Adoption et éthique, Enfance et familles d'adoption, octobre 2000). Un effet de subsidiarité analogue apparaît aussi entre l'adoption internationale et l'adoption nationale dans les pays d'accueil. Ainsi, en France, l'adoption internationale a permis aux responsables d'adoption de prendre conscience que toutes les familles se proposaient en parents, non pas uniquement pour des enfants jeunes et en bonne santé, mais aussi pour des enfants d'ethnies différentes, des enfants âgés, des fratries, des enfants porteurs d'un handicap ou souffrant d'un problème de santé. Cela a permis, progressivement, et sous l'impulsion d'associations de familles adoptives ainsi que de travailleurs sociaux, de porter un autre regard sur les pupilles de l'État français dont on avait tendance à croire jusque-là qu'ils ne trouveraient jamais de familles prêtes à leur offrir leur amour – raison pour laquelle ces familles partaient nombreuses à l'étranger. En rencontrant au-delà de nos frontières leur enfant dit « à particularité », en revenant avec lui en France, des familles offrent à des enfants français semblables l'espoir de rencontrer eux aussi un jour des parents.

Où les Français adoptent-ils ?

Une double spécificité

Même s'ils sont nombreux à se diriger vers les mêmes destinations que les adoptants d'autres pays, les Français accueillent aussi des enfants d'horizons géographiques très divers. Par ailleurs, les adoptants français se voient proposer à ce jour trois démarches : la démarche par l'Agence française de l'adoption (voir p. 203-205), pour les pays partie à la convention de La Haye de mai 1993 et ceux pour lesquels elle dispose d'un statut d'OAA, la démarche par OAA (voir p. 205-208, la démarche individuelle, possible uniquement dans des pays l'autorisant et non-contractants à la convention de La Haye (voir p. 208-209).Nous indiquons, pour les pays listés, les pays partie à la Convention (CH) ; nous mentionnons aussi les démarches possibles, par l'Afa (AFA), par OAA (OAA), par démarche individuelle (DI) – sachant que ce ne sont que des indications, susceptibles d'évolutions.

Une grande diversité de pays d'origine

Ce qui caractérise les adoptants français, c'est la grande diversité des pays d'origine de leurs enfants, ce qui fait de la France l'État dont les visages de l'adoption sont les plus diversifiés. En 2007, les enfants adoptés par des familles françaises ou vivant en France étaient originaires de 74 pays : les dix premiers pays d'origine représentaient 76 % des adoptions internationales.

Du Brésil à la Russie, du Sri Lanka à la Colombie, de la Thaïlande au Pérou, en passant par le Vietnam, le Liban et l'Éthiopie, tous les continents sont représentés, même si la carte de l'adoption internationale présente des trous évidents, dus aux situations géopolitiques évoquées précédemment.

De grands cycles

L'adoption internationale en France a connu de grands cycles, liés tant aux évé-

nements historiques ou politiques qu'aux initiatives individuelles qui ont présidé à l'ouverture des pays à l'adoption.
Les témoignages d'adoptants partis à la rencontre de leur enfant, l'action des organismes non gouvernementaux puis des organismes autorisés pour l'adoption (OAA), un changement de régime ou une modification de la législation du pays... autant de facteurs qui peuvent être à l'origine d'une accélération rapide de l'adoption dans tel ou tel pays.

Le continent asiatique

C'est vers l'Asie, notamment la **Corée du Sud** (OAA), que se tournèrent les premières familles françaises pour l'adoption internationale entre 1979 et 1986. La guerre des idéologies que se livraient les superpuissances et qui avait ravagé la Corée avant de la couper en deux se solda par des dizaines de milliers d'enfants en détresse, soit parce qu'ils étaient orphelins, soit parce que leurs parents n'avaient plus les moyens de s'occuper d'eux. Ils furent nombreux à trouver un foyer auprès de familles nord-américaines et européennes (7 805 enfants pour la seule France). De 1979 à 1986, 639 à 734 enfants en moyenne furent adoptés par des familles françaises ; depuis, ce chiffre n'a cessé de diminuer (13 en 2007).
Dans les années 1980, deux autres pays d'Asie s'ouvrent aux familles adoptives françaises : l'Inde et le Sri Lanka.

L'**Inde** (CH, AFA, OAA), avec 2 756 enfants adoptés depuis 1979, fut, avec la Corée du Sud, l'un des premiers pays d'adoption pour les Français. Pour l'année 1979, 168 adoptions ; pour 1981, 256 adoptions. Aucune adoption n'a été enregistrée pour 2007. La politique menée, visant à encourager les adoptions par des parents indiens, expliquerait en partie cette baisse, mais en partie seulement, dans la mesure où un pays comme le Canada adopte bien plus d'enfants indiens que la France...

Le **Sri Lanka** (CH, AFA, OAA) n'est pas en reste, avec 1 595 enfants adoptés entre 1983 et 1993. Entre 70 et 290 enfants furent adoptés chaque année, avec deux grandes périodes, 1984-1987 et 1990-1993. La première époque coïncide avec des conflits opposant les deux grandes communautés ethniques de ce pays, les Tamouls et les Cinghalais. La seconde suit le retrait de la force de paix envoyée par l'Inde en 1987, devant l'échec de sa mission. Depuis 1995, le nombre d'adoptions a fortement baissé. Suspendues après le tsunami, elles ont repris, au compte-gouttes : 6 en 2007.

« Aujourd'hui, moins de 10 adoptions sont réalisées chaque année au Sri Lanka. Et pourtant...
Lorsque nous sommes revenus avec notre fils sur son sol natal, nous avons

rendu visite aux responsables de l'orphelinat de C. Visite douloureuse, pour nous comme pour eux : rencontre avec des dizaines d'enfants et des femmes qui venaient d'accoucher.
Si j'avais eu un agrément en poche, j'aurais tout fait pour emmener un de ces enfants-là : les plus grands qui s'accrochaient à nous, ceux que les mères nous tendaient, regardant notre fils avec envie : "Lucky boy !" combien de fois l'avons-nous entendue, cette petite phrase ! Un désespoir infini.
J'entends, je vois encore la grille se refermer : l'impression d'une fuite coupable malgré un don, bien minime aide matérielle... »

Une mère adoptive

Depuis 1987, le **Vietnam** (AFA, OAA) s'est rouvert à l'adoption. Avec, en arrière-plan, les décombres d'une guerre dont les effets se font encore sentir, le pays devenant en une décennie le premier pays d'origine par nombre d'adoptions annuelles, le deuxième après la Corée du Sud pour le nombre total d'enfants adoptés : 8 302.
Entre 1996 et 1998, les adoptions au Vietnam représentaient plus du tiers de toutes celles menées à terme à l'étranger par des Français. Tout a contribué à ce que le nombre d'enfants adoptés au Vietnam par des Français augmente d'année en année : les liens d'amitié et de culture qui unissent ce pays à la France ; le regard positif que portent de nombreux Français sur les Vietnamiens (au risque que les attentes ainsi suscitées, ne serait-ce qu'inconsciemment, ne pèsent sur l'enfant s'il ne réunit pas toutes les « qualités » qu'on leur attribue volontiers) ; la passion qu'éprouvent pour ce pays ceux qui le connaissent ; et, surtout, la législation, qui pénalise les familles vietnamiennes ayant plus d'un enfant.
Or une pression adoptive sur un pays ouvre la porte aux abus, aux rumeurs, aux accusations, nuisant au bon déroulement des procédures, injectant la suspicion à chaque étape de la démarche.
En 1999, la France décidait de suspendre les procédures d'adoption au Vietnam.

Nombre d'enfants adoptés depuis 1987 au Vietnam par des familles françaises

1987	1990	1995	1998	2000	2004	2007
4	57	1 069	1 343	3	363	268

Holy Lola

Dans son film *Holy Lola* (2004), Bertrand Tavernier montre comment la « pression adoptive » de parents mal préparés, non accompagnés, en « mal d'enfant » nourrit la corruption et s'alimente de la misère d'un pays, en l'occurrence le Cambodge. L'attente se transforme en une « exigence d'enfant » bien éloignée de l'éthique de l'adoption : préserver l'enfant et ses futurs parents, c'est tout faire pour que la rencontre ne se produise pas avant l'apparentement. Ce n'est pas à des candidats de « chercher » un enfant, c'est au pays de choisir les meilleurs parents possibles pour un enfant qui attend.

Une convention franco-vietnamienne a été signée en 2000, dans le souci de mettre fin à ce qui apparaissait comme des dérives (intermédiaires trop présents et, pour certains, peu scrupuleux, doutes sur la nature de quelques consentements et la façon dont ils avaient été recueillis). Toutefois, les adoptants étaient invités à se rendre dans les orphelinats « à la recherche » d'enfants adoptables, avec tous les risques d'erreur et d'abus que cela pouvait supposer. Les procédures ont repris en 2001. En 2005, le Vietnam suspendait la démarche individuelle : dorénavant, tous les dossiers doivent être présentés par un organisme autorisé pour l'adoption (OAA) ou par l'Afa qui a obtenu en 2007 l'habilitation pour plusieurs orphelinats.

L'annonce de cette habilitation a suscité une déferlante de dossiers : plus de 2 000 en quelques heures, pour 100 à 200 adoptions réalisables par an. La décision de procéder par tirage des précandidatures devant huissier a été mal comprise : il ne s'agissait pas de « choisir » des familles par tirage au sort, mais de définir l'ordre de classement des candidatures.

Courant 2008, l'ambassade des États-Unis s'interrogeait sur la provenance des enfants propsés à l'adoption dans certains orphelinats. La vigilance reste de mise.

Certaines familles, désespérant de voir leur projet aboutir au Vietnam, ont tourné leur regard vers le **Cambodge** (CH, AFA, OAA), où les adoptions ont augmenté à mesure qu'elles ralentissaient au Vietnam : 62 en 1998, 129 en 1999, 228 en 2000. Là encore, la pression adoptive a eu un effet négatif. Les adoptions ont été suspendues depuis la fin 2003, à la suite de témoignages de familles adoptives françaises, choquées de constater qu'il existe des doutes sur l'adoptabilité de certains enfants et que, dans certains orphelinats, on s'occupait mieux des bébés considérés comme plus adoptables par les Occidentaux (c'est-à-dire plus vigoureux et clairs de teint), au détriment des autres. Depuis, le Cambodge a adhéré à la convention de La Haye et les adoptions par des familles françaises ont repris le 1er août 2007 de manière légale, même si d'autres pays occidentaux considèrent que les garanties de transparence sur l'origine des enfants ne sont toujours pas réunies.

Plus discrète, la **Thaïlande** (CH, AFA, OAA) confie, année après année, des enfants à des familles françaises : une quarantaine de 1990 à 1998, 69 en 2006 ; un peu plus d'un millier d'enfants ont ainsi été adoptés depuis 1980. Actuellement, la Thaïlande fixe elle-même le nombre de dossiers qu'elle souhaite recevoir des pays d'accueil (environ une trentaine par an pour la France).

Le continent américain

Le « géant » américain de l'hémisphère Sud, à plus d'un titre, est le **Brésil** (CH, OAA), où le rythme annuel des adoptions internationales entre 1988 et 1993 se situait aux alentours de 470, atteignant 683 en 1990, pour retomber brutalement (66 en 2007) : plus de 6 000 enfants ont été adoptés depuis 1981 par des familles françaises. Derrière le carnaval de Rio de Janeiro et son décor futuriste de gratte-ciel, les adoptants découvraient les favelas, ces ruelles des bidonvilles où s'entassent les détritus et où les enfants sont livrés à eux-mêmes. La pauvreté est telle que l'appât du gain s'installe presque irrésistiblement, certains intermédiaires peu scrupuleux s'avançant vers ces étrangers qui semblent prêts à tout pour repartir avec des enfants dont on ne sait que faire ici.
La misère est loin d'avoir déserté les favelas. Pourtant, depuis que le Brésil a ratifié la convention de La Haye (en 1999), un peu moins d'une centaine d'enfants sont adoptés chaque année. Il est vrai que l'adoption nationale s'est beaucoup développée ces dernières années.

Entre 1984 et 1991, 90 à 190 enfants furent adoptés au **Chili** (CH, AFA) ; on compte environ 1 600 adoptions depuis 1981. Le nombre d'adoptions a chuté (11 en 2007) et les autorités chiliennes disent rechercher des familles pour des enfants de plus de 3 ans.

À la différence du Brésil, la **Colombie** (CH, AFA, OAA), où 6 663 enfants ont été adoptés depuis 1979 (375 en 2007), connaît sur le plan de l'adoption une stabilité relative et une réputation assez exceptionnelle. La Colombie fixe un écart d'âge maximal entre l'enfant et ses futurs parents. Elle attire aussi l'attention sur l'attente d'enfants plus âgés ou en fratrie pour lesquels elle est à la recherche de familles.

Bien avant la ratification de la convention de La Haye, la Colombie avait mis en place un service centralisé de l'adoption (le Bienestar), devenu depuis autorité centrale. Les adoptions s'y déroulaient avec toute la transparence possible et sans transaction financière indue.

Moins nombreuses, des familles françaises ont également adopté au **Mexique** (CH, AFA, 634 enfants depuis 1981), au **Pérou** (CH, AFA, 550 enfants depuis 1980), en **Bolivie** (CH, 222 enfants depuis 1982), au **Salvador** (CH, AFA, 353) et en **Équateur** (CH, 73). Ces dix dernières années ont vu un net déclin des adoptions dans ces pays.

Depuis 1999, **Haïti** (OAA, DI) est devenu l'un des premiers pays d'origine des enfants adoptés par des familles vivant en France : 151 en 1999, 542 en 2003, 571 en 2006, 403 en 2007, pour un total de 4 500 enfants. La majorité des enfants viennent de crèches où ils sont généralement placés par leur famille, en raison de l'extrême pauvreté de ce pays qui provoque une mortalité infantile importante et de graves carences alimentaires.
Les enfants sont proposés en adoption avant que l'adoptabilité ait été établie : d'où une procédure très longue, source d'angoisse et d'incertitude après un apparentement souvent rapide. Les principales difficultés sont dues à des problèmes d'état civil : certains parents ne possèdent pas d'état civil, et les naissances sont enregistrées tardivement. On note aussi des discordances, voire dans certains cas des irrégularités, dans ces documents, portant notamment sur les circonstances de recueil des enfants par les crèches, sur le consentement des parents biologiques, d'où des allongements des procédures et des délais de vérification des dossiers avant la délivrance du visa. Il est question de suspendre la démarche individuelle.

Au **Guatemala** (CH), comme au Brésil, les adoptions font apparaître au grand jour des contrastes choquants entre le dénuement extrême dans lequel vivent tant d'habitants, notamment les mères isolées, et la richesse scandaleuse d'une minorité. Les honoraires demandés par les avocats sont exorbitants. Un rapport très critique de l'Onu fait état d'une recherche de nourrissons et de femmes enceintes dans les quartiers pauvres.
Ces accusations terribles ont amené à la fermeture du Guatemala en 2003. Les témoignages d'adoptants, ainsi que de personnalités de premier plan, font pour leur part état – en parallèle – d'une réelle détresse et d'enfants grandissant sans avenir. Il est à espérer que la mise en œuvre de la convention de La Haye permette une reprise des adoptions pour les enfants qui attendent de trouver une famille.

« Une mère, qui se prostituait pour vivre, souhaitait trouver une famille pour ses deux fillettes, âgées de 2 ans et demi et 4 ans. Elle les avait placées auprès d'une nourrice, qu'elle devait payer sur ses maigres revenus, mais les petites se plaignaient de mauvais traitements. Non sans mal, l'avocat a trouvé une famille française prête à accueillir les deux sœurs et a constitué un dossier. La procédure a été engagée puis arrêtée net : une tante s'était présentée, elle se proposait d'élever les petites, à la grande joie de la mère qui, ainsi, ne les verrait pas partir définitivement. La démarche en vue d'adoption a sans aucun doute permis de débloquer la situation sur place. »

Des parents adoptifs

Le continent africain

L'adoption en Afrique est plus récente. Auparavant, les enfants étaient pris en charge par la famille élargie et par le village. Mais l'urbanisation a créé un éclatement du clan familial, une dilution des solidarités, alors même que l'évolution du sida dans de nombreuses régions du continent a accéléré la disparition des parents. Ainsi, la proportion d'enfants adoptés en Afrique par des familles françaises ne cesse d'augmenter : en 2007, les enfants nés en Afrique représentaient 30 % des adoptions, contre 3,5 % en 1979. Les conflits de la région des Grands Lacs ont eu un double impact : si des adoptions se sont concrétisées au moment des affrontements ethniques qui déchirèrent le Rwanda et le Burundi, certaines ne peuvent encore aujourd'hui se réaliser en raison de la confusion qui règne toujours dans cette partie du continent.

Entre 1985 et le début des années 1990, période où éclatent de violents conflits ethniques, les adoptions au **Rwanda** et au **Burundi** (CH, AFA) se déroulaient dans une relative sérénité : les enfants étaient regroupés dans des orphelinats tenus par des congrégations religieuses européennes. Entre 20 et 40 enfants des deux pays confondus trouvaient chaque année une famille.
En 1993, le nombre d'enfants adoptés au Rwanda passa de 65 à 121. L'année suivante, le génocide embrasa le pays : 57 enfants purent tout de même être adoptés avant les troubles. Une quinzaine d'enfants quittèrent le Burundi en 1995 dans un contexte de troubles. Une soixantaine d'enfants ont été confiés par le Rwanda à des familles françaises entre 2005 et 2007. Les procédures se sont ralenties depuis la rupture des relations diplomatiques entre la France et le Rwanda, mais elles se poursuivent, grâce à un accord avec l'ambassade de Belgique pour les visas.

En exigeant le retour d'enfants recueillis au moment du génocide sans pouvoir leur garantir un avenir stable au niveau affectif, éducatif et matériel, les autorités rwandaises ont fait preuve d'une maladresse qui aura marqué les familles adoptives françaises mais aussi belges et italiennes.

La guerre civile et la famine ont laissé l'**Éthiopie** (CH, OAA) exsangue : l'adoption, pour de nombreux enfants, est presque littéralement la dernière chance. Le nombre d'adoptions a quasiment quadruplé depuis 1997 (110 adoptions), passant à 417 en 2007.

Les adoptions ont commencé en 1981 à **Madagascar** (CH, AFA, OAA) (3 374 enfants adoptés depuis cette date), avec près de 200 adoptions par an jusqu'en 2003. Ce sont des enfants de tous âges, souvent confiés par les familles à des structures d'accueil. Les adoptions, qui se sont fortement ralenties en 2005-2007, devraient reprendre en 2008, après avoir été suspendues pour permettre une réforme de la législation et la mise en place de structures et des rouages administratifs dans le cadre d'une procédure adaptée à la convention de La Haye.

D'autres pays, comme le **Mali** (CH, AFA, entre 70 et 100 adoptions par an, 135 en 2007), **Djibouti** (OAA, DI, entre 20 et 50 adoptions par an depuis 1988), le **Burkina Faso** (CH, AFA, DAA, 66 en 2007) et la **Côte d'Ivoire** (54 en 2006) font preuve d'une certaine continuité et stabilité dans le domaine de l'adoption internationale.

D'autres enfants arrivent du **Congo** (DI), du **Togo** (DI) ou du **Cameroun** (OAA, DI) : une vingtaine par an pour chacun de ces pays depuis une dizaine d'années. Quelques-uns viennent aussi des îles du **Cap-Vert** ou du **Tchad**.

Le continent européen

Certaines familles (de type européen) sont désireuses d'adopter un enfant de leur propre ethnie – ce qui ne signifie pas qu'il va leur ressembler pour autant. Il ne faut en outre pas oublier la présence des Roms dans des pays d'Europe centrale, comme la Bulgarie, l'Ukraine et certaines régions de Russie, ainsi qu'une incidence asiatique dans nombre de provinces de l'ancienne Union soviétique. Enfin, dans les pays de l'est ou du centre de l'Europe, l'incidence sur la santé des enfants de la consommation d'alcool pendant la grossesse est une donnée dont il faut être conscient.

Une des conséquences de la chute du communisme en Europe de l'Est et de l'effondrement de l'Union soviétique a été l'ouverture à l'adoption, avec des fluctuations selon l'évolution politique des pays. La plupart des pays d'Europe de l'Est, dont un certain nombre ont désormais rejoint l'Union européenne, exigent que ces enfants proposés à l'adoption aient été refusés par des nationaux avant d'être proposés à l'adoption internationale. La plupart de ces pays demandent que les familles confirment leur désir d'adopter leur enfant après l'avoir rencontré physiquement.

Jusqu'en 1988, le président de la **Roumanie** (CH), Nicolae Ceauşescu, utilisait l'adoption pour faire entrer des devises dans son pays. Les procédures étaient très aléatoires et les déplacements des familles « obligatoires » et nombreux. Puis, après l'assassinat de Ceauşescu, le monde découvrait avec horreur les orphelinats roumains, où vivaient dans des conditions inhumaines des dizaines de milliers d'enfants. En 1990, 311 enfants étaient adoptés par des familles françaises, 688 l'année suivante. Tous, pourtant, ne provenaient pas d'orphelinats ; certains étaient confiés directement à des couples par des parents qui ne pouvaient pas s'occuper d'eux. Certains se sont révélés séropositifs, ayant été vaccinés à tour de bras avec les mêmes seringues. D'autres étaient des bébés carencés. Quelques-uns ont été remis aux services sociaux français après avoir été adoptés.
Après une suspension des procédures et une refonte de la législation, les adoptions reprenaient, pour se situer aux alentours de 200 à 300 enfants par an jusqu'en 2001 : 3 349 enfants en tout ont ainsi été adoptés par des Français. Néanmoins, le système de financement et de fonctionnement des fondations est apparu comme contraire aux principes de la convention de La Haye. Par ailleurs, en 2001, un rapport rédigé à la demande du Parlement européen dénonçait des dérives financières : les fondations étaient accusées de verser une partie des fonds reçus dans des comptes en Suisse au lieu d'utiliser cet argent pour améliorer le sort des enfants délaissés. Le gouvernement roumain a donc suspendu les adoptions et élaboré une nouvelle loi sur l'adoption internationale, très restrictive, qui n'autorise que les adoptions intra-familiales. Une fois de plus, les victimes sont les enfants, dont certains ne trouveront jamais de famille en Roumanie. Un rapport de l'Unicef, publié en 2005 fait état de 9 000 abandons par an d'enfants dans les maternités et les hôpitaux psychiatriques. Le 1er janvier 2007, la Roumanie rejoignait l'Union européenne. Si les députés européens constatent des améliorations dans le système de protection de l'enfance, ils mesurent aussi les insuffisances du dispositif et espèrent convaincre la Roumanie de revoir sa législation.

En **Pologne** (CH, AFA), où 1 946 enfants ont été adoptés depuis 1979, les adoptions internationales ont baissé ces dernières années pour se situer autour d'une vingtaine par an. Il s'agit principalement d'enfants âgés qui, outre les carences affectives à la suite de longs séjours en institution, présentent des troubles du comportement dont certains pourraient être liés au syndrome alcoolo-fœtal (voir le chapitre « La santé de l'enfant »).

La **Russie** (AFA, OAA, DI) s'est ouverte à l'adoption en 1992 : depuis, 2 142 enfants ont été adoptés par des familles françaises. En 2007, pour la première fois, les adoptions nationales dépassaient les adoptions internationales (tous pays d'accueil confondus) : plus de 7 000 mineurs adoptés par des familles russes, 4 300 par des familles étrangères, dont 402 par des familles françaises. Les familles doivent être conscientes des risques de santé liés à l'hospitalisme et à l'alcoolisme. Dans ce pays où les adoptions sont coûteuses (du fait des émoluments des intermédiaires, appelés « facilitateurs », et des avocats), les trois démarches restent possibles, même s'il apparaît que la démarche individuelle recule.

Différentes provinces russes ont accepté de confier des enfants à l'adoption internationale, ainsi que d'anciennes républiques de l'ex-Union soviétique ayant obtenu l'indépendance, dont l'Ukraine, l'Arménie et le Kazakhstan.

L'**Ukraine** (DI) a connu une augmentation rapide des adoptions (29 en 1998, 50 à 60 en 1999-2000, 126 en 2004, puis une diminution, avec 99 adoptions en 2007, par l'instauration de quotas par les autorités ukrainiennes). Après une suspension des procédures, les adoptions ont repris, axées sur une recherche de familles pour des enfants de 6 ans et plus. Les autorités ukrainiennes reconnaissent que de nombreux enfants sont sans famille (enfants des rues, contraints de mendier) et elles évoquent des problèmes de santé : problèmes cardiaques, hépatites B et C, syphilis congénitale. Une nouvelle loi votée en avril 2008 instaure un âge maximal de 45 ans entre parents et enfants, et prohibe l'adoption par des célibataires. De plus, un quota de 1 453 dossiers, tous pays confondus, est appliqué en 2008. L'**Arménie** (CH, AFA) a confié 19 enfants en adoption en 2007 (essentiellement à des couples ayant des attaches familiales avec ce pays). Le **Kazakhstan** en a confié 26.

En **Bulgarie** (CH, AFA, OAA), 1 672 enfants ont été adoptés. Le nombre est passé de 110 en 1996 à 230 en 2003. Depuis l'adhésion de la Bulgarie à la convention de La Haye (fin 2002), on note une baisse très nette des adoptions internationales (48 en 2004). En Bulgarie, comme en Roumanie, de nombreux enfants proposés à l'adoption internationale sont d'origine tsigane. En effet, la communauté tsigane est le plus souvent rejetée par les populations locales et ses enfants ne sont adoptés qu'internationalement. Après son entrée dans l'Union européenne le 1er janvier 2007, la Bulgarie semblerait, au début de 2008, disposée à reprendre les adoptions internationales tout en développant l'adoption nationale.

En **Lettonie** (CH, AFA), 676 enfants ont été adoptés depuis 1991, environ 70 par an depuis 1996, mais une trentaine en 2007. Les premiers enfants, placés en institution, étaient des nourrissons. En 2007, les deux tiers des enfants confiés avaient plus de 4 ans, dont un tiers avait plus de 7 ans. Au printemps 2008, les autorités lettones faisaient savoir qu'elles recherchaient désormais des familles pour des enfants en fratrie, âgés de plus de 10 ans ou atteints de maladies ou de troubles qualifiés de graves ou importants.

Entre 25 et 40 enfants ont été adoptés ces dernières années en **Lituanie** (CH, AFA). Les autorités lituaniennes ont fait savoir qu'elles avaient beaucoup de dossiers en attente ; elles découragent donc les nouveaux candidats, sauf pour des enfants présentant des problèmes de santé. En 2008, la Lituanie avait fixé un quota de deux enfants par an : les autres dossiers ne sont acceptés que pour des enfants de plus de 6 ans, des enfants en fratrie ou à particularité.

Les autres pays à découvrir

Dans certains pays, seuls quelques enfants sont adoptés chaque année : Albanie (CH, AFA), Biélorussie (CH, AFA), Hongrie (CH, AFA), Slovaquie (CH, AFA), Serbie, Népal et Mongolie (CH, AFA), Azebaïdjan (CH, AFA), Moldavie (CH, AFA), Géorgie (CH, AFA), Portugal (CH, AFA)
Le plus souvent, seules les démarches par l'Afa ou individuelles y sont possibles : elles impliquent de la part des parents adoptants une volonté et une capacité de mener eux-mêmes leur démarche de bout en bout, souvent avec très peu d'aide extérieure, dans la mesure où peu de familles ont adopté avant eux dans ces pays. Elles exigent surtout une grande prudence, une vérification de l'adoptabilité de l'enfant, de son histoire, une attention particulière aux procédures, aux frais demandés, afin d'éviter les pièges de trafics ou de dérives possibles.

Les démarches

Trois démarches : l'Agence française de l'adoption (Afa), les organismes autorisés pour l'adoption (OAA) et la démarche individuelle

Jusqu'en 2006, la France connaissait deux démarches légales : la démarche par organisme autorisé pour l'adoption (OAA) et la démarche individuelle, qui coexistaient dans bon nombre de pays. Au sein d'une même famille, un enfant peut avoir été adopté par démarche individuelle et un autre par un OAA. Tel enfant adopté en démarche individuelle l'aura été dans des conditions qui ne laissent planer aucun doute sur son adoptabilité et qui permettent de fournir des renseignements sur son état de santé ; tel autre placé par un OAA n'aura pas été préparé à l'adoption et c'est seulement trois jours avant son arrivée qu'on aura notifié aux parents qu'il est porteur d'une hépatite B.

Désormais, une troisième voie s'ajoute, elle s'impose même dans tous les pays partie à la convention de La Haye de mai 1993, seule ou, selon les pays, à côté de la démarche par OAA. C'est le passage par l'Agence française de l'adoption (Afa) : dans les pays contractants à La Haye, l'Afa supplante la démarche individuelle.

La pluralité des voies de l'adoption internationale

« Nous avons la chance – et nous ne sommes pas les seuls ainsi – de rassembler des familles qui ont connu toutes les formes de démarche : de

Une première source d'information : le correspondant départemental de l'Afa

Il est rattaché au service d'Aide sociale à l'enfance du conseil général. Quel que soit le pays vers lequel vous vous orienterez, quelle que soit la démarche qui s'imposera à vous, le correspondant a pour mission de vous informer.

En effet, l'Afa regroupe trois missions : informer, conseiller, accompagner.

En liaison avec les correspondants départementaux, elle a donc pour mission de diffuser l'information et de renseigner les familles sur les modalités de l'adoption internationale.

l'adoption par démarche individuelle à l'adoption par les "Œuvres", puis les OAA, réalisées sur tous les continents, dans des pays de droit coutumier ou de droit écrit, ayant ou non ratifié des accords ou la convention de La Haye, aujourd'hui la démarche par l'Afa. Nos enfants nous ont été amenés en France ou nous les avons rencontrés dans leur pays d'origine où nous sommes restés quelques jours ou plusieurs mois, seuls ou avec d'autres adoptants. C'est notre richesse de rassembler ceux qui se trouvent dans le bonheur d'avoir formé ainsi leur famille selon leur choix, leur cœur, leurs capacités, l'endroit où ils sont allés trouver l'aide, le soutien et les témoignages dont ils avaient envie. »

Marie-Hélène Theurkauff,
vice-présidente d'Enfance et familles d'adoption

L'Agence française de l'adoption (Afa)

Avec presque 20 % des adoptions en 2007, l'Agence française de l'adoption, créée dans le cadre de la réforme législative du 4 juillet 2005, s'impose dans le paysage de l'adoption. Par délégation de l'autorité centrale, elle est habilitée à encadrer et à accompagner les procédures dans les pays partie à la convention de La Haye pour tous les candidats qui ne voudraient pas ou ne pourraient pas passer par un OAA. Dans les faits, il s'est avéré que cette habilitation globale française n'était pas nécessairement acquise du côté des pays d'origine partie à La Haye, dans lesquels l'Afa a dû se rendre pour se faire connaître.

À la mi-2008, l'Afa était opérationnelle dans 27 pays, même si quelques-uns d'entre-eux, dont le Brésil, ne l'avaient toujours pas reconnue comme intermédiaire officiel.

L'Afa peut également demander à être habilitée dans des pays hors La Haye, où elle joue un rôle d'intermédiaire pour l'adoption, à l'instar des OAA. C'est le cas du Vietnam et de la Russie.

Avec un statut de groupement d'intérêt public, l'Afa est présente sur l'ensemble du territoire, avec des correspondants départementaux travaillant en relation avec une équipe centralisée. Elle organise aussi une implantation dans les pays d'origine avec, selon les situations, des représentants ou des personnes relais qui peuvent être du pays ou du personnel français.

La volonté politique a été d'interdire à l'Afa de fixer de quelconques critères de sélection en dehors de ceux inscrits dans la législation des pays : ainsi, elle doit envoyer des dossiers de candidature de célibataires à tous les pays dont la législation ne leur interdit pas l'adoption. En revanche, elle n'enverra pas de dossiers de candidats de parents ayant déjà un ou plusieurs enfants si la législation du pays ne prévoit pas l'adoption en présence d'enfants déjà au foyer.

Toutefois, il est reproché à l'Afa d'imposer aux candidats un maximum de deux listes d'attente sur lesquelles ils peuvent s'inscrire : ces listes d'attente ont été créées pour un certain nombre de pays connaissant un afflux important de candidatures (Vietnam, Cambodge, Russie ou Madagascar), qui ont fixé un rythme de réception des dossiers. Pour d'autres pays, en revanche, les dossiers sont envoyés au fur et à mesure qu'ils sont constitués.

L'Afa n'offre aucune garantie de résultat. L'attente peut être longue et très frustrante. Certains pays ne signalent jamais les dossiers pour lesquels ils refusent de faire un apparentement.

L'avantage de l'Afa par rapport aux OAA pour les candidats à l'adoption est son implantation nationale, avec des correspondants présents dans tous les départements : ils sont rattachés au service d'Aide sociale à l'enfance du conseil général.

Dans la mesure où l'Afa est un organisme public, les informations, conseils, aide à la constitution du dossier, suivi du dossier sont gratuits. Les frais de traduction, d'acheminement du dossier, les éventuels honoraires d'avocats ou dons à l'orphelinat restent à la charge des adoptants, de même que le déplacement dans le pays et les frais de séjour.

Outre sa mission d'information, l'Afa aide les familles à constituer leurs dossiers en fonction des pays, elle envoie le dossier dans le pays et assure le relais entre ce dernier et la famille, notamment pour la proposition d'apparentement et son acceptation par la famille. Les correspondants de l'Afa assurent pour les pays qui le demandent le suivi post-adoption des enfants.

Contacter l'Afa

- un site internet : www.agence-adoption.fr. Vous y trouverez des informations sur les pays d'origine partenaires de l'Afa : critères des pays, informations (relativement insuffisantes) sur les enfants, instructions sur les procédures, avec téléchargement de formulaires et autres documents ; informations sur la santé des enfants et sur l'adoption.
- une ligne téléphonique :
- des correspondants départementaux : rattachés à l'Aide sociale à l'enfance, au conseil général, ils reçoivent souvent sur rendez-vous.

La démarche par un organisme autorisé pour l'adoption

La France compte une quarantaine d'OAA. Ils sont autorisés par les présidents des conseils généraux à servir d'intermédiaire pour l'adoption d'enfants par des familles de leur département. Ils sont habilités par le ministère des Affaires étrangères pour exercer cette activité dans un ou plusieurs pays étrangers où ils doivent être accrédités. Du fait de cette diversité et de la compétence territoriale de chacun (un OAA peut couvrir quelques départements ou l'ensemble du territoire – à l'exception des départements d'outre-mer, les « parents pauvres » du dispositif français de l'adoption), il est indispensable de consulter l'Ase pour savoir si un OAA est autorisé pour placer des enfants dans ce département précis. Cette autorisation peut varier d'une année sur l'autre, de même qu'un organisme peut se voir retirer son habilitation par le ministère des Affaires étrangères.

Associations à caractère bénévole, liées pour certaines à des organisations humanitaires, les OAA assurent environ 40 % des adoptions internationales menées à terme par des familles françaises (41,8 % en 2007).

Certains OAA, à structure familiale, ne placent qu'un petit nombre d'enfants par an (moins de 20) : ils agissent dans un seul pays, auprès d'une seule institution, et ne sont habilités que dans quelques départements (généralement celui où l'OAA a son siège et les départements limitrophes). D'autres, réalisant plus de 60 adoptions par an, couvrent la quasi-totalité du pays et placent des enfants originaires de plusieurs pays.

Enfin, il y a de grands OAA, qui réalisent autour de 100 adoptions ou plus par an comme le Rayon de soleil, les Amis des enfants du monde, l'œuvre de l'adoption comité Lyon, Médecins du monde, Enfants de reine de miséricorde.

Certains, comme La Cause, existent depuis des dizaines d'années et ont une compétence territoriale qui couvre, à quelques départements près, l'ensemble du pays. Parmi ces organismes plus « anciens », un certain nombre offre désormais un accompagnement qui s'étend aux enfants devenus grands, voire adultes, leur proposant des rencontres avec d'autres adoptés et organisant des voyages de découverte de leur pays d'origine.

Si nous ne donnons pas la liste exhaustive des OAA, c'est que leur compétence territoriale et les pays des enfants pour lesquels ils recherchent des familles varient au gré des changements de politique en matière d'adoption et de leur propre évolution.

Ainsi, Enfance Avenir, qui plaçait des enfants de Roumanie, s'est réorienté vers la Russie et Madagascar. Ailleurs, des OAA sont invités à s'accréditer dans un pays qui jusque-là n'autorisait que l'adoption par démarche individuelle. Plusieurs organismes ont été habilités pour le Vietnam, qui exige désormais un passage par OAA.

Une liste des OAA autorisés dans le département est remise par l'Aide sociale à l'enfance au moment de la démarche d'agrément ; la meilleure mise à jour est celle que les postulants trouveront sur le site internet du ministère des Affaires étrangères (voir adresse du site dans les « adresses utiles », en fin de volume).

Une fiche pour chaque OAA indique les départements où il est autorisé à placer des enfants, les pays d'origine des enfants, les exigences de ces pays et les frais d'adoption, ainsi que les coordonnées des OAA.

Les délais d'attente varient d'un OAA à l'autre, d'un pays à un autre, selon le nombre et le profil des enfants pour lesquels ils recherchent une famille.

Les candidats qui se tournent vers un OAA apprécient, nous le voyons à travers le témoignage ci-après, l'accompagnement dans la préparation et la réalisation du projet, ainsi que la prise en charge des démarches administratives et matérielles.

L'OAA est tenu d'offrir un service de soutien avant, mais aussi après l'arrivée de l'enfant, grâce à un réseau de correspondants locaux qui sont généralement des bénévoles, eux-mêmes souvent parents par adoption. Souvent enthousiastes, bénéficiant de formations, certains cependant ont parfois des informations insuffisantes ou parcellaires sur certains pays. Néanmoins, ils doivent pouvoir obtenir auprès de leurs instances nationales les renseignements que les familles sont en droit de demander (par exemple, des questions sur les conditions de recueil et d'attente des enfants, leur histoire, leur état de santé, etc.). L'accompagnement ne doit pas se limiter à de simples questions de procédure ou d'organisation du séjour dans le pays, même si ces aspects ne sont pas négligeables.

De plus, de nombreux pays d'origine exigent des OAA un suivi d'une ou de plusieurs années. La présence d'un correspondant local est l'un des critères qui déterminent les conseils généraux à autoriser ou non un OAA à prendre en charge des familles dans leur département : c'est aussi la raison pour laquelle certains OAA sont sous-représentés dans des départements ruraux excentrés et absents dans les départements d'outre-mer.

La plupart des OAA disent ne pas vouloir dépasser la dimension humaine et familiale qui est aujourd'hui la leur ; d'autres considèrent que les exigences imposées par les pays d'origine qui leur confient des enfants sont d'elles-mêmes restrictives ; d'autres encore mettent en avant leurs objectifs éthiques, qui font que les enfants pour lesquels ils recherchent prioritairement une famille (enfants plus âgés ou présentant des handicaps) ne sont pas ceux sur lesquels portent les attentes majoritaires des postulants. C'est en partie pour répondre aux demandes d'aide des candidats ne pouvant pas être pris en charge par un OAA qu'a été créée l'Agence française de l'adoption.

La démarche individuelle

Par démarche individuelle, on entend la prise en charge de la procédure, du début à la fin, par les adoptants eux-mêmes. Cela signifie que les candidats contactent directement dans le pays d'origine l'organisme public ou privé habilité à trouver des familles pour des enfants délaissés.

Dans un premier temps, cela n'implique pas nécessairement un voyage : la première phase de recherche de renseignements et de prise de contact se fait par téléphone ou par courrier.

Les mises à jour publiées sur les sites du ministère des Affaires étrangères et de l'Afa permettent d'écarter les pays où une telle démarche est impossible ou sujette à risques. L'ambassade du pays en France peut aussi être une source de renseignements.

C'est surtout par le biais d'échanges et de rencontres avec d'autres familles adoptives que les postulants sauront apprécier si leur projet est ou non réalisable, qu'ils pourront obtenir des renseignements sur les enfants (santé, âge, etc.), sur la procédure, ainsi que sur une foule de détails matériels.

En outre, ces échanges permettent parfois d'obtenir des renseignements pratiques sur des pays où le nombre d'adoptions est faible et pour lesquels il n'y a pas de fiche sur le site du ministère des Affaires étrangères (qui peut néanmoins renseigner les candidats).

Certains parents opteront d'emblée pour la démarche individuelle ou s'y résignent, parce que c'est la seule possible dans le pays où ils souhaitent adopter un enfant et où leur candidature est susceptible d'être acceptée.

D'autres la privilégient car il leur apparaît indispensable de maîtriser eux-mêmes, autant que faire se peut, chaque pas de ce chemin qui les conduira vers leur enfant.

Important

Quelle que soit votre source d'information, contrôlez systématiquement auprès des sources d'information officielles.

« Avant notre départ, une chaîne d'amitié s'était constituée : des renseignements sur le climat, sur la meilleure façon de s'habiller pour faire face à la chaleur tout en respectant certains usages ; les médicaments à emporter, pour nous, mais aussi pour l'enfant, où changer de l'argent sur place, où trouver une borne publique Internet, une adresse d'amis en cas de pépins ; le nom d'une institution religieuse où nous pourrions loger, l'adresse d'un magasin où nous trouverions des couches si le séjour devait se prolonger et que celles que nous emportions (une pleine valise) ne suffisaient pas... Tout cela nous a aidés à nous préparer, à nous acclimater petit à petit, à nous rassurer. »

Des parents adoptifs

Où se trouvent les enfants adoptables susceptibles d'être confiés à des candidats menant une démarche individuelle ?

Le plus souvent, les enfants se trouvent dans des institutions, des pouponnières, des orphelinats ou des villages d'enfants, parfois auprès d'une nourrice ou d'une famille d'accueil.

Les interlocuteurs des adoptants seront un avocat, une directrice d'orphelinat ou de pouponnière, les responsables du service adoption du pays, en fait toute personne, tout organisme public ou privé habilité par le pays d'origine à s'occuper du placement adoptif.

En 2007, l'adoption par démarche individuelle représentait environ 37,9 % du nombre total d'adoptions internationales réalisées par des personnes résidant sur le territoire français.

On peut imaginer que la proportion des démarches individuelles sera amenée à baisser avec la révision des législations des pays d'origine et le déploiement de l'Afa.

« **Il arrive que l'histoire tourne mal...** Nous avons adopté avec un OAA en Roumanie en 1997, tout s'était très bien passé. Sur nos conseils, des amis adoptants se sont donc adressés à ce même OAA. Ils ont passé quinze jours en Pologne avec un petit garçon qui n'était finalement pas adoptable, ce qui semble pour le moins, de la part de l'OAA, une légèreté et une négligence coupables : c'était dur pour le couple, qui a depuis adopté un autre enfant. Le petit garçon polonais a eu moins de chance ; il est toujours dans un orphelinat ; il a aujourd'hui 5 ans. Se souvient-il du papa et de la maman qu'on lui avait présentés ? »

Des parents adoptifs

« **Un véritable accompagnement** Nous avons été conviés à une première réunion et, là, rien ne nous a été caché sur l'état de santé des enfants en Éthiopie, sur les carences, les difficultés que nous étions susceptibles de rencontrer, le risque de voir l'enfant qui nous était apparenté décéder avant que nous ne puissions le rencontrer... En quelques heures, nous

Rôle des organismes autorisés pour l'adoption

Les organismes autorisés pour l'adoption (OAA) exercent les activités suivantes :
- aide à la préparation du projet d'adoption et conseils pour la constitution du dossier ;
- informations sur les aspects techniques et juridiques de la procédure d'adoption ;
- détermination, en relation avec les autorités compétentes du pays d'origine, des modalités de choix d'une famille adoptive ;
- acheminement des dossiers des candidats à l'adoption vers des personnes ou institutions compétentes pour prononcer l'adoption ;
- suivi de la procédure prévue conformément au droit en vigueur ;
- accompagnement de la famille après l'arrivée de l'enfant.

Source : www.diplomatie.gouv.fr, rubrique Adoption internationale (OAA).

Les OAA assurent aussi le suivi de l'enfant à la demande du pays d'origine.

avons appris l'existence de maladies et de troubles que nous ignorions. Nous sommes sortis de là émus par tout ce que nous avions entendu... mais tout aussi résolus. Tout cela nous fut très utile et nous permit par la suite de relativiser : quand notre fillette arriva, elle ne présentait aucun trouble majeur autre que la gale. Il fallut soumettre la maisonnée entière à un processus intensif de "déparasitation", qui prit presque tout notre temps. Mais après tout ce que nous avions entendu, nous étions tellement soulagés ! Nous sommes très reconnaissants à cet OAA d'avoir su nous parler vrai. »

Des parents adoptifs

« Une famille, trois enfants, trois démarches

Nous avons adopté Marianne en 1987 au Pérou par démarche individuelle. Étant donné que nous étions un peu des pionniers à l'époque pour l'adoption dans ce pays, cela a été dur. Nous sommes très contents d'avoir vécu cette démarche, qui nous a permis de comprendre bien des choses, même si à l'époque nous rêvions d'être pris en main par un OAA. Nous avons adopté Christophe, né en Corée en 1989, par un OAA. Nous avons été pris en main par un OAA qui a respecté notre projet, qui nous a expliqué en détail où passait le moindre centime,

Avant de contacter un OAA

- Assurez-vous auprès de l'Aide sociale à l'enfance (Ase) que cet organisme est autorisé à placer des enfants dans le département où vous résidez ; si oui, cela signifie qu'il a des correspondants dans votre région qui reçoivent les candidats à l'adoption, puis qui assurent le suivi après l'arrivée de l'enfant.
- Vérifiez si vous remplissez les critères de l'OAA, qui doivent être ceux de la France et du pays d'origine : agrément, âge, état civil (marié ou célibataire), temps de mariage pour un couple, écart d'âge avec l'enfant, présence d'enfants dans la famille, etc. Certains OAA ajoutent des critères que peuvent leur fixer leurs interlocuteurs dans le pays : par exemple, des religieuses responsables d'un orphelinat souhaiteront voir les enfants confiés à des familles pratiquantes.
- Renseignez-vous sur les pays d'origine où l'OAA est implanté.
- Cherchez à connaître le montant des frais : vérifiez si les sommes avancées comprennent votre déplacement éventuel (ou celui d'un représentant de l'OAA) et votre hébergement, mais aussi les frais de traduction et autres frais de nature administrative. Rappel : l'OAA ne doit rien percevoir avant la définition du projet de mise en relation.

Où se renseigner ?

- Directement auprès de l'OAA (une liste à jour est remise aux postulants au moment de la démarche en vue de l'obtention de l'agrément).
- Auprès du site du ministère des Affaires étrangères (les fiches des OAA recensées sur le site permettent déjà de se faire une première idée, mais restent incomplètes).
- Auprès de familles ayant déjà emprunté la même voie.

détail où passait le moindre centime, qui nous a assistés à chaque niveau du déroulement de la procédure, qui a fait un suivi de l'enfant (et de la famille) après son arrivée. Seul regret, indépendant de l'OAA : ne pas avoir vu le pays d'origine.

Nous avons adopté Jennifer par l'Ase en France en 1994. Nous avons vécu cela difficilement car nous avions affaire à des responsables, certes pleins de bonne volonté, mais avec une vision de l'adoption non vécue, trop rigide. Résultat :

l'arrivée de l'enfant a été perturbante pour elle, pour notre famille et pour la famille d'accueil agréée. Il nous a fallu un moment pour retrouver un équilibre. Chaque démarche correspond à un moment de notre vie. On était prêts pour l'une ou pour l'autre à un moment donné. Ce serait à refaire, nous referions probablement la même chose. Il est peu de dire que nos enfants en valent la peine et il y a peu de mots pour décrire notre bonheur... »

Des parents adoptifs

Le Secrétariat général de l'autorité centrale pour l'adoption internationale (SGAI)

À la suite de la création de l'Agence française de l'adoption (Afa), l'ancienne Mission de l'adoption internationale (MAI), créée en 1987, a été réorganisée, avant d'être remplacée par le SGAI).

Placé sous l'autorité du ministère des Affaires étrangères et rattaché à la sous-direction du Service des Français à l'étranger, le SGAI a, pour les adoptants, une mission double:

– assurer une veille de l'adoption internationale et des OAA, apporter tous les renseignements nécessaires sur la légalité et la fiabilité des procédures ou des intermédiaires, ainsi que sur les aspects juridiques et administratifs;
– autoriser la délivrance du visa.

Que le pays ait ratifié ou non la convention de La Haye, c'est le SGAI qui, après vérification, donnera le feu vert pour que soit délivré le visa permettant l'entrée de l'enfant sur le sol français. Sans ce sésame, l'enfant, même s'il y a eu adoption dans son pays, ne peut pas pénétrer en France. La nomination en juillet 2008 d'un ambassadeur pour l'adoption internationale devrait permettre de renforcer ce service, notamment en ce qui concerne ses missions de veille et de communication (développement d'un portail Internet). Il devrait également pouvoir fixer des objectifs à l'Afa et aux OAA concernant les pays d'intervention.

Contacter le SGAI

En cas de doute sur la fiabilité d'un intermédiaire, il est recommandé de prendre contact avec le SGAI. 244, bd Saint-Germain - 75303 Paris 07 SP - Tél.: 01 43 17 90 91 (de 9 h 30 à 12 h 30 et de 14 h 30 à 17 h 30) - Fax: 01 43 17 93 44 Site internet: www.diplomatie.gouv.fr rubrique Adoption (fiches régulièrement mises à jour sur les pays et sur les OAA).

Autres sources pour le suivi de l'adoption internationale

- **Enfance et familles d'adoption**

www.adoptionefa.org.
Forum et liste de discussion (accessibles *via* le site)

- **Associations de parents par pays d'origine (Appo)**

Leur nombre et leur activité fluctuent: le nom des principales Appo est donné en fin des fiches pays de l'Afa et du SGAI.

Constituer le dossier

S'assurer que l'on remplit les critères

Avant de constituer un dossier pour un pays, la première chose à faire est de s'assurer que l'on remplit les critères exigés par le pays concerné. Beaucoup, nous l'avons vu, n'acceptent que des couples, ils sont un certain nombre à fixer une différence d'âge maximale entre les adoptants et l'enfant.

Certains ne prennent en considération que les candidatures de couples stériles, d'autres confient des enfants en présence d'enfants biologiques ou adoptés. Tous les renseignements juridiques et administratifs sont donnés sur les fiches par pays de l'Afa et du SGAI, mais il conviendra aussi de s'assurer des pratiques auprès des associations en contact avec les pays concernés – quitte à revérifier ensuite auprès du personnel de l'Afa et du SGAI.

Les candidats souhaitant adopter un enfant jeune, en bonne santé, s'interrogeront avant de déposer un dossier de candidature pour un pays dont on sait qu'il y a une très longue liste d'attente. Par exemple, courant 2008, il y avait près de 1 000 candidatures inscrites à l'Afa pour le Cambodge, pour un nombre d'adoptions annuelles qui pourrait être compris dans une fourchette de 30 à 100 par an: le calcul est vite fait !

Les pièces à joindre dans tout dossier

Ces étapes préliminaires sont du ressort des adoptants. Une fois qu'ils se sont

Constituer un dossier avec l'Afa

Informations actualisées sur le site de l'Agence (http://www.agence-adoption.fr)

1. L'Afa invite les candidats à constituer d'abord un prédossier :

- Fiche de renseignements Afa (téléchargeable).
- Courte lettre expliquant le projet d'adoption et le choix du pays.
- Photocopie simple de l'agrément et de la notice correspondante.
- Photocopie simple de chacune des deux évaluations sociale et psychologique.

(Les légalisations seront demandées pour le dossier qui sera envoyé au pays).

2. Une fois le prédossier validé (le projet est en conformité avec les exigences du pays), l'Afa adresse un « Projet de mise en relation » et des informations propres au pays.

3. Après retour de ce document signé, l'Afa envoie une liste des pièces à réunir pour le dossier et une brochure décrivant la procédure dans le pays. La brochure précise : « Nous serons toujours à vos côtés pour vous renseigner et vous conseiller mais la constitution des dossiers et leur vérification sont sous votre entière responsabilité. »

4. Le dossier constitué doit être remis en mains propres ou par voie postale à l'Afa :

Agence française de l'adoption
19, bd Henri-IV - 75004 Paris

Validé par ordre chronologique d'arrivée à l'Afa, il est transmis aux autorités locales en charge de l'adoption dans le pays. Un courrier est adressé aux candidats l'informant de cet envoi.

orientés vers un pays et qu'ils sont invités à faire acte de candidature, ils doivent réunir un certain nombre de pièces qui leur sont précisées pour la procédure locale par le SGAI, l'Afa ou l'OAA.

Le détail des pièces à joindre au dossier d'adoption varie d'un pays à l'autre, et selon que la démarche est individuelle ou effectuée par l'Afa ou par un OAA. Certaines pièces sont systématiquement demandées.

Légalisation des pièces

Il y a deux types de légalisation :

1) la légalisation de signature (par le maire ou le notaire) ;

2) la légalisation des documents (par le ministère des Affaires étrangères).

Pièces les plus fréquemment demandées

Attention : veillez à envoyer des copies légalisées.

- Lettre de motivation (aussi appelée « lettre de candidature » ou « demande d'adoption » : voir p. 147-151) ou formulaire d'adoption (selon les pays, la lettre de motivation aura été envoyée en premier pour demander le formulaire).
- Copie de l'agrément (accompagné de la notice).
- Évaluations sociale et psychologique.
- Copie du livret de famille.
- Copie intégrale de l'acte de naissance (datée de moins de trois mois).
- Copie de l'acte de mariage (le cas échéant) datée de moins de trois mois.
- Certificat médical attestant de la bonne santé physique et mentale des adoptants.
- Justificatif de revenus ou feuille d'imposition.
- Photocopie du ou des passeports.
- Extrait du casier judiciaire (bulletin n° 3) daté de moins de six mois. Pour obtenir un extrait du casier judiciaire, adressez-vous au service du casier judiciaire national du ministère de la Justice, 44079 Nantes cedex 01 (possibilité de demande en ligne par Internet : www.cjn.justice.gouv.fr) ; pour les personnes nées dans les dom-tom, s'adresser au tribunal de grande instance de leur lieu de naissance.
- Photos.

Copies certifiées conformes

Bien que la certification conforme des documents administratifs est demandée pour les dossiers envoyés dans certains pays. Les pièces peuvent donc, à la demande des adoptants, être certifiées conformes par la mairie ou un notaire, ou par les services administratifs dont ils émanent (Ase pour l'agrément).
Les traductions seront signées par le traducteur, qui certifiera conformes les copies. Choisir un traducteur assermenté – vous trouverez leur nom auprès du tribunal de grande instance ou de la cour d'appel. Certains pays demandent qu'elles soient certifiées conformes par leur consulat. Des actes d'état civil plurilingues peuvent être demandés aux mairies pour éviter de les faire traduire.

Peuvent aussi être demandées les pièces suivantes (selon les pays) :

- Engagement à adopter plénièrement l'enfant en France.
- Copie de l'acte de naissance des enfants du foyer.
- Bilan de santé du ou des adoptants.
- Certificat de bonne santé physique.
- Certificat de bonne santé mentale.
- Certificat de stérilité.
- Certificat de nationalité.
- Certificat de moralité ou lettres de deux personnes (médecin, enseignant, notaire, employeur, maire, etc.) attestant de l'honorabilité de l'adoptant.
- Lettres d'une ou de deux personnes s'engageant à prendre en charge l'enfant en cas de décès du ou des parents adoptants.
- Attestation de travail, avis d'imposition ou bulletin de salaire.
- Situation financière.
- Attestation bancaire sur le fonctionnement régulier des comptes.
- Contrat de location ou titre de propriété.
- Procuration à un mandataire sur place, qui représentera le couple pour certaines démarches (avocat, représentant d'un OAA, etc.).
- Certains pays demandent en outre une attestation, délivrée par l'Ase, l'Afa ou un OAA, qui s'engage à effectuer un suivi de l'enfant pendant une durée déterminée et à fournir un rapport concernant son développement physique et psychologique.

Note : dans le cas d'un couple adoptant, les pièces nominatives pour chacun des conjoints seront jointes.

1) Les signataires doivent se présenter devant le maire ou un notaire pour faire certifier ou légaliser leur signature. La mention suivante sera apposée en français : « Vu pour la légalisation matérielle de la signature de M... » Le maire ou le notaire apposera sa signature manuscrite et le sceau (tampon) de la commune, de l'étude notariale (avec effigie de la République).

À noter : les certificats médicaux, signés par le médecin, sont authentifiés par le Conseil de l'ordre des médecins : Ordre national des médecins (bureau accueil et

Compléments d'information (selon les pays)

Certains pays peuvent demander des compléments d'information :
- Entourage familial, social.
- Informations sur les enfants déjà au foyer.
- Disponibilité des parents.
- Lieu de vie (proximité de services de santé).

Autant de pays, autant de demandes différentes de pièces et de certification de ces pièces : les fiches pays de la SGAI, l'Afa et les OAA vous communiqueront les détails, selon le pays pour lequel vous constituez un dossier.

légalisation), 180 bd Haussmann, 75008 Paris.

2) La légalisation des documents par le ministère des Affaires étrangères consiste à vérifier, pour le compte des autorités étrangères, que les pièces d'origine française constituant le dossier d'adoption, établies ou certifiées par un organisme public, sont conformes à la réglementation.

Cette légalisation est effectuée par le bureau des légalisations du ministère des Affaires étrangères :

Suivre les indications données sur le site du ministère :

http://www.diplomatie.gouv.fr/fr/les-francais-etranger_1296/conseils-aux-familles_3104/adoption-internationale_2605/fiches-pratiques_3271/legalisation-dossiersadoption_9702.html.

Les dossiers de moins de 15 pages peuvent être légalisés sur-le-champ, pour les autres un délai est demandé (48 heures).

Le dossier peut aussi être légalisé par correspondance :

Ministère des Affaires étrangères
57 bd des Invalides - RDC - 75007
Paris

Coût : 2 € par document ; 1 € pour les actes d'état civil.

Une surlégalisation peut ensuite être demandée par le consulat du pays en France.

Là encore, vérifiez sur la fiche pays du ministère des Affaires étrangères ou auprès de l'Afa ou de l'OAA les exigences du pays relatives à cette procédure, elle aussi payante.

Suite de la démarche

Si le pays d'origine est partie à la convention de La Haye

La convention interdit les démarches directes des futurs parents adoptifs

Une garantie supplémentaire : l'apostille

C'est la certification que le signataire de l'acte avait la compétence requise. L'apostille est exigée, par certains pays, pour un certain nombre de pièces, d'autres l'exigeant pour l'ensemble du dossier. Le lieu d'apostille varie selon les pièces : certaines le sont par la cour d'appel du département d'émission, d'autres par la cour d'appel du département de résidence ; pour les certificats médicaux légalisés par le Conseil de l'ordre des médecins, l'apostille est demandée auprès de la cour d'appel de Paris. Les adoptants connaissent parfois des problèmes de délais longs dans certaines cours d'appel, débordées par les demandes Procédure payante.

auprès de l'autorité centrale, des autorités publiques, des organismes agréés ou des orphelinats de l'état d'origine, et *a fortiori* auprès des familles de naissance. Le dossier doit être transmis à l'autorité centrale du pays par l'Afa ou par un OAA. C'est également par l'Afa ou par l'OAA que transitera la proposition d'apparentement.
C'est encore par l'Afa ou par l'OAA que les candidats font connaître leur décision (acceptation ou refus) au pays d'origine. L'accord des adoptants va permettre l'« autorisation à poursuite de la procédure ». Ce n'est qu'à partir de ce moment-là que les parents pourront se rendre sur place. La durée du séjour sur place, ou le moment où ils se rendront dans le pays, dépendra de la procédure locale. Pour certains pays, il est nécessaire de prévoir un premier voyage pour la mise en relation avec l'enfant, puis un second après le jugement ou la décision administrative.

Si le pays n'est pas partie à la convention de La Haye

Les candidats à l'adoption préparent leur dossier (seul ou avec un OAA, selon les cas), qui sera directement envoyé dans le pays d'origine aux autorités locales compétentes, à l'institution ou à l'avocat chargés d'instruire leur demande. Ces derniers leur transmettront une proposition d'apparentement.
Pour la démarche par OAA, une fois le dossier constitué, la procédure est prise en charge par l'OAA, qui peut aussi représenter la famille au moment du jugement. Cela réduit donc pour la famille le nombre de voyages. Selon les pays, l'OAA fera venir l'enfant en France, évi-

tant ainsi à la famille tout déplacement – mais pas les frais, puisqu'elle prendra à sa charge les frais de l'accompagnant.

Dans tous les cas

Parallèlement à l'envoi du dossier dans le pays, les candidats à l'adoption envoient au SGAI deux photocopies de leur agrément, ainsi qu'une fiche de renseignements dont ils auront obtenu auprès du SGAI le formulaire (téléchargeable sur http://www.diplomatie.gouv.fr, rubrique Adoption internationale). Cette démarche est très importante pour accélérer l'obtention ultérieure du visa d'entrée de l'enfant.

Dans le pays

Dans le pays d'origine, la procédure locale (judiciaire ou administrative) permet d'établir un lien de filiation entre le parent adoptant et l'enfant. Le pays est à même d'exiger la présence des adoptants sur le territoire, qui peuvent aussi, selon les cas, se faire représenter par un avocat.

Un séjour d'une durée minimale leur est parfois imposé. Il peut correspondre à une période de vie commune avec l'enfant avant le jugement, ou au délai d'appel du jugement prononcé. Enfin, il y aura le dernier voyage, après le délai d'appel (un ou deux mois) : l'enfant est définitivement le leur aux yeux de la législation de son pays de naissance. Une fois le lien de filiation établi par la décision judiciaire ou administrative, l'enfant pourra se voir délivrer un passeport de son pays, qui lui permettra de le quitter.

Les adoptants déposent ensuite une demande de délivrance de visa long séjour adoption, sans lequel l'enfant ne saurait être autorisé à entrer sur le territoire français ou à y séjourner. Le consulat de France délivre ce visa sur autorisation du SGAI. Ce visa de longue durée (un an) est apposé sur le passeport de l'enfant. Il permettra à l'enfant de vivre en France et à sa famille de faire valoir ses droits sociaux (congé d'adoption, allocation parentale, etc.), et surtout de conclure la procédure.

Dans le cas des adoptions dans les pays partie à la convention de La Haye, un certificat de conformité de l'adoption aura été remis aux parents. Il permettra, de retour en France, une transcription directe à l'état civil français par le parquet du tribunal de grande instance de Nantes (c'est là que sont conservés les états civils des Français nés à l'étranger).

Dans le cas des pays hors La Haye nécessitant un (nouveau) jugement en France, les parents informent à leur retour le tribunal de grande instance dont ils dépendent (sur les jugements d'adoption, voir p. 261-263).

R225-41 du CASF Lorsque l'organisme est en mesure de prendre en charge un dossier de candidature, compte tenu de ses capacités de fonctionnement et des conditions requises dans les pays dans lesquels il est habilité, il définit avec les futurs adoptants un projet de mise en relation entre ceux-ci et l'enfant, se référant notamment aux pays d'origine et à l'âge du ou des enfants qui pourraient être confiés conformément à l'agrément qui leur a été délivré. Une copie de ce projet est remise aux futurs adoptants. Aucune somme d'argent ne peut être demandée par l'organisme avant la définition du projet de mise en relation.

R225-37 du CASF L'organisme habilité doit communiquer sans délai à la famille, avant qu'elle ne donne son accord pour la mise en relation avec celui-ci, le dossier de l'enfant qu'il envisage de lui confier, et notamment toutes les informations à caractère médical dont il dispose.

Conseil : Prévoyez d'emporter un double de votre dossier d'adoption avec vous, ainsi qu'une copie de votre agrément (avec notice) et des évaluations sociale et psychologique.

Pour que l'enfant puisse entrer en France

Le consulat de France dans le pays d'origine délivre un visa sur autorisation du SGAI. Dès le début de la procédure, le SGAI aura reçu des adoptants une fiche de renseignements (formulaire obtenu auprès du SGAI), avec deux copies conformes de l'agrément.

En outre, un dossier devra être constitué pour l'enfant, qui comportera un certain nombre de pièces.

Important : Comme le rappelle la fiche de renseignements du SGAI, pour obtenir le visa long séjour adoption, « les candidats à l'adoption doivent **impéra-**

tivement s'orienter vers un pays ouvert à l'adoption ».

Faut-il se rendre à l'étranger ?

Certains pays exigent que les adoptants se rendent sur leur territoire. D'autres interdisent ou ne souhaitent pas la présence des parents adoptifs sur leur sol. Sur cette question, des renseignements peuvent être obtenus auprès du SGAI, de l'Afa, des ambassades ou d'un organisme autorisé pour l'adoption (OAA).

Pour beaucoup de futurs parents, il est inenvisageable d'adopter un enfant sans s'être rendu dans son pays : ils éprouvent le besoin de découvrir par eux-mêmes le contexte, de prendre conscience, violemment parfois, des réalités qui ont conduit à l'adoptabilité de l'enfant, de mesurer toute l'affection et la compétence dont il a été entouré dans un orphelinat bien tenu, de voir des visages comme le sien, des enfants, des adolescents, des adultes qui lui ressemblent.

Découvrir, sentir, toucher, goûter enfin ce pays dont on pourra ainsi lui restituer quelque chose, en attendant qu'il souhaite peut-être y retourner un jour lui-même.

Pièces exigées (le détail varie d'un pays à l'autre)

- Les formulaires de demande de visa long séjour (avec photographies) remis par le consulat.
- Le passeport en cours de validité de l'enfant (avec visa de sortie).
- L'agrément de l'Ase.
- L'acte d'abandon et/ou le consentement à l'adoption du ou des représentants légaux de l'enfant.
- Une enquête de police confirmant que les parents n'ont pas été retrouvés.
- La décision d'adoption (acte définitif du jugement ou décision administrative).
- Le certificat de non-appel (délivré après la décision d'adoption : le délai varie d'un pays à un autre).
- L'acte de naissance d'origine de l'enfant.
- Le nouvel acte de naissance de l'enfant (après transcription de la décision locale sur les registres d'état civil de son pays).
- Le certificat de conformité dans les pays partie à la convention de la Haye de 1993.

La mise en disponibilité

Les parents adoptifs devant se rendre à l'étranger pour chercher leur enfant ont la possibilité de demander un congé non rémunéré. En effet, tout salarié titulaire d'un agrément en vue d'adoption a le droit de bénéficier d'un congé non rémunéré d'une durée maximale de six semaines pour se rendre dans les départements ou territoires d'outre-mer ou à l'étranger en vue de l'adoption d'un ou de plusieurs enfants simultanément (fratrie). Ces dispositions s'appliquent dans la fonction publique sous la forme d'une mise en disponibilité.

Par ailleurs, certains organismes de sécurité sociale acceptent de faire commencer le congé d'adoption (qui, lui, est rémunéré) une semaine avant l'arrivée effective de l'enfant dans son nouveau foyer (voir p.254-259).

Adopter un enfant à l'étranger n'oblige pas à adopter le pays, à faire siennes des croyances, des coutumes, des causes que l'on ajouterait à celles qui nous ont fait ce que nous sommes, dans un patchwork folklorique mais artificiel et au bout du compte encombrant.

Il n'en demeure pas moins que le pays de naissance de notre enfant ne nous laissera plus jamais indifférent, car il fait partie de son histoire et donc de la nôtre désormais. Là encore, il est important d'être sincère avec soi-même : saurons-nous trouver les mots justes pour lui parler de ses origines si nous n'éprouvons que mépris et condescendance pour le pays où il est né ?

D'autres, en revanche, ne s'imaginent pas partir chercher un enfant ; ce sentiment est assez répandu au début de la démarche, chez des parents qui ont peu voyagé, qui ne se sont jamais rendus dans certaines régions du monde, qui ont vécu un voyage traumatisant, qui ont une phobie de l'avion ou des problèmes de santé.

Un voyage pour adopter n'est pas un voyage culturel ou d'agrément. Peurs et inquiétudes face à l'inconnu viennent se mêler à l'angoisse qui sous-tend l'attente. Ce sentiment, pourtant, évolue souvent, et l'on voit des parents qui, au fur et à mesure que prend corps l'idée d'adopter dans tel ou tel pays, sont prêts à faire tomber toutes les barrières pour s'y rendre.

Néanmoins, pour certaines personnes, les obstacles entre eux et ce voyage peuvent paraître insurmontables, par exemple, pour des parents souffrant d'une phobie ou dont l'état de santé interdit les vaccinations pour maladies tropicales, le vol prolongé en avion, le séjour sous des climats très chauds ou implique un traitement régulier comportant des contraintes matérielles (piqûres, dialyses, etc.). Dans ces cas-là, il conviendra de trouver une démarche d'adoption qui autorise la non-présence des adoptants au moment du jugement ou l'accompagnement de l'enfant pendant le voyage par une tierce personne. Et il faudra se préparer à l'accueil, souvent difficile, à l'aéroport.

« Comme dans les films, mon mari est arrivé à l'aéroport avec Myriam. J'attendais avec mon grand fils, qui n'avait jamais vu sa sœur. L'attente, les difficultés, tout fut oublié avec ce premier regard. Ce que l'on connaît à ces moments-là, personne ne peut nous le retirer... »

Une mère adoptive

Trousse de voyage et liste d'équipement (non exhaustive !)

Pour l'enfant

- Paracétamol en sachets (50 mg) : pas de suppositoires (ils risquent de fondre) ni de sirop (pas pratique). Si fièvre ou douleur : 50 mg par kilo et par jour.
- En cas de diarrhées, prévoir du lait de remplacement pour nourrisson (préparation lactée pour nourrisson sans lactose ou à base de soja) et des solutions réhydratantes, difficiles à se procurer sur place ; un antidiarrhéique spécifique pour nourrisson.
- Antibiotique large spectre pour infections.
- Collyre.
- Sérum physiologique (en pipettes individuelles) pour nettoyer yeux et muqueuses.

Pour l'adulte

- En cas de traitement personnel, prévoir large (ne pas oublier l'ordonnance pour justifier les médicaments et éventuellement les seringues auprès des douanes et au moment de l'embarquement (voir Normes de sécurité).
- Se renseigner auprès du centre de maladies tropicales du CHU le plus proche pour les vaccinations conseillées pour cette région du monde ; voir aussi la revue *Accueil*, août 2000.

- Traitement antipaludéen (si nécessaire pour cette région du monde ; voir *Accueil*, novembre 2000).
- Médicament antidiarrhéique, antalgique, antispasmodique et antinauséeux (indispensable dans le cas de tourista).
- Un calmant léger : les émotions sont parfois rudes !

Prévoir également

- Compresses désinfectantes (alcoolisées, sous sachet).
- Gel ou spray antibactérien pour les mains (permet de se désinfecter sans eau).
- Produits anti moustique (baumes et spray pour corps et vêtements si vous partez dans une zone de paludisme).
- Vaporisateur d'eau (pour se rafraîchir et rafraîchir l'enfant dans les pays chauds).
- Comprimés pour désinfecter l'eau.

Divers pour l'enfant

- Thermomètre digital.
- Biberons en PVC que l'on pourra faire bouillir (y compris pour les plus « grands », qui pourront ainsi faire comme les bébés et commencer leur régression – voir p. 279-280).
- Poussette pliante ou transat ou « kangourou ».
- Vêtements adaptés en coton, pratiques et sobres (pour les parents comme pour les enfants).
- Inutile d'emporter de chaussures : vous trouverez des sandales en plastique sur place (dans les pays chauds) ou des chaussures adéquates (Europe de l'Est).

« Inutile d'arriver avec un doudou, un jouet ou une poupée : ils ne connaissent pas, ça peut leur faire peur. Je suis arrivée avec un biberon d'eau. Elle s'est accrochée à ce biberon ; elle ne le lâchait pas, elle le tétait, il la rassurait ; au fil des jours, elle nous observait derrière son biberon… Et puis, il fait tellement chaud, cela permet de les réhydrater. »

Une mère ayant adopté en Afrique

La rencontre avec l'enfant

Un moment intense

Pour la rencontre avec l'enfant adopté à l'étranger, le temps suivra son cours, différent de celui auquel nous sommes habitués. Autant, en France, les visites peuvent commencer assez rapidement après la décision du conseil de famille, autant, à l'étranger, l'attente peut sembler longue entre le moment où la décision est notifiée à la famille et la première rencontre physique avec l'enfant. Le temps sera ponctué d'informations reçues par téléphone ou, de plus en plus, par Internet; avec, un jour, cet instant extraordinaire où apparaît, sur l'écran de l'ordinateur, le visage de l'enfant: instant qui justifie à lui seul tous les progrès en matière de communication. L'envoi de photos, autrefois sombres ou floues, était aléatoire et l'est toujours selon les pays ou les conditions d'accueil de l'enfant; nombreux sont les parents qui partent sans avoir la moindre idée des traits de leur enfant.

Certains organismes canadiens envoient, quand ils le peuvent, des vidéocassettes de l'enfant. Cela permet non seulement de commencer à visualiser son enfant mais, le cas échéant, de consulter un pédiatre, de préférence ayant une connaissance du continent d'origine de l'enfant ou de l'adoption (sur la santé des enfants, voir p. 277-308).

« Nous sommes entrés dans une cour, éclairée par un néon sur un mur. Il y avait un énorme manguier au centre de la cour, une natte posée au sol, des enfants qui couraient partout, des femmes assises.
Une femme d'un certain âge s'est avancée vers nous, vêtue d'une magnifique robe bleu ciel. C'était la nourrice, officielle, du moins; j'ai su plus tard que toutes les femmes avaient materné notre bébé. On nous a salués, on nous a fait asseoir.
Je ne voyais pas de bébé, j'étais inquiète. Mais tout le monde était très calme. Je n'avais pas remarqué un tissu sur la natte. Depuis l'endroit où elle était assise, la nourrice a soulevé ce tissu; et là, j'ai vu Marie, toute nue, un grigri autour du ventre, un gros bébé joufflu qui dormait.
La nourrice l'a attrapée par le bras, l'a levée comme un petit lapin et

l'a mise sur ses genoux. Marie s'est réveillée et s'est mise à pleurer. La nourrice a pris un biberon qui traînait par là et l'enfant s'est calmée. Alors la nourrice m'a fait signe d'approcher. Je me suis agenouillée devant elle, j'ai regardé ma fille, j'ai doucement tendu la main vers elle. Elle m'a regardée, la tête penchée sur le côté, de ce petit air interrogateur qu'elle a gardé... »

Une mère adoptive

Un moment parfois difficile

La rencontre diffère d'un lieu d'accueil à l'autre, d'un enfant à l'autre. Comme pour l'enfant adopté en France, ce moment, où l'on se trouve enfin devant son enfant réel, peut être un moment difficile : aux émotions viennent parfois s'ajouter un sentiment d'étrangeté – surtout quand on n'a jamais eu de photo et que l'enfant est d'une ethnie différente –, un désarroi, un sentiment d'humilité et de responsabilité mêlées, un trop-plein d'émotions.

Pour l'enfant, face à ces personnes qu'on lui présente comme ses parents, le moment n'est assurément pas des plus faciles ! Dans certains pays, comme la Colombie, la préparation de l'enfant aura été faite au moyen de photos des parents, de lettres de ces derniers, traduites en espagnol ; ailleurs, tel OAA fera de même, en commençant à acclimater l'enfant à la langue française et à un mode de vie plus proche du nôtre (habitudes alimentaires, etc.). Mais tous les pays ne disposent pas encore de moyens suffisants pour mener des préparations autres que relativement sommaires même si, de plus en plus, l'enfant est informé de l'arrivée de ses parents.

Outre ces différences, chaque enfant réagira en fonction de son tempérament, de ce qu'il a déjà vécu. Tel enfant se jettera spontanément dans les bras de ses nouveaux parents ; tel autre s'accrochera aux bras de la personne qui s'occupe de lui ; certains pleureront, auront besoin de s'acclimater, là où d'autres partiront facilement – trop facilement ?

Certains accepteront de s'éloigner de l'institution pendant la journée, mais voudront la regagner le soir pour dormir avec les autres enfants. Les premières nuits sont parfois éprouvantes : difficultés à se laisser aller, angoisses ravivées par la fatigue et l'obscurité, pleurs, colères. Le premier bain peut être un ressourcement, ou au contraire susciter cris et terreurs.

Pour d'autres enfants, la passation se fait avec une tranquillité, une sérénité qui émeuvent les parents : c'est le nourrisson, se laissant aller dans leurs bras, qui leur signifie qu'ils sont désormais bel et bien ses parents et qu'il leur fait confiance ; c'est le plus grand, coulant sa tête dans leur cou.

« Nous avions déjà un grand fils biologique et avons décidé d'adopter une "grande" fille. Notre interprète nous a conduits dans un orphelinat le lendemain de notre arrivée en Lettonie. Elle nous a dit que la petite fille s'appelait Irina, qu'elle avait 8 ans et qu'elle ne savait pas qu'elle allait être adoptée. Nous sommes montés et nous l'avons vue, habillée comme une princesse, avec des habits et une coiffure datant de la révolution russe… Les dames avaient mis du temps à lui faire plein de nattes, on l'avait mise devant un livre ouvert pour nous faire bonne impression alors qu'elle n'était jamais allée à l'école… Elle nous a regardés, aussi intimidée que nous. Il y avait sept adultes autour d'elle, et nous avions le barrage de la langue. Nous sommes rentrés dans notre studio à Riga ; nous avions du mal à analyser nos sentiments. Ce quart d'heure était frustrant, nous ne pouvions pas lui montrer par des gestes que nous allions l'aimer, ne sachant pas si l'adoption aboutirait car, dans ces pays, les démarches ne commencent que quand les personnes se présentent… Le lendemain, notre interprète ne pouvait pas être avec nous. Nous avons pris la décision de "débarquer" à l'orphelinat. Nous sommes montés voir la directrice ; celle-ci nous a fait comprendre en anglais qu'Irina était dans la cour. La première petite fille que nous avons rencontrée, c'était notre future fille : les cheveux défaits, vêtue d'un vieux jogging, un sourire radieux aux lèvres. Elle m'a sauté dans les bras… Pour une petite fille qui ne savait pas qu'elle allait être adoptée, elle paraissait avoir compris beaucoup de choses… Le contact était passé. Nous sommes repartis en France et avons attendu dix mois avant de la revoir… »

Des parents adoptifs

Le retour

Puis vient le retour, le voyage en avion, pour regagner son foyer et, là encore, il y aura une nouvelle acclimatation mutuelle, une renaissance en famille. Dans le pays d'origine, on était dans une sorte de cocon, hors des contraintes habituelles, même si on était soumis à d'autres exigences, aux soucis matériels de visas, de formalités diverses.

Le retour à la maison impose de rentrer de nouveau dans la réalité que l'on avait laissée, mais qu'il faudra désormais organiser différemment puisque l'enfant est là, tout en complétant les procédures pour que, aux yeux de la loi et de l'administration françaises, il soit reconnu comme définitivement celui de ses parents (adoptifs).

Chapitre 5

Quand parents biologiques et parents adoptifs se rencontrent...

« J'ai eu à rencontrer les parents biologiques de ma fille. Ce fut l'entretien de ma vie, une expérience extrêmement touchante qui a démystifié bien des choses. »

Une mère adoptive canadienne

L'adoption culturelle

Un accord tacite

Circulation des enfants, don d'enfant, confiage : dans ces échanges traditionnels noués autour des enfants, la rencontre était inévitable entre les parents de naissance et ceux qui allaient élever l'enfant. Une tierce personne jouait parfois un rôle de médiateur, n'intervenant selon les cas que dans l'éventualité d'un désaccord entre les deux familles, après et non pas avant le placement de l'enfant. Le plus souvent, les familles se rencontraient et dialoguaient directement. L'échange reflétait un accord entre le couple ou le parent, qui « donnait » ou « confiait » l'enfant, et celui qui le « recevait » et qui s'engageait à l'élever. La parole donnée avait valeur de contrat.

Certaines procédures d'adoption nationale, aux États-Unis et au Canada, autorisent, encouragent même une forme de rencontre entre parents de naissance et parents adoptifs. Dans la majorité des pays, toutefois, une rencontre entre les parents de naissance et les parents tuteurs ou adoptifs est soit découragée par la législation internationale et nationale, soit aménagée et encadrée, pour prévenir les risques de dérive. Sur le territoire français, une exception demeure : celle de la Polynésie, qui relève du droit coutumier.

Un usage coutumier

Chez les Maoris (Nouvelle-Zélande), la décision de confiage était parfois prise par la famille élargie, le *whanau*, et ce surtout dans les cas où les aînés de cette famille considéraient soit que les parents de naissance n'étaient pas compétents, soit que le fait d'être élevé par des parents plus expérimentés serait profitable à l'enfant, et par là au *whanau* tout entier.

Le confiage, ou don d'enfant, pouvait être amorcé dans un sens ou dans l'autre : par la famille biologique ou par la famille désireuse d'accueillir l'enfant. Dans la mesure où cette forme d'échange n'était pas envisagée comme une solution irréversible, le déplacement de l'enfant d'une famille vers une autre entraînait des liens familiaux supplémentaires et non une substitution, avec pour conséquence un élargissement des relations, toujours perçu comme bénéfique.

Dans la communauté maorie, les *tamariki whangai* (enfants adoptés) pouvaient prendre le nom de leur famille adoptive. En Afrique, où l'enfant confié continue de rencontrer sa famille biologique et conserve la possibilité de la réintégrer, il ne prend pas nécessairement le nom de sa famille nourricière mais il peut en avoir l'usage temporaire. En Polynésie, l'enfant confié conserve sa place dans la fratrie. Ces pratiques diverses, qui n'ont pas totalement disparu, relèvent non pas de la législation, mais d'usages coutumiers, et reposent sur des engagements oraux. C'est ainsi que des échanges de ce type échappent au contrôle des autorités du pays, dès lors qu'ils se produisent au sein de la communauté, entre Maoris ou Polynésiens, entre familles africaines qui se connaissent – ce qui n'est pas sans créer des problèmes en cas de difficultés ou d'abus dont peuvent être victimes les enfants.

Pour les Polynésiens, les enfants passent sous l'autorité d'autres parents que les leurs, sans que les juges ou les services sociaux en soient nécessairement informés. On trouve une situation analogue chez les Maoris, où l'on estime qu'environ 20 % des enfants ne vivent pas avec leurs parents de naissance : cette circulation d'enfants se fait sans que quiconque en réfère aux autorités néo-zélandaises. En revanche, dans un souci de respect croissant des communautés, les travailleurs sociaux s'appuient sur l'expérience des représentants des *whanau* afin de régler les cas d'enfants pour lesquels un placement hors de la famille de naissance se révèle nécessaire.

L'adoption d'enfants maoris par des non-Maoris est longtemps restée très minoritaire : comme exemple d'une telle adoption, notons celle de Kiri Te Kanawa, la célèbre soprano. Que ce soit en Nouvelle-Zélande, en Polynésie ou en Afrique, la remise d'un enfant à une personne « étrangère » à la communauté est régie par la législation nationale en vigueur en matière de placements et d'adoptions.

Traditionnellement, les rencontres entre les parents de naissance et les parents « adoptifs » se déroulent de façon assez sereine, dans la mesure où il s'agit d'une situation culturellement perçue comme normale. Le moment où l'enfant quitte sa mère de naissance est lui aussi culturellement défini. Autant, en Océanie, la décision est prise très tôt, souvent même avant la naissance du nourrisson ou dès les premières semaines de sa vie, autant, en Afrique, la séparation est inenvisageable avant le sevrage. Il n'y a pas de contrepartie : la famille qui accueille l'enfant accepte de le prendre en charge, de le nourrir, de l'habiller, de l'envoyer à l'école, mais ses obligations se centrent sur les besoins de l'enfant et n'englobent pas une quelconque notion d'obligation envers sa famille : on n'est redevable de rien.

Dans une situation culturelle traditionnelle, le don d'enfant n'est pas subordonné à une transaction financière, même si parfois, par le passé, un enfant était placé en « gage » dans une autre famille, pour « solder » une dette quelconque – qui pouvait être tout aussi bien matérielle que morale.

Ici et là, toutefois, des dérives sont apparues, liées à un bouleversement des mœurs et des modes de vie. De façon assez typique, en Afrique, la famille biologique veillait, à distance, sur l'enfant placé. Dans la mesure où, désormais, ce dernier peut se retrouver, avec ceux qui l'élèvent, dans une ville éloignée, voire dans un autre pays, le contrôle et les liens se distendent. Le relâchement de la surveillance par les parents de naissance ouvre la porte aux abus, et c'est ainsi qu'un enfant placé peut se retrouver en France dans le rôle de « petite bonne à tout faire » de la famille qui est censée l'élever ; pis, il ou elle se voit parfois contraint(e) de se prostituer.

« [En Polynésie] l'adoption n'a aucun caractère clandestin et aucun opprobre ne s'attache aux parents qui acceptent de se séparer de leurs enfants. Il s'ensuit que les enfants adoptifs connaissent très bien leurs parents biologiques et entretiennent des liens avec eux. »

Paul Ottino, Rangiroa, Parenté étendue, résidence et terres dans un atoll polynésien, *Éditions Cujas, 1972*

« Quand une mouette sur le point de mourir confie son œuf à un chat :
– Promets-moi que tu ne mangeras pas l'œuf, dit-elle [...].
– Je promets de ne pas manger l'œuf.
– Promets-moi de t'en occuper jusqu'à la naissance du poussin, croassa-t-elle [...].
– Je promets de m'occuper de l'œuf jusqu'à la naissance du poussin, miaula Zorbas.
– Et promets-moi que tu lui apprendras à voler, croassa-t-elle en regardant fixement le chat dans les yeux. [...]
– Je promets de lui apprendre à voler. »

Luis Sepulveda, Histoire d'une mouette et du chat qui lui apprit à voler, *Paris, Métailié/Seuil, 1996*

L'adoption directe

Une pratique découragée

Cette forme d'adoption, également appelée « démarche directe », consiste en une rencontre entre les parents de naissance et les parents adoptifs qui débouche sur un projet commun : le renoncement à l'enfant chez les premiers, le recueil en vue d'adoption chez les seconds.

La démarche directe s'est longtemps pratiquée en adoption internationale. Certains intermédiaires non autorisés – souvent des personnes bien intentionnées et dévouées, notamment des religieuses, mais aussi des personnes parfois peu scrupuleuses – permettaient la mise en relation de deux familles.

Dans la mesure où elle a pu donner lieu à des pressions ou à des contreparties financières (des témoignages croisés font état de villages entiers au Vietnam où les familles se sont ainsi défaites d'un enfant), la démarche directe est de plus en plus découragée.

Le risque de pressions est en outre accentué par la forte augmentation de candidats à l'adoption, supérieure à celle du nombre d'enfants adoptables. Dans la plupart des pays d'origine, les candidatures des adoptants français se retrouvent en « concurrence » avec celles des adoptants américains, canadiens, scandinaves...

La convention de La Haye de 1993 relative à l'adoption internationale interdit les contacts entre les familles avant que ne soit vérifiée l'adoptabilité de l'enfant, sans imposer une quelconque limite quant à l'âge de l'enfant. Ainsi, elle est moins stricte que la loi française pour les enfants jeunes (qui interdit toute remise directe pour les enfants de moins de 2 ans) mais elle l'est plus pour les enfants plus âgés : les deux règles ne concordent pas exactement.

La convention interdit aussi tout consentement à l'adoption par les parents biologiques au bénéfice d'adoptants avant la naissance de l'enfant. Dans la plupart des pays, des mesures de protection et de prévention sont érigées autour de l'adoption et des enfants – même si cela doit aller à l'encontre de traditions fortement ancrées.

L'obligation d'avoir un agrément pour toute adoption constitue déjà une première précaution.

Aux yeux de certains spécialistes français de l'adoption internationale, cette disposition est insuffisante ; ils préconisent que les enfants adoptables jeunes (de moins de 2 ou 3 ans) soient placés en structure d'accueil pour empêcher toute rencontre entre les parents de naissance et les candidats à l'adoption.

Ces préoccupations éthiques sont louables et compréhensibles dans une perspective occidentale, où l'on a une vision que l'on voudrait universelle de l'Aide sociale à l'enfance, avec ses mécanismes de placement en pouponnière ou en famille d'accueil. La réalité, malheureusement, est souvent bien différente dans de nombreux pays, où les chances de survie d'un jeune enfant peuvent être inversement proportionnelles au temps qu'il aura passé en institution.

« On m'a parlé d'un cas au Vietnam où tout avait été organisé avant la naissance de l'enfant. Une fois qu'il était né, la mère n'a plus voulu donner son enfant en adoption. Mais le père allait toucher le prix d'une année de salaire, alors les gens sont partis avec l'enfant pendant que la mère hurlait qu'elle voulait le garder. Où est l'humanité chez ceux qui font cela, et quelle humanité respectent-ils chez cet enfant ? Comment pourront-ils le regarder plus tard dans les yeux ? »

Chantal Saclier, responsable des programmes du Service social international

Les adoptions visées par la convention ne peuvent avoir lieu que si les autorités compétentes de l'État d'origine :

a - ont établi que l'enfant est adoptable ;

b - ont constaté, après avoir dûment examiné les possibilités de placement de l'enfant dans son État d'origine, qu'une adoption internationale répond à l'intérêt supérieur de l'enfant ;

c - se sont assurées [...] que le consentement de la mère, s'il est requis, n'a été donné qu'après la naissance de l'enfant.

Article 4 de la convention de La Haye (1993)

Que dit la législation française ?

En France, la législation impose depuis 1965 la remise obligatoire à l'Aide sociale à l'enfance ou à un organisme autorisé pour l'adoption de tout enfant âgé de moins de 2 ans, dont les parents consentiraient à l'adoption, sauf dans le cas où il existe un lien de parenté ou d'alliance jusqu'au sixième degré inclus entre l'adoptant et l'adopté (art. 348-5).

Principe fondateur de l'article 348-5

Éviter d'odieux marchandages ou d'odieuses combinaisons qui pourraient conduire une mère seule à abandonner son enfant en bas âge à un particulier ou à une œuvre ne remplissant pas toutes les conditions prévues par la loi.

Extrait de l'exposé du rapport Zimmerman à l'Assemblée nationale le 17 novembre 1965

L'adoption de gré à gré

En revanche, l'adoption de gré à gré, qui reste très rare, est possible pour un enfant âgé de plus de 2 ans. L'enfant a été reconnu par sa mère ou par son père et sa mère. S'ils consentent à son adoption, ils expriment le souhait de le voir confié à telle ou telle famille, devant un notaire ou une autre autorité compétente (art. 348-3 du Code civil).

Le consentement qu'ils signent est nominatif, c'est-à-dire qu'il est accordé à des parents précis : une adoption de ce type

Le type de dérives que cherche à empêcher la législation française

En 2001, le cas de jumelles américaines vendues et achetées par Internet défraya la chronique, mettant au jour les pratiques douteuses de certains organismes privés pour l'adoption aux États-Unis, et la tentation financière que ces mêmes organismes pouvaient représenter pour une mère de naissance en désarroi.

Les deux petites furent cédées à un couple américain et placées chez lui, avant d'être reprises par la mère pour être finalement confiées à un couple britannique « plus offrant »... qui n'avait pas d'agrément, pourtant obligatoire au Royaume-Uni. Retirées à ce dernier couple sur ordre d'un magistrat britannique et placées dans une famille d'accueil, les jumelles furent ensuite rapatriées aux États-Unis pour être confiées à une nouvelle famille d'accueil, en attendant qu'un magistrat prenne une décision sur leur sort : les deux parents biologiques, en instance de divorce, réclamaient une garde partagée. En six mois, les enfants avaient changé cinq fois de bras...

rejoint en quelque sorte celle qui a cours en Polynésie.

Selon l'article 348-4, nous l'avons vu (voir p. 142), c'est un conseil de famille qui décide du choix de l'adoptant pour tout enfant remis à l'Aide sociale à l'enfance ou à un organisme autorisé pour l'adoption (OAA). Le conseil de famille – celui des pupilles de l'État ou celui, privé, constitué par un juge des tutelles à la demande d'un organisme autorisé – peut entendre le souhait éventuellement exprimé par les parents (par exemple, que l'enfant reste dans sa famille d'accueil si celle-ci s'est portée candidate), mais il n'est pas tenu de s'y plier.

Protéger l'enfant de tout commerce autour de son placement

S'assurer de la réalité du consentement

Le contact direct est donc déconseillé, pour éviter les risques de pression, la tentation de faire n'importe quoi pour avoir l'enfant (car, à un moment pareil, on est tellement vulnérable !).

Le souci principal est de protéger la famille de naissance de l'enfant ; en même temps, on protège les parents adoptants pour qu'un jour ils n'aient rien à cacher à leur enfant.

Il est des cas néanmoins où, même si l'attribution de l'enfant n'est pas décidée par la famille de naissance, la rencontre peut être une façon pour les adoptants de s'assurer par eux-mêmes que celle-ci a personnellement consenti à l'adoption, que le consentement qu'elle a signé est donc réel. Ce genre de précaution peut se révéler réconfortant dans des pays où circulent des rumeurs, pas toujours justifiées, sur les rapts d'enfants, où les frais d'avocats ou les « dons » à un orphelinat représentent une telle « manne » que certains pourraient être tentés de faire « chercher » des enfants auprès de femmes vulnérables ou dans des villages ou des bidonvilles.

Ces pratiques eurent longtemps cours au Brésil. Au Vietnam ou au Cambodge, des interrogations subsistent sur l'origine d'enfants très jeunes. Au Guatemala, pays qui a fait l'objet de critiques très vives en matière d'adoption, des contrôles ADN effectués, à la demande de l'ambassade des États-Unis, sur des enfants adoptés et sur leur mère de naissance, ont permis de vérifier que, chaque fois, il s'agissait bien de leur enfant. Dans ces cas, aucune fraude ne semblerait avoir été décelée ; mais ces mères n'ont-elles pas pu subir de pressions pour confier leur enfant en vue d'adoption ? La biologie reste silencieuse sur ce point.

Vérifier l'adoptabilité

Dans beaucoup de pays, la vérification de l'adoptabilité de l'enfant précède la recherche de parents adoptants. Dans d'autres États, il existe un double consentement. La famille consent à faire adopter son enfant, ce qui entraîne la déclaration d'adoptabilité et permet de rechercher des parents acceptant d'adopter l'enfant. Vient ensuite un second consentement en faveur d'une famille nommément désignée lors de la décision ou lors du jugement, avec remise officielle ou non de l'enfant. La présence des parents de naissance peut être exigée au moment du jugement.

Selon la législation du pays, les parents peuvent se rencontrer au moment du jugement, ou alors juste avant. Ces rencontres sont des moments puissants, inoubliables. Devant ces mères contraintes de laisser partir leur enfant, des parents adoptifs disent avoir ressenti un douloureux sentiment d'injustice, ombre au soleil de leur bonheur personnel.

« Nous avons rencontré les mères de nos [...] enfants. C'est peut-être pour cette raison que je suis incapable de parler d'elles comme étant "la dame qui t'a donné la vie" et que je dis "ta maman du Sri Lanka". Avec la mère de notre premier enfant adopté, il y avait une certaine complicité : timidité et rires réciproques, dans la salle d'attente du "Commissionner", pleurs et émotions à la sortie du tribunal, mélange de bonheur, de tristesse, de soulagement et d'un sentiment d'injustice.
J'étais en revanche déconcertée par le détachement et le sang-froid de la mère de notre aînée (6 ans au moment de la première rencontre).
On aurait cru qu'il s'agissait d'une simple formalité administrative, ce passage devant le juge, avant de reprendre son travail de tous les jours. Pourtant, c'est elle qui a eu le plus beau geste envers son enfant en lui prenant la main, puis s'enfonçant avec elle dans la mer jusqu'aux cuisses, tout habillées... Quel symbole !
Dans nos albums de photos figurent également celles de ces femmes. C'est, avec quelques souvenirs, ce que nous pouvons offrir à nos enfants

de leur passé. L'avenir nous dira si c'est suffisant, trop ou trop peu. »

Une mère adoptive, Accueil, *septembre 1991*

Conserver des traces de la rencontre

Ce témoignage montre l'importance ultérieure de cette rencontre pour l'enfant, avec la possibilité de lui montrer une photo.

Pour un enfant adopté, découvrir que ses parents adoptifs savent à quoi ressemble sa mère de naissance, et pas lui, le principal intéressé, est source de souffrance. Une rencontre, même rapide, au moment où l'enfant est confié semble être bénéfique pour lui quand elle s'est déroulée de façon saine ; elle peut donc apparaître séduisante – à condition d'être encadrée, accompagnée, pour protéger toute la vulnérabilité parentale de part et d'autre, et pour respecter la capacité des uns et des autres de s'y soumettre.

Bénéfique pour la mère de naissance qui en accepte le principe, la rencontre lui offre parfois la possibilité d'imaginer un avenir pour son enfant ; elle l'est de surcroît pour les parents adoptifs, qui mettent un visage sur cette femme dont leur vient l'enfant, et qui ainsi connaissent eux aussi une certaine sérénité qui, à son tour, aura un effet tranquillisant sur l'enfant. Sérénité, mais émotion égalements, de retrouver parfois, dans leur enfant grandissant, une particularité, les traits ou le visage de celle qui lui a donné vie.

L'adoption « ouverte »

Aux États-Unis, l'adoption « ouverte » *(open adoption)* s'est développée. Elle présente l'avantage de laisser à la famille de naissance le libre choix des futurs parents adoptifs.

Toutefois, si elle n'est pas encadrée, elle présente deux inconvénients majeurs : la réelle possibilité que les candidats à l'adoption exercent une pression sur la famille d'origine ; la manifestation chez l'enfant d'une incertitude psychologique sur ce qu'est un « parent », dans le cas où la famille biologique reste trop « présente ».

Au Canada, la rencontre physique, passation des parents de naissance aux parents adoptifs, est possible.

On peut néanmoins se demander si le parent de naissance est toujours celui qui est le plus à même de choisir un futur parent pour son enfant : ses sentiments envers son enfant, envers sa propre enfance et ses propres parents viennent se mêler à tout un faisceau de facteurs conscients et inconscients faits de frustrations, d'aspirations, d'ambitions et de préjugés.

« Les travailleurs sociaux demandent aux parents de définir théoriquement quelle sorte de parents adoptifs ils souhaiteraient pour leur enfant,

[et ils] essaient de trouver un dossier qui convient, pour faire l'apparentement.
Il peut y avoir des contacts entre les parents biologiques et les parents adoptifs, ce que j'appelle une adoption ouverte ou semi-ouverte, le plus souvent de façon anonyme, dans le but de rassurer les parents biologiques, de leur montrer qu'ils ont du pouvoir sur cette décision, sur ce geste d'amour qui est de confier son enfant en adoption, et qu'ils peuvent choisir d'une certaine façon les gens qui vont s'en occuper. »

Johanne Lemieux, travailleuse sociale, Bureau de consultation en adoption du Québec

La médiation dans la passation

Une « passation parentale » plus symbolique, accompagnée, permet certainement d'éviter certains écueils de l'adoption ouverte. Les professionnels – sages-femmes, médecins, psychologues, assistantes sociales – qui, en France, accompagnent les femmes qui choisissent de ne pas garder leur enfant, soulignent comment, dès lors qu'elles trouvent une oreille attentive et respectueuse, certaines se projettent dans l'avenir de leur enfant, expriment pour lui des souhaits souvent empreints d'une aspiration profonde à la normalité.

Sophie Marinopoulos[1], psychologue attachée à la maternité du CHU de Nantes, décrit l'intérêt que peuvent présenter les « catalogues » de parents adoptifs que la Nouvelle-Zélande et les États-Unis, entre autres, proposent aux parents de naissance. Ayant vu des femmes utiliser ce type de support, elle a compris comment il favorise « un travail psychique » autour « de la passation parentale. [...] En voyant cette femme parcourir un catalogue, j'ai pu mesurer tout l'intérêt qu'il y a à provoquer une "imagerie" : la pensée vagabonde sur l'enfant à naître, enfant dont elle va se séparer, et qui la conduit à une mentalisation de l'adoption ».

Des groupes de parole réunissant des parents adoptifs, des parents de naissance ayant confié leur enfant en adoption (à d'autres adoptants que ceux présents) et des travailleurs sociaux permettent de mieux comprendre les enjeux psychiques et affectifs qui se jouent.

À défaut d'une rencontre physique, une passation peut s'effectuer, par l'intermédiaire d'un tiers. Ici, ce sera le professionnel qui invitera la mère à parler au nourrisson ou, si cela est impossible, qui le fera lui-même.

Sylvie Babin, une assistante sociale, raconte le travail qui se fait en ce sens

1. Sophie Marinopoulos, *De l'une à l'autre : de la grossesse à l'abandon*, Paris, Hommes et Perspectives, 1997.

à la maternité du CHU de Nantes[1] : « Lorsque nous accueillons ces enfants, si leurs parents sont dans l'impossibilité de le faire, notre travail est de mettre des mots sur ce que vivent ces bébés, leur restituer leur histoire, les informer des décisions les concernant. Toutes ces paroles permettent aux enfants de donner du sens à ce qu'ils vivent, et assurent une continuité de leur vie. »

Parler à l'enfant, c'est l'accompagner sur cette traversée d'une rive à l'autre de sa vie, c'est tendre un pont de mots entre la mère de naissance et celle qui l'accueillera. Myriam Szejer, pédopsychiatre et auteur de nombreux articles et ouvrages sur la question, y voit elle aussi un devoir, une mission essentielle des équipes qui entourent la mère au moment de la naissance.

« Toute personne qui se sent en mesure de parler à l'enfant [...] est pour ainsi dire un *go between*, un messager entre la mère et l'enfant. [...] Elle peut parler à l'enfant parce qu'elle le fait à la demande de la mère. Dans les cas plus problématiques où la mère n'a laissé aucune trace, il faut aussi pouvoir parler à l'enfant, ne serait-ce que pour lui décrire les circonstances de sa naissancel. »

1. Sylvie Babin, *Maternités impansables*, Paris, L'Harmattan, 2001.

Le cas de la Polynésie

Une rencontre entre parents de cultures différentes

Quand les parents qui confient l'enfant et ceux qui le recueillent n'appartiennent pas à la même culture, quand ils ne partagent pas la même conception de l'enfant et de sa place dans leur vie, ils risquent de ne pas se comprendre, de ne pas mesurer tout l'enjeu affectif et culturel du confiage.

D'un côté, il y aura ceux qui considèrent l'enfant dans le contexte d'une famille élargie, de l'autre ceux qui parleront de « leur » enfant. D'où l'importance, avant d'entreprendre une adoption de ce type, de connaître la culture de la famille d'origine de l'enfant.

L'échange d'enfants au sein de la communauté polynésienne s'est peu à peu ouvert aux étrangers résidant sur l'île, puis à ceux venus de l'extérieur pour adopter. Chez la grande majorité de ces adoptants, on sent un profond respect, un désir de connaître et de comprendre, pour ensuite bien expliquer à leur enfant, la démarche de cette adoption, par le biais d'une rencontre avec les parents de naissance.

Pour aider les parents adoptifs à raconter à leur enfant cette rencontre avec ses parents de naissance et le don qui les relie, le Dr de Monléon a écrit *Les Deux Mamans de Petirou*, Paris, Gautier Languereau, 2001, un album destiné aux tout-petits.

Prendre le temps

Le temps apparaît comme un facteur essentiel : le temps de s'imprégner de la culture mais aussi de la beauté des lieux et de ses habitants ; le temps d'observer, d'être observé, de connaître, d'être connu, le temps que s'instaure une confiance mutuelle, que les choses se fassent sans que l'on ait nécessairement besoin de demander. Cela suppose de prendre des dispositions pour envisager un séjour de deux mois, voire plus.

Si les rencontres se font souvent « entre femmes », les hommes, et souvent la famille tout entière, participent à la décision.

Le désir très fort d'enfant, conjugué à une notion de don insuffisamment intégrée, donne parfois lieu à des comportements maladroits. Une Polynésienne accouchant d'un enfant longtemps attendu et désiré racontait en riant à une Française comment un couple avait pénétré dans sa chambre à la maternité pour lui demander si elle voulait leur remettre son bébé. Consciente de ce type de situation, et sachant que le directeur de la maternité avait dû prendre des mesures pour limiter l'accès aux chambres, cette même Française prit, pour sa part, le soin de passer par le bureau des sages-femmes lorsqu'elle quitta la maternité avec l'enfant que lui avait confié une autre Polynésienne : cette dernière, qu'elle avait rencontrée bien avant l'accouchement, était restée hospitalisée pour une ligature des trompes.

« Dès le début, l'adoption telle que nous l'envisagions devait se faire à partir d'une rencontre : une rencontre avec un pays, avec une culture, avec des personnes. Quand nous disions qu'il était important pour nous de rencontrer les parents de l'enfant que nous adopterions, on nous regardait avec des yeux ronds, voire avec méfiance : dans quel trafic n'allions-nous pas nous mettre ? Partout où nous parlions ainsi de notre projet, on nous décourageait. Puis nous avons entendu parler de la Polynésie. Nous avons discuté longuement avec des familles qui avaient adopté là-bas, qui nous ont fait partager leur amour de ce peuple, de cette rencontre autour de l'enfant. Nous avons compris que c'était ce que nous cherchions. Nous sommes partis, sac au dos, avec nos maigres économies dans la poche. Nous avons passé cinq mois là-bas. Nous nous étions fixé des règles: prendre le temps, ne jamais aborder une femme enceinte ou une jeune femme, ne pas nous approcher de la maternité, nous méfier des personnes qui, au marché, viendraient vers nous pour nous « proposer » un enfant. Nous savions, par des témoignages, que le désir pressant de certains Français de métropole à adopter "pourrissait" par endroits l'idéal du don d'enfant. C'est ainsi que nous avons rencontré un couple de Français qui avaient renoncé à une proposition que leur avait faite une femme enceinte quand elle leur avait ensuite demandé de lui payer plusieurs mois de loyer en ville. Le temps passait; nous commencions à nous faire à l'idée que nous rentrerions sans enfant. Puis nous avons rencontré une jeune femme qui nous a invités à venir chez elle, dans sa famille, sur une île. Là, nous avons vécu avec eux, des liens très forts se sont noués, notamment avec une jeune sœur, qui était enceinte. Un jour, elle nous a annoncé qu'elle nous donnerait son enfant. Nous n'avions rien demandé, rien dit... Elle non plus ne nous a rien demandé. Tout s'était fait de façon si naturelle, si "polynésienne". »

Des parents adoptifs

Éviter le piège des mères porteuses

Tous ceux qui connaissent la Polynésie et ses habitants disent combien il serait regrettable qu'une forme de colonialisme insidieux se dessine autour de ce don d'enfant, et que l'on en arrive à considérer les femmes polynésiennes comme des mères porteuses qui, de surcroît, ne se font pas payer.

Des associations de mères porteuses aux États-Unis évaluent à 20 000 le nombre d'enfants nés à la suite d'un contrat passé entre un couple ou une personne célibataire et une femme qui accepte de porter leur enfant fécondé *in vitro*, parfois avec don de gamètes.

Le coût? Quelque 20 000 dollars aux États-Unis. En cas de désaccord entre la mère porteuse et ceux pour qui elle porte l'enfant, ce dernier (alors qu'il n'est pas encore né) peut devenir l'objet de litiges: sans père ni mère, il est ballotté au gré des caprices des adultes.

Cette vision déshumanisante de l'enfant a été illustrée dans un procès qui, en août 2001, a opposé un couple américain à une mère porteuse, cette dernière refusant d'avorter un des jumeaux qu'elle portait après s'être, selon le couple, engagée à avorter de fœtus additionnels dans le cas d'une grossesse multiple.

La mère porteuse a déclaré qu'elle ne pouvait pas « adopter » [*sic*] les enfants qu'elle portait, mais elle a demandé que le couple perde sur eux ses « droits parentaux ». Un couple de substitution a finalement été trouvé pour « reprendre » le « contrat ».

La législation française, pour le moment, interdit ce type de pratique. Mais le débat est engagé sur la gestation par autrui et sur l'opportunité de faire entrer cette pratique dans le droit français, en l'encadrant strictement sur le plan juridique. Un jugement récent a autorisé l'établissement d'un lien de filiation entre des enfants et le couple français qui les élevait : ces enfants étaient nées aux États-Unis, dans le cadre d'une gestation par autrui.

Une démarche directe encadrée

C'est pour tenter d'empêcher des dérives possibles, tout en respectant la tradition du don d'enfant, que des mesures ont été prises en Polynésie française, visant à concilier une tradition qui relève du droit coutumier et des principes de droit international qui s'attachent à protéger les liens entre les enfants et leurs parents de naissance.

Les procédures ainsi adaptées à la spécificité polynésienne permettent d'obtenir un placement ou une délégation d'autorité parentale en vue d'adoption.

Une décision de l'Assemblée territoriale d'avril 1990 rend l'agrément obligatoire pour les métropolitains et les étrangers, qu'ils résident ou non en Polynésie, et quelle que soit la forme de placement choisie.

Cette mesure n'a pas empêché une augmentation, dans un premier temps, des délégations d'autorité parentale (la Dap, d'une durée de deux ans, étant la phase préalable et obligatoire de la procédure polynésienne) : le nombre de Dap prononcées est passé de 83 en 1986, date des premières statistiques établies en la matière, à 199 en 1993. Elles sont redescendues ces dernières années à une soixantaine par an.

Ceci serait dû à la décision qui a été prise d'imposer un passage obligé par les services sociaux et par le juge des tutelles, démarche qui est entrée en vigueur en 1993. Le Service des affaires sociales a pour obligation de vérifier non seulement les agréments, mais plus spécialement les conditions dans lesquelles s'effectue la relation entre les familles et la remise des enfants. L'avis donné au magistrat chargé d'enregistrer la délégation sera négatif s'il apparaît que des pressions manifestes ont été exercées pour l'obtention du consentement.

De manière générale, la Dap se déroule sans heurt. Quand la famille de naissance

La démarche pour une délégation d'autorité parentale (Dap)

1. Une famille polynésienne fait le projet de confier son enfant en adoption, elle recherche une famille métropolitaine pour l'adopter.
2. Une fois le contact établi entre les deux familles, un projet de vie est élaboré pour l'enfant, les Polynésiens souhaitant garder un contact et recevoir des nouvelles (même si eux n'en donnent que rarement !). Le type d'adoption souhaité pour l'enfant, simple ou plénière, doit être abordé afin de bien éclairer le futur consentement à l'adoption.
3. Lorsque les deux familles sont d'accord sur le devenir et le futur statut de cet enfant, elles se rendent ensemble à la cellule adoption des services sociaux, où une assistante sociale questionnera la famille polynésienne sur les motivations qui la conduisent à confier son enfant en adoption : il est important de s'assurer que cette décision est bien mûrie, que les parents n'ont subi de pression ni de l'entourage familial ni des futurs adoptants.
4. Le travailleur social prépare et valide la requête de la délégation d'autorité parentale en vue d'adoption. La famille adoptive présente l'agrément, les enquêtes sociales et psychologiques. Cette requête se dépose au greffe du tribunal.
5. Le juge reçoit les deux familles, après que le procureur de la République a diligenté une enquête de gendarmerie.
6. L'audience de la DAP se fait environ un mois plus tard. L'ensemble de la procédure peut amener à séjourner deux mois en Polynésie, voire plus.
7. Ce n'est que lorsque l'enfant aura 2 ans que la famille de naissance donnera son consentement à l'adoption.

Source : *Accueil*, mai 2002.

Service des affaires sociales
Cellule adoption
BP 1707 - Papeete - Polynésie française.

revient sur sa décision, l'expérience est très douloureuse pour la famille qui espérait à terme adopter l'enfant et qui lui avait déjà fait une place dans sa vie. Cependant, l'enfant a moins à en souffrir si cela se passe avant le départ de Polynésie.

« Tout avait été fait. La Dap avait été signée, notre séjour touchait à sa fin. Le lendemain, nous prenions l'avion pour rentrer à la maison, avec celui qui était déjà pour nous notre bébé. Nous étions deux couples d'amis, nous avions fait le voyage ensemble, nous avions eu la chance de rencontrer deux familles polynésiennes qui acceptaient de nous confier un enfant. Nous étions venus à quatre, nous allions repartir à six... Et puis, la veille de notre départ, voilà que le père biologique de l'enfant de nos amis arrive, qu'il reprend l'enfant... Nous étions effondrés, nos amis étaient désespérés, la "maman" pleurait. Pourtant, il n'y avait rien à faire. Le retour ne fut pas celui dont nous avions rêvé... »

Des parents adoptifs

Le consentement à l'adoption

Lorsque l'enfant a 2 ans révolus, les adoptants, qui ont généralement entretenu des liens téléphoniques et épistolaires avec les parents de naissance, invitent ces derniers à consentir à l'adoption.
Les parents biologiques consentent donc à l'adoption simple ou plénière (voir p. 264-269), devant le greffe d'un tribunal, un notaire ou les gendarmes qui, dans les petites îles, remplissent cette tâche notariale.
Après un délai de deux mois, un certificat de non-rétractation au consentement à l'adoption est adressé à la famille adoptive. Munie du consentement et du certificat de non-rétractation, la famille adoptive dépose auprès du greffe du tribunal de grande instance de son domicile sa requête d'adoption (voir p. 260-263).
Il n'est pas impossible qu'une demande d'aide financière se produise au moment où la famille de naissance doit, au terme des deux ans, donner son deuxième consentement : une telle situation peut être encouragée par l'entourage ou par une personne étrangère à l'engagement premier, telle que le nouveau compagnon d'une mère célibataire qui avait consenti seule à donner son enfant.

Le placement en vue d'adoption

Le placement en vue d'adoption effectué par un conseil de famille existe aussi en Polynésie. À la différence de la Dap, il représente une sécurité, dans la mesure où le consentement et ses conséquences sont expliqués en détail aux familles. Comme en France métropolitaine, les parents de naissance bénéficient d'un délai de rétractation de deux mois à l'issue desquels le placement auprès des adoptants « met obstacle à toute restitution de l'enfant à sa famille d'origine » (art. 352 du Code civil).

Les services sociaux du territoire polynésien sont habilités à recueillir des enfants et à les proposer à l'adoption. Un conseil de famille, composé de trois responsables des services sociaux et de deux personnes qualifiées, est chargé de sélectionner les candidats à l'adoption.

Si une famille polynésienne souhaitant confier son enfant en adoption ne connaît aucun futur adoptant qu'elle puisse proposer au service, le conseil de famille lui propose trois familles : une famille polynésienne, une famille de résidants et une famille métropolitaine (titulaires dans les deux derniers cas d'un agrément et ayant rempli un dossier de candidature ; écrire à la Cellule adoption, voir p. 244). La possibilité est donc maintenue pour les familles de choisir, voire de rencontrer les parents adoptifs et de conserver des liens entre l'enfant et eux.

Les candidats à l'adoption d'enfants polynésiens doivent adresser à la cellule adoption de Papeete un dossier de candidature complet, comme pour toute démarche d'adoption. Les candidats sont invités à répondre à un certain nombre de questions, qui ont pour but de les

Voici quelques-unes des interrogations auxquelles devront réfléchir les candidats

- Quelle est votre connaissance de l'adoption en Polynésie française ?
- Pour quelle(s) raison(s) souhaitez-vous adopter en Polynésie française ?
- Seriez-vous prêt(s) à rencontrer les parents d'origine de l'enfant ?
- Quelle est votre position à l'égard de l'adoption simple et de l'adoption plénière ? Expliquer.
- Seriez-vous prêt(s) à garder des contacts avec la famille d'origine (courriers, photos) après le jugement d'adoption ?
- Quand et comment parlerez-vous à l'enfant de ses origines ?
- Comment envisageriez-vous d'accompagner l'enfant, lorsqu'il sera en demande, dans ses recherches sur ses origines ?

faire réfléchir sur l'adoption et plus spécifiquement sur la tradition polynésienne de confiage des enfants.

Une fois le dossier retenu et les postulants choisis pour un enfant particulier, les services sociaux organisent sa remise effective aux futurs parents.

La famille choisie est informée dès que les services sont avertis du choix de confier un enfant en adoption. Cela peut avoir lieu avant même la naissance et des contacts peuvent s'établir, des relations se nouer. À la naissance, la famille polynésienne consent à l'adoption devant les services sociaux.

Lorsque le projet semble bien préparé, les futurs adoptants peuvent être désignés comme famille d'accueil de l'enfant pendant les deux mois du délai de rétractation prévu par la loi, sans que l'enfant puisse quitter le territoire de la Polynésie française. Il faut donc que les adoptants prévoient un séjour de deux mois dans l'archipel. En cas de doute sur les rapports entre les familles ou sur la liberté des volontés exprimées, l'enfant est confié à une famille d'accueil polynésienne ou à la crèche territoriale (dont une partie est transformée en pouponnière) : la mise en relation se fera alors progressivement pendant les deux mois tandis que le projet prend forme entre la famille d'origine et la famille adoptive.

Ce laps de temps permet aux parents de naissance d'exprimer leur renoncement, ou alors leur souhait de garder l'enfant et de rechercher une alternative à la séparation. Une fois passé le délai de rétractation des deux mois, le juge des tutelles rend une ordonnance de placement en vue d'adoption qui permet à l'enfant d'entrer en métropole et aux parents adoptants de déposer six mois plus tard une requête en vue d'adoption plénière auprès du greffe du tribunal de grande instance de leur domicile.

Les autorités territoriales souhaitent créer un conseil de famille de pupilles de l'État, semblable à ceux qui existent en métropole. Elles se sont donné pour mission de revoir, avec le Parlement de métropole, certaines modalités dont la composition du conseil de famille.

Elles souhaitent que le président du gouvernement territorial en soit le tuteur (ce qui correspond à la compétence du territoire en matière sociale), et non le haut-commissaire, représentant de l'État (qui équivaut au préfet départemental), comme actuellement prévu.

Les enfants – et pas seulement les bébés à la naissance – pris en charge par les services pourraient être admis, dans des familles d'accueil ou à la pouponnière, en qualité de pupilles provisoires jusqu'à la fin du délai de rétractation des parents ; mais certains pourraient rester dans leur famille ou réintégrer la famille élargie après une prise en charge restructurante par les services sociaux.

Si le retour dans la famille d'origine se révélait impossible, l'enfant serait confié en adoption. Couplée à une intensification de la politique de planification familiale, la mesure cherche à répondre aux besoins des enfants maltraités ou délaissés.

Autant la rencontre entre parents de naissance et parents adoptifs est une expérience inoubliable – forte, parfois troublante – pour qui l'a vécue, autant, d'un côté comme de l'autre, il y a ceux et celles pour qui une rencontre directe au moment de confier ou de recueillir l'enfant est inenvisageable, une démarche qu'ils se sentent incapables d'assumer.

Pour un futur parent adoptif, admettre que tel ou tel chemin vers l'enfant peut très bien convenir aux autres mais ne pas lui convenir représente déjà un grand pas vers son propre enfant. C'est en se définissant, en reconnaissant ses propres limites que l'on avance vers lui, que l'on commence à devenir parent.

Cela est vrai pour toutes les démarches d'adoption, et cela l'est d'autant plus pour une démarche qui implique une rencontre, *a fortiori* une démarche comme celle de la Polynésie, avec tout l'engagement culturel, moral et affectif qu'elle suppose vis-à-vis de la famille de naissance.

Enfin, une réflexion s'impose sur la manière dont les enfants se construiront à partir d'une telle démarche. Le docteur Jean-Vidal de Monléon, spécialiste de la Polynésie, considère que quand malaise il y a, il serait dû à l'absence de maintien des liens avec la famille de naissance. *A contrario*, des parents font état d'une difficulté pour les adolescents à trouver des repères stables, pour partie en raison d'une certaine idéalisation de la démarche : ils vivent comme un abandon ce que leurs parents ont vécu comme un don et ont du mal à comprendre pourquoi, si la société polynésienne est tellement merveilleuse, ils n'ont pas grandi en son sein. Pour certains parents adoptifs, la réponse au mal-être de leurs enfants a été de s'installer en Polynésie.

« Quand nous avons parlé à notre médecin de notre espoir d'adopter un enfant, il nous a tout de suite parlé de la Polynésie : il s'y rendait régulièrement, il avait des amis qui pourraient nous conseiller. Nous avons rencontré une de ses consœurs en France, une gynécologue qui avait accouché son propre enfant, moment intense quand elle a aidé à venir au monde l'enfant qu'elle recevait de la mère... Ensuite, lors d'une réunion organisée par Enfance et familles d'adoption, nous avons parlé avec une mère qui avait adopté sa fille en Polynésie, qui nous a raconté comment une amie psychologue avait rédigé à l'intention de l'enfant un livre pour lui raconter son histoire... Pour ces femmes-là, comme pour d'autres que j'ai rencontrées depuis, tout semblait si évident, si limpide, si lumineux, que j'en éprouvais un grand désarroi, car je sentais que je n'étais pas prête pour ce type de rencontre. L'adoption, pour moi, c'est une passation, certes, mais je ne pouvais pas l'envisager sous cette forme aussi directe. C'était trop fort. Je ne pouvais pas me confronter à cette mère qui me remettrait directement son enfant. En me donnant tout ce que je désirais et ne pouvais avoir, elle me donnait ce que je ne pourrais jamais lui rendre, ce que je ne lui aurais jamais donné si j'avais été en position de pouvoir le faire. Quand une femme polynésienne donne son enfant à une autre femme polynésienne, cette dernière est tout à fait capable de faire un jour la même chose. Moi pas. Le temps a passé... J'ai adopté une enfant d'un autre continent, de filiation inconnue. J'ai souvent pensé à sa mère... Je serais heureuse de la rencontrer si un jour nos chemins devaient se croiser : l'enfant qu'elle a mise au monde était bien celle que j'attendais. »

Une mère adoptive

Troisième partie

L'enfant dans sa famille

Chapitre 1

Droits et jugements

L'enfant abandonné mérite la meilleure protection possible. Dans le cadre d'une adoption, cela passe par l'inscription dans la stabilité d'une filiation, sans qu'il s'agisse pour les parents de faire comme s'il n'avait jamais été adopté.

Les droits et les aides liés à l'adoption

L'aboutissement d'une longue procédure

Une fois l'enfant au foyer, une série de démarches doit être entreprise pour clore définitivement l'aspect administratif et juridique de son accueil dans sa nouvelle famille.

Son inscription dans la filiation, rendue tangible par son inscription à l'état civil et dans le livret de famille, représente l'aboutissement heureux d'une longue procédure qui a commencé avec la démarche d'agrément.

Pour l'enfant, qui va trouver sa place, à son rythme, c'est l'accès à une famille, à sa famille pour toujours, le droit à la sécurité, à l'amour, reconnus et inscrits dans la loi et dans les documents.

Pour les parents, épuisés mais heureux, c'est un réel soulagement. Quoi qu'il advienne, cet enfant qui a déjà sa place dans leur vie et pour lequel ils se sont engagés, soit auprès des services sociaux français, soit auprès de son pays d'origine, est désormais définitivement le leur aux yeux de la loi et, qui plus est, citoyen français à part entière lorsque ses parents sont français et qu'ils l'ont adopté plénièrement.

Assurer la protection sociale de l'enfant

La démarche la plus urgente est celle qui permet d'obtenir la couverture sociale de l'enfant par la caisse d'assurance maladie et par la mutuelle dont on dépend. Pour cela, il est nécessaire de fournir un certain nombre de pièces justificatives. Vérifiez avant l'arrivée de l'enfant au foyer.

Pour un enfant confié par les services sociaux français, les parents signent une « décharge » au moment où l'enfant rejoint leur foyer, lorsqu'il est placé chez eux en vue d'adoption.

Pour les enfants arrivés de l'étranger, l'Aide sociale à l'enfance (Ase) établit sur demande une attestation de l'arrivée de l'enfant dans son foyer. Pour cela, il suffit d'appeler l'assistante sociale afin de l'informer de l'arrivée de l'enfant : selon les départements et l'organisation de son travail, elle souhaitera peut-être le rencontrer dès son arrivée.

Cette visite ne doit pas être perçue par les parents comme une « inspection » : c'est une façon de boucler la boucle, de revoir la personne qui a été chargée de l'enquête sociale dans un contexte différent, celui de l'aboutissement du

Une aide et non une « inspection »

Ne vous inquiétez pas si l'enfant n'est pas « parfaitement » sage ! L'assistante sociale ne vient pas pour vous « juger », mais simplement pour s'assurer de son arrivée et faire une visite de courtoisie, tout en étant prête à vous conseiller sur les démarches et autres questions que vous pourriez vous poser.

projet ; c'est aussi une reconnaissance du nouveau statut des adoptants ; ceux qui hier encore étaient postulants sont désormais parents.

« Quand l'assistante sociale est venue, j'ai servi le café et des biscuits. Notre petit, qui avait 2 ans et demi, lui a tendu un biscuit qu'elle a refusé. Il a insisté, mais elle ne l'a pas pris. Furieux, il le lui a jeté à la figure ! »

Une mère adoptive

L'attestation de placement de l'enfant rejoindra d'autres pièces, telles que le jugement d'adoption ou une photocopie du passeport (avec le visa long séjour), ainsi que d'autres documents qui pourront être demandés selon la caisse ou la mutuelle auxquelles vous appartenez.

L'enfant pourra ainsi être pris en charge dès son arrivée dans son nouveau foyer. Le détail des droits peut varier d'une profession à l'autre, d'une mutuelle à une autre, selon le nombre d'années travaillées, si l'on est ou si l'on a été un temps au chômage ou bénéficiaire du revenu minimum d'insertion. Pour plus de détails, il convient de se renseigner auprès de la caisse primaire d'assurance maladie ou de sa mutuelle.

Les renseignements ci-dessous s'inspirent de ceux donnés sur les sites internet de la Caisse nationale d'assurance maladie des travailleurs salariés (http://www.ameli.fr) et du Régime social des indépendants (www.le-rsi.fr), qui donnent des informations plus complètes.

Les parents ont des droits en matière de congés qu'il est essentiel de faire valoir. Tout le temps que l'on peut consacrer à son enfant dans les premières semaines et dans les premiers mois de son arrivée est irremplaçable, indispensable ; il sera d'autant plus bénéfique pour tous que l'on n'aura pas à faire face simultanément à la pression d'engagements professionnels.

Le congé d'adoption

Avant l'adoption : tout salarié titulaire d'un agrément peut prendre un congé sans solde pour une durée maximale de six semaines avant l'arrivée de l'enfant – à condition de prévenir son employeur au moins deux semaines avant la date prévue du départ (art. L. 1225-46).

Après l'adoption: tout salarié peut bénéficier d'un congé d'adoption (art. L. 1225-37 du Code du travail). Le salarié avertit son employeur du motif de son absence et de la date de son retour (art. L. 1225-41 du Code du travail). La demande doit être déposée auprès de la caisse d'assurance maladie. Une fois le dossier accepté, une indemnité journalière équivalente à l'indemnité pour maternité sera versée dans les mêmes conditions.

Quand peut-on prendre le congé d'adoption ?

Certains parents devant se rendre à l'étranger choisissent de le prendre une semaine avant la date prévue de l'arrivée de l'enfant, le couplant souvent aux congés annuels auxquels ils ont droit. Le congé peut également commencer le jour de l'arrivée de l'enfant dans son nouveau foyer.

Combien de temps dure le congé d'adoption ?

La durée varie selon le nombre d'enfants à charge et selon le nombre d'enfants adoptés. La durée sera de dix semaines pour l'adoption d'un seul enfant et de vingt-deux semaines pour l'adoption de deux enfants ou plus. Toutefois, si l'adoption d'un enfant porte à trois le nombre d'enfants à charge, la durée du congé sera portée à dix-huit semaines.

Qui prend le congé d'adoption : la mère ou le père ?

L'un ou l'autre. Cependant, la mère et le père peuvent partager le congé d'adoption, à condition que l'un et l'autre remplissent les conditions leur permettant d'en béné-

Les documents à fournir

Dans tous les cas: une copie de l'agrément puisque ces mesures s'appliquent à toute personne titulaire d'un agrément.

Pour une adoption en France: une attestation de mise en relation indiquant le début de la période d'adaptation ou une attestation de placement.

Pour une adoption à l'étranger: une photocopie du passeport de l'enfant ou tout autre document officiel sur lequel figure le visa adoption apposé par le consulat sur avis du Secrétariat général pour l'adoption internationale (SGAI). La date du visa vaut pour la date de placement de l'enfant.

ficier. Dans ce cas, il « ouvre droit à onze jours supplémentaires de congé d'adoption ou à dix-huit jours en cas d'adoption multiple » (art. L. 225-40 du Code du travail : renseignements auprès de la Caisse d'allocations familiales).

Si un seul parent prend le congé d'adoption, l'autre parent peut donc bénéficier des trois jours accordés par l'employeur ainsi que des onze ou dix-huit jours du congé de « paternité » instauré depuis janvier 2002.

Le congé parental d'éducation

Ce congé peut être pris par tout salarié ayant travaillé depuis au moins un an dans une entreprise qui peut choisir de réduire ou d'interrompre son activité. Ce congé, d'une durée initiale d'un an, n'est pas rémunéré, mais le salarié peut choisir d'utiliser une partie de son compte épargne-temps pendant cette durée ou, s'il remplit les conditions, de bénéficier du complément de libre choix d'activité servi par la Caisse d'allocations familiales (Caf).

- Si l'enfant a moins de 3 ans, le congé peut être prolongé deux fois, pour une durée maximale de 3 ans.
- Si l'enfant est âgé de 3 à 16 ans, le congé est d'une durée d'un an.

Ce congé peut être prolongé d'un an en cas de maladie, d'accident ou de handicap grave de l'enfant. Références : Code du travail, art. L. 225-47 à L. 1225-60, R. 1225-12 et R. 1225-13.

La prestation d'accueil du jeune enfant (Paje)

Pendant le congé parental d'éducation, il est possible, sous certaines conditions, de bénéficier de la prestation d'accueil du jeune enfant (Paje) : pour toutes ces aides, se renseigner auprès de la Caisse d'allocations familiales de votre département ou sur le site internet : www.caf.fr/cataloguepaje/bas.htm. Depuis le 1er janvier 2004, les aides sont regroupées au sein de la prestation d'accueil du jeune enfant (Paje). Elle comprend : la prime à l'adoption, l'allocation de base, un complément du libre choix d'activité et un complément du libre choix du mode de garde. Elle s'applique pour les enfants adoptés à compter du 1er janvier 2004.

La prime à l'adoption

La prime à l'adoption est attribuée pour tout enfant adopté ou accueilli en vue d'adoption avant l'âge de 20 ans, si le plafond des ressources ne dépasse pas un plafond fixé. Elle était en 2008 de 1 727,59 € par enfant, soit autant de fois cette somme que d'enfants adoptés ou accueillis simultanément. La prime d'adoption doit être demandée à la Caf par simple lettre, en fournissant les justificatifs de la décision confiant l'enfant. Si l'enfant vient de l'étranger, il faut en outre envoyer une photocopie de l'agrément délivré par l'ASE et du passeport (ou autre document) où figure le visa de long séjour délivré par le consulat sur avis du SGAI.

L'allocation de base

Elle est versée, sous les mêmes conditions de ressources que la prime à l'adoption, dès le mois d'arrivée ou d'adoption de l'enfant, pendant trente-six mois consécutifs, dans la limite du 20e anniversaire de l'enfant. Le montant mensuel de base est de 172,77 € (en 2008).

Le complément de libre choix d'activité

Il peut être attribué dès le 1er enfant, en cas de cessation ou de diminution de l'activité professionnelle.

- Pour le 1er enfant, il est versé pendant six mois à compter de la fin du congé d'adoption.
- À partir du 2e enfant, il est versé jusqu'au mois précédant le 3e anniversaire du dernier enfant.

Pour y prétendre, il faut avoir un minimum de cotisation vieillesse.

Le complément de libre choix du mode de garde

La Caf, sous réserve d'un revenu professionnel minimal, prend en charge :

- une partie de la rémunération du salarié qui garde un enfant de moins de 6 ans ;
- les cotisations sociales : 100 % pour une assistante maternelle agréée et 50 % pour une garde à domicile dans la limite mensuelle de 402 € pour les enfants de moins de 3 ans et de 201 € pour les enfants de 3 à 6 ans.

Si vous faites appel à une association ou à une entreprise habilitée, vous recevrez une aide forfaitaire pour chaque enfant gardé par une assistante maternelle agréée, ou pour la personne employée à domicile quel que soit le nombre d'enfants gardés.

L'enfant doit être gardé au moins 16 heures dans le mois.

Les prestations de la Paje sont cumulables entre elles.

Cependant, le complément de libre choix du mode de garde n'est pas cumulable avec un complément de libre choix d'activité à temps plein, mais elle l'est sous certaines conditions avec un complément de libre choix d'activité à temps partiel.

Les deux parents ne peuvent pas recevoir chacun un complément de libre choix d'activité à temps plein.

Les autres prestations

L'allocation de soutien familial

Elle est versée aux personnes qui élèvent seules un enfant.

Elle est cumulable avec toutes les autres prestations (www.caf.fr/catalogueasf/bas.htm).

L'allocation d'éducation de l'enfant handicapé (AEEH)

Cette allocation remplace l'allocation d'éducation spéciale depuis le 1er janvier 2006. Financée par la Sécurité sociale, cette prestation est destinée à compenser les frais d'éducation et de soins apportés à un enfant handicapé. Le montant est gradué selon le coût du handicap de l'enfant, la nécessité pour le parent ou l'un des parents de cesser ou de réduire son activité professionnelle, ou d'embaucher une tierce personne. L'allocation est versée pour les enfants de moins de 20 ans ayant une incapacité permanente d'au moins 80 %, ou comprise entre 50 % et 80 % s'il fréquente un établissement spécialisé, ou enfin si son état exige le recours à un service d'éducation spéciale ou de soins à domicile.

La demande de cette allocation doit être faite auprès de la Maison départementale des personnes handicapées (MDPH) qui transmet à la Caf et à la Commission des droits et de l'autonomie des personnes handicapées.

Pour trouver la MDHP de votre département:

www.handicap.gouv.fr/rubrique.php3?id_rubrique=38

L'allocation journalière de présence parentale (AJPP)

Elle peut être versée pour s'occuper d'un enfant de moins de 20 ans, gravement malade, victime d'un accident ou d'un handicap, en cas d'arrêt ponctuel ou total de travail de l'un des parents. Elle s'élève à 39,97 € par jour pour une personne vivant en couple et à 47,49 € pour une personne élevant seule l'enfant. Elle n'est pas cumulable avec, notamment :

- le congé de maternité, de paternité ou d'adoption ;
- l'allocation parentale d'éducation ;
- le complément et la majoration de l'allocation d'éducation de l'enfant handicapé perçus pour le même enfant (http://vosdroits.service-public.fr/F15132.xhtml).

À noter : au moment d'écrire, certaines familles disent rencontrer des difficultés à faire valoir leurs droits, notamment quand le congé d'adoption est pris par le père, voire à bénéficier du congé de paternité. Les familles rencontrant ce type de difficultés peuvent se tourner vers leur association départementale, qui pourra les faire remonter à leurs représentants nationaux afin qu'ils interpellent les pouvoir publics.

Le jugement d'adoption

Quand déposer la requête ?

Un jugement d'adoption sera prononcé en France pour tout enfant qui aura fait l'objet d'un placement en vue d'adoption en France, l'objet d'une délégation d'autorité parentale en Polynésie, et pour tout enfant né à l'étranger à propos duquel aura été rendue à l'étranger une décision juridique ou administrative qui exige un jugement en France.

La requête est déposée auprès du tribunal de grande instance. L'article 345 du Code civil prévoit que l'adoption n'est permise qu'en faveur des enfants accueillis au foyer du ou des adoptants depuis au moins six mois. Tant le placement que le délai de six mois ne concernent que l'adoption plénière.

Pour les nourrissons recueillis en Polynésie française, le délai est porté à deux ans, dans la mesure où la législation française prévoit que « le consentement à l'adoption des enfants de moins de 2 ans n'est valable que si l'enfant a été effectivement remis au service de l'Aide sociale à l'enfance ou à un organisme autorisé pour l'adoption » (art. 348-5 du Code civil). Le consentement doit donc être réitéré quand l'enfant a 2 ans.

Pour les enfants étrangers, la requête peut être déposée sans délai, même si le tribunal ne statura qu'une fois accomplie la condition de recueil de six mois : il dis-

Article 353 du Code civil

L'adoption est prononcée à la requête de l'adoptant par le tribunal de grande instance qui vérifie dans un délai de six mois à compter de la saisine du tribunal si les conditions de la loi sont remplies et si l'adoption est conforme à l'intérêt de l'enfant.

Dans le cas où l'adoptant a des descendants, le tribunal vérifie en outre si l'adoption n'est pas de nature à compromettre la vie familiale.

Article 355

L'adoption produit ses effets à compter du jour du dépôt de la requête en adoption.

pose, en effet, une fois la requête déposée, de six mois pour rendre un jugement, dont l'effet est rétroactif à la date du dépôt de la requête.

Adoption internationale : les dispenses de jugement français

Depuis la loi de février 2001, c'est le consentement à la rupture définitive ou non des liens juridiques qui détermine la nature de l'adoption, et qui donc la dispense d'un nouveau jugement en France : c'est le principe même inscrit dans la convention de La Haye. C'est le consentement à la rupture définitive des liens qui autorise la transcription directe de la décision étrangère au service central d'état civil.

En attendant le jugement : le document de circulation

Les procédures devant déboucher sur une transcription du jugement étranger ou sur un jugement en France peuvent prendre plusieurs mois, parfois plus. Le visa long séjour adoption étant d'une validité d'un an, il est conseillé de demander un document de circulation qui remplace le titre de séjour pour les mineurs étrangers de moins de 16 ans, entrés en France « sous couvert d'un visa de séjour d'une durée supérieure à trois mois » (décret 91-1305 du 24 décembre 1991). Ce document permet de prouver la régularité du séjour de l'enfant sur le sol français. Il permet aussi à l'enfant de quitter le territoire (par exemple pour des vacances en famille à l'étranger). Ce document est délivré par la préfecture. Sa durée de validité est de trois ans.

Pièces à fournir :

- carte d'identité ou autre document des parents attestant de la régularité de leur séjour en France ;
- passeport de l'enfant avec visa long séjour adoption ;
- décision judiciaire ou administrative d'adoption du pays d'origine (traduite le cas échéant en français).

Exequatur et conversion des adoptions simples prononcées à l'étranger

L'*exequatur* est le jugement par lequel les tribunaux français rendent exécutoires en France les décisions des juridictions étrangères. Le ministère d'un avocat est obligatoire.

Les décisions étrangères d'adoption plénière qui installent l'enfant dans la seule filiation de ses parents français ne nécessitent pas d'*exequatur* : il suffit donc de demander une transcription de la décision étrangère sur les registres de l'état civil du ministère des Affaires étrangères, qui centralise tous les états civils des Français nés à l'étranger.

En revanche, les décisions étrangères d'adoption simple, qui inscrivent l'enfant dans une seconde filiation sans faire disparaître totalement la première, nécessitent un *exequatur*. Celui-ci doit précéder une éventuelle déclaration de nationalité française. À noter qu'une décision étrangère d'adoption simple peut être convertie en adoption plénière en France si un consentement parental a été donné pour cela (art. 370-2 du Code civil, loi n° 2001-111 du 6 février 2001, et convention de La Haye).

Qui peut faire l'objet d'une adoption ?

L'article 345 du Code civil prévoit que l'adoption plénière « n'est permise qu'en faveur des enfants âgés de moins de 15 ans, accueillis au foyer du ou des adoptants depuis au moins six mois ». L'enfant devra « consentir personnellement à son adoption » s'il a plus de 13 ans.

Ce même article prévoit des dispositions spéciales permettant de demander l'adoption plénière (voir ci-dessous) pour l'enfant de plus de 15 ans : si, avant d'avoir atteint cet âge, il a été accueilli « par des personnes qui ne remplissaient pas les conditions légales pour adopter » ou « s'il a fait l'objet d'une adoption simple ». Dans les deux cas, la demande devra être déposée pendant la minorité de l'enfant ou dans les deux ans suivant sa majorité.

La requête d'adoption peut être déposée directement par l'adoptant qui n'est pas obligé de prendre un avocat pour les enfants accueillis avant l'âge de 15 ans.

Elle est alors adressée au procureur, qui la transmet au tribunal de grande instance. Le greffe du tribunal de grande instance communique la liste des documents à joindre au dossier.

Parmi les pièces obligatoires à fournir figurent notamment :

- le consentement (il est parfois contenu dans le jugement) ;
- la décision d'adoption ou de placement en vue d'adoption de l'enfant ;
- la copie de l'agrément – le tribunal est tenu de vérifier « avant de prononcer l'adoption que le ou les requérants ont obtenu l'agrément pour adopter ou en étaient dispensés » (art. 353-1).

Les parents devront également indiquer la forme d'adoption qu'ils souhaitent pour leur enfant : adoption plénière ou adoption simple. Le tribunal n'est tenu de motiver sa décision que s'il refuse l'adoption : « le jugement prononçant l'adoption n'est pas motivé » (art. 353).

L'adoption posthume est également prévue, dans l'article 353 du Code civil : « Si l'enfant décède après avoir été régulièrement recueilli en vue de son adoption, la requête peut toutefois être présentée. Le jugement produit effet le jour précédant le décès et emporte uniquement modification de l'état civil de l'enfant. »

Dans la mesure où le jugement ne peut pas être prononcé tant que l'enfant n'a

En cas de décès du parent adoptant avant que le jugement n'ait été prononcé

Article 346 du Code civil

Nul ne peut être adopté par plusieurs personnes si ce n'est par deux époux. Toutefois, une nouvelle adoption peut être prononcée soit après décès de l'adoptant, ou des deux adoptants, soit encore après décès de l'un des deux adoptants, si la demande est présentée par le nouveau conjoint du survivant d'entre eux.

Article 353 du Code civil

Si l'adoptant décède, après avoir régulièrement recueilli l'enfant en vue de son adoption, la requête peut être présentée en son nom par le conjoint survivant ou l'un des héritiers de l'adoptant.

pas résidé six mois dans sa famille adoptive, de nombreux parents attendent que se soient écoulés six mois depuis l'arrivée de l'enfant dans leur foyer avant de déposer leur requête.

Toutefois, certains procureurs invitent les familles à constituer le dossier et à le lui remettre avant que les six mois ne se soient écoulés, pour qu'il puisse le transmettre au tribunal dès que le délai légal aura été atteint.

En cas de doute sur un aspect quelconque de leur dossier, les adoptants peuvent demander un rendez-vous avec le procureur.

« Je réponds toujours aux lettres qui me sont adressées. Et les familles ne doivent pas hésiter à venir me voir : je reçois tous ceux qui me demandent un rendez-vous. Combien de fois j'ai eu des parents qui venaient avec leurs enfants me demander conseil : ils couraient dans tout le bureau. Voilà qui met un peu de vie dans cette maison qui en a bien besoin... S'ils étaient un peu trop agités, j'appelais une greffière pour qu'elle s'occupe d'eux, le temps de me laisser discuter avec les parents. »

Un procureur à l'écoute

Adoption plénière ou adoption simple ?

Deux types d'adoption

Avant de constituer le dossier, il faut savoir si l'on souhaite pour son enfant une adoption plénière ou adoption simple : en dehors des adoptions d'enfants du conjoint ou intrafamiliales, plus de 90 % des adoptions prononcées sont des adoptions plénières.

Les deux types d'adoption présentent quelques différences que les parents doivent apprécier, en fonction de l'histoire de leur enfant, de son âge, des liens éventuels qu'ils souhaitent voir préservés.

Ainsi, l'adoption simple n'est pas indiquée pour un enfant dont on ignore la filiation, ni pour lequel il n'y a pas lieu d'ajouter une nouvelle filiation à une filiation existante puisque la première est inconnue ou n'a jamais été établie.

En revanche, une adoption simple se conçoit pour un orphelin qui a grandi dans une famille, qui porte un nom, qui a conservé des liens avec ses grands-parents ou des oncles et tantes ; elle se conçoit aussi pour un enfant de Polynésie remis aux parents par la famille de naissance, qui exprimerait sa préférence pour une adoption simple.

Irrévocabilité et révocabilité

L'adoption plénière est irrévocable tandis que l'adoption simple est révocable (même si le jugement doit être motivé, ce qui suppose une garantie pour l'enfant).

Une adoption plénière, c'est, juridiquement, des parents pour la vie : la filiation qu'elle confère à l'enfant ne peut pas lui être retirée, quoi qu'il advienne. À la sécurité et à la stabilité que suppose une adoption plénière, on peut opposer l'incertitude inscrite en filigrane dans l'adoption simple.

Loin de rendre impossible au niveau psychoaffectif la recherche des origines, l'adoption plénière offre précisément un cadre sécurisant qui permet cette quête pour qui souhaite l'entreprendre : l'oiseau quittera d'autant plus facilement son nid pour se hasarder à la découverte du monde qu'il sait que le nid ne va pas disparaître dans son dos, qu'il sera toujours là quand il sentira le besoin de s'y réfugier (voir le chapitre « Origine et construction de l'identité »).

Différences entre l'adoption plénière et l'adoption simple

Adoption plénière (rupture totale des liens juridiques)

Code civil, art. 355 à 359

L'adoption confère à l'enfant une filiation qui se substitue à la filiation d'origine ; l'adopté cesse d'appartenir à sa famille par le sang, sous réserve des prohibitions au mariage visées aux articles 161 à 164.

L'adoption confère à l'enfant le nom de l'adoptant et, en cas d'adoption par deux époux, le nom du mari.

L'adopté a, dans la famille de l'adoptant, les mêmes droits et les mêmes obligations qu'un enfant biologique.

L'adoption est irrévocable.

Adoption simple (adjonction d'une deuxième filiation)

Code civil, art. 360 à 370-1

L'adopté reste dans sa famille d'origine et y conserve tous ses droits, notamment ses droits héréditaires.

Les prohibitions au mariage prévues aux articles 161 à 164 du présent code s'appliquent entre l'adopté et sa famille d'origine.

L'adoption simple confère le nom de l'adoptant à l'adopté en l'ajoutant au nom de ce dernier. Le tribunal peut toutefois, à la demande de l'adoptant, décider que l'adopté ne portera que le nom de l'adoptant. Cette demande peut également être formée postérieurement à l'adoption. Si l'adopté est âgé de plus de 13 ans, son consentement personnel à cette substitution de patronyme est nécessaire.

Autorité parentale et adoption simple

L'adoptant est seul investi à l'égard de l'adopté de tous les droits d'autorité parentale, inclus celui de consentir au mariage de l'adopté.

Les droits d'autorité parentale sont exercés par le ou les adoptants dans les mêmes conditions qu'à l'égard de l'enfant biologique.

[...]

[...]

Droits successoraux et adoption simple

L'adopté a, dans la famille de l'adoptant, les droits successoraux d'un enfant biologique.

L'adopté et ses descendants n'ont cependant pas la qualité d'héritier réservataire à l'égard des ascendants de l'adopté.

S'il est justifié de motifs graves, l'adoption peut être révoquée, à la demande de l'adoptant ou de l'adopté, ou lorsque ce dernier est mineur, à celle du ministère public.

La demande de révocation faite par l'adoptant n'est recevable que si l'adopté est âgé de plus de 15 ans.

Lorsque l'adopté est mineur, les père et mère par le sang ou, à leur défaut, un membre de la famille d'origine jusqu'au degré de cousin germain inclus peuvent également demander la révocation.

Le jugement révoquant l'adoption doit être motivé.

La nationalité

L'adoption plénière est une avancée relativement récente : elle date de 1966. Elle a pour but d'apporter une sécurité et un sens d'appartenance définitif à l'enfant adopté, qu'il soit né en France ou à l'étranger. En effet, l'enfant est inscrit dans une filiation – familiale et nationale, pourrions-nous dire : en devenant le fils d'un couple français, il devient citoyen français.

En devenant le fils ou la fille d'un résidant étranger en France, il acquiert le droit d'y résider.

En effet, dans la mesure où l'adoption plénière crée les mêmes effets qu'une filiation biologique, l'enfant adopté par des citoyens français est considéré comme né de parents français et se voit donc automatiquement attribuer la nationalité française.

Dans le cas d'une adoption simple, l'enfant conserve sa filiation d'origine à laquelle vient s'ajouter une filiation adoptive. Il peut, tant qu'il est mineur, déclarer prendre la nationalité française, à condition que l'un au moins de ses parents adoptifs soit français : cette déclaration est à faire auprès du tribunal d'instance.

L'obtention de la citoyenneté française ne fait pas disparaître celle d'origine : cela dépend uniquement de la législation du pays d'origine. Selon l'absence d'accord ou de convention bilatérale, ou de perte de nationalité ultérieure, ce qui apparaît comme une richesse peut se révéler une difficulté pour certains enfants, notamment les garçons, en raison d'éventuelles obligations militaires.

Filiation

L'enfant qui fait l'objet d'une adoption plénière acquiert l'intégralité des droits et des obligations d'un enfant biologique dont la filiation est légalement établie (c'est-à-dire légalement reconnu), y compris celui de porter le nom des adoptants.

Le livret de famille ne fait apparaître aucune mention de l'adoption, qui reste ainsi non pas « cachée », mais de l'ordre des informations relevant de la sphère privée. L'adoption plénière permet à l'enfant de s'inscrire entièrement dans une filiation, celle de ses parents, et donc de leurs lignées respectives.

Au contraire, l'enfant qui fait l'objet d'une adoption simple ne rompt pas ses liens de filiation avec ses parents de naissance. Il demeure leur fils et conserve leur nom, sauf décision contraire ; mais l'autorité parentale est transférée sur ses parents adoptifs qui, eux aussi, lui donnent leur nom. Une deuxième filiation s'ajoute ainsi à la première.

En l'occurrence, ce sont les seuls parents adoptifs qui exercent sur lui l'autorité parentale, qui l'élèvent, qui prennent les décisions relatives à son bien-être quotidien, à sa santé, à sa scolarité, etc. Dans la vie de tous les jours, ce sont eux les seuls parents présents. L'adoption simple reprend ainsi en quelque sorte la distinction faite dans le droit coutumier polynésien entre les parents qui donnent la vie et ceux qui élèvent un enfant.

Obligation alimentaire

« Les enfants doivent des aliments à leur père ou mère ou autres ascendants qui sont dans le besoin » (art. 205 du Code civil). Tout enfant devant l'obligation alimentaire à ses parents, dans le cadre de l'adoption plénière, ce seront les parents adoptifs, puisqu'il y a eu rupture de la

Article 367 du Code civil

L'adopté doit des aliments à l'adoptant s'il est dans le besoin et, réciproquement, l'adoptant doit des aliments à l'adopté.

L'obligation de se fournir des aliments continue d'exister entre l'adopté et ses père et mère. Cependant, les père et mère de l'adopté ne sont tenus de lui fournir des aliments que s'il ne peut les obtenir de l'adoptant.

filiation première. Toute obligation alimentaire envers les parents de naissance cesse dès lors que l'adopté a été admis en qualité de pupille de l'État ou qu'un enfant, même non adopté, a été pris en charge par les services sociaux dans les délais suivants : « Les enfants qui ont été retirés de leur milieu familial par décision judiciaire durant une période d'au moins trente-six mois cumulés au cours des douze premières années de leur vie sont, sous réserve d'une décision contraire du juge aux affaires familiales, dispensés de droit de fournir cette aide alimentaire » (article L. 132-6 du CASF).

Succession

Les enfants adoptés plénièrement acquièrent tous les droits des enfants biologiques dans la famille adoptive et perdent tous leurs droits dans leur famille d'origine, à laquelle ils cessent d'appartenir, tandis qu'il y a plus de nuances dans le cas de l'adoption simple.

« L'adoption plénière, c'est la substitution de la filiation d'origine par celle de la filiation adoptive, ce que je conçois pour un couple : l'enfant entre pleinement dans sa nouvelle famille. Je suis célibataire et donc mon enfant adopté plénièrement sera considéré comme "né de père inconnu". Je n'aime pas l'idée de remplacer une filiation paternelle connue par une absence de filiation ; il va déjà manquer d'un père dans la réalité, faut-il en plus rayer celui de ses origines ? C'est pour cette raison que j'évoque la possibilité d'une adoption simple. Si l'enfant est réellement né de père inconnu, cela me gênera moins de me substituer à sa filiation d'origine, mais remplacer une filiation paternelle existante par du vide, cela ne me plaît pas.
Mes réflexions concernant l'adoption simple :

- l'enfant garde son prénom d'origine : pas de problème, j'ai l'intention de le lui conserver (si c'est une fille, je trouve les prénoms féminins russes très jolis) ;
- le juge peut décider que, dans l'intérêt de l'enfant, le nom de famille de l'adoptant se substitue à celui de sa famille d'origine ; j'aimerais que mon enfant porte mon nom de famille, et je pense qu'un juge comprendra qu'un enfant élevé en France ne garde pas son nom de famille russe ;
- l'autorité parentale : je ne pense pas qu'elle puisse m'être contestée pour un enfant né et adopté en Russie ;
- la nationalité française : l'enfant conserve sa nationalité d'origine, mais il peut demander à acquérir la nationalité française, donc je ne pense pas que cela soit

un obstacle non plus. »

Réflexion d'une célibataire sur l'adoption plénière et l'adoption simple

La transcription de l'adoption plénière

Transcription d'un jugement d'adoption plénière prononcé en France

L'adoption plénière prononcée en France:
Si elle concerne un enfant né en France, la transcription sera au lieu de naissance de l'enfant, comme prévu dans l'article 54 du Code civil. La décision prononçant l'adoption plénière est transcrite dans les quinze jours qui suivent le jugement « sur les registres de l'état civil du lieu de naissance de l'adopté, à la requête du procureur de la République ».
Si elle concerne un enfant né à l'étranger, ce sera à Nantes, à l'initiative du procureur de la République du lieu où a été prononcée l'adoption.

Transcription d'un jugement prononcé à l'étranger

Dans le cas d'une adoption plénière prononcée à l'étranger, c'est aux adoptants qu'il appartient de demander sa transcription directe au Service central d'état civil à Nantes. L'autorisation de transcrire l'adoption est donnée par le procureur de la République de Nantes, après consultation du dossier. Ces dernières années, il est arrivé que le procureur de Nantes refuse l'autorisation de transcription, parce que certaines pièces du dossier lui posaient problème (nature du consentement ou chronologie des décisions et des pièces en matière d'apparentement, de consentement, etc.). Dans ces cas-là, les familles peuvent faire appel ou se tourner vers le tribunal de grande instance de leur département pour demander un jugement d'adoption plénière. Dans les cas (la majorité) où l'autorisation de transcription est donnée par le procureur, la décision est transcrite sur les registres du Service central d'état civil du ministère des Affaires étrangères à Nantes. Cette transcription « énonce le jour, l'heure et le lieu de la naissance, le sexe de l'enfant ainsi que ses prénoms, tels qu'ils résultent du jugement d'adoption, les prénoms, noms, date et lieu de naissance, profession et domicile du ou des adoptants. Elle ne contient aucune indication relative à la filiation réelle de l'enfant ».

La démarche pour obtenir la transcription

Dans tous les cas, c'est la transcription, qu'elle soit faite au lieu de naissance de l'enfant ou à Nantes, qui tiendra désormais lieu d'acte de naissance à l'adopté. « L'acte de naissance originaire » d'un enfant né en France n'est pas détruit: il est revêtu de la mention « adoption »

et considéré « comme nul » (art. 354). Le Service d'état civil adresse un extrait de la transcription du jugement aux parents adoptifs. Ces derniers enverront leur livret de famille à ce même service pour que l'enfant y soit inscrit : le service transcrit, par apposition d'un extrait de la transcription ayant la forme d'un extrait d'acte de naissance : nulle mention d'adoption ne doit apparaître, car le mode d'établissement de la filiation relève de la vie privée et ne doit pas figurer dans un document tel que le livret de famille, utilisé dans les actes de la vie courante.
Dans le cas d'une adoption simple, la mention « fils ou fille de... » (indiquant le nom d'origine de l'enfant) est donnée, avec la date du jugement d'adoption.

Toute demande de transcription pour un jugement d'adoption plénière prononcé à l'étranger devra être adressée au Service central d'état civil, 44941 Nantes cedex 9.
Conservez la référence de la copie de la transcription qui vous sera remise. Précédée du code (JUG), elle indique que la transcription a été faite à la suite d'un jugement : elle permettra à toute demande ultérieure d'acte de naissance d'être traitée plus rapidement, par courrier, par Internet : www.diplomatie.gouv.fr/francais/etatcivil/).

Fils ou fille de... : le nom

« Toute personne a droit à un nom propre et aux noms de ses parents ou de l'un d'entre eux. »

Convention interaméricaine des droits de l'homme

Dans la mesure où l'adoption plénière « confère à l'enfant une filiation qui se substitue à sa filiation d'origine » et où l'adopté « cesse d'appartenir à sa famille par le sang sous réserve des prohibitions au mariage », l'enfant devient le fils ou la fille à part entière de ses parents adoptifs, au même titre que leurs enfants biologiques dans le cas où ils en auraient. Si l'acte intégral de naissance fait effectivement apparaître la mention « fils ou fille de... », l'extrait de naissance mentionne, pour sa part « né(e) de... ».
Les adoptants sont les premiers à regretter cette formule, apparue sans décision législative réglementaire dans les documents publics. La formule est brandie comme un chiffon rouge par ceux qui accusent volontiers les parents de vouloir « effacer » la filiation d'origine de leur enfant et de vouloir « se faire passer » pour les géniteurs.
En fait, à travers cette accusation, c'est souvent l'adoption plénière elle-même qui est visée. Or l'adoption plénière garantit à l'enfant une protection juridique de son statut ; elle lui offre une sécurité

qui lui permettra de grandir sans crainte d'un nouveau (dé)placement ; elle lui permet de s'inscrire dans une filiation, de devenir à jamais fils ou fille, petit-fils ou petite-fille ; il devient aussi frère ou sœur, tous les membres de la fratrie figurant ainsi sur un pied d'égalité dans le livret de famille.

C'est cette sécurité, la sacralisation juridique de cet amour que lui portent ses parents, la preuve du lien irrévocable, indéfectible qui s'est créé, qui, lui permettant de devenir l'enfant de quelqu'un, va l'aider à grandir et à construire sa propre identité.

Cette construction passera peut-être, pas forcément, par une recherche de ses origines (voir le chapitre « Origines et construction d'identité »). Contrairement à ce qu'avancent certains détracteurs de l'adoption plénière, l'enfant adopté, même plénièrement, aura eu accès aux informations concernant les circonstances qui auront précédé son adoption : dans la majorité des cas, son histoire, du moins ce qu'ils en savent, lui aura été restituée par ses parents adoptifs ; et, souvent, ce sont ces derniers qui permettent la démarche à leur enfant, en ne la jugeant pas et en ne la précédant pas.

Le jour viendra peut-être où la mention « né(e) de… » sera remplacée par une autre formule – pour tous les citoyens, et non pas uniquement pour ceux qui ont été adoptés. Ségolène Royal, alors ministre déléguée à la Famille, reconnaissait la nécessité d'une égalité de traitement dans un ensemble de mesures présentées en Conseil des ministres le 9 janvier 2002 : « Il convient de procéder à une harmonisation afin que les formes des mentions qui doivent exister dans l'acte de naissance ne diffèrent pas selon la nature juridique des liens qui existent entre les enfants et les parents. »

On donne son nom à l'enfant que l'on met au monde, à l'enfant que l'on fait entrer dans sa famille, dans sa lignée généalogique. L'adoption plénière donne à l'enfant le nom de ses parents, effaçant le lien de filiation juridique avec sa famille d'origine, et par là le nom qui les unissait – quand ce nom était connu, que l'enfant avait déjà un état civil.

Désormais, comme pour les enfants biologiques, les couples peuvent choisir pour leurs enfants communs soit le nom du père, soit le nom de la mère, soit leurs deux noms accolés dans l'ordre qu'ils décident. Ce choix s'effectue lors de la requête si l'adoption est prononcée en France lors de la demande de transcription si elle a été prononcée à l'étranger.

Dans le cas d'une adoption simple, l'adopté conserve son nom d'origine, auquel peut venir s'ajouter le nom des parents adoptifs. Ces derniers peuvent aussi demander, au moment du jugement ou postérieurement, que leur nom se substitue dans la pratique au nom de naissance : c'est souvent demandé, et accordé, dans l'intérêt des enfants (par exemple, un enfant adopté en présence d'enfants biologiques ou d'enfants ayant été adoptés, eux, en adoption plénière), afin de ne pas créer d'inégalités entre eux, qui pourraient les obliger à des explications constantes face à leur environnement social et qui nuiraient à leur intégration tant familiale que sociale.

Le prénom

Au moment de déposer la requête en vue d'une adoption plénière, les adoptants peuvent demander à ce que soient modifiés les prénoms de l'enfant. Ce changement est possible au moment du prononcé d'une adoption plénière, l'adoption simple étant sans effet sur les prénoms. Aucune modification ne peut intervenir sur un jugement étranger directement transcriptible. Toutefois, dans ces deux cas, un changement ultérieur est possible, à condition de pouvoir en justifier l'intérêt, la demande étant portée devant le juge aux affaires familiales.

La décision finale dépend du juge. Cependant, ce choix revient aux parents, il se décide au cas par cas, en fonction des circonstances de la rencontre, du vécu de l'enfant, de l'aisance avec laquelle peut se prononcer ou non son prénom d'origine, des connotations négatives qu'il peut revêtir dans un environnement francophone : en effet, outre le risque de rejet xénophobe dont peut faire l'objet tel ou tel prénom, la tonalité, les sons peuvent, dans le contexte d'une phrase française, provoquer rires ou moqueries dans la cour de récréation, mais surtout la prononciation « à la française » d'un prénom étranger en modifie la valeur identitaire.

Fort heureusement, la richesse chaque jour accrue des prénoms que les parents (biologiques ou adoptifs) choisissent, le brassage de notre société font qu'une certaine diversité se dessine. Toutefois, il faut garder à l'esprit que celui qui portera le prénom, c'est l'enfant, qui aura pour souhait principal de s'intégrer, de se couler dans le groupe de camarades, de tout faire pour ne pas être l'objet de curiosités indues, mais qui pourra ressentir de la fierté pour son prénom d'origine, surtout quand, dans sa langue d'origine, il a un sens poétique ou symbolique.

Certains parents ne se considèrent pas liés à un prénom qui n'est pas celui donné à la naissance, mais qui a été donné par hasard ; d'autres, en revanche, y restent attachés. Même en France, on a connu des cas où le prénom consigné comme ayant été choisi par la mère au moment d'un accouchement sous X avait été changé par quelqu'un de la maternité qui estimait qu'il « n'était pas joli ». Un nom donné au moment du recueil de l'enfant par un individu ou une institution (orphelinat, mission) peut aussi revêtir une phelinat, mission) peut aussi revêtir une grande importance, comme l'expliquent les religieuses du centre d'accueil pour jeunes filles et enfants en difficulté de Brazzaville (Congo) : « L'enfant est dans une situation particulière, lié à l'endroit où il fut trouvé et amené chez nous, le jour ou la nuit... Il nous faut l'encourager à vivre, et ce soutien, nous le traduisons en lui choisissant des prénoms en accord avec des qualités telles que le courage, l'amour, le sentiment du pardon, etc. » C'est ainsi qu'elles choisissent des prénoms qui signifient « paix », « chance », « force », « sagesse », « clair de lune », prénoms qu'elles conseillent aux parents de conserver car « c'est aussi notre enfant, auquel nous avons transmis une part de nous-mêmes, en souhaitant qu'il reste un rayon de soleil pour ses (nouveaux) parents et sa famille ».

« **Coïncidence ou destin ?**

Notre fils Jean (5 ans) nous disait qu'il voulait une petite sœur qui s'appelle Rose. Nous aimions beaucoup ce prénom et avions plus ou moins décidé que nous le donnerions à notre enfant si c'était une fille.
Au Vietnam, nous avons vu notre fille une première fois, et nous sommes allés chez un notaire faire traduire ses papiers.
Ce dernier nous dit alors que le prénom que sa nourrice lui avait donné était Thi Thanh Hong, ce qui signifie "petite rose claire"... »

Des parents adoptifs

Les enfants ont l'art de bousculer les idées reçues des adultes. Ainsi, tel grand enfant dont on aura voulu garder le prénom demandera de lui-même à le changer, « parce qu'il ne l'aime pas ». L'orthographe, parfois, en est modifiée, pour « faire » plus ou moins exotique. Certains parents tentent néanmoins de garder le prénom d'origine en deuxième prénom, parfois sans succès. C'est ainsi qu'un Timothée est devenu William, un Sébastien, Bastien, une Christine, Julie. D'autres demandent plus tard à ajouter le prénom d'un grand-père ou d'une grand-mère au leur, ou se feront tout bonnement appeler d'un prénom de leur choix, sans exiger que leur état civil soit modifié.
Que le prénom soit changé ou préservé, en se l'appropriant, ils investissent leur nouvelle vie, leur nouveau statut d'enfant avec une famille à lui. Loin de devoir s'en inquiéter, il faut y voir une dynamique positive, une volonté d'aller de l'avant, de se construire une nouvelle identité basée sur une nouvelle réalité.

« Le fait pour un enfant adopté de conserver son prénom d'origine permet de mieux respecter son histoire personnelle. Les parents adoptifs y veillent de plus en plus souvent. Il sera donc rappelé dans les documents d'information remis aux futurs parents la règle légale, parfois méconnue, selon laquelle le changement de prénom de l'enfant n'est pas automatique mais "peut" être décidé "sur la demande du ou des adoptants" lors du prononcé de l'adoption plénière. »

Ségolène Royal, mesures présentées en Conseil des ministres le 9 janvier 2002

« Chacun de nos enfants doit savoir que, nous, ses parents, avons choisi son prénom, comme nous l'avons choisi, lui, être unique, qui devient notre fils, notre fille, fusion née de ses besoins et de nos désirs [...]. C'est parce que nous sommes leurs parents que nous choisissons aussi leur prénom. Ce mot magique fait d'eux nos enfants. [...]. Comme tout futur parent qui attend un enfant, nous avons cherché, trouvé, rejeté. Trop commun, désuet, trop original, difficile à porter. Mais notre histoire un peu singulière nous a emmenés vers d'autres rives où les sons ne chantent pas au même rythme. [...]. Que pour le prononcer mille et une fois par jour, nous ayons conservé le prénom qu'il avait ou que nous en ayons changé, nous avons choisi ce "petit nom" avec toutes les meilleures raisons du monde : les nôtres. Celles de notre histoire, la sienne et la nôtre, celles de nos vies passées distantes et de notre avenir commun. »

Danielle Housset, Présidente Enfance et Familles d'Adoption

« **Français ?**

Une dame, un jour, s'adresse à une mère devant ses enfants : "Vous les avez adoptés ? Ils sont français ?" L'enfant (10 ans) répond d'un trait : "Je suis né au Brésil ! Elle (en désignant la première sœur) est née en Thaïlande ! Elle (en parlant de la seconde sœur) est née en Bretagne ! Papa est né à Lille ! Maman est née à Béziers ! Pompon, le chat, vient de la SPA ! Avec ça, on est français !" »

Parrainage et adoption

Le parrainage a pour but de proposer affection et soutien au sein d'une famille à un enfant, aussi longtemps qu'il en aura besoin, le temps qu'il trouve des repères. Parfois, en fonction des circonstances, bien que ce n'en soit ni la motivation ni le but, un long parrainage peut déboucher sur une adoption : cette affection structurante et sécurisante trouve là une nouvelle expression dans le lien de filiation ainsi créé.

« Le parrainage d'Étienne commence à 13 ans et demi. Son père est parti depuis longtemps. Sa mère décède un peu plus tard dans des circonstances tragiques qui marqueront le garçon. Étienne passe la majeure partie de son enfance en établissement, coupé de tout lien familial, jusqu'au moment où l'équipe éducatrice de la maison d'enfants propose un parrainage, de week-end pour commencer. Les parrains racontent : "Étienne a longtemps espéré en son père avec qui il avait des relations affectueuses étant petit. Celui-ci ne se manifestant plus, en particulier au moment de sa majorité (et donc au sortir de l'institution), l'enfant en a ressenti un phénomène de révolte et cela a provoqué une coupure avec sa famille, dont il ne parle plus. La communication était difficile au début. Ma femme et moi avions des relations à sens unique avec l'établissement. Nous avions l'impression de beaucoup donner (ce qui ne nous gênait pas, au contraire), mais nous aurions aimé être aidés en retour par les éducateurs. Quand il en est sorti, à sa majorité, les dirigeants de l'institution auraient voulu que nous 'sortions' Étienne de notre maison, ce que nous avons refusé, bien évidemment. Très vite, il est entré en apprentissage dans une entreprise de notre petite ville. Son niveau scolaire l'a fait échouer au CAP. Néanmoins, le même employeur l'a repris après son service militaire pour qui il est maintenant électricien. Il a fallu attendre son départ au service militaire pour sentir vraiment son attachement. Je suppose qu'il avait peur de ne pas trouver son 'chez-lui' ou que nous profitions de son départ pour nous en 'débarrasser'. Mais quand il s'est rendu compte que rien n'avait changé à la première permission, s'étonnant même que nous nous inquiétions de lui, les choses se sont améliorées à pas de géant. Si tout se passe bien, Étienne sera légalement notre fils (adoption

simple) dans quelques mois. Bien entendu, c'est déjà fait affectivement, de sa part comme de la nôtre.
Le service militaire a donc 'décanté' la situation. La séparation et surtout le fait de trouver à l'avenir une communauté dans laquelle il était 'comme tout le monde' puis d'avoir un appui – familial – lui a permis de mûrir. C'est nous qui lui avons proposé l'adoption, car il était dans l'ignorance de cette possibilité.
Pour nous, cela nous semblait la conclusion logique de ce parrainage. »

Source : site Un enfant une famille
http://unenfantunefamille.free.fr/

Chapitre 2

La santé de l'enfant

Avoir un maximum d'informations sur la santé de son enfant, en sachant que l'on ne maîtrise jamais tout : c'est l'un des aspects de l'adoption qui angoisse souvent les parents.

La santé, une question taboue

Le rêve de l'enfant en bonne santé

Longtemps, la question de la santé de l'enfant adopté est restée taboue. Parce qu'elle fait peur. Parce qu'elle dérange tout le monde : la société, les pouvoirs publics, les futurs parents.

Au départ, on l'a vu, quand on adopte un enfant, c'est souvent parce que l'on n'a pas pu en concevoir ou en porter un. Quoi de plus normal que de vouloir que son enfant, biologique ou adopté, naisse et vive sain de corps et d'esprit ?

On ne reproche jamais à une femme enceinte de tout faire pour que sa grossesse se déroule dans les meilleures conditions possibles. En France, des campagnes de prévention ont permis aux femmes d'intégrer les risques encourus par l'alcool et le tabac pour le fœtus, et donc pour l'enfant à naître. Le suivi médical de la grossesse est obligatoire. Une femme qui ferait fi de recommandations aujourd'hui couramment acceptées apparaîtrait comme irresponsable ou en profond désarroi.

Cette aspiration à mettre au monde un enfant en bonne santé reflète un souci collectif de mettre toutes les chances du côté de l'enfant à naître ; elle peut aussi mettre en évidence les limites que chaque parent potentiel porte en lui. Confrontés à la naissance d'un enfant porteur d'un handicap ou d'une maladie grave, ou présentant ultérieurement un problème de santé, la plupart des parents assument, non sans souffrance, cette situation inattendue, redoutée. Elle sera désormais une partie constituante de l'histoire de cette famille et, souvent, même si l'acceptation semble se faire, il en restera une souffrance tue, une culpabilité, une lourde charge.

Le refus du handicap

Certains parents de naissance choisissent, face à des cas cliniques qui leur paraissent extrêmes, de ne pas garder leur enfant. En témoignent les avortements pour motif thérapeutique – décision très douloureuse sur laquelle aucun jugement n'est à porter, et qui devrait toujours supposer un soutien de celle qui aurait dû être mère, de ceux qui auraient dû être parents. En témoigne également la décision, tout aussi difficile, de confier son nouveau-né en vue d'adoption que prennent chaque année des parents incapables d'assumer un handicap irréversible tel qu'une trisomie 21. Une telle décision, quand elle est connue et que, là encore, nul ne peut se permettre de juger, suscite souvent un élan de sympathie et de compréhension, y compris parmi le personnel soignant des maternités.

Dans leur étude remarquable sur l'accueil et l'abandon des enfants trisomiques, Annick-Camille Dumaret et Dominique Jeanne Rosset[1] montrent comment pédiatres, assistantes sociales, infirmières et puéricultrices ont tendance à oublier ce que vit l'enfant à un tel moment pour ne songer qu'à la détresse des parents. En termes anthropologiques et biologiques, certains verront dans l'impossibilité de se penser parents d'un enfant lourdement handicapé un prolongement inconscient du processus de sélection naturelle, du souci archaïque et non formulé d'assurer la survie de son clan, de son espèce, envers et contre tous les aléas de la nature. Cet instinct, quand il est exploité par des idéologues de l'extrême, dérive vers l'eugénisme, la sélection et l'élimination des individus selon des critères que des pseudo-savants ont cherché à présenter comme « scientifiques » : il suffit de rappeler la stérilisation des malades mentaux par le régime nazi.

De nos jours, plus insidieusement, on assiste à ce que certains médecins et scientifiques, dont le généticien Jean-François Mattéi, qualifient de « tentation eugénique », de nature juridique cette fois-ci, perceptible dans les procès intentés contre des médecins qui n'auraient pas décelé d'anomalie grave avant l'accouchement. Si cette dérive était poussée à sa logique extrême, l'échographie et le suivi médical de la grossesse deviendraient un « label de qualité » pis, pourrait-on dire, un certificat autorisant la vie ou dictant la mort. Demain, aujourd'hui peut-être déjà, la dérive sera-t-elle génétique ? Le dépistage et la recherche décèleront conjointement des anomalies et mettront au point des thérapies, ce qui représente assurément un espoir et un progrès immenses. Les futurs parents exigeront-ils un jour que ces mêmes techniques soient utilisées pour leur « programmer » un bébé tel qu'ils le rêvent, en y mettant le prix ?

« À l'heure où le sida ravage la planète, où des enfants perdent chaque jour bras et jambes en sautant sur des mines antipersonnel alors que d'autres meurent de n'avoir jamais été touchés, de ne s'être jamais blottis dans des bras, la France se divise sur des arrêts de la Cour de cassation. Arrêts aux fondements mal connus mais qui éveillent toutes les craintes de la transmission génétique et tous les fantasmes de la culpabilité originelle. Les handicaps doivent

1. Annick-Camille Dumaret et Dominique Jeanne Rosset, *L'Abandon des enfants trisomiques 21 : de l'annonce à l'accueil*, Paris, CTNERHI, 1996, diffusion Puf.

être "réparés" : quand la nature fait mal les choses, l'homme doit rétablir l'ordre. Et si l'homme se trompe, l'homme doit réparer en espèces sonnantes et trébuchantes. »

Danielle Housset, Accueil, *février 2002*

Santé et adoption

Toutes ces questions éthiques relatives à la santé des fœtus et des bébés à naître continueront sans doute de diviser la société pendant de longues années. Les futurs parents adoptifs, quant à eux, ont aussi un cheminement délicat à faire, dont le vecteur santé n'est pas toujours bien perçu. Trop souvent, on les « accuse » injustement de vouloir « à tout prix » un bébé en bonne santé. En même temps, quand ils parlent de leur désir d'adopter, l'environnement familial et les amis les mettent en garde contre les risques d'accueillir un enfant « dont on ne sait rien ». Dans le passé, on se méfiait des pupilles de l'État dont on pensait que les parents étaient tous forcément alcooliques ou syphilitiques, ou les deux, et dont on soupçonnait qu'ils avaient forcément « hérité » de maux perçus comme héréditaires. Aujourd'hui, les peurs portent, plus généralement, sur les enfants d'Afrique, que l'on imagine porteurs de tous les parasites et virus imaginables, alors que l'on ne voit pas, ou que l'on ne sait pas assez, que le sida et les hépatites existent aussi en Asie, que le syndrome alcoolo-fœtal touche les pays d'Europe de l'Est, que la syphilis est une maladie qu'il faut dépister, de nombreux enfants étant nés de la prostitution, en Thaïlande, en Russie ou ailleurs, que les pathologies psychocomportementales liées à l'abandon et aux ruptures successives touchent aussi les enfants qui attendent en France.

Si elles ne sont pas dites, si longtemps elles ont été tues, les interrogations relatives à la santé sont souvent au cœur des inquiétudes des parents adoptifs. Comme tous les parents, ils s'inquiètent dès que leur enfant est malade. Parfois, ils s'inquiètent d'autant plus qu'ils savent peu de choses sur sa santé, notamment quand il vient de l'étranger : sur ses antécédents médicaux, sur d'éventuelles maladies génétiques dont il serait porteur, sur de possibles difficultés survenues au moment de la grossesse. Ce désarroi s'accroît quand ils butent sur la perplexité du généraliste ou du pédiatre, non formé à la médecine tropicale, à la malnutrition, aux effets de l'institutionnalisation prolongée, ou quand ils s'entendent poser cette question : « Et sur les antécédents familiaux, vous savez quelque chose ? »

Pour tout enfant, quel que soit son mode d'entrée dans la famille, le risque zéro n'existe pas. L'adoption, en matière de santé, suppose de surcroît une part d'inconnu. Il faut veiller à ne pas tout mettre sur le compte de l'adoption, ni sur le dos des pays d'origine qui ne possèdent pas toujours les moyens de dépistage et de prévention qui sont les nôtres. Un enfant pourra présenter des troubles, faisant suite à des carences et aux conditions dans lesquelles il a été conçu et mis au monde.

Un meilleur accès à l'information

Encore récemment, partir adopter à l'étranger représentait, à plus d'un titre, un saut dans l'inconnu, et plus spécialement en ce qui concernait la santé. Depuis une dizaine d'années, on assiste à un intérêt réel pour les questions de santé touchant les enfants adoptés. L'impulsion est venue d'Amérique. Au Québec, le Dr Jean-François Chicoine a créé une clinique de santé internationale au CHU Mère-Enfant-Sainte-Justine à Montréal. Dans cette consultation, il a reçu plus de 10 000 enfants adoptés, d'Europe, d'Asie et d'Amérique latine. Aux États-Unis, de nombreux spécialistes se sont penchés sur divers aspects de la santé des enfants adoptés.

En France, un tournant est amorcé en 2002 avec le congrès Adoption et santé, organisé par Enfance et Familles d'Adoption – voir les extraits de ce congrès dans la revue *Accueil*, « Santé et adoption » (février 2003). Des consultations de conseil en adoption (Coca) ont été ouvertes dans une douzaine de centres hospitaliers régionaux, dans la suite des consultations précédemment créées par des médecins à Dijon et à Pau. Le but est de mieux préparer les familles à l'accueil de l'enfant, de mieux maîtriser les bilans de santé nécessaires à l'arrivée de l'enfant, de savoir adapter l'alimentation et les rythmes de l'enfant pour l'aider à rattraper son retard staturo-pondéral et à progresser sur le plan psychomoteur, de comprendre les enjeux d'attachement d'un enfant ayant connu un, voire plusieurs ruptures et abandons successifs.

Échanger avec d'autres familles sur les questions de santé

Enfance et familles d'adoption a créé une liste de discussion adoption et santé. Modérée par une pédiatre, cette liste réunit des familles adoptives, des candidats à l'adoption et des professionnels de santé qui échangent sur tous les aspects relatifs à la santé des enfants... et des parents. Des questions sur des pathologies peu connues, sur les pays vers lesquels les candidats envisagent de se tourner, des témoignages, des conseils, du partage et du soutien – mais pas de consultation en ligne, c'est interdit et fortement déconseillé, voire dangereux !

Pour s'inscrire : http://fr.groups.yahoo.com/group/adoptionefa-sante/

Avant l'arrivée de l'enfant

Connaître le milieu où il a grandi

Il est important de recueillir un maximum d'informations sur la région du monde où vit l'enfant, et plus spécifiquement sur son environnement.

En effet, l'état de santé peut dépendre de facteurs ethniques, géographiques, saisonniers.

Ainsi, un périmètre crânien inférieur à la moyenne européenne est normal chez des enfants d'origine indienne, cambodgienne ou tsigane : il s'agit là d'une spécificité ethnique et non d'un retard de croissance ou de développement.

La pauvreté étant une cause prédominante d'abandon, on recherchera des indices de malnutrition, par exemple chez les enfants d'Asie, d'Haïti ou d'Afrique, de rachitisme chez ces enfants mais aussi chez ceux de Russie ou du Brésil.

Quand on sait que de nombreux enfants de Thaïlande sont nés de la prostitution, il sera intéressant de rechercher des maladies sexuellement transmissibles comme la syphilis. Le sida étant une pandémie galopante en Afrique, mais qui gagne du terrain ailleurs, notamment en Asie, le test HIV semble s'imposer chaque fois qu'il est possible de l'obtenir.

La consultation préadoption

Pour le Dr Jean-François Chicoine, installé à Montréal, toute information susceptible d'être obtenue avant l'arrivée de l'enfant permet de mieux l'accueillir : des enregistrements vidéo que reçoivent les postulants canadiens ou américains peuvent en ce sens être utiles, de même que des films ou des photos pris par des parents au moment du premier contact, dans des pays comme ceux de l'Europe orientale, qui procèdent en deux étapes distinctes à la proposition d'apparentement puis au jugement.

Le pédiatre de la consultation régionale Coca ou de ville, voire le généraliste, à la condition qu'il connaisse le pays ou le continent d'origine de l'enfant ou qu'il ait déjà suivi des enfants adoptés, pourra donner une première appréciation, déceler éventuellement un handicap, des troubles psychomoteurs ou d'autres signes d'appel, qui permettront de mieux préparer l'arrivée de l'enfant.

Cette consultation préadoption n'a pas pour but de rechercher des « garanties » de bonne santé, mais d'aborder l'accueil de l'enfant en connaissance de cause, de réfléchir déjà aux éventuels traitements à mettre en place ou à l'organisation de la famille en termes de prise en charge. L'expérience du Dr Chicoine et d'autres spécialistes montre que, si certains parents renoncent à adopter l'enfant qu'on leur a proposé, d'autres au contraire se sentent mieux préparés à l'accueillir.

Savoir permet aussi de rassurer, de dédramatiser des symptômes qui pourraient inquiéter qui les découvre pour la première fois. Quelques exemples :

- Des traces pouvant être perçues comme résultant de mauvais traitements sur des nourrissons chinois sont les marques d'un système de contention qui a pour but d'empêcher les enfants de tomber et de se blesser gravement.
- Une langue protubérante chez les enfants de Géorgie n'est pas un signe de trisomie 21, mais un signe d'autostimulation chez des enfants qui restent allongés sans bouger.
- Les taches mongoloïdes ne sont pas des hématomes ni des traces de brûlures, mais de simples phénomènes de pigmentation que l'on trouve sur les peaux brunes.

Mais attention ! le fait de ne rien déceler au moment de cette consultation préadoption ne signifie pas pour autant qu'il n'y aura aucun problème de santé ultérieur.

Des dossiers médicaux difficiles à déchiffrer

L'enfant placé par un OAA œuvrant en France aura subi un examen médical « approfondi ». Les enfants placés par l'ASE font l'objet d'un suivi médical. Parfois, des symptômes sont notés qui, pour des enfants non placés ou venant de l'étranger, n'auraient sans doute pas été décelés.

Décret n° 2002-575 du 18 avril 2002 relatif aux organismes autorisés et habilités pour l'adoption

Article 14. L'organisme autorisé pour l'adoption doit faire procéder à un examen médical approfondi de tout enfant qu'il recueille sur le territoire de la République française, dans un délai de deux mois suivant la date de recueil, par l'un des médecins mentionnés au 5° de l'article 2. Les résultats de cet examen sont communiqués à la personne qui assure l'accueil provisoire de l'enfant. Le dossier médical de l'enfant est communiqué au médecin désigné par les futurs adoptants lors de la réalisation du placement en vue d'adoption.

« Aucun service d'adoption, aucun pays d'origine ne peut nous garantir un enfant en parfaite santé physique, psychologique ou mentale. Les bilans faits à son arrivée nous mettent parfois, après le temps du rêve, face à une réalité qu'il nous appartient de prendre en compte et de gérer, en même temps que la souffrance de l'enfant. Il peut d'ailleurs en être de même pour un enfant né de nous, sachant que certaines pathologies majeures peuvent ne se révéler qu'à l'âge adulte et que, bien sûr, les accidents de la vie existent. »

Yolande Burgeat, Accueil, *août 1997 (numéro consacré à la santé)*

Pour les enfants nés à l'étranger, les candidats dont le dossier est pris en charge par l'Afa doivent interroger leur correspondant départemental ou le siège parisien, qui comprend des médecins. Les OAA se doivent de vérifier que les parents sont préparés à l'accueil de cet enfant, donc de leur communiquer les informations les plus complètes possibles sur l'enfant.

Cependant, ce n'est pas parce qu'un OAA a une « étiquette » médicale qu'il a une obligation de résultats quant à la santé de l'enfant.

La qualité du suivi médical ou des examens varie selon le pays et selon les possibilités matérielles. Il est important de réunir tous les éléments possibles, sachant que les informations peuvent être partielles ; il arrive même, comme le rappelle le Dr Chicoine, que le dossier médical remis à la famille soit celui d'un autre enfant !

Les carnets de santé des enfants venant de Colombie ou de Bulgarie sont assez complets ; ceux d'Ukraine ou de Géorgie sont très pauvres. Ailleurs, comme en Lettonie ou en Russie, les dossiers médicaux font état d'un trouble de santé ou d'un handicap censé être « inexistant » pour permettre l'adoption internationale d'un enfant : la loi interdit à ceux qui sont en bonne santé de quitter le pays. Ils sont de plus en plus nombreux à être adopté par des familles de leur pays. De ce fait, le enfants proposés à l'adoption internationale sont de plus en plus succeptibles de présenter des problèmes de santé.

Certains parents éprouvent une angoisse et des difficultés à démêler ces « vrais-faux » bilans. Sans se voiler la face, il faut peut-être aussi relativiser : comme le fait remarquer le Dr Chicoine, « être handicapé en Chine peut simplement vouloir dire qu'on est fille, première née d'une famille[1] ! » En revanche, une pathologie lourde de conséquences, comme un syndrome alcoolo-fœtal, peut être passé sous silence dans le bilan médical d'un enfant né en Russie.

1. Dr Chicoine, *Le Clinicien*, août 1998.

Tenir un carnet de bord

Le Dr Martine Zeisser (Efa) recommande aux parents de réunir toutes les informations possibles, même celles qui peuvent sembler anodines, et de les noter dans un carnet car on les oublie rapidement. Quel âge a l'enfant ? (Même si c'est approximatif.) L'enfant est-il en institution ? Vit-il dans la rue, dans un camp de réfugiés, dans une famille d'accueil, dans sa famille ? Que sait-on des conditions de sa venue au monde ? Il peut aussi être intéressant de prendre des photos des lieux de vie qu'a connus l'enfant, de demander que l'on vous donne des photos de groupe faites à différentes occasions, de s'intéresser aux habitudes des familles rencontrées dans la rue, de noter les morphologies des natifs, tout ce qui peut vous donner une idée sur le peuple auquel appartient votre enfant.

Ces informations peuvent être importantes sur le plan psychique ou psychologique. Par exemple, la sieste prise en commun par les enfants d'une pouponnière en Afrique peut favoriser le contact alors que ce dernier fait défaut dans les orphelinats de Roumanie. On estime qu'un enfant perd jusqu'à un mois d'apprentissage psychomoteur pour trois mois passés en orphelinat, ce qui fait que, en trois ans, l'enfant aura perdu un an d'apprentissage psychomoteur. Prendre conscience de toutes ces constatations permettra de s'adapter à la réalité de l'enfant tel qu'il est à l'arrivée et de l'aider à combler d'éventuels retards. Il ne faut pas pour autant considérer qu'un tel enfant est « foutu », comme l'a déclaré, de façon péremptoire et maladroite, un médecin en présence d'une jeune avocate qui se trouvait avoir été adoptée après avoir passé cinq années de sa vie dans une institution d'Europe centrale : « Je me le suis pris en pleine figure et j'ai pensé à tous les gamins qu'on condamnait d'avance », confie-t-elle.

Les conditions dans lesquelles l'enfant a été recueilli donnent également des indices sur un éventuel état de malnutrition.

Les infections propagées au sein de l'institution ou les conditions dans lesquelles a vécu l'enfant peuvent déboucher sur des problèmes pulmonaires (asthme, etc.) ou un terrain ORL fragilisé (risque de surdité).

Il est donc important d'essayer d'obtenir rapidement un carnet de santé (même si cela peut sembler utopique dans certains pays).

Il peut être intéressant, même si c'est trop souvent impossible, de tenter de savoir comment s'est passée la grossesse, la naissance, d'en connaître le terme (avec risques de problèmes de vue et d'ouïe pour les enfants prématurés).

Il sera utile de demander si certains tests de dépistage ont été pratiqués : hypothyroïdie et phénylcétonurie (deux tests pratiqués chez nous au quatrième jour de la naissance), ainsi que celui de la toxoplasmose, de la syphilis et de la rubéole congénitale.

Il faut également savoir si les tests pour l'hépatite B et le VIH ont été pratiqués – le test pour l'hépatite C étant rarement réalisé et par quelle méthode.

Une fois dans le pays, il est utile, mais pas toujours possible, de consulter un pédiatre privé sur place (le délégué de l'Afa, le représentant de l'OAA, un membre du consulat ou de l'ambassade peuvent vous conseiller).

Les enfants arrivent souvent avec un certain nombre de vaccinations faites : polio, diphtérie, tétanos. Selon les cas, ils sont aussi immunisés contre la coqueluche, les oreillons, la rougeole.

Ces vaccinations, quand elles ont été pratiquées et que des certificats sont remis aux parents, sont généralement fiables, dans la mesure où les produits utilisés, selon le Dr Chicoine et des personnels de l'Unicef ou d'organismes comme l'Institut Pasteur, sont bien conservés. Toutefois, certains pédiatres considèrent que tout est à refaire par précaution. L'enfant vacciné contre la tuberculose (BCG) présentera dans certains pays, dont l'Afrique, une cicatrice sur l'épaule ou le bras. Une radio pulmonaire a souvent été pratiquée.

Le dépistage du sida

Source principale : *Rapport du secrétaire général des Nations unies* d'avril 2008. Voir aussi *Rapport de 2008 sur la pandémie mondiale du sida* (publications des Nations unies, août 2008), http://data.unaids.org/pub/Report2008/20080429_sg_progress_report_fr.pdf.

La lutte contre le sida a été inscrite en 2000 parmi les objectifs du Millénaire pour le développement de l'Onu. En presque trois décennies, l'infection par VIH (virus de l'immunodéficience humaine) est devenue une pandémie, touchant tous les continents. À la fin de 2007, elle affectait pas moins de 33,2 millions de personnes à travers le monde, d'après le *Rapport du secrétaire général des Nations unies* d'avril 2008. Le sida demeure l'une des causes principales de décès.

Le continent qui vient en premier à l'esprit quand on évoque le sida est l'Afrique, où existent de grandes disparités géographiques, sujettes à des fluctuations liées aux conflits et aux déplacements de populations. Au total, 22,5 millions de personnes sont touchées.

Les autres continents ne sont pas épargnés. Le nombre de personnes infectées a augmenté en Russie, en Ukraine, en Chine et en Indonésie, ainsi qu'en Amérique du Nord, aux Antilles et dans l'Union européenne.

En Asie, le nombre de malades a plus que doublé au Vietnam entre 2000 et 2005, avec une baisse des nouvelles infections en Thaïlande (où la prévention de la transmission de la mère à l'enfant a connu un réel développement) et au Cambodge, où une campagne énergique est menée depuis 1997. Les chiffres pour la Chine ne sont pas connus, mais on sait que ce pays n'est pas épargné, même si, en règle générale, les tests de dépistage ne sont pas réalisables dans les orphelinats de ce pays.

Dans les pays où les tests ne sont pas pratiqués, le dépistage peut être demandé quand il n'est pas proposé d'entrée – sachant que certains pays refusent de le faire avant l'apparentement : se renseigner auprès de l'Afa, de l'OAA ou du SGAI.

Les tests fiables de dépistage sont devenus moins coûteux et donc plus accessibles à travers le monde, mais l'hématologue française Geneviève Beck-Wirth recommande aux parents, chaque fois que c'est possible, de faire faire les tests avec le matériel qu'ils fournissent eux-mêmes, pour éviter de « contaminer l'enfant que l'on cherche à protéger ».

Toutefois, la détection des sous-types viraux est, selon les pays, difficilement réalisable, car faisant appel à des techniques trop poussées pour les laboratoires sur place. On peut dans ce cas demander un bilan complémentaire dans un laboratoire occidental. Cela est particulièrement intéressant pour les nourrissons en cas de test positif. Nous n'avons que peu de renseignements à l'heure actuelle sur le nombre de cas d'enfants adoptés en France ou ailleurs, dont on a décelé une séropositivité après l'arrivée, mais ils seraient rares. Les enfants restent la population la plus vulnérable : en 2007, ils représentaient une nouvelle infection sur six. La prévention de la transmission à l'enfant à naître est l'une des préoccupations de l'Onu. Selon le rapport d'avril 2007 du secrétaire général, « la proportion des femmes enceintes séropositives qui reçoivent des traitements antirétroviraux afin de prévenir la transmission de la mère à l'enfant est passée de 14 % en 2005 à 34 % en 2007 » – ce qui signifie que presque les deux tiers des femmes ne reçoivent aucun traitement. « Plus de la moitié des nouveau-nés infectés par le VIH meurent avant d'atteindre l'âge de 2 ans » (Rapport du secrétaire général de l'Onu).

« Les tests VIH ont été faits sur place, à Ouagadougou. Le premier est positif, mais on nous a dit : "Ce n'est pas grave, il y a peut-être une erreur, on va le refaire". Le deuxième était positif lui aussi. On a essayé de nous rassurer, de nous dire que c'était sans doute les anticorps de la mère, que l'enfant (âgé de 3 mois) serait négatif. J'avais déjà rencontré Alice,

Si le test VIH est positif avant 18 mois

- Soit l'enfant est infecté et le test de dépistage restera positif après 18 mois.
- Soit les tests vont devenir négatifs après 18 mois si l'enfant n'est pas contaminé. Dans ce cas, le test reflète la contamination de la mère biologique et les anticorps disparaîtront vers 18 mois. La seule façon d'en être sûr est de demander une recherche virale plus poussée dans un laboratoire occidental.

Si le test est négatif avant 18 mois

- La mère n'a pas été contaminée, l'enfant n'est pas contaminé.
- Toutefois, il existe une réelle possibilité de contamination lors de soins apportés à l'enfant tels que transfusions ou injections avec du matériel non sûr, souvent réutilisé. Il est donc nécessaire de réaliser un nouveau test de dépistage trois mois après l'arrivée de l'enfant en France.

Martine Zeisser, Accueil, *novembre 2001*

c'était mon bébé, nous avions pris la décision de l'adopter quand même, mais nous voulions savoir : nous avions déjà deux enfants, nous avions parlé avec le pédiatre… Alors, au Burkina Faso, ils nous ont proposé de refaire une prise de sang, de congeler le sang et de l'envoyer à un laboratoire à Paris. Ce que nous avons fait, à nos frais, bien sûr. Et là, effectivement, à Paris, ils nous ont confirmé qu'il s'agissait bien des anticorps de la mère. Depuis, notre petite Alice est avec nous en France, nous avons refait les tests, et ils étaient négatifs. Mais que ces semaines-là ont été longues ! »

Des parents adoptifs

Outre le VIH lui-même, les personnes infectées peuvent être exposées à des co-infections, comme la tuberculose ou les hépatites B ou C (voir ci-dessous).
Si le tableau reste très préoccupant quant à l'impact du sida sur le devenir de millions d'individus, mais aussi plus largement sur la démographie et le potentiel de développement de régions entières du monde, il est important de souligner que les traitements ont révolutionné l'espérance ainsi que la qualité de vie de ceux qui sont infectés.

Les hépatites A, B et C

Si le sida fait peur, les hépatites inquiètent aussi, mais le public non averti a

Les différentes hépatites

- **Hépatite A** (virus connu depuis les années 1970) : ne devient jamais chronique; disparaît d'elle-même; par contamination oro-fécale lorsque les conditions d'hygiène restent très limitées (lavage des mains).
- **Hépatite B** (virus connu depuis les années 1960) : devient chronique 1 fois sur 10; transmission par voie sexuelle, sanguine, fœto-maternelle, par la salive (même s'il en faut des quantités importantes). Existence d'un vaccin; traitement par antiviraux.
- **Hépatite C** (virus identifié en 1989) : devient chronique dans plus de 80 % des cas, avec des complications possibles vingt ou trente ans après; transmission par le sang, donc souvent par transfusion (seringues et autre matériel contaminés) ; ne se transmet ni par la salive ni par les aliments; transmission materno-fœtale au moment de l'accouchement; moins contagieuse que l'hépatite B; le dépistage existe, donc des traitements sont possibles. Un enfant sur quatre guérit seul avant 3 ans, un sur deux avant 20 ans.

Source: Professeur Patrick Marcellin et Thomas Laurenceau, Cent questions sur l'hépatite C, *Paris, Éditions Frison-Roche, 1999; entretiens divers.*

parfois du mal à les différencier. L'hépatite B et l'hépatite C peuvent être des co-infections au VIH.

Nous écarterons d'emblée l'hépatite A pour rappeler que l'hépatite B est un problème de santé à l'échelle mondiale qui n'est pas près de disparaître: on estime à 2 milliards le nombre de personnes contaminées à travers la planète, avec une situation endémique en Asie du Sud-Est.

Une liste de discussion existe, réservée aux parents ayant adopté des enfants porteurs d'hépatite B. Pour les contacter: hepbadopt@yahoo.groupes.fr.

« La vie sociale est ce qui pose le plus de problèmes. L'hépatite B est souvent perçue comme quelque chose de contagieux. Alors que c'est une maladie que l'on connaît bien et dont on peut facilement se protéger. Le plus difficile est de savoir s'il faut "dire" ou "ne pas dire". Nous avons pour notre part rallié le point de vue de notre pédiatre et du médecin hépato qui suit notre fille. L'hépatite B n'apparaît pas dans son carnet de santé et nous n'en avons pas parlé à la structure d'accueil où elle va actuellement.

Nous aurons une certaine "éducation" à lui apporter à la période de l'adolescence. Protection obligatoire lors des rapports sexuels, pas d'échange de brosse à dents. Si elle veut concevoir un enfant, elle le peut. Elle le fera avec un partenaire vacciné et, lorsque l'enfant viendra au monde, celui-ci sera immédiatement vacciné et recevra des immunoglobulines spécifiques, afin de pallier une éventuelle contamination.
Enfin, si une complication arrive avant l'heure, qu'il lui arrive un pépin dans quatre, huit, dix ans... eh bien, nous aurons eu la chance de partager la vie de cette merveilleuse petite fille pendant ces quelques années ! Et nous ne regretterons rien. Nous ne cacherons jamais à notre fille (comme pour l'adoption d'ailleurs) le choix crucial qui s'est imposé à nous. Mais cela fait maintenant partie de son histoire. Nous n'en parlons pas tous les jours, nous avons appris à vivre "avec". »

Des parents adoptifs

« Partie au Cambodge chercher sa fille âgée de 2 ans, cette maman découvre que la fillette qui, quelques mois auparavant était en bonne santé, est en fait porteuse du virus de l'hépatite B.
"J'ai eu pas mal de contacts e-mail avec le médecin hépatologue avant de prendre ma décision (même si, au fond de moi, elle était prise dès le premier jour!). Il m'a expliqué qu'on ne refusait pas l'adoption à un enfant porteur du virus de l'hépatite B ; qu'Aube irait bien mieux ici avec nous que dans son orphelinat au Cambodge et que les recherches faisaient tellement de progrès qu'il ne doutait pas que, d'ici à quelques années (avant l'âge où l'état de santé d'Aube serait susceptible de se compliquer), il existerait des traitements curatifs remplaçant les actuels traitements palliatifs.
La seule précaution par rapport à cette contamination, et qui nous a été imposée d'urgence par le médecin hépatologue de notre fille, est la vaccination de la famille dite "nucléaire".
Pour dépister une éventuelle complication, Aube est suivie tous les six mois avec un bilan hépato et une échographie hépatique.
Si l'un des taux apparaît en augmentation, Aube aura alors un traitement. Tant qu'il n'y a pas de modification des taux hépatiques, il n'y aura pas de traitement." »

Une mère adoptive

Après l'arrivée de l'enfant

Qui consulter ?

Même si votre enfant semble en bonne santé, il n'est pas inutile de procéder à une première rencontre avec un médecin assez rapidement. Vérifier s'il existe une consultation de conseil en adoption (Coca) dans votre région ou dans une région proche : en général, ces consultations se trouvent dans le cadre d'un centre hos-

Examens indispensables

Liste proposée par le Dr Martine Zeisser dans *Accueil*

Demandez qu'un patch anesthésiant soit posé une heure avant la prise de sang.

- Numération de la formule sanguine, avec recherche d'une anémie (carence en fer) et d'une anomalie de l'hémoglobine.
- Sérologies de l'hépatite A, B et C, sérologie du sida.
- Sérologies de la syphilis, du cytomégalovirus.
- Chez les plus petits, sérologie de la toxoplasmose et de la rubéole, recherche de l'hypothyroïdie et de la phénylcétonurie.
- Dosage des transaminases hépatiques.
- Albumine.
- Coproculture (analyse des selles) à la recherche de parasites.
- Examen des urines à la recherche d'une hématurie (présence de sang) ou d'une infection (pour le sang et les urines, l'analyse sera faite après un premier traitement pour éliminer les petits parasites ; elle est à confier à un laboratoire spécialisé).
- Test tuberculinique et radiographie pulmonaire (si elle n'a pas été faite), au vu des risques importants de tuberculose.
- Contrôle des vaccinations : tétanos, polyomyélite, diphtérie, coqueluche, *hæmophilus influenzæ* (avant quatre ans), rubéole, oreillons, rougeole et hépatite B. Les faire ou les compléter au besoin.

Points à vérifier

Périmètre crânien : pour un enfant de type européen, le **périmètre crânien** est de 35 cm à la naissance, de 11 à 12 cm de plus au bout d'une année passée dans de bonnes conditions. Selon les ethnies, nous l'avons vu, le périmètre peut être plus petit sans que cela implique des risques de retard mental ou d'épilepsie. Ce qui est important, c'est de contrôler régulièrement, pour vérifier le rythme du développement de l'enfant. La microcéphalie peut engendrer des troubles de type retard psychomoteur et peut être un signe d'appel d'une pathologie plus grave : le syndrome alcoolo-fœtal.

Selon le pays ou le continent d'origine, des examens spécifiques peuvent être utiles, par exemple, pour les enfants venant d'Afrique du Nord, d'Afrique subsaharienne et du Sud-Est asiatique, la recherche de deux anomalies génétiques fréquentes : **la drépanocytose et la thalassémie**. L'hémoglobine est anormale : il s'ensuit des problèmes hématologiques, osseux ou articulaires. Parfois, le seul signe d'appel est une anémie.

Il conviendra de faire une radio des poumons, ainsi qu'une radio de la main et du poignet, pour déterminer l'**âge osseux**, qui peut ne pas correspondre à l'âge civil. On peut ainsi détecter les risques de rattrapage de l'organisme après dénutrition sévère et la possibilité d'une puberté précoce chez la petite fille. Exemple : si l'âge osseux d'un enfant passe de 5 ans à 7 ans en six mois, on pourra s'interroger sur le risque de puberté précoce ou d'erreur quant à l'âge civil.

Enfin, il faut vérifier si l'enfant vient d'une zone de **paludisme** : en cas de fièvre, de maux de tête, de vomissements, de troubles neurologiques soudains, il faudra penser à une crise de paludisme.

pitalier régional (se renseigner auprès de l'Ase ou d'Efa). Il peut être utile de prendre rendez-vous dès que vous avez une idée de la date d'arrivée de votre enfant car il peut y avoir une liste d'attente.

N'acceptez pas un rendez-vous qui repousserait ce premier contact à plusieurs mois. Vous pouvez aussi consulter un pédiatre ou votre généraliste s'ils ont déjà suivi des enfants adoptés, placés ou venus de l'étranger.

Pour des troubles liés à des infections ou des maladies parasitaires, le service des maladies tropicales d'un centre hospitalier universitaire peut être de bon conseil : de nombreux parents y ont aussi trouvé des conseils alimentaires pour les enfants souffrant de malnutrition ou de déshydratation.

Un bilan de santé

Mieux vaut refaire un examen de santé après l'arrivée de l'enfant, tout en évitant dans la mesure du possible une hospitalisation, susceptible d'être vécue difficilement par l'enfant désorienté, sauf s'il y a un risque vital.

La première consultation visera à mettre en place des apports nutritifs (vitamines, fer, calcium, etc.), à déceler des infections ou des maladies parasitaires, à détecter une hépatite B qui pourrait nécessiter la vaccination du reste de la famille ou à identifier des retards psychomoteurs que la famille pourra commencer à combler en douceur (par le contact, le regard, l'éveil du goût, etc.).

La courbe de croissance

Outre ces examens, il est important de vérifier la taille et le poids – à contrôler tous les deux mois, voire tous les mois pour les nourrissons – afin de déceler s'il y a ou non une malnutrition profonde.

Telles qu'elles figurent dans les carnets de santé français, les courbes de croissance ne reflètent que les courbes moyennes, maximales et minimales, des enfants français « moyens », c'est-à-dire de type européen et n'ayant pas souffert de carences. Elles ne reflètent pas la diversité ethnique de notre société, encore moins la réalité d'enfants présentant à l'arrivée un retard de taille et de poids (retard staturo-pondéral).

Le médecin devra donc, pour évaluer les progrès de l'enfant et les éventuelles anomalies dans la croissance, noter soigneusement son poids et sa taille à l'arrivée, et partir de là, sachant que le taux de développement est en moyenne le même pour tous les enfants, quelle que soit leur origine ethnique : tous grandissent approximativement au même rythme selon leur tranche d'âge. On peut utiliser à cet effet les courbes de vitesse de croissance.

Beaucoup de nourrissons arrivent pesant à peine 2,5 kg à l'âge de six mois, c'est-à-dire le poids d'un enfant prématuré. Cela dit, tant les bébés que les enfants plus grands font preuve dans la majorité des cas d'une capacité de récupération spectaculaire. Dans quatre cas sur cinq, il n'y aura pas de problème de santé majeur. Malheureusement, parfois, on pourra observer des retards psychomoteurs et une épilepsie, surtout si la dénutrition et la déshydratation ont atteint l'enfant avant l'âge de 2 ans.

Il est important de prendre le temps d'observer son enfant, de le connaître. Il faut lui laisser le temps de s'adapter, de connaître ses parents, de découvrir son environnement. Mais il ne faut pas hésiter à consulter de nouveau si certaines perturbations s'installent : elles peuvent aller d'une diarrhée chronique à des troubles d'ordre psychique, voire psychiatrique.

Prendre un avis spécialisé

Cela vaut pour les troubles physiologiques comme pour les troubles neurologiques ou psychologiques.

Outre les Coca, déjà évoqués, le centre psychothérapeutique de jour, annexe des CHU, est un lieu de consultation précieux pour tous les troubles dont on a du mal à départager les aspects physiques, mentaux et psychologiques.

Le Centre d'action médico-sociale précoce (CAMSP) peut aussi être d'un grand secours. Ce service, que l'on trouve dans la plupart des grandes villes, réunit des équipes pluridisciplinaires, constituées de pédiatres, de puéricultrices, d'infirmières, de psychologues et de psychomotriciens : ces équipes, très à l'écoute, portent un regard plus complet sur l'enfant de 0 à 6 ans et évitent l'écueil du « morcellement » des approches, qui ne tiennent pas compte de l'enfant dans sa globalité.

Le Centre médico-psychopédagogique (CMPP) est une structure interdisciplinaire, avec une orientation plus psychologique, qui s'adresse aux enfants scolarisés à partir du primaire.

Ce qui doit toujours être au centre de nos préoccupations, c'est le souci d'aider l'enfant. En cas de doute, mieux vaut consulter que s'enfermer dans des certitudes ou des incertitudes, des craintes inavouées ou un certain fatalisme. Si c'est pour s'entendre dire que l'enfant va bien, quel soulagement ! Si des troubles sont diagnostiqués, mieux vaut que ce soit de précocement, afin de pouvoir mettre toutes les chances du côté de l'enfant.

Des maladies moins courantes

Il est impossible de recenser ici tous les cas de figure en matière de santé que les parents sont susceptibles de rencontrer. Il nous a paru intéressant de nous pencher sur certains tableaux cliniques, pas toujours connus des familles adoptives, pas toujours rencontrés ni reconnus par les médecins généralistes ou les pédiatres : cela ne veut pas dire pour autant qu'un enfant adopté va forcément présenter l'un ou l'autre de ces troubles.

• Les agents toxiques

Parmi les agents toxiques, on classe le plomb, les insecticides utilisés lors de guerres et les retombées nucléaires telles que celles de Tchernobyl.

L'agent orange

Herbicide défoliant hautement toxique à base de dioxine utilisé jusqu'en 1971 par les troupes américaines, l'agent orange a dévasté des régions entières du Vietnam, où la guerre a pris fin en 1975. Il a également été utilisé en Corée à la fin des années 1960. Des effets imputables à l'agent orange ont été observés sur les soldats américains, coréens et ceux d'autres nationalités présents sur le territoire vietnamien, qui ont été contaminés par le produit. Trente ans après la fin de la guerre, les effets sur la santé de la population vietnamienne continuent de se faire sentir : des scientifiques attribuent à ce toxique un taux relativement élevé d'enfants naissant avec des malformations sévères (membres déformés ou manquants). Grâce au soutien de vétérans américains et d'ONG internationales, les autorités vietnamiennes mènent un travail de décontamination de certaines zones et ont créé des « villages de la paix » qui accueillent des victimes de l'agent orange, apportant aide médicale et psychologique ainsi que des formations pour adultes et enfants. Parmi les problèmes de santé pour lesquels il semble y avoir une corrélation avec l'agent orange on trouve : fausses couches, malformations congénitales, troubles neuromoteurs, cancers, diabète type II, maladie de Hodgkin, atteintes au système immunitaire et reproductif, spina-bifida.

Dans une étude, le Dr Nguyen Viet Nhan a comparé l'état de santé des enfants d'une zone contaminée [par l'agent orange] avec celui d'enfants vivant dans une zone qui avait été épargnée. Les enfants de la zone contaminée avaient trois fois plus de risques d'avoir une fente palatine, de présenter un retard mental, d'avoir des orteils ou des doigts surnuméraires ; ils avaient huit fois plus de risques de souffrir d'une hernie (site internet de la BBC, 3 décembre 1998).

Sources : http://www.vietnam-dioxine.org ; http://www.vn-agentorange.org.

Tchernobyl

Au moment d'adopter un enfant d'Ukraine, de Russie ou de Biélorussie, les parents s'interrogent inévitablement sur les retombées transgénérationnelles de l'explosion qui s'est produite dans la centrale nucléaire de Tchernobyl le 24 avril 1986.

Tchernobyl : se renseigner

L'Institut de radioprotection et de sûreté nucléaire (IRSN), qui effectue des recherches et des expertises liées à la radioactivité et à ses conséquences sur l'homme et l'environnement, publie sur son site internet un dossier sur Tchernobyl.

Site internet : http://www.irsn.org.

D'après l'Institut de radioprotection de sûreté nucléaire (IRSN), « le nombre de cancers de la thyroïde a été multiplié par cent chez les enfants du sud de la Biélorussie » (« Les leçons de Tchernobyl », mise à jour 2006).

• Le syndrome alcoolo-fœtal ou syndrome d'alcoolisation fœtale (SAF)

Selon le Dr Jean-François Chicoine, la fréquence de l'alcoolisme en Russie et dans de nombreux pays d'Europe de l'Est devrait inciter à rechercher ce qu'il appelle les « stigmates du syndrome alcoolo-fœtal » chez tous les enfants des anciennes républiques soviétiques présentant un retard staturo-pondéral (retard de la taille et du poids) et une microcéphalie. Le site internet de l'Afa évoque cette pathologie dans la fiche sur la santé des enfants de Russie : cet aspect vaut aussi pour les enfants d'autres pays.

Si le syndrome alcoolo-fœtal touche une à trois naissances pour 1 000 en Amérique du Nord et en France (avec des variations selon les populations et les régions), l'incidence est bien plus élevée en Russie, et plus généralement en Europe de l'Est, avec une incidence de 16 à 90 naissances pour 1 000.

Le syndrome alcoolo-fœtal (Saf) est un handicap causé par une exposition du fœtus à l'alcool pendant la grossesse. L'alcool traverse le placenta et entrave la formation des cellules. Le cerveau, qui

Parmi les symptômes révélateurs, on note :

- Retard staturo-pondéral.
- Périmètre crânien inférieur à la normale.
- Retard psychomoteur.
- Troubles de concentration et d'apprentissage.
- Difficultés à assimiler une série de consignes.
- Difficultés à comprendre les enchaînements de cause à effet.
- Troubles de la mémoire.
- Caractéristiques physiques, notamment au niveau du visage : pommettes plates, nez court, absence de philtrum (plis verticaux de la lèvre supérieure), petites fentes oculaires, petit menton. Ces caractéristiques ont tendance à s'estomper avec l'âge. Le handicap devient « invisible », mais il est toujours aussi présent.

Pour en savoir plus

Il existe de nombreux sites américains consacrés au Saf (Fas, *Fetal Alcohol Syndrome* en anglais) : parmi les sites de langue française, notons www.quebecadoption.net et www.safera.qc.ca, qui proposent de nombreux liens vers des sites essentiellement en anglais.

se forme tout au long de la grossesse, est généralement l'organe le plus affecté.

Il est important de déceler le Saf le plus précocement possible, pour aider l'enfant, et afin de ne pas s'enfermer dans une interprétation erronée de sa personnalité (à lire : le témoignage de Michael Dorris, *L'Enfant brisé : les effets de l'alcoolisme prénatal*, Paris, Denoël, 1991). En effet, si l'enfant n'obéit pas, ce n'est pas qu'il est obstiné par nature, c'est qu'il n'a pas compris la série de consignes ; si l'enfant ne semble pas progresser dans ses apprentissages, ce n'est pas parce qu'il est paresseux, c'est parce qu'il n'y parvient pas, du moins au rythme qui lui est imposé ; si l'enfant a des difficultés relationnelles, ce n'est pas parce qu'il est difficile, mais parce que toute création de liens lui est foncièrement difficile. L'hyperactivité, les difficultés avec l'abstraction peuvent être des symptômes complémentaires.

Dans un cadre sécurisant, privilégiant le calme et un rythme de vie régulier, préservés des déplacements multiples ou du rejet, choyés, aimés, les enfants souffrant de Saf présentent une personnalité très attachante : affectueux, malicieux, joueurs. Ils aiment faire rire leur famille. Ils ont par ailleurs des aptitudes artistiques (musique, danse, dessin). Des formes de soutien scolaire sont souvent à envisager, ainsi que le recours à un orthophoniste, pour pallier les troubles d'apprentissage de la langue, ou à un ergothérapeute, afin de développer la motricité fine.

Enfant de mère toxicomane

Chaque année en France, 2 500 enfants naissent d'une mère toxicomane. La toxicomanie touche aussi une population de femmes souvent jeunes dans des pays comme la Thaïlande ou la Russie. En France, un enfant sur quatre est placé en institution ou en famille d'accueil. Ceux qui sont ou qui deviennent adoptables font l'objet d'un projet d'adoption particulier : on recherche des parents disposés à les accueillir en toute connaissance de cause. Ailleurs, comme pour le syndrome alcoolo-fœtal, on ne doit pas écarter la possibilité qu'un enfant adopté puisse avoir été mis au monde par une mère toxicomane.

Grossesse et toxicomanie

Premiers effets possibles (au moment de la naissance) :

- prématurité (mais attention ! tous les enfants prématurés ne sont pas, loin de là, des enfants nés d'une grossesse marquée par la toxicomanie) ;
- hypotrophie (petit poids de naissance pour un enfant né non-prématuré) ;
- risque infectieux ;
- risque de malformation (taux plus élevé que la moyenne, mais sans spécificité).

Comme pour l'alcool, de nombreuses drogues, dont l'héroïne, traversent le placenta et agissent sur les cellules au moment de leur formation. Nés parfois prématurés, ces enfants sont fragiles et peuvent nécessiter une prise en charge dès la naissance pour combler un éventuel retard de l'autonomie respiratoire. Les maladies ou les infections que l'on trouve souvent associées à la toxicomanie (VIH, virus des hépatites B ou C, syphilis) peuvent aussi être transmises à l'enfant et exiger la mise en place d'une thérapeutique appropriée.

Entre 40 et 90 % des enfants souffrent du syndrome de sevrage, « ensemble de signes secondaires à la privation brutale de drogue reçue par l'enfant[1] ».

Ce syndrome se manifeste après quelques jours et peut durer quelques heures ou quelques semaines. Parmi les symptômes, on note des troubles neurologiques (convulsions, agitation, cris, troubles du sommeil), alimentaires, digestifs, respiratoires.

Bercer l'enfant, lui donner un cadre apaisant, avec une lumière tamisée, fractionner l'alimentation, favoriser l'attachement suffisent le plus souvent pour les cas de sevrage modéré, le tout associé à un traitement pour les cas plus sévères.

Sur le long terme, ces enfants présentent un développement psychomoteur normal, mais ils peuvent conserver des séquelles, qui se manifestent par des troubles du sommeil, une tendance à l'irritabilité, des problèmes avec l'alimentation.

Certains enfants rencontrent des difficultés d'intégration sociale ou présentent des retards dans les apprentissages scolaires.

1. Caroline Cousteix, Agnès Demaizière, Anouck Leclercq, « Les soins du nouveau-né de mère toxicomane », Soins pédiatrie-puériculture n° 198, janv./fév. 2001, p. 40-42.

Le difficile nouage de liens et les troubles de l'attachement

Dans certains cas, certaines familles, le lien se fait peu, mal, voire semble inexistant. Parents et enfants ne « font pas famille ».

Les difficultés peuvent venir de ce que cela ne « colle » pas entre ces parents-là et cet enfant-là : l'apparentement n'était pas le bon. Ces mêmes parents, nous dirait Nazir Hamad, auraient pu être d'excellents parents pour un autre enfant ; cet enfant aurait pu être l'enfant idéal pour d'autres parents.

Les difficultés peuvent venir de l'histoire parentale, d'un écart trop violent entre le projet tel qu'il est imaginé et la réalité, voire d'une incapacité des parents à assumer leur parentalité face à cet enfant enfin réel. Il peut y avoir une part de peurs ou de dénis refoulés.

Les difficultés peuvent aussi venir de l'histoire de l'enfant : maltraitances, ruptures successives, traumatismes psychiques tapis dans l'inconscient. Un travail avec un psychologue, un thérapeute familial, un psychanalyste peut permettre d'identifier, de comprendre, voire de dénouer un certain nombre de blocages. Parfois, il suffit de peu de chose : l'important est de rechercher de l'aide rapidement, dès que l'on sent que ça ne tourne pas rond.

Outre l'approche thérapeutique d'inspiration freudienne, qui va tenter d'aller « au fond » des difficultés, l'approche des spécialistes de la théorie de l'attachement peut aussi offrir des pistes d'analyse, de décodage et des conseils de prise en charge qui peuvent apporter aux parents des outils qui permettent de favoriser l'émergence de liens. Le risque dans cette théorie serait de tout faire « porter » à l'enfant, de lui imputer en quelque sorte la responsabilité, de manière unilatérale, de ce que le lien ne se fait pas et de s'éviter par là une réflexion approfondie sur son rôle de parent et sur l'interaction familiale.

Néanmoins, dans la mesure où des parents ayant vécu des situations très lourdes ont pu trouver, en France comme à l'étranger, des explications par le biais des théories de l'attachement et partant, un soulagement déculpabilisant, il est intéressant de présenter les grandes lignes de ce qu'on appelle aussi le « syndrome de l'enfant hérisson ».

L'hypothèse avancée est qu'il s'agirait principalement d'enfants qui ont connu, parfois avant même leur naissance, le rejet, la séparation ou la maltraitance, d'enfants qui ont vécu la maladie ou le décès de leur mère, ou encore d'enfants qui ont été privés de soins maternels. Convaincus que, pour se protéger de souffrances ultérieures, ils ne doivent plus s'attacher, ils sont incapables de se forger une nouvelle relation, tant ils sont prisonniers d'une souffrance qui les empêche de faire le deuil de leur lien premier avec leur mère ou leur famille biologique.

Les troubles de l'attachement existent chez les enfants adoptés, les enfants placés, les enfants de parents divorcés, mais aussi chez des enfants vivant avec leurs parents de naissance : dans ce dernier cas, une dépression postnatale, les difficultés psychiques de parents ayant eux-mêmes connu des troubles de l'attachement, une grossesse non désirée ou des troubles anténataux liés à la drogue ou à l'alcool peuvent aussi être la cause de ce syndrome.

Dans le chapitre suivant, nous évoquons la régression comme une phase naturelle que traversent de nombreux enfants adoptés. Si toutefois cette phase de régression devait s'installer, si des difficultés à former des liens avec les parents persistaient au-delà de la première année, si un écart semblait se creuser entre un comportement lisse à l'extérieur et violent à la maison, il serait alors utile de prendre conseil auprès d'un pédiatre, d'un pédopsychiatre, d'un service spécialisé dans l'accueil des enfants adoptés. En effet, aider l'enfant à s'attacher dès son plus jeune âge, c'est l'aider à établir des relations durables dans sa vie d'adulte.

Quels peuvent être les symptômes ?

Il est important de consulter si les parents relèvent chez leur enfant, de manière chronique, un faisceau des difficultés répertoriées ci-dessous (et non l'intégralité !), tout en soulignant qu'un enfant fragilisé par l'abandon pourra présenter, souvent de manière passagère, certains de ces symptômes sans pour autant souffrir de troubles de l'attachement.

Certains symptômes décrits ci-dessous recoupent ceux du syndrome alcoolo-fœtal (voir p. 296-297), du postsevrage ou de l'hospitalisme. Dans tous les cas, l'enfant peut avoir besoin d'un accompagnement ou d'un traitement thérapeutique (avec intervention par exemple d'une psychomotricienne, d'une orthophoniste ou de thérapies par l'art, le théâtre ou la musique) ; les activités sportives permettent aussi de canaliser l'énergie et de développer une maîtrise de soi.

- L'enfant manifeste une forte demande d'attention.
- L'enfant rejette les marques d'affection.
- Il évite tout contact physique, voire visuel, avec ses parents.
- Il a des difficultés de sommeil.
- Il mange sans retenue.
- Il manque de concentration, de continuité.
- Petit, il utilise les urines et les selles comme une arme dans sa relation avec ses parents (il ne s'agit donc pas d'un simple phénomène de régression, associé aux autres signes évoqués dans le chapitre suivant).

- Adolescent, il se montrera provocant dans son comportement sexuel.
- Il rejette les notions de bien et de mal, et sera donc attiré par la transgression, la délinquance.
- L'enfant présente une tendance destructrice : il abîme ou casse ses jouets, ses affaires personnelles, les objets auxquels tiennent ses parents.
- Il refuse toutes les limites, toutes les contraintes, il n'accepte pas les règles.
- La relation avec les autres reste superficielle, ou alors il recherche l'attention, en se posant comme chef ou comme victime du groupe.
- Il a le sentiment de ne pas être aimé et met en place une stratégie pour empêcher les relations durables.
- L'amour est vécu comme une menace.
- Il manque d'humour.

Que peuvent faire les parents ?

Consulter

Une psychothérapie sera mise en place, différente selon l'âge de l'enfant et le trouble diagnostiqué.

Pour un nourrisson, les thérapeutes travailleront avec les parents : ils les encourageront à approcher l'enfant progressivement, à favoriser un contact physique et oculaire, pour que l'enfant, sentant que ses parents persévèrent à le tenir sans le brusquer, puisse comprendre que ceux-là ne le « laisseront pas tomber ». Des règles de vie très structurantes, encadrantes, seront mises en place : l'enfant aurait besoin d'une vie « contenante », avec des repères identifiables.

Pour les enfants plus grands, jusqu'à 9 ans, différentes formes de psychothérapie peuvent être envisagées, avec un travail qui passe par la parole, mais aussi par le dessin et d'autres formes d'expression. Enfin, pour les préadolescents ou adolescents, un traitement en centre thérapeutique, avec création de contacts au sein d'un groupe, doit parfois être envisagé.

Se protéger

L'assistance, indispensable pour l'enfant, peut aussi se révéler importante pour les parents. En effet, les améliorations ne pouvant souvent être attendues que sur le long terme, surtout pour des enfants dont les troubles ont été décelés plus tardivement, les parents vont devoir faire face à une situation douloureuse. Avant qu'ils aient pu comprendre ce qui fait souffrir leur enfant, ils auront souvent subi les conseils parfois pesants de l'entourage ou des commentaires tels que : « Vous ne savez pas vous y prendre avec cet enfant, il est charmant. »

L'une des premières choses auxquelles ils renonceront dans l'immédiat est de voir leur enfant, du moins dans un premier temps, leur exprimer en retour tout l'amour qu'ils lui portent ; ils apprendront à marquer une distance affective, à ne pas

Troubles de l'attachement : s'entraider ; en savoir plus

Pétales France (Parents d'enfants présentant des troubles de l'attachement, ligue d'entraide et de soutien) est un lieu d'entraide et de soutien.
Site de Pétales : http://www.petales.org
À lire : *Accueil*, « Les attachements », 1e et 2e parties (fév. et mai 2007).

envahir l'enfant par des marques d'affection qu'il percevra comme une menace. Il leur faudra apprendre à lui montrer leur amour tout autrement : par une grande disponibilité, par un cadre de vie structurant, par un ensemble de règles dont ils ne dévieront pas. Surtout, et c'est là le plus difficile quand on traverse une crise, ils apprendront à ne pas recevoir le comportement de l'enfant comme une attaque personnelle. Inutile aussi de chercher un « coupable » en la figure des travailleurs sociaux, des enseignants, du conjoint, des beaux-parents – même si les maladresses, souvent empreintes de bonne volonté, des uns ou des autres n'arrangent pas les choses. Les parents doivent rester humbles, ne pas croire qu'ils peuvent aller au-delà de leurs limites : si un temps de séparation s'impose, il faut l'accepter et le préparer ; les retrouvailles n'en sont généralement que bénéfiques.

Protéger la famille

S'il faut se protéger pour aider plus efficacement son enfant, il faut aussi prendre des précautions pour le reste de la famille. En effet, la vie de tous les jours peut être rendue pénible, voire impossible dans certains cas. Il est difficile de rester calme face à cet enfant, surtout quand il y a d'autres enfants dans la famille. On lui en veut de nous faire souffrir, de faire souffrir les autres qu'on aime.
Les parents auront donc tout un travail à faire, afin de surmonter ces sentiments, de comprendre que, s'ils souffrent, s'ils n'ont pas demandé cela, l'enfant lui aussi souffre et n'a pas demandé à être tel qu'il est. Une source de soutien et d'énergie peut se puiser auprès d'autres familles vivant des difficultés analogues, soit au sein de groupes pluriels de parents, soit au sein d'une association spécialisée.

La puberté précoce

Qu'est-ce qu'une puberté précoce ? Dans un article paru dans la revue *Accueil*, qui consacre tout un numéro à la puberté précoce (février 2002) et dont nous nous sommes inspirés, le Dr Jean Vital de Monléon la définit comme une « puberté débutant avant l'âge de 8 ans chez les filles et avant l'âge de 10 ans chez les

garçons », bien plus fréquente chez les premières que chez les seconds.
Le risque principal, sur le plan physique, est une croissance accélérée qui toutefois s'arrêtera trop tôt : « Pour caricaturer, une petite fille qui fait une puberté précoce sera la plus grande de sa classe en sixième mais la plus petite en terminale » (J. V. de Monléon). Une puberté précoce peut aussi être facteur de difficultés psychologiques passagères, comme le note le Dr de Kernadet dans ce même numéro d'*Accueil* : « Il est bien évidemment difficile à l'âge de l'enfance d'être confronté avec un corps d'adolescent tant pour l'enfant lui-même que pour l'entourage familial, scolaire et social. Cela d'autant plus que surviennent, chez ces "enfants", les problèmes de comportement habituellement rencontrés chez les adolescents. »
Des chercheurs aux États-Unis et en Europe s'interrogent depuis quelques années sur les signes de puberté précoce que présenteraient un nombre croissant de fillettes des pays occidentaux. Les causes restent inconnues ; sont évoquées, entre autres facteurs possibles, l'alimentation (l'obésité), la contamination environnementale et l'exposition à des hormones. Pourquoi les enfants adoptés représenteraient-ils une proportion importante des cas de puberté précoce diagnostiqués en France ? Cette puberté précoce semblerait être non pas ethnique, comme certains

Comment diagnostiquer une puberté précoce ?

- Radiographie de la main gauche qui permet d'établir l'âge osseux, dès l'arrivée de l'enfant. Un contrôle pourra être effectué après six mois, pour déceler une éventuelle accélération rapide de l'âge osseux qui pourrait laisser supposer un début de puberté précoce.
- Suivi de la courbe du poids : si l'index pondéral augmente, ce peut être un signe annonciateur d'une puberté précoce.
- Examen de l'enfant : croissance des seins chez la fille, augmentation du volume des testicules chez les garçons, pilosité pubienne puis axillaire (aisselles) ; la pilosité seule n'est pas toujours signe d'une puberté précoce. Dans ce cas, une échographie (pour examiner, chez la fille, les ovaires et l'utérus) et des tests sanguins seront réalisés, avec la mise en place éventuelle d'un traitement qui aura pour but de stopper la puberté précoce jusqu'à ce que l'enfant atteigne l'âge normal pour débuter sa puberté.

ont pu le croire au départ, mais nutritionnelle, s'expliquant par « le passage rapide d'une alimentation carencée, à une alimentation (trop) riche » (J. V. de Monléon). Il ne s'agit pas pour autant d'imposer aux enfants un régime alimentaire : il faut les laisser manger mais limiter les sucres rapides (bonbons, etc.).

Comme le fait remarquer le Dr David, qui signe lui aussi un article dans ce numéro d'*Accueil* consacré à la puberté précoce, celle-ci est d'autant plus mal repérée par les parents qu'ils « sont généralement heureux de voir l'enfant prendre du poids et grandir rapidement : certains enfants sont examinés trop tardivement alors que tout traitement est illusoire ».

Nanisme psychoaffectif et hospitalisme

Toute perturbation de la croissance n'est pas à mettre sur le compte de la puberté précoce.

Il existe aussi le nanisme psycho-affectif chez certains enfants ayant vécu en institution. Souffrant de se voir rejetés, de ne pas être aimés, certains enfants s'arrêtent simplement de grandir. Selon des chercheurs américains, le nanisme psychoaffectif s'expliquerait en partie par un « blocage » des hormones de croissance, que le bonheur de se trouver en famille, dans un cadre aimant et sécurisant contribuerait à « débloquer », à tel point que l'on voit ces enfants de petite taille se mettre à grandir de façon spectaculaire. Ce phénomène est l'une des nombreuses conséquences de l'hospitalisme, ensemble de carences affectives que présentent les enfants qui ont connu un long séjour en institution. En l'absence de liens physiques et affectifs avec des adultes, de stimulations psychomotrices, d'éveil au langage et de réactions à leurs émotions, les enfants en viennent à se couper de l'extérieur, à réagir de moins en moins : une position fœtale (l'enfant est roulé en boule dans un coin de son lit ou de la pièce), le regard vide, un balancement d'avant en arrière en sont les signes les plus visibles.

L'hospitalisme donne parfois lieu à un comportement autistique ; il exige une prise en charge de l'enfant et le soutien des parents, d'autant plus nécessaire qu'ils croyaient au départ adopter un enfant en bonne santé, qu'ils n'envisageaient pas l'accueil d'un enfant porteur d'un handicap, et donc qu'ils n'y étaient pas préparés.

Une étude réalisée sur des enfants d'orphelinats roumains par le Dr Elinor Ames, de l'université Simon Fraser (British Columbia), montre que si la majorité d'entre eux se sont bien adaptés à leur nouvelle vie, certains présentent des troubles du comportement et d'attachement plusieurs années après l'arrivée dans leur famille. Il en est pour qui le diagnostic d'autisme est sans appel.

Le témoignage ci-dessous est porteur d'un espoir prudent. On ne peut pas espérer que toutes les carences soient gommées du jour au lendemain ; mais il faut garder à l'esprit l'extraordinaire capacité de récupération à la fois physique et psychologique des enfants.

« Nous faisons le voyage pour rencontrer notre petite fille. Sortie depuis à peine une semaine de l'orphelinat, elle ne connaissait pas le soleil ni le vent sur sa peau, ne savait pas se tenir debout ni marcher, ni manger seule, ni mâcher ni parler. À 2 ans, c'était un gros bébé de 6 mois, qui se tenait assis et se balançait, "ailleurs", les deux doigts dans la bouche. Mais elle nous regardait, nous imitait, acceptait les câlins, s'intéressait à ce que nous lui montrions.
Nous l'avons accueillie cinq mois plus tard elle avait appris à tenir debout et commençait à marcher dans sa famille d'accueil. Mais si son état physique s'améliorait, affectivement, cela a été très difficile. Dix mois après son arrivée, le pédiatre et nous trouvions qu'elle ne progressait pas, qu'elle se tenait éloignée de nous, que la communication restait minime.
Après quelques rencontres en centre de guidance infantile, le diagnostic est tombé : comportement autistique. Le suivi en hôpital de jour a été mis en place à la rentrée scolaire suivante et, depuis, notre fille s'ouvre de plus en plus au monde.
Il y a quelques jours, lors du bilan de fin d'année scolaire, l'équipe nous a indiqué que le diagnostic d'autisme était définitivement écarté pour celui d'hospitalisme ; l'orthophoniste nous a dit qu'elle parlerait. Elle grandit petit à petit, affectivement elle a 2 ans et demi, physiquement presque 6 ans. Ce décalage est difficile à vivre. »

Des parents adoptifs

L'âge de l'enfant

Il faut respecter l'âge de l'enfant, y compris dans son imprécision, pour accepter l'enfant tel qu'il est.
Disparités ethniques pour ce qui est de la taille, disparités entre enfants nés prématurés ou carencés et nos « normes » françaises, accélérations annonciatrices d'une puberté précoce ou retard de croissance dû à des manques psychoaffectifs : difficile dans ces conditions, à moins d'avoir un acte de naissance fiable, de connaître l'« âge exact » de l'enfant adopté. Mais qu'est-ce que « l'âge exact » ? Est-il vraiment important de le connaître au jour et au mois près – sachant que la majorité des confusions sur l'âge des enfants se chiffrent le plus souvent en mois plutôt qu'en années ?
Outre l'âge civil (quand on le connaît), l'enfant a son âge osseux ou physiolo-

gique et son âge émotionnel. Les trois ne « collent » pas toujours. L'examen osseux, utilisé pour un suivi permettant de déceler une possible puberté précoce, est de peu d'utilité pour établir avec précision l'âge, comme le note Dominique Versini, défenseure des enfants (qui évoque la situation des mineurs étrangers isolés potentiellement expulsables) : « La grille de l'examen osseux la plus récente (Tanner et Whitehouse) a été élaborée dans les années 1950-1960 sur le modèle d'un enfant européen. Elle n'est donc pas fiable. L'Académie de médecine et le Comité national d'éthique ont signalé que, pour les 16-21 ans, la marge d'erreur était de 18 mois à 2 ans![1] ». La malnutrition peut être à l'origine d'un retard de l'âge osseux, qui est susceptible de se corriger avec une alimentation plus riche; l'âge émotionnel peut être en décalage: qui n'a pas entendu un parent se plaindre que son enfant est « bébé » pour son âge? Ce décalage, qui existe chez les enfants n'ayant pas subi de traumatismes, est d'autant plus fréquent chez des enfants qui ont des retards psychoaffectifs à combler.

Pour toutes ces raisons, et sans négliger un suivi pour déceler une éventuelle puberté précoce, mieux vaut laisser à l'enfant le soin de trouver l'équilibre entre ses divers âges: il saura mieux que quiconque en jouer et en tirer profit. En cela, la question de l'âge est symptomatique de tout le processus d'accueil de l'enfant adopté: aider l'enfant à s'épanouir au maximum de ses capacités affectives, physiques, intellectuelles tout en le respectant pour ce qu'il est; et, surtout, lui laisser du temps.

« Je crois qu'il est toute une époque après l'arrivée d'un enfant où l'expression "mais tu es trop grand pour..." est à proscrire car, dans cette période, l'enfant a l'âge qu'il a besoin d'avoir pour s'attacher à nous d'une façon irrémédiable, indestructible, pour créer l'attachement, pour que se tisse ce lien avec ses parents que rien ni personne ne peut détruire. »

Un père de cinq enfants

« En septembre 2000, on nous appelle pour nous annoncer qu'un petit garçon nous a été attribué. Deux semaines plus tard, nous sommes à Bucarest pour rencontrer notre fils de 2 ans et demi, Christian (84 centimètres, 8 kilos). Passé les premières minutes de surprise (il ne correspondait pas à l'image que nous nous étions faite de lui d'après les photos, il avait un visage triste et inexpressif), nous l'avons tout de suite fait nôtre, malgré les doutes qui

1. Interview dans *Valeurs mutualistes*, Mgen, n° 254, mars-avril 2008

nous ont pourtant assaillis, notamment lorsque nous l'avons vu se balancer convulsivement dans son lit à barreaux, les yeux révulsés. Comme tout le monde, nous avions entendu parler d'autisme, et pour nous cela en était un des principaux symptômes.
Christian ne marchait pas seul, ne savait pas mâcher ni croquer un biscuit. Il émettait de drôles de petits cris. On nous a dit que tous les enfants élevés en orphelinat manifestent ce genre de symptômes liés aux carences alimentaires et affectives, et qu'après six mois passés avec nous en France tout rentrerait dans l'ordre. Nous avions de sérieux doutes, mais nous voulions tellement y croire!
Pendant les trois jours que nous avons passés là-bas, Christian s'est transformé. Il renaissait à la vie. Il voulait tout le temps qu'on le fasse marcher, il avait de plus en plus d'énergie; il souriait parfois, et se passionnait pour l'album photos que nous lui avions apporté. Le dernier jour, quand nous sommes allés lui dire au revoir après avoir signé chez le notaire, il s'est levé, nous a fait un grand sourire et nous a tendu les bras. Là, nous avons vraiment su que nous avions pris la bonne décision.
Deux mois plus tard, nous sommes retournés le chercher. Une semaine après son arrivée à la maison, il marchait seul. En revanche, lui apprendre à mâcher a été un travail long et laborieux. Le soir, il mettait trois heures pour s'endormir, en se balançant dans son lit. Il était souvent absent, les yeux dans le vague et il s'intéressait à très peu de choses. Très vite, notre pédiatre nous a orientés vers le milieu hospitalier où nous avons fait un bilan pédopsychologique, neurologique et psychomoteur. Nous avons appris qu'il souffrait d'hospitalisme. Dans un premier temps, il y a eu des séances de psychomotricité, puis des séances avec une éducatrice. Il a beaucoup progressé.
Il est rentré en première maternelle en septembre 2001 mais, très vite, l'institutrice n'a plus pu le gérer seule: il ne respectait aucune règle. Deux matinées par semaine, une rééducatrice est donc intervenue, pour l'intégrer en milieu scolaire et l'amener à s'intéresser aux autres enfants. À cela se sont ajoutées deux demi-journées d'activités en petits groupes d'enfants, sans compter une présence permanente de son père ou de moi-même à ses côtés. Tous ces efforts conjugués mis bout à bout lui ont permis de faire un bond énorme et de renaître à la vie. C'est notre plus belle récompense. Il a maintenant 4 ans et fait son

bonhomme de chemin. Il mange seul, boit au verre, utilise une quinzaine de mots, est propre de jour comme de nuit. Il comprend énormément et fait preuve d'un grand sens logique. Il connaît son alphabet et adore les livres. Il est très habile de ses mains et s'intéresse à beaucoup de choses. Surtout, il a appris à rire et à sourire. Il a tissé avec nous un véritable lien affectif, qui rend tout le monde très optimiste à son égard. Pourtant, personne ne peut dire jusqu'où il ira, s'il sera un jour un petit garçon comme les autres. Il a toutes les cartes en main, mais c'est lui qui décide. Le fait que son comportement ne corresponde pas à son âge physique n'est pas toujours facile à assumer en dehors de la maison mais, plus on a confiance en lui, plus on s'habitue, moins on voit le regard extérieur. Nous avons eu cette chance que Christian soit notre premier enfant, nous avons pu nous consacrer à lui 100 %. »

Des parents adoptifs

Chapitre 3

L'arrivée de l'enfant dans la famille

Ce « petit venu de loin » entraîne toutes sortes de remises en question par rapport aux valeurs, aux croyances et aux préjugés de tous les membres de la famille, y compris ceux de la famille élargie. Cet enfant agit comme un stress sur le mobile familial puisque, en ajoutant une composante au mobile, ce sont maintenant toutes les parties qui doivent s'ajuster à cette arrivée pour conserver l'équilibre de l'ensemble.

Jean-François Chicoine, Le Clinicien, *août 1998*

Quand l'enfant paraît

Les premiers jours

L'arrivée de l'enfant est un événement. À l'aéroport, quand l'enfant vient de l'étranger, ou à la maison quand il arrive d'une ville de France, proche ou lointaine, une partie de la famille se joint souvent aux parents et aux enfants pour l'accueillir.

Parfois, si seul l'un des parents a pu se rendre dans le pays d'origine, l'autre parent est là, bien sûr, pour l'accueillir : moment noué d'émotion, où le petit passe des bras de l'un à ceux de l'autre, où l'enfant et l'adulte se découvrent mutuellement, chacun sondant les traits qu'il n'avait vus jusque-là qu'en photo – et encore...

D'autres fois, ce sont les deux parents qui attendent, pour prendre dans leurs bras ou par la main leur fils ou leur fille tant attendu(e), qu'ils n'ont pas pu aller chercher eux-mêmes. C'est souvent le cas pour un nourrisson confié à une famille d'accueil : la nourrice l'amène chez ses parents, qui attendent avec une fébrilité intense ce moment de passation définitive.

Tisser un cocon familial

Une fois à la maison, les visites ont tendance à se succéder, chacun – parent ou ami – voulant rencontrer celui ou celle qui vient de rejoindre la famille. Il est néanmoins important de savoir préserver le cocon familial, de ne pas trop multiplier les rassemblements ni les prolonger.

Il ne faut pas oublier que l'enfant est désorienté, qu'il vienne de la ville voisine ou d'un pays à l'autre bout du monde : tout lui est nouveau, les visages, les odeurs, les voix, le cadre de vie... Il a besoin de savoir qui sont ses parents, de nouer des liens

Va, vis et deviens

Un film à voir et à revoir pour comprendre l'arrivée du point de vue de l'enfant. Le cinéaste Radu Mihaileanu a filmé magistralement à hauteur d'enfant la découverte de ce nouveau monde, avec ses conventions et ses codes, l'amour maternel mais aussi le racisme, les peurs et les colères que tout cela peut déclencher, la nécessité (du moins l'enfant le pense-t-il) de taire certains aspects de son histoire.

avec eux, de les différencier des autres adultes qui l'entourent.

Tout ce qui peut favoriser l'émergence d'une relation fusionnelle doit être encouragé. Selon l'enfant, ce temps sera plus ou moins long.

> « Notre enfant était heureux quand quelqu'un venait à la maison, mais il ne supportait pas quand les visiteurs repartaient ; il pleurait, s'accrochait à eux, nous tapait si nous essayions de le calmer. Nous avons espacé les visites, pour lui laisser le temps de construire une relation avec nous, de comprendre que ceux qui venaient nous voir ne faisaient pas partie de la famille. Petit à petit, il a compris, même si, aujourd'hui encore, trois ans après son arrivée, quand il est fatigué ou anxieux, un départ reste douloureux ; comme si, chaque fois que quelqu'un partait, cela renvoyait à sa séparation avec sa mère de naissance. »
>
> *Des parents adoptifs*

Préparer la famille élargie

Dans un premier temps, ce sont non pas tant les enfants que les parents qui ont besoin de la reconnaissance de la famille élargie, et notamment de celle des grands-parents, pour y puiser une forme de légitimité.

Ils ont besoin de sentir que leur fils ou leur fille est accepté(e), qu'il ou elle est reçu(e) dans la lignée et qu'ils sont eux-mêmes reconnus dans leur rôle de parents.

À côté de ceux qui racontent le soutien actif et la fébrilité des futurs grands-parents avant l'arrivée de l'enfant, l'émotion et l'enthousiasme avec lesquels ils l'accueillent, on rencontre ceux qui ont l'impression que l'attente de l'entourage n'a pas été à la hauteur de la leur. Ils pensent alors que, autour de cet enfant venu d'« ailleurs », c'est-à-dire de l'extérieur de la lignée génétique et biologique, l'expectative qui s'est produite lors de la naissance d'un enfant biologique au sein de la famille ne se crée pas.

La déception que cela produit peut envoyer des réverbérations plus ou moins durables à travers la famille élargie, susceptibles de jeter un temps un coin d'ombre sur ce bonheur.

Pourquoi une telle attitude ?

- La démarche n'a pas été suffisamment expliquée, racontée étape après étape, comme on rendrait compte de l'évolution d'une grossesse.
- Quand la démarche a été expliquée, le cheminement n'est pas le même : des réticences culturelles, sociales, générationnelles peuvent affleurer.

Chez les futurs grands-parents, la réserve que suscite un projet d'adoption reflète une peur pour leurs propres enfants : peur de les voir souffrir, de les voir affronter des difficultés inattendues, d'être déçus (comme si tout cela devait être plus probable avec un enfant adopté qu'avec un enfant biologique) ; peur que la « greffe » ne prenne pas.

L'effet de toutes ces inquiétudes confusément ressenties se traduit par un recul, le plus souvent passager, ou *a contrario* par un surinvestissement, tel celui de cette grand-mère, ancienne institutrice, qui veut tellement bien faire qu'elle en est presque trop présente. Toujours prête à s'occuper de l'enfant, elle a voulu prendre en main le suivi de sa scolarité, mais elle refuse de le transporter dans sa voiture, car elle a « trop peur » pour lui.

En fait, elle angoisse à l'idée de faire mal à sa fille et à son gendre, qui ont tellement voulu cet enfant qu'il en devient en quelque sorte plus « fragile » que les autres petits-enfants biologiques, qu'elle n'hésite pas à véhiculer.

« La famille a toujours été informée : à chaque étape de notre démarche, on envoyait une copie des documents pour qu'ils se sentent concernés. Une partie de la famille était assez réticente à l'idée d'un enfant de couleur ainsi qu'à notre projet d'enfant à particularité. Ainsi, quand on leur a dit : "L'enfant va bien, c'est une petite fille noire", ils ont répondu : "Elle est en bonne santé ? Alors c'est l'essentiel." »

Des parents adoptifs

« Nos deux familles sont très différentes. D'un côté, ils ont beaucoup voyagé, ils sont cultivés, ouverts aux idées nouvelles, assez "branchés", pourrait-on dire. De l'autre, c'est une famille rurale traditionnelle, qui, depuis des générations, a toujours vécu dans le même canton. Aller à la grande ville voisine, c'est déjà toute une expédition. Quand nous avons su que notre enfant nous viendrait d'Haïti, nous nous attendions à des réticences. Or elles ne se sont pas manifestées là où on les attendait, du côté de la famille "traditionnelle" : pour eux, c'était un enfant, un garçon, un héritier, cela était en soi suffisant ; il faisait dorénavant partie du clan. Chez les autres, en revanche, cela a posé plus de problèmes : allait-il s'adapter, comment serait-il perçu par les autres, allait-il réussir à l'école ? Une certaine attente sur le plan éducatif, dans cette famille où la "réussite" sociale passe par les études, entravait la libre expression des sentiments. Au fil du temps, l'enfant grandissant et se montrant très attachant, il a conquis ses grands-parents des deux côtés, qui se le disputent désormais... »

Des parents adoptifs

« Quand j'ai parlé d'adoption à mes parents pour la première fois, pour leur faire part de la procédure que j'effectuais, de mon désir d'avoir un enfant, leur réaction m'a étonnée : ils espéraient avoir des petits-enfants "de leur sang". Il leur a fallu digérer l'adoption, puis l'adoption internationale, imaginer un visage autre. Je m'y étais prise à l'avance exprès, pour leur laisser ce temps d'adaptation, pour leur permettre d'en parler autour d'eux. Manque de chance, les réactions de leurs amis furent franchement négatives ou inquiétantes.

Quand j'ai annoncé qu'un petit garçon de 8 mois nous attendait à Djibouti, ils n'ont pas partagé notre bonheur et ma mère, sans méchanceté, m'a rejoué le sketch "Noir ? mais noir noir ? ou... ?" Je n'y croyais pas !

Ma mère a mis un mois à venir découvrir son premier et unique petit-fils, et nous n'avons pas vu mon père pendant un an. J'ai ressenti de la colère, de l'amertume et tellement de chagrin ! Au bout d'un an, nous avons fait les premiers pas et renoué avec mon père. Nous étions tendus lors de nos rencontres. Mon fils, qui scrute chaque nouvelle personne, a examiné mon père, sur la défensive ; ils sont restés l'un et l'autre à distance, sans agressivité néanmoins. Pour notre deuxième fils, j'ai averti ma mère au fur et à mesure et mon père, la veille de notre départ pour Haïti. Il a été estomaqué mais, cette fois-ci, il n'y a pas eu de rupture. Il était finalement en terrain connu. J'avais insisté pour que ma mère vienne nous accueillir à notre retour à l'aéroport. Ce premier contact, cette participation à l'événement l'a transformée. Elle m'a ensuite aidée à trouver des lettres de recommandation pour le dossier de notre troisième enfant, elle s'est investie dans le projet sans aucun problème (hormis les inquiétudes habituelles : trois enfants ? tu es sûre ?). C'est maintenant une grand-mère merveilleuse avec ses trois petits-enfants, qu'elle adore, qu'elle regarde grandir avec beaucoup de plaisir et d'intérêt, que mon père contemple avec indulgence.

Avec le temps, j'ai mieux compris l'attitude de mes parents, une fois mes propres émotions digérées. Ils étaient inquiets pour nous : et si les sentiments, l'amour n'étaient pas au rendez-vous, dans un sens ou dans l'autre ? Et si ces enfants étaient mal acceptés autour d'eux ? Et s'ils souffraient de racisme, de la bêtise d'autrui, ne nous en voudraient-ils pas ? Et s'ils nous quittaient, nous rejetaient ? Et si nous souffrions ? Ils étaient aussi inquiets pour eux-mêmes : nous, grands-parents, allions-nous pouvoir aimer ces petits-enfants-là ? Ils ne connaissaient pas de familles autour d'eux dont l'exemple aurait pu les rassurer, ils ne participaient pas aux réunions de postulants et de parents adoptifs, ils ne lisaient pas les témoignages dont je me gavais, ils évoluaient donc très lentement. Puis, quand ils ont vu notre joie, la "greffe" qui prenait, quand ils ont connu les enfants un peu mieux, puis rencontré petit à petit d'autres familles, ils se sont rassurés et ont fait leur chemin. »

Des parents adoptifs

Les questions de santé sont souvent une source d'inquiétudes ou de malentendus, surtout dans le cas des adoptions internationales : certains grands-parents observent avec circonspection ce petit nouveau, le soupçonnant d'arriver avec tout un lot de maladies mystérieuses et sûrement dangereuses.

Des parents d'enfants porteurs d'hépatite B ont vu les portes se refermer ou des oncles et tantes qui ne le voyaient qu'une fois par an se faire vacciner, voire espacer encore plus les rencontres. D'autres, en revanche, comme le grand-père évoqué ci-après, deviennent grands-parents dès le premier souci de santé.

« D'entrée, mon père était hostile à l'adoption. Je suis célibataire, et il ne voyait pas pourquoi j'allais me "compliquer" l'existence alors que je pouvais vivre tranquille, comme il le disait, sans chercher à se demander si j'avais envie d'une vie paisible. Quand je lui ai montré une photo de l'enfant, il a jeté un coup d'œil rapide et a changé de sujet. Puis, quand j'ai appris que le petit avait un souci de santé, que l'adoption s'en trouvait remise en question par son pays, que j'ai raconté tout cela à mes parents, voilà qu'une larme a perlé au coin de l'œil de mon père. Ce jour-là, il est devenu grand-père, alors qu'il ne savait pas s'il allait jamais rencontrer ce petit-fils... »

Une mère adoptive

Quelles que soient les réticences premières du côté des grands-parents, les petits-enfants, eux, ne doutent jamais ; et si, à l'adolescence, ils diront peut-être à leurs parents qu'ils ne sont pas leurs « vrais parents », ils ne douteront jamais de ce que leurs grands-parents soient leurs grands-parents. Car, souvent, c'est le petit-fils ou la petite-fille qui a su les apprivoiser et dompter leurs peurs.

Des difficultés possibles

Le baby blues *de l'adoption*

Le trouble que peut provoquer l'arrivée de l'enfant dans la famille élargie est d'autant plus mal vécu que les parents eux-mêmes se trouvent souvent dans un état d'épuisement. Cette fatigue à la fois psychique et physique ne saurait être sous-estimée, surtout quand s'y ajoutent des contraintes matérielles qui accompagnent le processus d'acclimatation de l'enfant :

- Contraintes alimentaires, liées à divers problèmes : diarrhées, allergies au lactose ou à d'autres aliments ; réhydratation ; troubles digestifs dus à un passage trop rapide à une alimentation plus protéinée que celle qu'il connaissait ; adaptation difficile liée à de nouveaux aliments ou à des quantités plus importantes que celles auxquelles l'enfant était habitué.
- Troubles du sommeil, terreurs nocturnes, surtout pour les enfants redoutant une nouvelle séparation, qui peuvent conduire dans un premier temps à passer des nuits à leur chevet ou à les installer dans la chambre des parents. Ces inquiétudes, auxquelles peut s'ajouter les premiers jours le décalage horaire, se traduisent chez certains par des endormissements difficiles, des réveils en pleine nuit ou à l'aube. Bercer, cajoler l'enfant, le porter, lui parler : chacun trouvera sa façon de répondre à ce besoin d'être rassuré.
- Des contraintes matérielles, comme la nécessité de soins intensifs ou de soigner immédiatement quelque affection.

Il est donc indispensable, pour ceux qui le peuvent, de prendre le congé d'adoption et de savoir que, pour un deuxième enfant, il y a aussi la possibilité de demander un congé parental d'éducation (voir chapitre « Droits et jugements »).

La disponibilité matérielle que ces congés offrent aux parents est précieuse. Elle permet de se consacrer pleinement à l'enfant. Car, même quand il semble être en bonne santé ou s'adapter sans difficulté, l'attente a été si forte, si intense et si longue qu'un décalage se manifeste entre tout ce qu'a imaginé le parent et la réalité à laquelle il est confronté. Et le temps pris ensemble se révèle indispensable pour favoriser la découverte mutuelle, l'installation de premiers liens.

S'y ajoutent la peur de ne pas être à la hauteur, le trouble face à des comportements ou à des difficultés que l'on n'attendait pas. Le parent se sent dérouté, il craint de perdre pied ; il culpabilise et hésite à en parler, de peur d'être jugé, de s'entendre dire : « J'ai toujours pensé que ce ne devait pas être facile d'accueillir un enfant dont on ne sait rien », de se voir reprendre cet enfant tant attendu.

> « Quand je réfléchis à tout ce qui, dans une adoption internationale, s'interpose entre le futur parent et son enfant, je me rends compte que chaque famille qui parvient à se constituer est un miracle ! Et que les adultes qui passent au travers sont profondément ébranlés par tout le processus. Le facteur de stress jumelé à l'arrivée d'un enfant différent, carencé, souvent malade, peut faire craquer des gens pourtant reconnus comme solides. »
>
> *Claire-Marie Gagnon, présidente de la Fédération des parents adoptifs du Québec*

Le phénomène du *baby blues* de l'adoption ou de la dépression postadoption, qui ressemble au *baby blues* des mamans de naissance, est désormais reconnu des psychologues. Il a été longtemps sous-estimé.

Il est important d'en reconnaître les symptômes (fatigue, nervosité, envie de pleurer, sentiments oscillant entre le besoin de fusionner avec l'enfant et de s'isoler) et de réagir, pour ne pas perturber un enfant déjà fragilisé par l'abandon ou la séparation qu'il a déjà vécu (voir dans le chapitre « La santé de l'enfant » la partie sur les troubles de l'attachement), pour ne pas mettre à mal l'unité du couple.

Un premier pas est d'en parler à son médecin ; certaines mamans préféreront se confier à un professionnel de la petite enfance (puéricultrice ou assistante maternelle) avec lequel elles ont noué des liens à travers la garde de l'enfant, ou à d'autres parents (adoptifs de préférence : ils comprendront sans doute mieux). C'est avec soulagement que l'on découvre que l'on n'est pas seul à avoir traversé une phase difficile, que l'on n'est pas, loin s'en faut, un parent indigne. Il suffit parfois de peu pour retrouver l'apaisement.

> « Ce n'est que longtemps après que j'ai pu parler à une assistante maternelle des ambivalences que j'éprouvais dans mon nouveau rôle de mère de cet enfant de 3 ans ; je croyais que je n'avais pas la "fibre" de mère et j'en ai beaucoup souffert. Elle m'a dit que de telles réactions étaient plus courantes qu'on n'ose le dire, y compris chez les mères biologiques. Ça m'a fait un bien énorme ! Du coup, je me suis sentie un peu moins "anormale". »
>
> *Une mère adoptive*

Certains parents disent avoir été soutenus par des parents biologiques, qui reconnaissent avoir eu des états d'âme quant à leurs sentiments et à leur capacité d'attachement pour un enfant qu'ils avaient conçu, porté, attendu. Comme le reconnaît une mère adoptive, « savoir que de telles ambivalences ne sont pas dévolues aux seuls adoptants est très rassurant ». Et puis, si l'on pense le plus souvent aux mères, il faut aussi garder à l'esprit que l'arrivée de l'enfant peut également se révéler angoissante et déstabilisante pour le père.

> « Au début, cette adoption était pour moi une idée relativement abstraite ; puis, à l'arrivée du petit, il a fallu gérer l'événement, comme on le ferait pour n'importe quel enfant. Pour moi, l'attachement s'est construit au fil des jours. C'est l'enfant qui crée la relation. »
>
> *Un père adoptif*

Le mythe de l'attachement spontané

Même si certaines mères manifestent au moment de l'arrivée de l'enfant un ensemble de symptômes analogues à ceux d'une grossesse ; même si, au moment de se voir remettre l'enfant, les parents se sentent envahis d'un immense flot d'amour, ces sentiments ne sont pas universels.

Certains sont pris par un vertige de responsabilité, d'autres semblent rester impassibles.

L'attachement n'est pas forcément spontané. L'instinct maternel serait un mythe. Pas plus que les parents « bio », les parents adoptifs ne doivent pas se sentir tenus de réagir d'une façon plus qu'une autre. Là encore, ils ne doivent pas culpabiliser ou croire que leurs émotions ne sont pas à la hauteur de l'événement ou de ce qu'ils pensent que l'on attend d'eux.

La rencontre avec d'autres parents, adoptifs ou non, ainsi qu'avec des professionnels de la jeune enfance, en consultation privée ou au sein de groupes de paroles organisés par des associations familiales, permet de relativiser ses craintes et par là d'apaiser ses angoisses.

Le rôle du père

L'adoption place les parents sur un pied d'égalité dans l'attente de l'enfant et pendant la préparation de sa venue. Même si l'on n'a pas toujours cheminé au même rythme dans le projet d'adoption, c'est à deux que l'on avance : l'homme et la femme vivent un désir partagé, une grossesse affective commune, ils entreprennent ensemble ce cheminement vers l'enfant.

Là où une grossesse biologique place le futur père en spectateur, l'enfant adopté « met, en revanche, mère et père sur le même plan, du fait que tous deux l'ont attendu pareillement[1] ».

1. Nazir Hamad, *L'Enfant adoptif et ses familles*, Paris, Denoël, 2001.

Toujours selon Nazir Hamad, la concrétisation du désir d'enfant « les implique tous deux dans une sorte d'égalité parfaite dans l'avenir d'enfant du couple ». C'est la raison pour laquelle, dans le processus de découverte et d'attachement mutuels, le rôle du père peut se révéler primordial.

Chez beaucoup d'enfants qui ont déjà vécu un abandon et qui n'ont souvent connu pour seul parent que leur mère, l'arrivée d'une nouvelle mère est accueillie avec méfiance : celle-ci ne va-t-elle pas l'abandonner à son tour ? L'image paternelle, en revanche, sauf chez ceux qui, orphelins de mère, ont vécu avec leur père, est une image vierge, que l'enfant peut investir avec enthousiasme.

Le père va peu à peu apprivoiser ce petit être farouche, l'amener progressivement vers sa mère et, ce faisant, s'épanouir pleinement dans son rôle à la fois de parent et de conjoint.

La mère ressent parfois douloureusement la marginalisation momentanée qu'elle subit, qui n'est pas sans rappeler celle que vivent certains hommes à la naissance de leur enfant.

Certaines familles, néanmoins, vivent une situation inverse. En effet, le manque de référents masculins dans les pouponnières ou les orphelinats peut, dans un premier temps, provoquer une certaine méfiance à l'égard du père. Cette réaction est connue des services sociaux qui préviennent parfois de la possibilité de tels comportements.

« Dans la grossesse de ma femme, et bien que nous ayons tout fait pour la partager, j'ai senti qu'une partie d'elle et de ce qu'elle vivait, de sa relation à notre enfant après la naissance m'échappait. Avec notre seconde fille, que nous avons adoptée, je me suis senti pleinement impliqué ; en outre, c'est moi qui suis allé la chercher. Le voyage seul dans l'avion, l'attente, la rencontre enfin, et ce que j'ai vécu à ce moment-là, toutes ces émotions m'ont rapproché davantage de ma femme et de toutes les émotions qui ont pu la traverser avant, pendant et après l'accouchement. »

Un père adoptif

« Siméon a mis quelques mois à accepter les voix masculines sans manifester d'inquiétude et à considérer que son père pouvait s'occuper de lui. Sophie a eu aussi une période où son père, pourtant très présent et concerné, ne pouvait pas lui donner le bain, l'habiller, etc. sans provoquer des crises que seule ma présence arrivait à calmer. »

Une mère adoptive

« Lorsque mon fils est arrivé, il avait 5 ans. Il a très vite envahi son père...

On sentait qu'il était fier d'avoir un homme pour lui ! Même si tout se passait bien dans nos relations et qu'il était très affectueux avec moi, je passais au second plan. Je me souviens de son air triomphant sur les épaules de papa, de sa demande constante de jouer avec lui... Et puis le jour est venu où mon mari a dû reprendre le travail après les dix jours de congé pour l'accueil de notre fils...
Il a passé une matinée d'angoisse profonde, pleurant, hurlant ; il paraissait totalement perdu, désorienté bien que nous ayons essayé d'expliquer, avec nos quelques mots d'amharique...
Mon mari est donc rentré à midi et a sollicité dans l'urgence une semaine de congé supplémentaire... et, la semaine suivante, notre fils a accepté son départ pour le travail... Après, les choses se sont rééquilibrées entre papa et maman... ouf pour moi ! »

Une mère adoptive

« Ayant été maltraités par leur mère, ils avaient une perception négative de toute image maternelle. Ils n'acceptaient pas trop le contact avec moi. C'est donc au départ le papa qui s'est occupé des douches, du coucher. Cela a été une période frustrante pour moi car je désirais donner de l'affection et les enfants n'étaient pas prêts à la recevoir. Cela fait maintenant un an et demi que les enfants sont avec nous, ils réclament leur moment de tendresse et aiment beaucoup que je m'occupe d'eux. »

Une mère de deux enfants adoptés de 6 et 9 ans

« Des mamans qui avaient adopté avant moi m'avaient dit qu'il y avait parfois des crises hallucinantes pendant trois mois avec des enfants dits "plus grands".
Donc je ne me suis pas étonnée outre mesure de la mise à sac trois fois de la chambre : tapisserie et frise en lambeaux, murs "repeints" avec tout ce qu'on peut imaginer, peinture du lit rayée, alèse en caoutchouc et rideaux déchiquetés à coups de dents, commode défoncée à coups de pieds et de poings, matelas et literie souillés intentionnellement, radiateur arraché, ainsi que la serrure de la porte, mutilations (arrachage de peau jusqu'au sang et de cheveux par poignées, morsures), et j'en passe et des meilleures...
Je considérais que tout était normal, je grondais, je me mettais en colère, je punissais, j'exigeais des enfants qu'ils m'aident à ranger ou à réparer (même si c'était symbolique), mais je restais relativement sereine. Après tout, on m'avait bien dit que c'était dur.
Lorsque, deux mois plus tard, j'ai raconté tout cela lors d'un pique-nique de l'association Enfance et familles

d'adoption, les "anciennes mamans" qui m'avaient prévenue que ce serait difficile m'ont regardée, très étonnées... Leur enfant n'en avait pas fait le centième il faisait des caprices, avec beaucoup de cris et de pleurs, mais guère plus. Maintenant, ce sont deux enfants douces, câlines, coquines, d'une politesse exquise, avec des tempéraments tout à fait "normaux" (jalousies, bêtises individuelles et collectives, bavardes comme des pies) et une forte dose d'humour – mais cela, il paraît que c'est de famille... »

Une mère « très zen »

À chacun son adaptation

L'attachement peut très bien ne pas être spontané chez l'enfant. Certains se livrent facilement à leurs parents, d'autres semblent garder une part de leur moi en retrait, se laisser caresser avec une certaine indifférence.

D'autres encore s'agrippent à leurs parents, se cramponnent à eux comme un petit koala à un tronc d'arbre, sans pour autant être forcément forcément en retour câlins.

Pour certains, l'adaptation passe par une crise apparemment destructrice, voire autodestructrice, pouvant aller jusqu'à l'arrachement des cheveux par poignées. Loin de s'en inquiéter, des psychologues, dont Anne Decerf[1], y voient une « extraordinaire énergie vitale » qui peut néanmoins effrayer des parents non préparés. Ce genre de réaction disparaît habituellement au bout de quelques semaines ou de quelques mois, à mesure qu'à l'expérience de la fracture et de la rupture que suppose l'abandon succède une période de construction de nouveaux liens, qui permettent de repartir dans la vie.

L'enfant doit se sentir autorisé à découvrir et à s'approprier, à son propre rythme, son nouvel environnement, ses nouveaux parents, des façons jusque-là inconnues d'exprimer l'affection. L'excitation, l'agressivité et l'angoisse s'affronteront et se succéderont en lui. De l'exaltation que lui procure l'effet de se sentir l'objet de tant d'attention, il peut tomber dans une inquiétude mêlée d'incompréhension, surtout au moment du coucher : combien de temps ça va durer ? Est-ce vraiment pour toujours... et demain, au réveil, seront-ils toujours là ? Et ceux d'avant, enfants ou adultes, les reverra-t-on un jour ?

Les parents devront rassurer, parler, apaiser, sachant que les manifestations d'amour, par exemple, ne passent pas dans de la même façon toutes les cultures ; une caresse, dans un premier temps, exprimera

1. Anne Decref, *L'Adoption : d'une fracture à la renaissance*, Sainte-Foy, Presses de l'université de Laval, 2001.

tout ce que nous mettons dans un « bisou ». Selon les cas, la sensibilité de l'adulte s'assortira donc d'une certaine retenue dans les marques d'affection physiques ; la parole sera privilégiée, ainsi que le son de la voix, les expressions du visage.
La disponibilité, la flexibilité des parents aideront l'enfant à trouver sa place, à se laisser aller progressivement, jusqu'à lâcher et se sentir autorisé à recevoir, mais aussi à demander, des caresses, des baisers, des massages, mais pas tout en même temps ni inconditionnellement. Ce seront les premiers pas en avant, souvent assortis d'un retour en arrière : il s'agira de la phase de la régression, phénomène auquel contribueront tant son rapport à la nourriture que son environnement physique, celui de sa chambre, avec son lit et ses jouets.

La vie quotidienne

L'alimentation

L'adaptation à nos habitudes alimentaires ne se fait pas toujours sans heurt. L'enfant venu d'un pays lointain va peu à peu découvrir une alimentation jusque-là inconnue, des règles et des rituels qui lui paraîtront insolites (manger à heures fixes, s'asseoir à table, utiliser un couteau et une fourchette, ne pas se servir directement dans le plat commun), sans compter une variété d'aliments et des quantités insoupçonnées.
Une certaine flexibilité doit prévaloir au début : certains petits accepteront d'entrée de jouer le jeu et de s'installer dans leur chaise haute avec une assiette et une cuillère, d'autres ne voudront manger qu'assis par terre, avec les doigts. Certains parents disent avoir opté dans un premier temps pour une formule « pique-nique », sur un tapis, avec des morceaux de poulet et d'autres mets que les enfants pouvaient aisément saisir avec les doigts.
De nombreux enfants sont dérangés par une alimentation solide : mâcher représente pour eux un effort, un nouvel apprentissage, surtout quand ils ont été habitués aux préparations liquides. Une solution peut être de reprendre un certain temps le biberon, en épaississant progressivement la préparation. Les parents encouragent par là le phénomène de régression.
Néanmoins, l'accoutumance n'est pas simplement physique ou physiologique. La dimension affective du rapport à la

nourriture est réelle : est-ce un hasard si nous voyons un nombre non négligeable d'enfants adoptés vouer un véritable culte à « l'art du bon manger », comme on disait au Moyen Âge ?
L'alimentation peut être un révélateur, y compris chez des enfants qui ont toujours eu la possibilité de manger à leur faim, tels que les enfants vivant en France ou ayant grandi à l'étranger dans des institutions ou dans des familles d'accueil où ils n'étaient pas privés sur le plan alimentaire.

> « Sophie était depuis quinze jours à Fleurville ; elle se sentait si heureuse que tous ses défauts et ses mauvaises habitudes étaient comme engourdis. [...] Sophie n'avait plus besoin de voler de pain pour satisfaire son appétit ; on lui en donnait tant qu'elle en voulait. Les premiers jours, elle ne pouvait croire à son bonheur ; elle mangea et but tant qu'elle pouvait avaler. Au bout de trois jours, quand elle fut bien sûre qu'on lui donnerait à manger toutes les fois qu'elle aurait faim, et qu'il était inutile de remplir son estomac le matin pour toute la journée, elle devint plus raisonnable et se contenta, comme ses amies, d'une tranche de pain et de beurre avec une tasse de thé ou de chocolat. Dans les premiers jours, à déjeuner et à dîner, elle se dépêchait de manger, de peur qu'on ne la fît sortir de table avant que sa faim fût assouvie. »
>
> *Comtesse de Ségur,*
> Les Petites Filles modèles

Sophie dans *Les Petites Filles modèles*, on le sait, continuera de faire des bêtises : son entrée dans une famille aimante et structurée n'effacera pas d'un coup les blessures du passé. Toutefois, c'est par l'alimentation qu'elle découvrira son nouvel univers, qu'elle exprimera ses espoirs et ses craintes, qu'elle s'installera dans sa nouvelle famille.
Il n'est pas rare, par exemple, qu'un nourrisson fasse une crise d'anorexie au moment où il quitte sa structure d'accueil ; des mots mis sur ce qui lui arrive, assortis de câlins, un bain partagé, le « peau à peau » avec la mère, sont autant de modes de contact susceptibles de le rassurer pour qu'il se laisse aller et accepte de nouveau de s'alimenter.
D'autres, qui auront eu une phase anorexique juste après leur abandon, peuvent par la suite connaître des difficultés occasionnelles avec l'alimentation.
En règle générale, un appétit d'oiseau n'inquiète pas outre mesure les pédiatres, qui disent volontiers qu'un enfant ne se laisse jamais mourir de faim.
Inutile donc de consulter immédiatement si l'enfant ne semble pas manger suffisamment ; mieux vaut consulter dans un premier temps un médecin généraliste

ou un pédiatre, surtout si l'on note une perte de tonus et un affaiblissement. Le cas échéant, c'est le médecin qui conseillera aux parents un suivi psychologique... pour eux, pour l'enfant, voire pour les deux.
Certains enfants vont peu à peu « apprivoiser » leur nourriture selon les couleurs, les saveurs, les odeurs, la texture, dans des « assemblages » parfois insolites – du moins pour leurs parents. À l'inverse, on trouve des enfants qui ne semblent jamais en avoir assez dans leur assiette.

« Il avait été anorexique autour de neuf à douze mois avant son adoption (il est né en France et ne souffrait pas de "malnutrition"), et chaque phase d'"anorexie" nous angoissait profondément. J'avais beau commencer par de bonnes résolutions à chaque repas, cela se passait assez mal. Jusqu'au jour où, sur les conseils d'une amie, j'ai décidé de parler à mon fils de mon angoisse de ne pas le voir manger, de mon inquiétude quant à sa santé, à son poids très faible.
Il est maintenant adolescent. Il a toujours un poids très faible par rapport à son âge, avec des phases où il va picorer pendant deux jours puis d'autres où il va finir les plats les jours suivants. Renseignements pris auprès d'un pédiatre : pas d'affolement ! »

Une maman adoptive

« Notre second fils a fait un repas sur six (soit un repas en trois jours) pendant près de dix ans. Nous avions l'avantage qu'il ne soit pas notre "première expérience" : notre nièce – biologique – a dû manger des repas de 100 g jusqu'à 7 ou 8 ans, malgré les séances de clowneries inimaginables de l'ensemble de la famille très élargie pour "relayer" les parents. Et, surtout, notre fils aîné n'a vraiment commencé à manger que vers 5 ou 6 ans.
Notre médecin de famille nous avait dit qu'il "n'avait jamais vu un enfant se laisser mourir de faim". Donc, fini les inquiétudes, la honte chez les amis ou devant les invités. On s'est efforcés d'avoir des horaires réguliers, de cuisiner des choses différentes...
Et le jour où ils disaient l'un ou l'autre "j'ai faim", alors, petits plats dans les grands, déco et tout et tout, mais pas plus en quantité : entrée, plat, fromage, dessert... juste pour le plaisir de manger et pour l'habitude de ce qu'est un repas "normal".
Nos enfants ne sont ni rachitiques ni obèses. En un mot, même, je dirais qu'ils sont BEAUX ! (Avec toute l'objectivité de leur mère, bien sûr.) »

Une mère de deux garçons désormais adultes

Ceux qui ont connu la malnutrition ou la maltraitance peuvent avoir une difficulté

à se réguler ; on surprend l'enfant que l'on croyait endormi en train de manger la tête dans le réfrigérateur – phénomène que des parents d'adolescents non boulimiques connaissent eux aussi.
À l'absence de retenue peut s'ajouter la capacité de mélanger les aliments, sucrés et salés, chauds et froids, sans discernement ni intérêt pour le goût. Comme s'il s'agissait avant tout de remplir son estomac, de combler un vide.Là encore, comme pour ceux qui mangent peu, l'enfant va progressivement se réguler.

« Notre fille arrivée d'Éthiopie à 6 ans s'est nourrie pendant les premiers jours de jus d'orange et de gaufrettes à la framboise dont elle découvrait le goût. Puis elle est passée au riz, à la viande... Pour lui faire goûter des légumes verts, je les cuisinais de façon à ce que tout ce

Dédramatiser dans l'enfance pour éviter l'anorexie ou la boulimie à l'adolescence

Réflexions de la pédiatre Odile Baubin

Les problèmes d'alimentation, il est vrai, sont un mode d'expression fréquemment utilisé par les enfants pour s'opposer, au même titre que les troubles du sommeil, le refus de propreté, le langage, etc., tous ces petits riens qui nous pourrissent la vie si l'on y attache trop d'importance. Les enfants savent très bien trouver notre point faible et le titiller pour nous faire réagir.

En revanche, alors que l'on ne voit pas revenir les autres troubles, on sait que les enfants qui ont présenté des troubles alimentaires autour de 2 ans ont un risque supplémentaire à l'adolescence d'avoir des conduites alimentaires dangereuses pour leur santé (anorexie ou boulimie), avec à cet âge un risque vital qui existe et qu'il ne faut pas négliger.

Est-ce parce que c'est leur façon préférentielle d'exprimer un mal-être ou parce qu'ils ont le souvenir inconscient de l'impact que cela avait pu avoir sur leurs parents ? Ou alors est-ce parce que ces mêmes parents gardent un si mauvais souvenir de cet épisode qu'en le redoutant ils le provoquent ?

Je ne sais pas, sans doute pour toutes ces raisons à la fois, et c'est ce qui doit nous inciter à dédramatiser les relations dès la petite enfance, pour être plus serein si cela revenait à l'adolescence.

qu'elle mange soit rouge car pour elle c'était une garantie de "bonne qualité" (elle allait chercher la sauce tomate elle-même et s'en versait une tonne sur les petits plats amoureusement préparés) pour ressembler à la nourriture de son pays d'origine. Elle s'est régulée elle-même petit à petit. Nous sommes passés au vert, au orange, etc. Quatre ans après son arrivée, elle mange à peu près de tout (elle a ses préférences, comme nous !). »

Des parents adoptifs

Le lit

C'est en adaptant l'environnement à l'enfant qu'on l'aidera à s'y habituer. Ainsi, un enfant qui n'a jamais eu de chambre à lui, ni même dormi dans un lit, pourra être désorienté de se trouver dans une pièce dont chaque détail a été pensé à l'avance, alors qu'un grand tapis, ou un matelas placé à même le sol suffiront dans un premier temps.

Se retrouver seuls dans un lit, seuls dans une chambre alors qu'ils ont eu l'habitude de partager avec d'autres enfants, est une source d'angoisse pour certains, qui peuvent se sentir isolés, rejetés, punis. Là encore, les parents doivent souvent faire preuve de flexibilité.

« À la pouponnière, notre fils avait dormi dans un lit à barreaux. Il avait 3 ans. Chez nous, il refusa ce type de lit ; il n'avait qu'une idée en tête : escalader par-dessus les barreaux. Alors, nous avons mis un matelas dans un coin de la pièce, dont le sol était recouvert de moquette. Tous les matins, nous le retrouvions roulé en boule à l'autre bout de la chambre. Nous lui avons donc mis un surpyjama. Chaque soir, nous le bordions, puis, dans la nuit, nous le recouchions. Petit à petit, il s'est apaisé et il est resté dans son lit. Il a gardé ce matelas longtemps. Puis, un jour, il nous a demandé "un vrai lit de grand". Ensemble, nous en avons installé un, en grande cérémonie ; il a aidé à le monter. Il n'est pratiquement jamais tombé du lit. »

Des parents adoptifs

« Nuit après nuit, une fois couchée, notre petite pleurait dans son lit. Elle était inconsolable. Nous avons tout imaginé, tout essayé ; rien n'y faisait. Puis, un jour, comme par instinct, nous avons enlevé le lit et nous avons posé un matelas dans le coin de notre chambre. À partir de là, elle a fait ses nuits sans protester et, au bout d'un certain temps, elle a pu regagner sa chambre, toujours sur un matelas à même le sol, avant de réclamer un lit comme sa copine Julie. Plus tard, nous avons su qu'elle n'avait jamais dormi dans un lit. »

Des parents adoptifs

Les jouets

Les peluches peuvent être une source de malentendus entre l'enfant et son nouvel entourage familial. Certains enfants, qui n'ont jamais vu de peluches, qui ont vécu dans la rue où ils sont parfois menacés ou attaqués par des rats, des chats, des cochons ou des chiens, ont peur de tout objet à poils. Combien de parents, de grands-parents ont vu l'enfant se mettre à hurler apparemment sans raison, avant de comprendre que cette peur panique était provoquée par la peluche qu'on lui tendait ? L'arrivée dans une chambre peuplée de peluches peut être une expérience terrifiante, rendre plus difficile l'acclimatation à un nouveau cadre de vie pourtant préparé avec amour et être une cause d'éventuelles difficultés d'endormissement supplémentaires.

Quand l'enfant vient rejoindre une fratrie, les frères et sœurs devront également être mis en garde pour qu'un geste d'affection de leur part se traduisant par le don d'une peluche chérie ne provoque pas des pleurs ou à des malentendus.

Fort heureusement, il n'y a pas que les peluches. Tout un univers magique s'offre aux enfants qui n'ont pas connu de jouets, ces derniers exerçant souvent une réelle fascination sur ceux qui en ont été les plus démunis.

« Notre fille avait une peluche, mais elle la tenait à distance et préférait son poupon en plastique. Puis, un jour, elle a trouvé un petit ours sur le trottoir, une pauvre petite peluche perdue, comme elle nous a dit. Elle l'a ramassé, rapporté à la maison, bercé, soigné ; elle l'emportait partout. À partir de ce moment-là, elle est devenue "très peluches" ; aujourd'hui, elle a une grande collection d'animaux poilus dans sa chambre. »

Des parents adoptifs

Il n'est pas pour autant nécessaire de les inonder trop rapidement de jouets, au risque de les rendre insatiables et excessivement « zappeurs », de renforcer cette tendance à la dispersion qui caractérise bon nombre d'enfants désorientés par tout ce qu'ils ont vécu jusque-là. La découverte progressive d'un camion, d'une poupée, de quelques cubes est plus à même de les aider à se concentrer et à se recentrer, à se poser dans leur nouveau monde – même s'il n'est pas toujours facile de faire passer le message à la famille (surtout aux grands-parents !).

Il ne faut pas hésiter à proposer des jouets dits « premier âge » à des enfants plus âgés qui n'en ont peut-être jamais eu : outre le fait qu'ils permettent un apprentissage ludique de la langue (couleurs, formes, etc.), ils favorisent la régression qui permet de « renaître » pour mieux repartir.

Régression et rattrapage

La régression est un phénomène que connaissent de nombreux enfants à la suite d'un bouleversement dans leur vie, comme la naissance d'un petit frère ou d'une petite sœur, une séparation des parents ou au contraire le retour de papa ou de maman après une absence professionnelle ou un séjour à l'hôpital, mais aussi l'arrivée dans un nouveau foyer. Accompagnée en parallèle de ce que l'on pourrait appeler un travail de « rattrapage » de la part des parents, la régression permet à l'enfant de reculer de quelques pas pour mieux rebondir.

Quand, pour un enfant adopté, la régression se produit, c'est parfois après ce que certains décrivent comme une première phase idyllique où l'enfant semble tout faire pour plaire à ses nouveaux parents. La durée de cette phase idyllique varie ; elle peut être précédée, plus souvent suivie, d'une phase de grandes colères et de défis où les parents marqueront des limites : l'enfant a des règles à découvrir, un cadre de vie structuré qui contribueront à apaiser son sentiment d'insécurité.

Puis, un jour, l'enfant se laissera aller, redeviendra bébé, le nouveau-né de papa et de maman : ensemble, ils combleront affectivement le vide du vécu non partagé. Mais que les parents ne s'en inquiètent pas !

La régression affecte un temps le comportement, l'expression des émotions ; elle n'a aucune incidence sur l'état mental ou intellectuel de l'enfant.

La régression peut se produire dans les semaines ou dans les mois qui suivent l'arrivée de l'enfant dans sa famille, voire quelques années plus tard. Ce n'est pas une étape obligatoire de l'intégration heureuse de l'enfant dans sa famille : aussi les parents qui n'en décèlent aucune trace chez leur enfant ne doivent-ils pas s'en inquiéter ni chercher à la provoquer.

Parfois, la régression est insensible ou presque. Le retour en arrière sera moins visible chez un nourrisson qui se contentera de marquer une pause avant de passer au stade suivant de son développement, plus spectaculaire chez un enfant plus âgé.

Selon les cas, il voudra être promené dans une poussette, avoir un hochet, il réclamera le biberon. Il recherchera le contact avec sa mère, mettant la tête sous son pull-over ou sous sa robe, entre ses cuisses, pour mimer la naissance. Il prendra le sein de sa mère et aura réellement besoin de téter : cette demande, généralement exprimée dans un moment fusionnel, peut sembler difficilement concevable quand on en entend parler pour la première fois, d'autant plus si on l'accueille un enfant qui n'est plus un nourrisson ; mais nombreuses sont les mères qui y accèdent tout naturellement.

L'enfant peut également demander à être porté dans les bras : difficile quand il a

10 ans ; la solution dans ces cas-là est de le prendre sur les genoux pour un gros câlin. Il peut aussi se remettre à marcher à quatre pattes, dans la maison, dans les magasins, bouder, pleurnicher...

La régression se produit dans un contexte qui lui permet de « lâcher », psychiquement mais aussi physiquement : ainsi, l'enfant peut, dans cette phase, ne plus contrôler ses urines ou ses selles – d'où l'utilité, pour les plus jeunes, des couches ! Ce faisant, il « lâche » aussi une partie de son baluchon de souffrances, pour renaître dans sa nouvelle vie.

Une maladie, bénigne ou plus sérieuse, ou alors une hospitalisation peuvent aussi être l'occasion d'une régression, favorisée en pareil instant par la vulnérabilité de l'enfant et par la disponibilité totale du ou des parents.

Quand ils font leur régression, les enfants donnent à leurs parents le bébé qu'ils n'ont pas pu avoir. C'est alors que ces derniers découvrent par eux-mêmes ce que l'on aura pu leur dire dans des réunions entre adoptants et postulants : qu'un « grand » enfant ne l'est pas vraiment. Néanmoins, il ne faut pas oublier que la régression est temporaire, qu'elle doit être suivie d'un retour à la normale. Ils ne doivent pas s'y installer, ni enfermer leur enfant dans l'infantilisation (voir le dossier sur la régression dans *Accueil*, n° 99, mai 1996). Si elle durait trop, il serait préférable de consulter.

Le rôle de la mère

Dans cette phase de régression, la mère joue un rôle essentiel. Par les paroles, par des gestes rassurants, elle peut tenter d'aller vers l'enfant en douceur quand il ne parvient pas à venir vers elle, à s'occuper de lui, à le cajoler. Elle lui offrira sa chaleur corporelle, le laissera découvrir son odeur, le contact peau à peau.

Dans les très belles histoires d'adoption qu'elle a rassemblées dans un ouvrage, la psychologue Anne Decerf[1] raconte, non sans un certain émerveillement, la prise de possession du corps ou du giron maternel par les enfants, qui recherchent « avec avidité le corps de leur mère adoptive pour l'étreindre, l'agripper, le laver, le caresser, mais quelquefois aussi pour le mordre » ; elle évoque également le cas de fillettes, âgés, cherchant encore à « pétrir les seins maternels quand elles ne les tétaient pas ».

Tous ne montreront peut-être pas la même « voracité » à l'égard de leur mère. L'un acceptera de monter sur ses genoux, d'explorer son visage dans un face-à-face interrogatif, un autre préférera grimper sur son dos, se l'approprier sans avoir à soutenir son regard, pour lequel il n'est sans doute pas encore prêt. Recherchée, refusée, désirée et redoutée tout à la fois,

1. Anne Decerf, *L'Adoption : d'une fracture à la renaissance*, Sainte-Foy, Presses de l'université de Laval, 2001.

la mère devra faire preuve de patience et d'une grande disponibilité.
Chez certains enfants déjà maltraités par la vie ou par les adultes (ou par les deux), la phase d'apprivoisement mutuel peut être plus compliquée, plus sinueuse et incertaine. L'approche physique sera prudente et se fera très progressivement à l'égard d'un enfant agité qui se débat quand on le touche. Plus que les gestes, ce seront alors le regard, les paroles, l'expression du visage qui chercheront à rassurer l'enfant « à distance », avant qu'un contact physique ne puisse être établi.
Chaque enfant évolue à son rythme, en fonction de son histoire, de son tempérament, de son âge. Progressivement, il se laissera aller, totalement ou en partie.

« Nous prenions le bain ensemble, nous allions à la piscine ensemble. Dans l'eau, il se laissait porter, câliner ; hors de l'eau, il évitait le contact. C'est progressivement, à travers ces jeux dans l'eau qu'il s'est laissé aller, qu'il est redevenu bébé, mon bébé. »

Une mère adoptive

Histoires de peau

Dans ce processus d'attachement, le « peau à peau » a une fonction essentielle. L'enfant qui investit le corps de sa mère, qui respire son odeur reçoit en retour des caresses qui l'aident à se constituer une nouvelle peau affective.
Or les enfants accueillis présentent parfois des problèmes de peau : des eczémas, des dermatoses, des peaux squameuses... Si ces désordres dermatologiques sont liés à des troubles de malnutrition, à une hygiène insuffisante, à la chaleur, etc., ils peuvent aussi avoir une dimension psychologique.
Prendre soin de cette peau, la soigner, la réhydrater au besoin avec des produits pour peaux fragiles ou intolérantes, c'est aussi prendre soin de tout le corps de ce petit être fragilisé. Aider l'enfant à retrouver une peau souple et satinée, c'est l'aider à se trouver une nouvelle enveloppe.

Vague à l'âme

Passé l'euphorie des premiers jours, la course aux nouveaux vêtements et aux nouveaux jouets, la découverte de son nouvel espace, d'odeurs, de sons et de goûts nouveaux, l'enfant peut se laisser aller à une nostalgie du pays, de la famille ou de l'institution qu'il a quittés.
Chez un enfant plus jeune, ce déracinement est également ressenti : l'odeur corporelle nouvelle de sa mère, différente de celle de sa mère biologique ou de la nourrice qui s'est occupée de lui, les autres sensations, surtout quand l'enfant vient d'un autre pays, les aliments, le logement, le climat sont autant de facteurs qui vont nécessiter une lente appropriation de ce nouvel environnement.

Quelques particularités de la peau noire

Satinée, élastique mais aussi squameuse et cendrée selon les parties du corps et surtout quand il fait froid, la peau noire exige certains soins d'hydratation.
La teneur en mélanine (pigment), facteur essentiel de la résistance aux ultraviolets, en explique la couleur et lui garantit une bonne photoprotection.
Toutefois, la peau noire absorbe plus d'infrarouges que la peau blanche, ce qui expose davantage aux coups de chaleur. Donc, si vous pouvez faire l'économie de la crème protectrice solaire sur vos jeunes enfants, n'oubliez surtout pas de les hydrater (boissons à volonté) correctement et de leur mettre un chapeau de soleil.

Pour plus de détails, voir la page « Santé » de Martine Zeisser, dans Accueil, *n° 123, mai 2002.*

L'adoption représente pour l'enfant un immense saut dans l'inconnu. Il suppose de sa part un formidable bond en avant, une adaptation extraordinaire qui laisse admiratifs les adultes autour de lui. Que cet effort soit suivi d'un sas, d'un creux de la vague, d'un temps où il ne semble plus progresser mais régresser n'a rien de surprenant.
Ce temps correspond à celui que l'on note chez les enfants après un effort scolaire intense ou une phase de vacances très active : on les voit alors « tourner en rond », ne pas savoir comment s'occuper, rester inactifs avant de repartir à la découverte du monde.
Toutefois, si la phase de régression semble longue aux parents, qu'elle devient pesante ou s'accompagne d'un enfermement de l'enfant, il est important d'en parler avec le médecin traitant ou le pédiatre, ou de consulter quelqu'un de plus spécialisé.
De même, l'absence totale d'une telle nostalgie peut être un signal d'alarme, surtout s'il se présente associé à d'autres signes. Si ce faisceau de symptômes se prolonge au-delà d'un an, là encore, il peut être utile de consulter un pédopsychiatre afin de s'assurer que l'enfant ne souffre pas, par exemple, de troubles de l'attachement (voir le chapitre « La santé de l'enfant »).
Se rapprocher d'autres familles permet aussi de partager ses interrogations, d'obtenir des éclairages à partir des expériences des autres et de relativiser.

L'arrivée d'une fratrie[1]

Quand plusieurs frères et sœurs arrivent simultanément dans une même famille – par adoption ou parce qu'une naissance se produit presque au même moment –, les parents doivent faire face à des émotions, à des situations pratiques et à des phénomènes semblables à ceux qui viennent d'être évoqués, à la différence près qu'ils seront multipliés par deux, trois... « Entre un enfant qui vient d'arriver et un bébé prématuré qui ne sait pas téter, la plus grosse difficulté est de consacrer suffisamment de temps à l'aîné pour lui permettre de bien s'attacher. » Ce témoignage d'une mère ayant accouché cinq mois après l'arrivée de l'enfant adopté vaut aussi pour les enfants adoptés en fratrie : celui qui a le plus besoin d'attention n'est pas nécessairement le plus jeune. Le « grand » aura besoin d'être rassuré et accompagné, pour qu'il puisse se sentir autorisé à régresser et à reprendre une place d'enfant, à déléguer à son tour l'autorité parentale qu'il ou elle avait assumée aux dépens de sa propre enfance pour permettre à la fratrie de survivre.

Une fratrie représente plus qu'une simple multiplication des situations. Elle arrive avec ses liens internes et son fonctionnement propre, ses règles que les parents doivent apprendre à décoder.

Ainsi, l'aîné exerce souvent sur un plus jeune le rôle habituellement dévolu aux parents ; on trouve un état de dépendance du petit à l'égard d'un aîné tel qu'il en résulte un effet inhibitoire, l'empêchant de se créer de nouvelles relations en dehors de celle qu'il entretient avec son frère ou sa sœur, et nuisant à son épanouissement personnel. Chez les jumeaux, le refuge trouvé dans un attachement mutuel peut un temps ne rien vouloir céder à la création de nouveaux liens, parentaux en l'occurrence.

Ce type de situation exige des parents un certain doigté, un mélange de patience, de tendresse et de fermeté, de vigilance et d'attention envers tous ceux qui constituent la fratrie.

Les frères et sœurs entre eux

Quand l'enfant arrive dans une fratrie, qu'elle soit adoptive ou de naissance, le rôle des parents se double d'une attention renouvelée envers les frères et sœurs déjà présents dans la famille. Chacun, en effet, a sa place à (re)trouver.

Des moments de jalousie alternent avec les instants d'euphorie que vit la nouvelle fratrie. Il n'est pas rare d'entendre l'enfant qui était déjà présent au foyer avant l'arrivée du « nouveau » dire au bout de quelques semaines : « Bon, quand est-ce qu'il repart,

1. Sur l'accueil des fratries, voir l'excellent dossier dans *Accueil*, n° 108, août 1998 et Anne Decerf, *L'Adoption : d'une fracture à la renaissance*, Sainte-Foy, Presses de l'université de Laval, 2001.

celui-là ? » Les disputes ou les rivalités pour grimper sur les genoux des parents ou s'attirer un maximum de câlins ou d'attention (par les bêtises comme par les manœuvres de séduction) font que les parents sont sollicités de tous bords, expérience gratifiante, certes, mais également épuisante.

L'enfant qui arrive dans la famille a souvent été attendu tout autant par celui ou celle qui est déjà là et qui réclamait un frère ou une sœur que par les parents eux-mêmes.

Dans certains cas, l'arrivée du deuxième ou du troisième enfant peut contribuer à apaiser les angoisses du premier, qui se sent moins isolé, surtout quand le nouveau ou la nouvelle est de la même ethnie ou apparence physique que lui.

En outre, les jeux et les complicités favorisent un apprivoisement mutuel et l'entrée du nouveau ou de la nouvelle dans la famille.

Certes, il ne faut pas tout attendre des enfants. Dans son livre à la fois exubérant et délicat sur les frères et sœurs, Marcel

Le suivi : un soutien pour l'enfant et la famille

Cet accompagnement est prévu jusqu'au prononcé de l'adoption ou jusqu'à la transcription du jugement étranger. Il peut se prolonger par un suivi, demandé par le pays d'origine, sur un nombre d'années plus ou moins long. Ce suivi, s'il est subi parfois comme une contrainte, peut aussi être l'occasion de faire le point, voire d'exprimer des difficultés éventuelles rencontrées. Selon le mode d'adoption, le suivi sera assuré par le correspondant de l'AFA ou un représentant local de l'OAA. D'autres pays demandent simplement qu'un ou deux courriers accompagnés de photos soient envoyés chaque année.

L'article L. 225-18 du Code de l'action sociale et des familles prévoit que « le mineur placé en vue d'adoption ou adopté bénéficie d'un accompagnement par le service de l'Aide sociale à l'enfance ou l'organisme mentionné à l'article L.225-11 à compter de son arrivée au foyer de l'adoptant et jusqu'au prononcé de l'adoption plénière en France ou jusqu'à la transcription du jugement étranger. Cet accompagnement est prolongé à la demande si l'adoptant le demande, notamment s'il s'y est engagé envers l'État d'origine de l'enfant. Dans ce dernier cas, il s'effectue selon les modalités du calendrier déterminées au moment de l'engagement ».

Rufo[1] rappelle que les enfants considèrent que l'adoption est une décision dont les parents doivent assumer seuls la responsabilité; c'est donc désormais à eux d'« assurer ».

Même quand l'attachement est relativement rapide et fluide, un temps est nécessaire pour construire une vie ensemble, prendre des réflexes et des repères communs et mutuels, et créer ensemble des souvenirs, une histoire familiale.

Des rituels tels que les fêtes de Noël, les réunions familiales, les baptêmes, le partage d'un mode de vie et d'une culture, l'apprentissage du français pour les enfants ayant une autre langue maternelle sont autant de facteurs qui vont aider la famille à se façonner et à se souder.

Et c'est tous ensemble, par une alchimie faite de touchers, d'affections et d'intuitions, que parents et enfants se constituent en une nouvelle unité, qu'ils parviennent à se faire collectivement une nouvelle peau, à tel point que, quand on les voit ensemble, on ne doute pas un instant qu'il s'agit là d'une vraie famille.

1. Marcel Rufo, *Frères et sœurs : une maladie d'amour*, Paris, Fayard, 2002.

Chapitre 4
L'enfant dans la société

L'acclimatation de l'enfant ne s'arrête pas à la porte de la maison. Dehors, tout un monde nouveau l'attend : le voisinage immédiat, les commerces, les aires de jeux, l'école, bref, la société française tout entière, au sein de laquelle il doit apprendre à naviguer pour y trouver sa place, d'autant plus aisément qu'il maîtrisera la langue.

Franchir la porte du jardin : le regard d'autrui

Faire face ensemble

Un nourrisson sera bien évidemment moins conscient du monde extérieur qu'un enfant plus âgé qui, s'il est d'une ethnie différente de celle de ses parents, sentira d'autant plus se diriger vers lui bien des regards. Majoritairement curieux ou bienveillants, parfois aussi réprobateurs, ces regards peuvent avoir ceci de positif qu'ils contribuent à resserrer les liens entre parents et enfants. Chaque famille apprend à faire face à ce regard porté sur elle, entre amusement, ironie, agacement ou colère, selon les moments et les situations. Les enfants eux-mêmes apportent souvent leur lot de bon sens et de propos décapants. Passé le premier moment d'euphorie, la découverte d'un monde nouveau peut être une source d'angoisse pour l'enfant venu de l'étranger, mais aussi pour l'enfant français issu d'un milieu socioculturel différent, par exemple un enfant élevé en zone rurale découvrant la vie dans une grande ville ou l'inverse.

Dans *Un merveilleux malheur*[1], Boris Cyrulnik souligne l'anxiété du migrant, coupé de ses racines et de ses proches (que ce soit la famille ou l'ethnie), confronté à une langue et à des gestes qu'il ne comprend pas.

S'accepter : entre idées reçues...

Le plus souvent, la famille vit ce regard extérieur relativement bien, même si certains parents sont exaspérés par les idées reçues assenées sur leurs enfants. « Il est vietnamien ? Oh, il sera bon en maths. » « Il vient du Brésil ? Vous allez en faire un footballeur, il va nous gagner des coupes. » « Cette petite, on voit qu'elle a le rythme dans le sang. C'est normal. En Afrique... » Et ainsi de suite...

Lors d'une rencontre avec des parents faisant part de l'irritation qu'ils ressentent devant ce qu'ils percevaient comme une incapacité de certains de voir leur enfant comme un individu à part entière, Ferdinand Ezembé, psychologue et directeur d'Afrique Conseil, les encourage à relativiser. Il conseille un certain détachement : pour lui, l'important est de souligner les aspects valorisants de la culture d'origine de l'enfant, y compris ce qui en est perçu à l'extérieur, à tort

1. Boris Cyrulnik, *Un merveilleux malheur*, Paris, Odile Jacob, 1999.

ou à raison, même si cela ne correspond pas nécessairement à la culture familiale. À l'adolescence, explique-il, tout ce que l'enfant aura associé positivement à ses origines, à son ethnie, à son apparence ne pourra que l'aider à s'accepter – même si, vietnamien, il est nul en maths, et, si brésilien, il a horreur du football. Ainsi, la candidature de Barach Obama à la pésidence des États-Unis a été reçue avec foerté et espoir par des jeunes français (adoptés ou non) dorigine africaine, afro-antillaise ou métisse.

... et sentiments de rejet

S'accepter, pour l'enfant, c'est d'abord s'accepter tel qu'il est, avec son corps, ses traits, sa couleur de peau qui, quand elle est différente de celle de ses parents, affiche au regard des autres l'histoire de son abandon par ses géniteurs.

C'est ainsi qu'il faut sans doute comprendre le mal-être possible à l'adolescence, le rejet (généralement passager mais aussi parfois violent) de leurs parents d'ethnie différente le refus de sa couleur, de sa propre ethnie : « J'aurais voulu m'arracher le visage », raconte une jeune femme d'origine coréenne. Ce sont autant d'attitudes qu'Anne Decerf[1] décrit comme l'expression de « véritables sentiments racistes à [son] propre égard ». Pour se sentir moins isolés, ou s'investir dans une quête identitaire, certains vont chercher à se rapprocher de personnes de leur communauté d'origine, par le biais d'associations culturelles, linguistiques, sportives ou de mouvements religieux ou politiques...

Ces comportements s'accompagnent, comme chez tant d'adolescents, d'une expérimentation autour de l'apparence vestimentaire, mais aussi physique – coloration/décoloration des cheveux, frisages/défrisages, tatouages, piercing, etc. –, à travers laquelle ils cherchent à exprimer leur quête de soi intérieure.

Le regard parfois péjoratif que porte l'enfant sur son origine ethnique ne saurait être simplement mis sur le compte d'une appropriation des « modèles raciaux d'une société hostile à la différence », même si l'on ne peut pas nier l'impact ni la réalité de cette discrimination sociale.

Certaines personnes des communautés immigrées perçoivent avec étonnement, voire ambivalence ou hostilité, un enfant de leur ethnie avec des parents blancs. Des mamans promenant leur bambin dans sa poussette se sont vues à l'occasion prises à partie par ces personnes et accusées d'avoir « volé » l'enfant.

Le réquisitoire prend parfois une tournure politique : les pays occidentaux sont accusés de fomenter la pauvreté ou les troubles dans tel ou tel pays pour en « prendre » les enfants.

1. Anne Decerf, *L'Adoption : d'une fracture à la renaissance*, Sainte-Foy, Presses de l'université de Laval, 2001.

La plupart des parents disent avoir reçu des commentaires ou des regards tout à fait chaleureux et humains. Telle mère d'une enfant née en Afrique se voit spontanément aborder par une femme noire qui lui conseille, par exemple, comment natter les cheveux. Tel marchand vietnamien offre un nem à un petit garçon d'origine asiatique venu faire les courses avec sa mère.

« J'étais en vacances à Paris avec mon fils qui était avec nous depuis trois mois. J'avais déjà été interpellée, dans notre ville de province, par un client (blanc) dans un magasin qui m'avait demandé combien mon petit m'avait "coûté". Et dans le métro, voilà qu'un homme (noir) s'avance vers moi et se met à m'insulter en criant. C'était juste après le drame du Rwanda, et il m'accusait d'être de ceux qui encourageaient les guerres pour "se servir" en enfants. J'ai tenté de le calmer. Le petit se serrait contre moi, terrifié. J'ai proposé que nous descendions ensemble à la prochaine station, que nous nous rendions dans un commissariat, pour qu'il puisse exprimer ses craintes et que la police vérifie que tout était en règle. À la station suivante, je suis descendue, il ne m'a pas suivie, mais un autre homme, noir lui aussi, est descendu, suivi d'une jeune femme rousse et d'un garçonnet métis. Il m'a dit: "Moi aussi, il y en a qui m'accusent d'avoir 'volé' une blanche: je vous présente ma femme et mon fils." »

Une mère adoptive

Le racisme existe, et il faut en être conscient pour mieux armer son enfant, pour mieux l'épauler – avec empathie mais humilité car, sauf à être soi-même issu d'une minorité visible ou discriminée, on ne peut pas mesurer intimement ce qu'il se prend en pleine figure.
Ce racisme devient plus explicite à mesure que l'enfant grandit, au moment de l'adolescence, des sorties en discothèque, de la recherche du premier logement ou du premier emploi. Surtout, il faut savoir que nos enfants ne nous en parlent pas toujours. Quand ils l'évoquent, l'échange qui s'engage fait partie de ces expériences partagées qui renforcent le ciment et la culture de la famille.
Quand ils n'en parlent pas, cela ne veut pas dire que le racisme les a épargnés: c'est parfois au détour d'une actualité, d'un témoignage extérieur que l'enfant va lever un coin du voile sur des phénomènes de rejet qu'il a pu subir – et qu'il a tus pour protéger ses parents.
C'est une source de souffrance pour les enfants, quand ils s'entendent demander s'ils sont français, ou qu'ils s'entendent dire de « rentrer chez eux » : leurs parents leur disent qu'ils sont français, ils

se sentent français, ils le sont, mais ils ne sont pas perçus comme tels. Ils partagent en cela la discrimination dont souffrent des milliers de Français venus des départements d'outre-mer, ou installés depuis plusieurs générations en France, ou encore immigrés plus récemment. La diversité ethnique de la population française, chaque jour plus visible, a encore du mal à être intégrée dans l'imaginaire collectif, qui, selon les leiux et les milieux, fait preuve d'un rempli identitaire déphasé.

La langue

La langue, facteur essentiel d'intégration

Comprendre la société française pour mieux en faire partie et surtout pour verbaliser ses propres joies et souffrances ; partager toutes les richesses humaines et culturelles, toutes les valeurs universelles qui sont véhiculées à travers une langue, pour les faire siennes : tout cela passe, pour tous ceux qui arrivent sur le sol français, par la maîtrise du français.

> « Une dame demande à la mère d'une petite fille : "Ah, vos enfants sont adoptés ! Ils parlent bien français ?" La petite (8 ans) s'adresse alors à sa mère devant l'interlocutrice : "Je lui demande, moi, si elle parle coréen ?" »

C'est au sein de la famille que commence, pour l'enfant, cette rencontre avec le français : l'initiation linguistique a une dimension affective, elle contribue à rapprocher l'enfant et ses parents, tout heureux de se retrouver autour de paroles partagées, chaque jour plus nombreuses. Ce processus n'est pas spécifique aux enfants venus de l'étranger, il se produit aussi, dans une moindre mesure, à l'arrivée d'enfants francophones. Leur façon de parler ne sera pas forcément la même que celle de leurs parents, qui ne parleront pas comme parlaient leurs parents de naissance ou leur assistante maternelle ; l'accent, s'ils arrivent d'une autre région de France, peut être différent.

Leur vocabulaire, leur capacité de s'exprimer seront peut-être en deçà de leurs possibilités : on sait que les désordres émotionnels sont un réel frein à l'apprentissage de la langue et à l'expression orale, dont on oublie trop souvent la dimension essentielle pour le développement harmonieux d'un enfant, tant on focalise sur l'apprentissage de la lecture.

La langue s'apprend, s'enrichit sur les genoux de papa et de maman, à travers les comptines, les jeux et tout ce que l'on se raconte. L'apprentissage participe ainsi du phénomène de la régression, évoqué dans le chapitre précédent. Après le temps d'écoute vient le temps d'énonciation : les premiers mots prononcés provoquent toujours un effet mémorable.
Puis arrive le moment où l'enfant commence à énoncer de plus en plus de mots, puisés dans ceux qu'il a engrangés : dix, quinze, cinquante ! Suit enfin le jour où l'on oublie de compter, où les premières phrases sont dites. Tous ces petits moments mis bout à bout contribuent à créer une mémoire collective familiale.

Chacun son rythme

Tous les enfants ne commencent pas à parler au même moment. Cette règle qui n'en est pas une vaut aussi pour ceux qui sont adoptés et qui découvrent une nouvelle langue. Certains s'expriment très bien au bout de six mois, d'autres ont besoin d'un an, de deux ans. Il est important de leur laisser le temps de se mettre à « reparler » dans leur langue désormais, pour utiliser la formule de l'orthophoniste Anne-Marie de Boisséson[1] : « Ne corrigeons pas trop vite les erreurs d'articulation ou de construction de phrases. Veillons à parler "juste" dans toutes les situations. L'essentiel est de tout faire pour que la communication soit possible. »
Pour certains enfants, étonnamment calmes ou au contraire agités, la construction du langage avec leurs nouveaux parents, dans leur nouvel environnement, sera lente ; pour d'autres, les mots seront utilisés de façon inadaptée, certaines notions, en particulier les négations, n'étant pas bien assimilées ; pour d'autres encore, ce sera la notion du temps, l'emploi des formes grammaticales, qui posera problème ; ailleurs, l'emploi de « je » ou de « tu » sera difficile.
Des lacunes de ce type peuvent être symptomatiques de désordres affectifs : souffrance due à un abandon non compris, absence de repères, retrait ou fuite devant des situations pénibles, difficulté à acquérir une conscience de soi et de l'autre, etc.
Après avoir passé en revue ces troubles langagiers possibles, Anne-Marie de Boisséson invite les parents à consulter – si le temps d'adaptation et d'imprégnation linguistique venait à se prolonger – médecin, orthophoniste ou psychothérapeute qui pourront aider l'enfant, au prix d'un travail parfois long.
Elle offre ce message d'espoir, corroboré par la réalité vécue par des milliers de familles adoptives : « Le langage ne s'enseigne pas. Il naîtra, étape par étape, au long des aides proposées. Et cela quel

1. « Les enfants adoptés et l'acquisition du langage », *Accueil* (mai 1994).

que soit l'âge de l'enfant. Nous savons que certains enfants demandent plus d'attention, plus de temps et de patience que d'autres. »

Faut-il conserver la langue d'origine ?

Si la langue d'origine de l'enfant est également la langue maternelle de sa mère adoptive, ou la langue habituellement parlée dans sa nouvelle famille, il semble naturel de continuer à la parler, comme vous l'auriez fait avec des enfants biologiques.

Parfois, des parents francophones se demandent, quand ils accueillent un enfant qui parle déjà et dont ils comprennent la langue, s'il convient d'instaurer une forme de bilinguisme pour préserver cet acquis. En effet, il peut sembler dommage de voir un enfant « perdre » une partie de son patrimoine linguistique, et ce d'autant plus quand on connaît les difficultés qu'éprouvent tant d'écoliers français au moment de l'apprentissage des langues étrangères.

Dans un premier temps, essentiellement quand on se trouve dans le pays d'origine, il est précieux de pouvoir échanger non seulement avec l'enfant, mais également avec les personnes qui avaient sa responsabilité, pour obtenir des renseignements sur lui, ainsi qu'avec tous ceux que l'on rencontre pour les démarches, de connaître les mots du quotidien. En revanche, si l'on ne parle pas cette langue intuitivement, il peut être déstabilisant pour l'enfant de l'installer dans cette approximation, dans l'artificialité : l'enfant ne sera pas dupe de ce faire semblant. Et c'est lui qui se chargera de trancher la question pour ses parents, en choisissant de ne plus comprendre ce qui a été jusque-là sa langue maternelle pour mieux renaître dans sa nouvelle langue. Même si les vocables et les sonorités du français lui sont totalement étrangers, il saisira intuitivement les inflexions affectives, rassurantes, reflétées dans le regard, le visage, l'attitude.

L'« oubli », toutefois, ne saurait être total, et l'on voit des enfants, bien des années plus tard, y compris parmi ceux arrivés jeunes, prononcer soudain un mot dans leur langue d'origine qui, tel une bulle, remonte à la surface des souvenirs.

D'autres, sécurisés dans l'amour de leurs parents, dans leur nouvelle identité d'enfants français bien intégrés et dans la maîtrise de ce qui est désormais leur langue, se sentent suffisamment en paix avec eux-mêmes pour repartir un jour à la (re)conquête de leur langue première ; ils le feront avec d'autant plus de sérénité qu'ils s'y sentiront autorisés par leurs parents. C'est ainsi que l'on voit des enfants souhaiter apprendre leur langue de naissance, au collège ou au lycée, ou bien plus tard... D'autres encore ne s'y intéresseront jamais : les nombreux écrivains français d'origine étrangère sont là pour nous rappeler combien l'on peut apprendre tardivement une langue et la faire magistralement sienne.

> « Il y avait à peine quinze jours que nous étions rentrés. Cela faisait un mois que nous nous connaissions : elle avait 2 ans. Elle ne parlait pas, elle semblait comprendre quand je lui parlais en français. Un jour de promenade, elle marchait à côté de moi, trottinant, allant, venant. Un avion est passé, assez bas pour qu'elle s'arrête et le pointe du doigt. "C'est un avion, comme celui que nous avons pris pour venir à la maison. Tu étais là-bas, tu n'avais pas de maman ni de papa ; nous n'avions pas de bébé. Je suis venue te chercher dans un avion et nous sommes revenus, ensemble, pour toujours." Elle a couru vers moi et m'a sauté dans les bras pour se serrer fort contre moi. »
>
> *Une mère adoptive*

> « Mon fils, âgé de 3 ans, parlait déjà dans sa langue et s'exprimait apparemment assez bien. Dès mon arrivée, j'ai commencé à lui parler en français. Au bout d'une semaine, quand les personnes s'adressaient à lui, il faisait semblant de ne pas comprendre et se serrait contre moi. Trois mois plus tard, il avait un vocabulaire d'une cinquantaine de mots qui s'est accru très rapidement. »
>
> *Une mère adoptive*

La scolarité

Prendre le temps

Dans *L'École à 2 ans, une fausse bonne idée* (Odile Jacob, 2006), des spécialistes de la petite enfance réunis autour de Claire Brisset et de Bernard Golse remettent en question la scolarisation des tout-petits, rappelant que ce sont encore des « bébés », qui ont besoin d'attention personnelle, d'affection, de protection. Ils doivent acquérir et consolider leur « sécurité interne » avant de partir à la découverte du monde et des savoirs.

Ce rappel de l'importance de laisser du temps au temps pour les enfants est au moins aussi vrai pour l'enfant adopté (comme pour tout enfant qui a été déplacé d'un cadre familial ou de vie dans un autre). Pour l'enfant, l'ancrage dans sa nouvelle vie passe par l'affection et la sécurisation. La priorité est donc de laisser à votre enfant le temps de s'installer dans la famille, dans sa relation avec vous. Il est préférable de retarder le moment où il va intégrer (il s'agira souvent de réintégrer) une vie en collectivité, que ce soit une halte-garderie, une crèche ou l'école. N'hésitez pas à prolonger, si vous le pouvez, le congé d'adoption par des congés, ou à prendre une disponibilité.

Même si l'enfant vous fait comprendre qu'il souhaiterait aller à l'école, donnez la priorité, durant les premiers mois, à la consolidation des liens familiaux ; vous l'aiderez ainsi à remettre de l'ordre dans cette petite vie qui a connu tant de bouleversements. L'enfant ne peut pas tout faire en même temps et, s'il ne se sent pas sécurisé dans sa nouvelle famille, il aura du mal à apprendre. L'école à mi-temps peut être envisagée, y compris pour un enfant âgé. Enfin, il est utile de se rappeler que, à l'école primaire, l'enseignement est organisé en cycles, et non en classes d'âge : les cycles peuvent donc être utilisés au bénéfice de l'enfant.

L'école tient rarement compte du décalage que présentent nombre d'enfants adoptés entre leurs capacités mentales ou intellectuelles et leur « âge » affectif, parfois bien en deçà. Les enseignants s'exaspèrent parfois de l'obstination à être « bébé » d'un enfant plus âgé (et pas toujours adopté !), qui passe sous les tables, pleure, crie, chahute, dessine là où il faudrait recopier une leçon, rêve en suçant son stylo, tire sur la manche du professeur quand ce dernier s'approche... Les parents s'indignent de ce qu'ils perçoivent comme une incompréhension des enseignants, qui refusent l'idée que le comportement de leur enfant à l'école peut être très différent de son attitude à la maison, que ce décalage peut être signe de souffrance.

Avec toutes les attentes qui pèsent dans notre société sur la notion de réussite scolaire, l'école apporte ceci de difficile à vivre pour certaines familles : le regard porté sur l'enfant au sein de la classe – par les autres enfants, par les autres parents, par l'équipe pédagogique.

Ce regard peut être, comme celui que nous croisons dans la rue ou au supermarché, bienveillant et maladroit à la fois, comme le montrent ces trois catégories d'écueil possible sur lesquels les parents peuvent discrètement alerter l'enseignant :

– l'arbre généalogique : inscrit au programme de la maternelle, il suscite parfois de la gêne chez les enseignants. Il suffit pourtant d'un peu de doigté (comme d'ailleurs pour les mères élevant seules leur enfant ou pour d'autres situations familiales) : éviter de demander une photo de l'enfant à la naissance ; s'en tenir à la famille telle que l'enseignant la connaît dans le quotidien de l'enfant (la seule famille légale), sans se mêler du mode de filiation : l'enfant mettra sa photo, celle de ses parents – ceux qui le conduisent à l'école tous les jours – et de ses grands-parents, les parents de ces derniers.

– l'enfant n'est pas nécessairement depuis « toujours » avec ses parents. Il n'est pas né d'eux, biologiquement parlant : éviter des exercices de sciences portant sur des échographies de la grossesse ou sur les antécédents médicaux familiaux, ou un devoir de mathématiques utilisant les courbes de croissance du livret de famille depuis la naissance.

– le risque de survalorisation des différences : la couleur de peau, la langue, la culture. L'enfant est ici, dans sa classe, avec les autres, il n'a pas envie d'être renvoyé à des origines dont il peut très bien savoir très peu de choses ou se désintéresser publiquement. Son histoire relève de sa vie privée et l'exotisme qui peut séduire ici est souvent fort éloigné de ce qu'il a personnellement vécu.

Quand l'enfant arrive en bas âge

Pour un nourrisson, comme pour un enfant jeune, l'inscription en crèche ou la scolarisation n'est pas différente de celle des enfants nés et restés dans leur famille.

La halte-garderie est un premier niveau, souvent souple, structurant mais non trop contraignant, de découverte de la vie auprès d'autres enfants : c'est un lieu adapté pour une transition en douceur, avec quelques demi-journées en semaine, quand les parents sont disponibles le reste du temps.

Vous pouvez inscrire votre enfant à l'école maternelle, en demandant toutefois aux enseignants une certaine souplesse quant au niveau attendu. Les enfants n'ayant jamais été scolarisés, ou ayant été institutionnalisés, découvriront avec profit les règles de vie en communauté ainsi qu'un apprentissage psychomoteur dans des sections *a priori* réservées aux enfants plus jeunes ; ils trouveront alors leur place dans un groupe et développeront une psychomotricité de plus en plus précise.

L'enfant de 6 ans ou plus : la classe unique

En France, la scolarité est obligatoire à partir de l'âge de 6 ans – pas la scolarisation. Pour les enfants qui ont plus de 6 ans quand ils arrivent, différentes dispositions peuvent être envisagées.

La première est de lui laisser à lui aussi le temps. Une dérogation peut être demandée à l'inspecteur d'académie, ou une première période d'enseignement à domicile, adaptée, peut être mise en place pour quelque temps : il ne s'agit surtout pas de « couper » l'enfant du monde extérieur, mais de le laisser tisser son cocon.

Aux yeux de certains parents, la classe unique, qui existe encore dans certaines zones rurales, constitue un idéal. La verticalité de ce modèle, qui intègre au sein d'une même classe des enfants d'âges différents, permet à l'enfant plus âgé de prendre sa place sans susciter de curiosité, outre le fait qu'il sera « le » nouveau, et peut-être d'une ethnie différente des autres écoliers. La classe unique autorise aussi une certaine souplesse dans le rythme des apprentissages, permettant une « circulation » à la carte entre les différents niveaux. La scolarité peut ainsi être réellement adaptée aux besoins de l'enfant, tout en préservant ce dernier dans le même cadre physique et social, sous la responsabilité du même enseignant : cela a un effet sécurisant et permet d'éviter les changements rapides de classe qui viendraient ajouter d'autres formes de séparation et d'acclimatation.

Ainsi, un enfant de 9 ans peut passer par l'étape maternelle, puis faire une année de cours préparatoire avant de se stabiliser en cours élémentaire deuxième année, où il n'aura qu'un an ou deux de plus que l'âge de référence de cette classe.

C'est ce qui s'est passé pour une enfant arrivée d'Inde à 11 ans sans parler français : elle a fait en deux ans le cursus complet de l'école primaire et a poursuivi ensuite une excellente scolarité dans le secondaire, avec à la sortie un baccalauréat en option littéraire. Passé la première surprise des enfants qui voyaient cette grande fille les rejoindre, tous se sont rapidement adaptés ; l'enseignant s'est beaucoup investi, aux côtés des parents qui avaient installé un tableau sur un mur de la cuisine, servant de support pour les mots de la vie quotidienne, les devoirs et, aussi, très important, les jeux, à la fois ludiques et instructifs.

L'enfant de 6 ans ou plus : la grande section de maternelle

Pour ceux qui n'ont pas la chance d'habiter une zone rurale à classe unique, une solution est de rencontrer les enseignants de l'école maternelle et de demander que l'enfant puisse faire au moins un trimestre, voire une année complète de grande section, qui prépare l'entrée en cours préparatoire et donc l'accès à l'école primaire.

Cela permet un apprentissage du vocabulaire et d'un savoir de base, mais aussi de la psychomotricité plus fine, de l'écriture, des conventions de l'école française, dans un cadre ludique ; les enfants s'adonnent à des jeux et à des activités manuelles qu'ils n'ont que rarement connus auparavant. Cela autorise aussi plus de souplesse dans l'emploi du temps, permettant aux parents qui le peuvent de garder l'enfant à la maison certaines demi-journées. Si les enseignants sont, sur le terrain, généralement assez favorables à accueillir ces enfants dans leur classe, certains parents ont parfois dû dialoguer, au niveau de la direction de l'établissement ou de l'académie, pour les faire admettre dans une classe d'élèves « plus jeunes ».

L'école primaire

Pour les enfants qui ont suivi une scolarité normale dans leur pays, et qui ont donc, en écriture et en mathématiques, le niveau d'acquisitions attendu de la classe d'âge correspondante, l'effort portera essentiellement sur l'apprentissage du français et sur des codes éducatifs de l'école française : les matières ne sont pas enseignées partout de la même manière et les règles ne sont pas partout les mêmes.

Après un éventuel passage en cours préparatoire, l'enfant – à moins d'avoir été profondément perturbé par les bouleversements de sa vie – pourra rejoindre la classe qui correspond, à un an près, à sa tranche d'âge.

Pour les enfants qui ont non seulement été scolarisés dans leur pays, mais qui ont également bénéficié de surcroît d'un enseignement francophone ou qui vivaient déjà en France et suivaient une scolarité normale, il faudra aussi leur laisser le temps de se faire à leur nouvelle vie. L'adaptation affective et physique détourne parfois l'attention des questions scolaires : les enfants, on le sait, ont l'art de pouvoir faire beaucoup de choses simultanément, mais on ne peut pas attendre d'eux qu'ils avancent à la même cadence sur tous les fronts.

« Timothée a 10 ans. Il vient de Côte d'Ivoire, où il était en dernière classe de primaire, l'année de préparation à l'entrée en 6e. Il est arrivé en février. Ici, nous l'avons inscrit en cours moyen 1re année. À Pâques, le directeur nous a convoqués pour nous conseiller un passage en cours moyen 2e année, classe qu'il a donc intégrée pour le troisième trimestre. Son nouvel enseignant nous a dit qu'il était en avance par rapport aux autres élèves, qu'il avait déjà le niveau de 6e. Il est entré au collège en septembre et n'a connu aucune difficulté. »

Une mère adoptive

L'enfant de 11 ans ou plus

La politique qui autorise l'enfant à être « scolairement rajeuni » s'applique également aux enfants qui seraient en âge d'être au collège : il est important de leur accorder le temps d'une ou deux années en école primaire.

Pour un adolescent qui risquerait de mal vivre ce « retour » en arrière, différentes solutions doivent être envisagées : vous pouvez le garder un temps à la maison, en le socialisant par les loisirs jusqu'à ce qu'il ait acquis un minimum de compétences pour pouvoir intégrer le collège (avec l'aide, par exemple, d'un enseignant retraité qui assurerait un soutien scolaire quotidien) ; ou alors vous pouvez négocier avec l'école et les enseignants des aménagements adaptés. Certains enseignants acceptent de mesurer tout ce qui a été acquis depuis l'arrivée de l'enfant et de ne pas le noter, pour ne pas le condamner à être le dernier de la classe et à s'installer dans ce statut peu valorisant dont il aura du mal à sortir ensuite.

Pour des parents en zone urbaine où les collèges sont souvent de « grosses machines », le recours à une structure privée plus petite permet parfois – mais pas toujours – de trouver un lieu d'écoute et de disponibilité.

Les classes d'initiation (Clin)

Le ministère de l'Éducation nationale s'est penché sur la situation des grands enfants non francophones, parfois appelés « primo-arrivants », exigeant que soient mises en place des structures pour les aider à maîtriser le plus rapidement possible les compétences de base, principalement linguistiques, avant de les laisser rejoindre une classe dite « normale ».

Les Clin, ou classes d'initiation en école primaire, sont venues remplacer les Clad, ou classes d'adaptation. La circulaire publiée dans le *Bulletin officiel* spécial du 25 avril 2002, qui vient compléter une circulaire du 20 mars 2002, précise les « modalités d'inscription et de scolarisation des élèves de nationalité étrangère des premier et second degrés ». Y est notamment décrite l'organisation de la « scolarité des élèves nouvellement arrivés en France sans maîtrise suffisante de la langue française ou des apprentissages ». Dans un premier temps, l'établissement devra procéder à une évaluation des acquis de l'élève en mathématiques, en culture générale, en lecture et en écriture (pour sa langue d'origine). Cette évaluation permettra de décider de la meilleure façon d'intégrer l'élève au système éducatif français.

Même si la circulaire du 25 avril 2002 rappelle que les enfants ne sont pas autorisés à avoir plus de deux ans d'écart avec l'âge de référence de leur classe, elle semble autoriser une certaine flexibilité au cas par cas, puisqu'elle reconnaît que la question de l'âge ne doit pas constituer un frein à l'avenir scolaire de l'élève.

Pour les enfants d'âge primaire, l'inscription dans une « classe ordinaire » est obligatoire. Les enfants sont ensuite regroupés en classes d'initiation (Clin) pour recevoir un enseignement plus intensif de français, idéalement assuré par des professeurs formés à l'enseignement du français langue seconde (FLS) ou du français langue étrangère (Fle).

Le but est de permettre une intégration progressive et rapide dans la classe ordinaire. Le maintien en classe d'initiation

sera plus ou moins long selon les besoins de l'enfant et son niveau de scolarisation antérieur.
Une classe d'initiation ne doit pas compter plus de quinze enfants à la fois, le nombre d'élèves tout au long de l'année pouvant être plus important dans la mesure où certains rejoindront rapidement leur classe ordinaire.

Les classes d'initiation ne sont pas un passage obligé

Si l'on ne peut que se réjouir de mesures pensées pour permettre une intégration rapide par l'acquisition de la langue, les parents doivent bien se renseigner sur la réalité de ce qui est proposé sur le terrain. L'enfant a le droit, et il est dans son intérêt, d'être scolarisé dans l'établissement qui lui convient le mieux, en termes de proximité ou d'exigences familiales (frères et sœurs dans le même établissement, etc.). Le passage par une classe d'accueil ou d'initiation ne doit pas devenir une « voie de garage », et il faut veiller à ce que l'académie respecte la circulaire et n'ouvre pas ces classes dans des zones d'éducation prioritaire, mais dans des établissements ordinaires.
À la différence de la plupart des élèves accueillis dans ces classes, l'enfant adopté baigne généralement dans un environnement linguistique familial qui va lui permettre de s'imprégner du français plus rapidement que des enfants qui parlent leur première langue chez eux, avec leurs parents. Ces classes d'initiation ou d'accueil doivent donc être perçues comme un service qui est proposé aux familles, et non comme un passage obligé. Cela dit, il ne faut pas rejeter d'emblée cette formule si les conditions sont réunies pour qu'elle semble correspondre aux besoins de l'enfant. Les parents ne doivent pas hésiter à prendre conseil auprès d'enseignants, d'autres parents, de leur médecin, d'un orthophoniste...
En s'informant, en s'interrogeant, en consultant autour d'eux, ils seront en mesure de comprendre ce qui peut entraver les apprentissages, de cerner ses

Les classes d'accueil (Cla)

Pour les élèves en âge de fréquenter le collège, deux types de classes d'accueil sont mis en place : celles pour les enfants déjà scolarisés (Cla) et celles pour les enfants non scolarisés antérieurement (Clansa).
Là encore, l'effectif ne doit pas dépasser quinze élèves. En parallèle, chaque fois que cela est possible, les élèves sont inscrits dans les classes ordinaires correspondant à leur niveau scolaire, qu'ils pourront rejoindre pour certaines activités.

goûts et ses capacités, de mieux percevoir comment lui donner envie d'apprendre, de faire et de s'épanouir. Ce sera ensuite à eux d'évaluer ce qui est dans l'intérêt de leur enfant.

« Nous habitons une petite ville, loin d'un centre urbain important. Pour nos deux garçons, arrivés à 11 et 13 ans de Corée, parlant une langue fort différente de la nôtre, nous avons consulté le CIO (Centre d'information et d'orientation), dont le responsable nous a dit: "Il ne fallait pas adopter des enfants aussi grands..."
Après avoir consulté tous les collèges dans un rayon de 10 kilomètres, nous avons eu le choix entre deux options:
– un collège privé proposant une inscription dans une classe de 6e, avec en plus des cours particuliers de français donnés par un enseignant à la retraite pendant les cours de gym, de dessin, etc.;
– deux collèges publics proposant de les inscrire dans des classes d'enfants en difficulté.
Nous allions opter pour le collège privé quand nous avons eu l'idée de consulter l'école primaire qui était juste à côté de la maison.
Les instituteurs nous ont convaincus que ce ne serait pas avec des enfants en difficulté, qu'ils seraient dans les meilleures conditions pour apprendre correctement le français. Pour eux, il était plus sûr de les inscrire en école primaire pour une scolarité normale, sans tenir compte de l'âge.
L'aîné a donc fêté ses 14 ans en CP.
L'instituteur leur préparait des leçons et des exercices spécifiques. La deuxième année, ils ont suivi le cours de CM2 (avec une dérogation pour le plus âgé). Au collège, ils ont intégré une 6e et une 5e dites « normales ».
Les enseignants ont décidé de ne pas les noter en fonction des résultats, mais en fonction de leurs progrès.
Ensuite, ils ont connu une scolarité normale. Ils n'ont jamais redoublé. L'un a décroché son bac professionnel de cuisine, l'autre un diplôme d'éducateur sportif spécialisé (pour travailler avec des personnes handicapées).
Nos fils sont aujourd'hui deux jeunes adultes très épanouis. »

Des parents adoptifs

Ne pas tout miser sur l'éducation

Un constat s'impose: il faut laisser du temps à l'enfant, faire fi des attentes sociales qui trop souvent pèsent sur tout ce qui touche à l'école, bref, « ne pas faire le pari de la scolarité sans faute », pour reprendre les propos de Paulette Géraud, déléguée régionale d'Enfance et familles d'adoption elle-même mère de deux enfants adoptés grands. Cela ne veut pas dire ne pas avoir d'ambition pour ses enfants, mais au contraire avoir l'ambition de les voir grandir en confiance pour qu'ils se forgent une voie, un avenir.

La culpabilité que ressentent certains enfants pour « expliquer » leur abandon (je n'étais pas « gentil », donc on n'a pas pu m'aimer) peut être une source de manque de confiance en soi. La culpabilité, la peur de l'abandon, réveillée par la prise de risques que suppose l'exploration de nouveaux domaines de savoir, peuvent entraver les capacités d'apprentissage. Il faut donc faire attention à ne pas « placer la barre trop haut », pour ne pas les effrayer.

Autant que faire se peut, l'école ne doit pas devenir un poids supplémentaire, une pression qui pèse et qui empoisonne les soirées en famille. Les parents doivent jongler entre des exigences minimales, relatives au moins autant au comportement en collectivité qu'aux acquis scolaires, et la nécessité de laisser souffler leur enfant, sans non plus faire preuve d'une indulgence excessive qui l'installerait dans un échec inutile.

La vigilance est importante : si l'enfant ne fait pas un devoir, est-ce parce qu'il ne veut pas ou parce qu'il n'a pas compris l'exercice ? Peut-être n'a-t-il pas compris les consignes car il ne maîtrise pas les notions linguistiques ? Ou serait-ce qu'il ne comprend pas la formulation parce qu'il a des difficultés à élaborer un raisonnement abstrait ? Il ne faut pas oublier qu'une certaine inattention ou qu'un manque de concentration peuvent être des signes d'un vécu traumatisant ou de troubles de santé. Il est important de favoriser la mise en confiance de soi, l'estime de soi, en veillant à un équilibre entre l'acquisition de savoirs fondamentaux et la valorisation de la créativité et de compétences propres, le savoir-faire ouvrant la voie à un « savoir-être ».

Que sait-on sur la scolarité des enfants adoptés ?

Différentes enquêtes ont été menées, aux États-Unis et en France notamment, sur la scolarisation des enfants adoptés. Certaines portent sur des enfants adoptés jeunes, d'autres sur des enfants arrivés plus âgés d'un pays précis, à un moment précis, le Vietnam ou la Corée dans les années 1970, dans un contexte où l'adoption était présentée par le pays d'origine comme une chance, et par là comme un statut valorisant.

En 2003-2004, Enfance et familles d'adoption menait, avec le soutien de Médecins du monde, une enquête auprès de 595 familles sur un total de 1 068 enfants, dont 181 « biologiques », les autres ayant été adoptés. Cette enquête donnait lieu à un congrès (2005) et à un ensemble de publications : deux numéros de la revue *Accueil,* « Savoir(s) : nos enfants et la scolarité » (2005) et Actes du congrès

À offrir à l'enseignant de votre enfant :

Il est vivement conseillé aux parents de se procurer *Adoption : Guide à l'intention des enseignants* (Les petits guides d'Efa, 2008) et de l'offrir à l'enseignant de leur enfant. D'une vingtaine de pages, il ne cherche pas à aborder toutes les questions liées aux relations entre la famille et l'école, mais il veut donner un éclairage sur certaines difficultés d'ordre scolaire rencontrées par des enfants adoptés. Il présente des informations générales sur l'adoption, sur les maladresses à éviter et sur l'insertion de l'enfant, et propose des conseils pour les activités, le tout de manière simple et ludique.

Scolarité (2006), des articles dans *Le Monde de l'éducation* (octobre 2007) et des revues scientifiques, ainsi que *Adoption : Guide à l'intention des enseignants*.

En 2000, une enquête sur l'adoption internationale et l'insertion sociale était réalisée par Juliette Halifax avec le concours de l'Ined et de l'organisme autorisé pour l'adoption Amis des Enfants du monde (AEM).

Partis d'un fichier d'environ 2 500 enfants ayant atteint leur majorité, 990 d'entre eux ont pu être contactés : 64 % ont répondu au questionnaire ; tous avaient entre 18 et 34 ans, la moitié ayant moins de 23 ans.

Juliette Halifax reconnaît elle-même les limites de son enquête, qui « n'a pas la prétention d'être représentative de l'insertion de l'ensemble des enfants adoptés en France ». Elle souligne également ne pas avoir d'informations sur les parents ni sur les enfants qui n'ont pas répondu. Il est impossible de savoir si c'est à cause de ce qu'elle appelle une « mauvaise réussite » de l'adoption (sans préciser ce qu'elle entend par là), ou au contraire parce qu'elle « s'est tellement bien déroulée » que les adoptés se considèrent comme « entièrement français, enfants biologiques de leurs parents adoptifs ».

Parmi les adoptés qui ont répondu, 95 % sont originaires d'Asie et 88 % sont nés en Corée. Au moment d'être adoptés, un tiers avait moins de 3 ans, un tiers d'entre eux avait entre 3 et 7 ans, et un tiers avait plus de 7 ans ; 47,5 % étaient en institution, 20 % furent abandonnés à la naissance, les autres étant élevés par au moins l'un de leurs parents biologiques ou par d'autres membres de la famille. Un tiers avait subi des carences physiques ou des mauvais traitements.

Pour 90 % de ceux qui avaient 6 ans ou moins au moment de l'adoption, la scolarisation s'est faite en école maternelle

De l'importance du regard social

Dans *Sous le signe du lien* (Paris, Hachette, 1989), Boris Cyrulnik décrit le « destin exceptionnel » qu'ont connu des enfants orphelins de la guerre de 1939-1945, recueillis dans une maison créée par des communistes français à Arcueil: « On y parlait de la mort en termes de gloire. » Quarante enfants ont été suivis jusqu'à la cinquantaine: deux ont eu une vie de délinquant (ils l'étaient déjà à Arcueil), quelques-uns sont morts, une dizaine n'ont laissé aucune trace; 27 ont connu un « épanouissement social et affectif remarquable », devenant des écrivains connus, directeurs de théâtre, scientifiques, enseignants, etc. La scolarité a aussi été couronnée de succès pour 42 % d'entre eux, reçus à des concours de grandes écoles ou diplômés de l'enseignement supérieur. Et Cyrulnik de conclure: « Le regard social dans ces maisons était tellement favorable que les enfants sans famille y ont réalisé des performances infiniment supérieures à celles des enfants d'une population normale. »

Voir également Denise Baumann, La Mémoire des oubliés, *Paris, Albin Michel, 1988.*

(les autres restant à la maison jusqu'à l'âge de l'école obligatoire) ; 90 % de ceux qui avaient 6 ans ou plus ont intégré l'école primaire (seuls trois sont allés directement en collège). Ceux arrivés à moins d'un an ou âgés de plus de 10 ans connaissent les plus faibles taux de redoublement.

Au moment de l'enquête, 53 % d'entre eux poursuivaient encore leurs études: 21 % étaient au lycée, 15 % étaient inscrits en BTS ou en IUT, 61 % suivaient des études à l'université ou en grande école. Pour ce qui est du baccalauréat ou des diplômes équivalents ou supérieurs, les proportions entre adoptés et les autres jeunes français étaient « sensiblement les mêmes ». Au final, le niveau moyen des enquêtés serait légèrement supérieur au niveau moyen de la population. Si l'on doit accueillir de tels résultats avec toute la réserve que suscite leur aspect incomplet, il est intéressant de noter que le niveau des diplômes n'est pas lié à l'âge d'arrivée en France. Contrairement à ce que l'on a trop souvent tendance à croire, Juliette Halifax avance l'hypothèse que les enfants arrivés jeunes dans leur famille adoptive ne vont pas forcément mieux « réussir » leur scolarité que ceux arrivés plus âgés.

Il y aurait à cela des raisons relevant essentiellement de la dimension psychologique et affective de l'adoption. Un grand enfant, qui a vécu avec ses parents biologiques, qui conserve des souvenirs conscients et qui connaît les circonstances de son adoption, sera moins porté à mobiliser son énergie pour comprendre le « pourquoi » de sa situation qu'un enfant recueilli alors qu'il était nourrisson, et cela même quand ses parents lui auront restitué ce qu'ils savent de son histoire.

L'étude de Marie-Odile Lafosse-Marin, chercheur en sciences de l'éducation à la Sorbonne, débouche sur des conclusions analogues.

À partir d'une enquête sur 105 jeunes adoptés de 16 à 26 ans, elle constate que les bébés adoptés avant l'âge de 6 mois présentent plus de difficultés à l'école que ceux adoptés à un âge plus avancé. Parmi les hypothèses qu'elle avance, elle suggère une information insuffisante (ou insuffisamment convaincante?) sur le passé de l'enfant et le passage sans préparation de l'abandon à l'adoption.

L'influence de l'environnement familial et du regard social

Dans cette étude, les comparaisons avec la population moyenne sont en quelque sorte faussées puisque Juliette Halifax reconnaît que le milieu social des parents adoptifs ne correspond pas à celui de la société française dans son ensemble. Globalement, on trouve moins d'ouvriers ou de personnes non diplômées, plus d'enseignants et de personnes du secteur tertiaire, sans qu'il s'agisse toujours de milieux considérés comme financièrement très favorisés : en moyenne, beaucoup d'enseignants de l'éducation primaire et secondaire. Pour avoir une vision plus juste du « niveau scolaire » des enquêtés, il aurait donc fallu les comparer avec des enfants de naissance ayant été élevés dans un milieu socioculturel analogue. Le résultat aurait-il été différent, aurait-il fait apparaître de plus grandes difficultés chez les enfants adoptés ? C'est ce qu'a voulu chercher à savoir Enfance et familles d'adoption dans l'enquête menée, avec le soutien de Médecins du monde, auprès des 595 familles qui ont accepté de répondre aux questions posées tant pour leurs enfants adoptés que pour leurs enfants biologiques (181 sur un total de 1 068 enfants).

De cette enquête, il ressort que, globalement, à âge égal, les enfants biologiques réussissent mieux que leurs frères ou sœurs adoptés. En même temps, l'enquête montre que, quand on laisse du temps à ces derniers, que ce soit en jouant sur les cycles en primaire et/ou en permettant les redoublements au collège ou au lycée, on atteint des résultats proches en termes de diplômes.

L'étude suggère que le fait d'avoir passé les premières années de sa vie dans un contexte linguistique et culturel différent constitue un handicap potentiel plus faible que les perturbations liées à l'abandon affectif, à l'instabilité du placement, aux allers-retours entre famille de naissance et famille d'accueil ou foyer. C'est ce que pourrait indiquer la réussite scolaire moindre des enfants nés en France par rapport aux enfants nés à l'étranger. Myriam Szejer, pédopsychiatre et psychanalyste, suggère aussi que le secret autour de la naissance de l'enfant et donc d'une partie de cette histoire peut également faire écran au moment des apprentissages.

Autre facteur qui émerge de cette étude : celui du regard porté sur l'enfant selon son origine, valorisant telle origine plutôt que telle autre, contribuerait à induire des résultats et pèserait sur les orientations. Ce serait l'une des explications derrière l'écart, après un départ de niveau sensiblement égal, qui se creuse entre les enfants nés en Asie et ceux nés en Afrique. On associe populairement des compétences telles que les mathématiques aux personnes d'origine asiatique, des capacités plus sportives, artistiques ou manuelles aux personnes d'origine africaine. Des études menées sur les enfants issus de communautés immigrées montrent que l'origine ethnique pèse, souvent inconsciemment, dans les préconisations d'orientation : les enfants d'ethnie maghrébine ou africaine sont plus majoritairement orientés vers des cycles courts ou professionnalisants que les enfants d'ethnie européenne ou asiatique.

Les différentes études portant sur des enfants adoptés participent à leur manière du débat sur l'acquis et l'inné. Sur ce point, l'image somme toute encourageante sur les capacités scolaires des enfants adoptés est à rattacher à celle qui se dégage d'une autre étude sur le quotient intellectuel et l'adoption, conduite par Michel Duyme, Annick-Camille Dumaret[1] et Stanislaw Tomkiewicz.

Une synthèse de cette étude, intitulée « How can we boost IQs of dull children ? A late adoption study » (« Le QI d'enfants dits d'intelligence faible peut-il être amélioré par le milieu de vie ? Une étude d'adoptions tardives »), était publiée aux États-Unis en juillet 1999 par la publication scientifique *Proceedings of the National Academy of Sciences* (vol. 96, p. 8790-8794).

Il ressort de cette étude d'enfants âgés de 4 à 6 ans, présentant un QI faible et voués *a priori* à une « intelligence réduite » à l'âge adulte, qu'une amélioration nette des capacités intellectuelles est possible à condition de bénéficier d'un environnement socio-économique

1. Voir *Accueil* de novembre 1999 pour un compte rendu de cette étude et un entretien avec Annick-Camille Dumaret.

favorable. Ces conclusions encourageantes ont été constatées après dix années de recherche menées par cette équipe, dont les travaux ont été rendus publics par l'Institut national de la recherche médicale (Inserm).

Cette étude montre pour la première fois une modification possible du quotient intellectuel, en l'occurrence chez des enfants adoptés, en corrélation avec le milieu socio-économique de leurs parents adoptifs (le niveau d'études ou de culture étant pris en compte, ainsi que le statut professionnel).

Dans tous les cas, les 65 enfants observés, choisis selon les critères de l'étude parmi un registre de quelque 5 000 adoptés, avaient vécu avant l'adoption dans un contexte socio-familial très défavorable, inférieur à celui de leur famille adoptive.

À l'adolescence, soit cinq à dix ans après leur adoption, leur QI montre un net progrès, avec une amélioration des performances chez tous les enfants. Le gain est réel chez tous (8 points en moyenne), supérieur chez les enfants vivant dans les milieux socioculturels les plus favorables. L'étude laisserait donc penser que tout ne « se joue » pas à la prime enfance, qu'une courbe de progression est encore possible au-delà de l'âge de 4 ans. Toutefois, les retards de langage sembleraient se combler moins facilement que ceux des acquisitions spatio-temporelles (pensée logique, vitesse de repérage dans l'espace, etc.).

Peut-on parler d'échec de l'adoption ?

Une place difficile à trouver

Selon l'enquête de Juliette Halifax, la proportion d'enquêtés ayant quitté le domicile familial pour cause de non-entente est plus élevée chez ceux adoptés après l'âge de 3 ans que chez ceux adoptés avant 3 ans. Cela dit, 38,6 % de ceux qui étaient partis sont revenus.

Les cas d'« échec » les plus connus passent par une incompréhension et un conflit autour de la scolarité, rejoignant ce que l'on pourrait appeler les adoptions « humanitaires » : il s'agit d'enfants accueillis par des familles de niveau socioculturel relativement élevé, où il y avait déjà des enfants biologiques.

L'enfant, souvent adopté grand, se retrouve dans un contexte éducatif où les bons résultats vont de soi, où le statut social des parents et l'avenir des enfants passent par la réussite aux concours de l'État ou par l'entrée dans des corps professionnels dits « nobles » : médecine, droit, etc. Dans ce cadre, à l'intérieur duquel les parcours semblent déjà tout tracés, le nouvel enfant a du mal à trouver sa propre place. De surcroît, comme c'est souvent le cas dans ce type d'adoption, il aura inévitablement à répondre aux attentes de ses parents, surtout quand ils n'ont pas su tenir compte de son âge, de ses acquis scolaires jusque-là ; les attentes, même non exprimées, pèseront d'autant plus que, dans cette même famille, il y aura des enfants biologiques plus jeunes que le frère ou la sœur adopté(e), qui réussissent, sont « en avance » par rapport à lui ou à elle. Le rejet, la rupture, la douleur, le sentiment de ne pas être vu et reconnu pour ce qu'ils sont, sont parfois le triste lot de ces enfants ; certains se retrouvent en pensionnat ou, pis, placés en famille d'accueil.

Inversement, certains considèrent qu'un échec d'adoption se produit quand la dimension « adoption » de la filiation a été non pas occultée, mais en quelque sorte culturellement « refoulée » par la famille et l'enfant. Ce dernier s'est si bien coulé dans le moule familial, a si bien accepté de jouer le jeu des attentes sociales et éducatives qui ont pu peser sur lui, a tellement bien « réussi » sa vie pour faire plaisir à ses parents et effacé toute velléité personnelle que tous en viennent quasiment à refuser, dans leur comportement, qu'il ait pu être adopté. Ce genre de situation, si lisse en surface, peut devenir une bombe psychologique à retardement et exploser le jour où, soudain, l'enfant désormais adulte prend conscience d'avoir « raté » sa vie au niveau de ses aspirations profondes, ou quand, au moment de devenir à son tour parent, il est assailli d'un tourbillon vertigineux de doutes. Cela ne veut pas pour autant dire que toute adoption « réussie » ne le serait qu'en surface, que l'on n'a pas le droit d'« oublier » dans le quotidien que l'enfant est notre enfant parce que nous l'avons adopté, ni de nier qu'il nous ressemble. Il s'agit tout simplement de ne pas « faire comme si on l'avait fabriqué », mais de savoir intimement que « c'est le nôtre », par une filiation qui se trouve être adoptive et non biologique.

L'échec peut aussi être celui de l'apparentement, de ce que le psychanalyste Nazir Hamad décrit comme un « mauvais choix ». Assurément, il a été le témoin de moments d'« intense bonheur » chez des familles adoptives qu'il a suivies depuis l'agrément et après le placement de l'enfant, et où « parents et enfants se mettaient à se ressembler physiquement » – la filiation adoptive se dotant ici d'une dynamique fusionnelle créatrice.

Mais il a aussi été témoin de situations dramatiques. Dans *L'Enfant adoptif et ses familles*[1], Nazir Hamad évoque un couple qui ne pouvait pas se reconnaître dans l'enfant noir qui lui avait été confié, et un autre couple qui avait maltraité un enfant handicapé. Pour lui, il ne s'agit pas de « mauvais parents », mais de « couples [qui] auraient pu mieux accepter d'autres enfants ». Ce n'étaient pas les bons parents pour ces enfants-là. Ces faux départs se soldent généralement par la remise de l'enfant à l'Aide sociale à l'enfance. C'est aussi ce qui se produit dans le cas de parents souffrant de désordres psychologiques, qui auraient sans doute éprouvé les mêmes difficultés face à un enfant biologique, avec une incapacité de se défaire de l'enfant imaginaire et de s'approprier l'enfant réel.

L'échec peut également se produire quand la famille n'a pas véritablement fait sien l'enfant, qu'elle n'a pas exigé ou attendu de lui sur le plan du comportement et de la relation affective ce qu'elle aurait exigé ou attendu d'un enfant biologique. Les parents se laissent aller à une indulgence excessive peu propice à aider l'enfant à se structurer, comme s'ils se disaient : « Ce n'est pas vraiment le nôtre, alors laissons faire. »

Parfois, l'échec est celui du modèle éducatif familial et n'est donc aucunement lié à l'adoption. On le trouve dans des familles où les structures et les repères ne sont pas clairement ou suffisamment identifiables : le flou qui en ressort est facteur de dispersion chez des enfants qui, nous l'avons vu, sont portés à déjà souffrir, de par les traumatismes vécus, d'un déficit d'attention. La construction d'une relation affective avec ses parents et la construction même de l'identité peuvent en être affectés. Il s'agit d'une situation que l'on retrouve également dans des familles non adoptives et dans toutes les catégories sociales. À l'inverse, une famille avec des codes rigides, manquant de souplesse et d'humour, peut cacher une inadaptation profonde au bouleversement que suppose l'arrivée d'un enfant avec une histoire propre, une incapacité d'intégrer cette dernière à celle de la famille : l'enfant bouscule, remet en question, dérange. S'il ne parvient pas à trouver la place qu'on ne lui autorise pas à prendre – parce que, au fond, il n'y avait pas de place pour lui –, la tentation sera alors grande, de la part des parents, de mettre cet échec sur le compte de l'histoire de l'enfant, de ses gènes, de traumatismes antérieurs.

Les échecs sont-ils nombreux ? La réponse dépend du positionnement du regard :

1. Nazir Hamad, *L'Enfant adoptif et ses familles*, Paris, Denoël, 2001.

« dans la majorité des cas, il apparaît que le développement des enfants adoptés à l'étranger et leur adaptation à leur nouveau milieu se soldent positivement », écrivaient Françoise Ouellette et Hélène Belleau en 1999 ; « Aux États-Unis, les enfants adoptés comptent pour 2 % de la population des enfants mais ils représentent entre 4 et 5 % des enfants dans les cliniques externes de santé mentale et entre 10 et 15 % des enfants des unités de soin résidentiels », écrit Catherine Sellenet dans *Recherche sur les enfants adoptés en difficulté* (2005). Cette recherche est le résultat d'une étude commandée par le ministère des Affaires sociales qui a porté sur 317 enfants (52 % de garçons et 48 % de filles). Parmi les facteurs, l'étude fait apparaître un certain nombre de pistes : une plus grande vulnérabilité des garçons ; les enfants arrivés de l'étranger ne sont pas plus à risques que les enfants nés en France ; « l'adoption précoce n'est pas une garantie contre les aléas possibles », même si l'enfant plus âgé est vulnérable ; les adoptions effectuées par des mères célibataires ne seraient pas plus « à risques » que les autres ; « de nombreux parents se retrouvent en difficulté après avoir adopté un enfant, voire plusieurs ne correspondant pas au vœu initial » ; enfin, « on note quelques situations illégales présentes dans l'échantillon ». Catherine Sellenet souligne l'information insuffisante sur l'histoire de l'enfant avant l'adoption, une méconnaissance des traumatismes vécus avant l'adoption. Nous avons tous autour de nous des exemples, non pas tant d'échecs que de passages difficiles, qui peuvent aller jusqu'à un placement provisoire en pensionnat ou à un éloignement temporaire de l'enfant, souvent à sa demande, sans que l'on puisse parler d'échec. Les familles amies, rencontrées parfois au sein de mouvements associatifs, qui parfois prennent le relais et accueillent l'adolescent sous leur toit, sont d'un secours extrêmement précieux. Les cas de « rupture », les moments où l'on « récupère » chez soi un neveu ou le fils d'amis, où son propre enfant est recueilli chez un oncle ou chez des amis, ne se produisent pas exclusivement avec des adolescents adoptés. Ce type de situation est fréquent aussi chez des enfants « biologiques ».

Le plus déroutant, le plus inquiétant sans doute est l'échec lié à un rejet de l'enfant dans les premières semaines ou mois suivant son arrivée. Ce rejet se manifeste par des actes de maltraitance ou de remise de l'enfant aux services sociaux – parcequ'il ne correspond pas à l'enfant rêvé, parce que le désir d'enfant ne s'est pas prolongé par un désir, une volonté d'être parents, parcqu'on a découvert une maladie... Ces cas, fort heureusement rares mais réels, doivent faire réfléchir à la qualité de la préparation aux réalités de l'adoption.

Où trouver de l'aide ?

Les associations de familles adoptives sont un premier espace d'échange et d'entraide pour les parents, avec des groupes de parole animés par des professionnels.
Pour les parents d'enfants jeunes habitant à Paris, L'Arbre Vert est une structure de rencontre parent-enfant animée par des professionnels.
Les Maisons de l'adoption qui se sont créées dans plusieurs villes offrent des espaces de rencontre, d'échange, de conseil ou d'information.
Pour les adolescents, les Maisons de l'adolescence (coordonnées disponibles sur le site d'Enfance et familles d'adoption : http://www.adoptionefa.org).
Une piste à explorer quand on a besoin de souffler : chercher des parrains pour l'enfant grâce à www.unapp.net.

Quand l'enfant a un comportement difficile...

Nous avons évoqué, dans le chapitre sur la santé, les facteurs qui peuvent rendre difficile, voire impossible le nouage de liens, ou troubles de l'attachement. Même s'il faut veiller à ne pas attribuer hâtivement toutes les difficultés à ces troubles, c'est depuis quelques années la cause de la détresse la plus audible chez les familles adoptives, exprimée par le biais d'une association d'entraide, Pétales. Certains enfants semblent refuser d'être adoptés, tant ils donnent l'impression de se rebeller contre cette décision prise pour eux, à leur insu. Le mal-être psychique peut parfois cacher de réels troubles psychiatriques, parfois plus facilement décelables à l'extérieur de la famille qu'à l'intérieur. Il est important de ne pas se cantonner à son seul regard de parent.
Certes, les parents adoptifs, comme tous les parents, ont ce réseau d'intuitions qui leur permettent de « sentir » quand leur enfant va bien ou mal, de le comprendre là où d'autres ne décèlent rien d'anormal. Certes, il y a des adultes extraordinairement maladroits, y compris parmi ceux qui ont pour profession, et sans doute pour vocation, de travailler avec des enfants. Assurément, des enfants qui semblent « fermés » à la différence véhiculent les préjugés de leurs parents.
Pourtant, si l'enfant a des difficultés relationnelles à l'extérieur, ce n'est pas toujours à cause de l'incompétence des adultes ou du manque d'ouverture des

autres enfants (même si c'est de temps en temps le cas). Tout le monde ne saurait avoir unanimement tort contre les seuls parents.

Parfois, c'est l'inverse. L'enfant est charmeur avec les autres là où il est odieux avec ses parents, docile là où il est en révolte contre eux.

Il semble diffuser sa grâce autour de lui comme une pluie d'or alors que, dans l'intimité du foyer, il refuse l'amour de ses parents et déverse le poison de son mal-être.

C'est à l'entourage d'éviter la tentation de tout expliquer par la thèse de l'enfant victime – comme sont tentés de le faire ceux qui, de l'extérieur (grands-parents, amis, professionnels de l'enfance), ne connaissent de lui que la face séduisante. Il est sans doute victime d'un passé insupportable, de troubles physiologiques ou psychiques ; mais, ici, les victimes sont aussi les parents.

Dans l'intérêt de l'enfant, et des autres enfants de la famille, il est impératif de se faire aider.

La « résilience »

« La résilience, c'est l'art de naviguer dans les torrents. Un trauma a bousculé le blessé dans une direction où il aurait aimé ne pas aller. »

Boris Cyrulnik, Les Vilains Petits Canards, *Paris, Odile Jacob, 2001*

La capacité de s'en sortir

Le plus important, c'est d'apprendre à bien connaître son enfant, de lui apporter un amour sécurisant et stimulant pour qu'il puisse prendre confiance en lui-même, s'ouvrir à la société environnante et s'épanouir dans ses aptitudes et ses désirs.

Il faut l'aider à devenir tout ce qu'il peut et veut être, sans attendre plus, mais sans non plus être moins ambitieux pour lui qu'on ne le serait pour un enfant biologique. Il fuat croire en lui.

Les travaux de Boris Cyrulnik[1] et de Michel Hanus[2], entre autres, sont là pour inciter à l'optimisme. Les enfants qu'ils ont suivis démontrent une aptitude extraordinaire à transformer les difficultés, voire les traumatismes vécus,

1. Boris Cyrulnik, *Un merveilleux malheur*, Paris, Odile Jacob, 1999 ; *Les Vilains Petits Canards*, Paris, Odile Jacob, 2001.
2. Michel Hanus, *La Résilience : à quel prix ?*, Paris, Maloine, 2001.

La résilience, vue par Boris Cyrulnik...

« Presque tous les enfants résilients ont eu à répondre à deux questions : "Pourquoi dois-je tant souffrir ?" les a poussés à intellectualiser, "Comment vais-je faire pour être heureux quand même ?" les a invités à rêver. Quand ce déterminant intime de la résilience a pu rencontrer une main tendue, le devenir de ces enfants n'a pas été défavorable. »

... et la rencontre, vue par Michel Hanus

« La résilience a besoin de marques d'estime venant des autres, et encore plus lorsqu'elles ont été insuffisantes dans la prime enfance ou qu'elles ont été trop rapidement interrompues par quelque accident que se soit. [...] J'ai appelé "la rencontre" le fait que l'enfant résilient ait pu croiser et accrocher un jour un adulte, ou au moins un aîné, qui lui a apporté de l'aide, de l'affection et de l'estime. »
La résilience : à quel prix ?

en une expérience créatrice, source de nouveaux départs. C'est la notion que l'on appelle « résilience », une capacité de « s'en sortir », qui sera déclenchée par la réceptivité d'un adulte qui se trouve là au bon moment, par ce que Michel Hanus nomme « la rencontre ».

Boris Cyrulnik a voulu explorer les processus de réparation chez des enfants ayant vécu un traumatisme : il met en relief l'importance que joue l'adulte auprès de cet enfant, de par sa capacité de le rassurer et de l'encourager à poursuivre son chemin.

Ce n'est pas en s'apitoyant sur un enfant mais en lui insufflant courage et énergie qu'on l'aidera à surmonter ses difficultés.

Selon les cas, l'« initiateur », l'« étoile du berger » sera le parent, une institutrice, un éducateur, un jardinier qui, en lui redonnant confiance, lui remettront le pied à l'étrier de la vie : « Si vraiment nous voulons soutenir ces enfants blessés, il faut les rendre actifs et non pas les gaver. Ce n'est pas en donnant plus qu'on pourra les aider, mais, bien au contraire, en leur demandant plus qu'on les renforcera[1]. »

1. Boris Cyrulnik, *Un merveilleux malheur*, Paris, Odile Jacob, 1999.

Un enfant exposé à un changement brutal, à une acculturation nouvelle, est contraint de s'adapter ; Boris Cyrulnik va jusqu'à dire, de « se métamorphoser ». Cette métamorphose est plus difficile quand le traumatisme, l'agression viennent non pas d'une cause distante, parfois sans visage, comme la guerre ou l'exil, mais de ceux dont on attend qu'ils nous aiment.

Le réveil à la sensibilité, à l'affection n'en est parfois que plus brutal, et c'est ainsi qu'il faut connaître le passage foudroyant à la violence que l'on observe chez des enfants carencés qui font soudain l'objet d'amour : incapables de gérer la puissance des sentiments qui les étreint, ils détruisent leurs jouets ou se jettent contre un autre enfant dans une bagarre qui, vue de l'extérieur, peut paraître insensée. Un temps, qui peut être long, d'apprentissage tant des règles que d'une certaine maîtrise des émotions sera alors utile, pouvant nécessiter l'aide d'un psychologue ou d'un éducateur. Quelle que soit la nature du traumatisme, prévient Boris Cyrulnik, « il faut être clair : il n'y a pas de réversibilité possible après un trauma, il y a une contrainte à la métamorphose » (*Les Vilains Petits Canards*).

Boris Cyrulnik enfant dut lui-même sa survie et son épanouissement ultérieur à la rencontre fortuite d'adultes qui crurent en lui. Tout comme la recherche menée par Michel Duyme et ses collègues, celle de Boris Cyrulnik vient contredire ceux qui considèrent que tout est écrit d'avance, qu'un enfant maltraité deviendra un enfant maltraitant. Certes, il ne faut pas tomber dans l'excès contraire, note Boris Cyrulnik, non sans humour : « Dire que les enfants maltraités peuvent devenir des adultes tout à fait humains ne veut absolument pas dire qu'il faut maltraiter les enfants pour en faire des adultes épanouis. »

Michel Hanus, tout en reconnaissant le travail accompli par Boris Cyrulnik et d'autres chercheurs sur la maltraitance et la résilience, pointe les limites de cette notion. Il s'interroge notamment sur son coût psychique et sur l'effort continu qu'elle suppose. Selon lui, « telle personne résiliente actuellement ne semblait pas l'être pas auparavant et ne le sera peut-être toujours ».

Cela dit, l'aptitude à la résilience ne vient pas du néant. Elle se nourrit d'un apport affectif qui favorise les potentialités de l'enfant, notamment quand elles s'ancrent dans un entourage familial aimant. Ce climat favorable est d'autant plus important que la résilience, si elle se manifeste, viendra en réaction à un traumatisme, à un événement dramatique. Et Michel Hanus de rappeler que « l'enfant résilient, tout résilient qu'il soit, est aussi un être blessé ».

Pour les parents adoptifs, qui auront à jouer la fonction réparatrice dont font

Conseils d'un tuteur, lui-même orphelin, à Jennifer, la jeune orpheline qu'il a recueillie

« Tu fais preuve d'un courage magnifique pour recoller les morceaux. Vraiment. Je sais que rien ne sera plus comme avant, mais je sais aussi que tu as la force d'aller de l'avant et de te construire un avenir heureux. Et je serai toujours là pour t'aider, je veux que tu le saches. »

Kazuo Ishiguro, Quand nous étions orphelins, *Paris, Calmann-Lévy, 2001 (trad. François Rosso)*

Dans son roman *Quand nous étions orphelins*, Kazuo Ishiguro décrit ce moment où la résilience, soudain, s'effondre, mais peut-être pas totalement... Jennifer, la jeune pupille du narrateur, a toujours paru si courageuse, si raisonnable, si détachée (« Quand on a perdu son père et sa mère, on ne peut pas attacher trop d'importance aux choses, n'est-ce pas ? »), allant jusqu'à se proposer d'aider son tuteur, qu'elle considère fragilisé par son propre vécu d'enfant orphelin. Deux fois, pourtant, elle craque. La première fois, c'est au pensionnat (« On oublie, on compte les jours jusqu'aux vacances, comme toutes les autres, et on pense qu'on va revoir papa et maman »). La seconde fois, c'est quand, jeune adulte belle et intelligente mais esseulée et craignant d'offrir à d'autres son amour, elle tente de se suicider. Chaque fois, pourtant, la vie triomphe du vertige de la mort.

état Boris Cyrulnik et Michel Hanus, leur rôle, assurément gratifiant, se double aussi d'un risque : celui de s'attirer et de concentrer sur eux ce que Michel Hanus décrit comme « les éléments conflictuels de la relation antérieure problématique avec les parents [d'origine] ».

En effet, l'enfant qui aura retrouvé des parents risque de projeter sur eux « les sentiments hostiles qu'il éprouve à l'égard du parent qui l'a abandonné en mourant » (rappelons que Michel Hanus est un thanatologue réputé – il étudie les aspects biologiques et sociologiques de la mort –, qui a beaucoup travaillé sur le deuil, tant celui des adultes que des enfants) : des sentiments analogues peuvent prévaloir quand il y a eu maltraitance ou abandon, et sans que la cause en ait été nécessairement la mort.

Face à cette agressivité, à l'hostilité ou au sentiment de culpabilité de l'enfant, les parents devront comprendre qu'il ne s'agit pas là d'un sentiment d'ingratitude à leur égard, et Michel Hanus est clairement conscient qu'il est parfois plus facile de le comprendre que de le vivre : « Jusqu'où cet adulte est capable de supporter l'ingratitude [...] de [s'investir] sans espoir de retour ? Il arrive aussi assez souvent que cet enfant s'écarte sans crier gare. » La fugue, l'éloignement (provisoire, le plus souvent) sont alors symptomatiques de l'errance et de la quête intérieures.

Pour qu'il y ait résilience, il aura fallu que l'amour, le merveilleux, une affection généreuse mais ferme et rassurante, succède au malheur. Et ce n'est qu'à cette condition, aimé et guidé par la maman canard, que le vilain caneton boiteux deviendra le cygne du conte, illustrant ce qu'Anne Decerf appelle le « remaillage » et Boris Cyrulnik le « retricotage » de l'identité, entre passé et présent, entre origines et adoption.

Chapitre 5

Origines et construction de l'identité

Mes souvenirs ont trente ans, mais les deux premières années de ma vie ? [...] Je viens de voir un reportage sur les petits Roumains qui débarquent en France. Ça m'a tordu le cœur. Ils m'ont rappelé ma propre histoire. [...] J'ai la mémoire boiteuse, alors je danse pour qu'on ne s'en aperçoive pas.

Smaïn, Sur la vie de ma mère, *Paris, Flammarion, 1990*

Parler des origines

Quand les origines sont tues

Adopté alors qu'il était enfant, le comédien français Smaïn retourna des années plus tard en Algérie, dans l'espoir d'obtenir des indices sur l'identité de sa mère de naissance. À l'hôpital, il glana quelques informations sur ce qui, à l'époque, pouvait pousser une femme à renoncer à son enfant. Puis, à la mairie, on lui montra un registre : y figuraient le nom et le prénom qui lui avaient été donnés au moment de sa naissance, la date de sa venue au monde, « mais rien d'autre, rien, pas un nom en face des *père* et *mère* imprimés ». Et l'employé de mairie de lui dire : « Monsieur, à être venu regarder dans ce livre, vous n'êtes pas le premier, et vous ne serez pas le dernier. » Personne n'avait dit à Smaïn qu'il était adopté. Il l'apprit un jour par hasard et, à son tour, il cacha à ses parents adoptifs qu'il savait – par crainte de les blesser, de leur faire mal. Comme Smaïn, d'autres enfants ont grandi sans savoir qu'ils étaient adoptés.

De façon analogue, des enfants élevés par leur beau-père apprennent un jour, d'une voisine ou d'un camarade de classe, qu'il n'est pas leur géniteur ; des enfants découvrent que leurs parents ne sont pas leurs parents de naissance, ceux-là étant décédé. Ces « disparitions » jamais énoncées clairement à l'enfant par ceux qui l'élèvent l'accompagnent dans sa vie comme un puzzle où manqueraient des pièces, sans qu'il y ait quelqu'un pour l'aider dans la recherche : il lui est donc difficile de verbaliser une situation qui le laisse fragilisé.

Georges Perec, qui a vécu la disparition de ses parents pendant la Seconde Guerre mondiale, évoque ces secrets qui n'en sont pas dans *W ou le souvenir d'enfance* (Paris, Gallimard, 1993).

De tout temps aussi, des enfants ont grandi en sachant que les parents qui les élevaient n'étaient pas leurs parents de naissance.Aujourd'hui, s'il existe sans doute des parents qui ne le disent pas, la majorité d'entre eux expliquent à leurs enfants qu'ils ne sont pas nés d'eux physiquement, que maman ne les a pas « portés dans son ventre mais dans son cœur », qu'ils ont été adoptés, attendus, désirés ; de plus en plus d'enfants arrivent assez grands pour garder un souvenir plus actif de tout ce qui a précédé, que ce soit auprès de leurs parents ou en institution, où ils ont pu être placés à la naissance, ou plus tard.

Information, transmission

Longtemps, on a parlé de « révélation » pour décrire ces moments où l'on « dit » l'adoption. Le mot pourrait induire en erreur, laisser entendre une solennité, une occasion unique où l'enfant serait « convoqué » pour entendre une information capitale.

Or on ne « dit » pas « tout » à l'enfant une fois pour toutes. On transmet par bribes, par touches, et ce dès le début, comblant les interrogations, chaque fois avec des mots qu'il est capable de comprendre à ce stade-là de son évolution : on lui parle, par exemple, de lui, le bébé (ou l'enfant) qui attend, du papa et de la maman qui attendent eux aussi, de leur côté, et qui lui ont préparé un nid dans leur cœur, de la rencontre, de l'avion du retour, de la tristesse de l'enfant d'avoir connu une séparation mais aussi du bonheur d'avoir une famille de nouveau, ou d'en avoir enfin une (pour ceux qui n'en ont jamais eu)...

Chaque parent, en fonction de l'histoire de son enfant, de son tempérament, des circonstances, trouvera le moment et les mots pour raconter, pour que le petit ait « toujours » su qu'il était adopté.

Tout enfant, y compris le nourrisson, a besoin d'entendre, le plus tôt possible, l'histoire de son adoption de la bouche de ses parents. Nous savons – Françoise Dolto nous l'a montré – qu'il est très important de mettre les vécus en paroles : le ton de la voix rassure, les paroles restent gravées et, même si elles sont enfouies, quand elles seront redites un jour, elles seront alors reconnaissables, plus facilement compréhensibles, créant une impression de déjà-entendu.

Quand une mère adoptive dit, lors d'une réunion de parents adoptifs, « mais il est trop petit pour comprendre », d'autres l'encouragent à franchir le pas : il n'est jamais trop tôt pour dire. Et même si quelqu'un a préparé l'enfant à l'arrivée de sa mère, c'est d'elle et du père qu'il doit aussi l'entendre, pour capter en même temps toute l'émotion dans la voix, pour la lire dans le regard, la sentir dans les gestes. La vérité passe par les sens, par l'amour.

« On entend encore des parents adoptifs d'un nourrisson prévoir de "dire lorsqu'il posera des questions". On sait bien que les enfants savent taire les questions qui les taraudent s'ils sentent un interdit plus ou moins implicite peser sur leur énonciation. Les poser équivaudrait pour eux au risque de déplaire et d'être abandonnés de nouveau. »

Myriam Szejer, pédopsychiatre et psychanalyste, interview, Accueil *« Savoirs, 2e partie : Nos enfants et la scolarité » (n° 136, août 2005)*

Les enfants adoptés plus âgés ont eux aussi besoin d'entendre la vérité de leurs parents, même s'ils savent ou croient savoir ce qui s'est passé. Là encore, le processus a une dimension affective qui contribue à tisser les liens et à créer une complicité : « Dis, maman, tu me racontes mon histoire ? »

Certains, avec un plaisir narcissique évident, aiment à se retrouver ainsi le héros de leur récit. D'autres, en revanche, ne demandent rien. À tous, pourtant, la vérité est due (« tu es notre enfant, même si nous ne t'avons pas conçu »), elle aura été dite sans que la demande en soit faite. Tout enfant doit entendre cette vérité première, même s'il ne formule pas le besoin d'aller plus loin. Pour Céline Boyard, d'Enfance et familles d'adoption, « il me semble important de poser des mots sur des situations, cela peut éviter des maux. Mettre des mots permet de réfléchir, de prendre le dessus, de les faire siens... ».

Plus tard, à supposer que la demande ne vienne toujours pas, il ne s'agit pas de placer l'adoption sous une chape de silence. L'enfant est entré dans la famille par filiation adoptive, cela fait partie de notre histoire à tous, il ne s'agit ni d'en rajouter ni de l'occulter.

De même qu'une mère de naissance fera allusion au détour d'une conversation à quelque moment de sa grossesse ou à la maternité où elle a accouché, une adoptante évoquera les préparatifs du voyage ou quelque épisode lié à l'arrivée de l'enfant.

L'album de photos

L'album de photos est très important. Il installe l'enfant dans le temps ; les pouponnières et les familles d'accueil, en France et ailleurs, le comprennent bien et commencent désormais à prendre des photos dès la mise en contact avec l'enfant.

De surcroît, l'album apporte une confirmation tactile et visuelle aux propos des parents. De nombreuses familles font d'ailleurs deux albums : l'un est conservé précieusement, l'autre est laissé à la disposition de l'enfant qui peut ainsi le feuilleter, le compléter de ses gribouillis, le mâchouiller, bref, le faire sien.

En plus des photos, l'album peut contenir des descriptions, des cartes postales, les billets d'avion (pour ceux qui sont venus de loin), des lettres, tout un ensemble d'éléments qui retraceront l'histoire de l'enfant, de sa rencontre avec ses parents, de sa vie qui se prolonge dans sa famille et dans son environnement. Ce premier album inscrivant déjà, idéalement, l'enfant dans une histoire qui lui est présentée comme une continuité (plutôt que de se cantonner à l'« avant-adoption ») est appelé à être suivi d'autres albums. Aujourd'hui, on a de plus en plus de photos conservées sur supports numérisés, mais il peut être intéressant de faire des tirages : les jeunes enfants apprécient le côté tactile de photos à regarder, à caresser, à tripoter, voire à mâchouiller ou à déchirer (au passage : songez à copier ces supports, mais aussi à les refaire tous les cinq ans environ, les supports numérisés pouvant « s'effacer » avec le temps). Plus qu'un album, c'est un livre de vie.

« Je n'avais pas un album de photos, à l'époque [il y a plus de cinquante ans] ça ne se faisait pas dans les familles modestes comme celle dans laquelle j'ai grandi. Mais il y avait une photo à laquelle je tenais beaucoup. On y voyait mon père de naissance et ma mère adoptive dans le jardin, près du portail. Cette photo confirmait ce qu'on m'avait dit : mon père, veuf et malade, m'avait trouvé une famille. Malheureusement, cette photo a disparu, peut-être au moment où la famille de ma mère de naissance a entrepris des recherches pour me retrouver. Ma mère adoptive était très angoissée à l'idée de me perdre... Cette photo m'a manqué. J'aurais aimé la montrer à mes enfants. »

Une personne ayant été adoptée enfant

Parler vrai

Faut-il tout se dire ? La réponse à cette question que l'on entend souvent semblerait évidente : oui, bien sûr ; on ne va pas cacher son histoire à son enfant. Mais tout, c'est quoi ?

Le lieu de naissance, le lieu où il se trouvait, la date de la rencontre, le nom ou le prénom d'origine : ces données apparemment objectives (le sont-elles toujours ?) sont conservées dans certains documents (actes de naissance originaux, décisions administratives, jugements) que l'adopté pourra un jour consulter par lui-même.

Là encore, selon son âge, l'information dont on dispose et celle que l'on peut donner varient. Inutile d'inonder l'enfant sous une masse d'informations. Si un jour il demande le prénom de sa mère et qu'on le connaît, on lui donnera cette information. Mais on ne va pas pour autant ressortir tous les dossiers, le soumettre à une avalanche de données qu'il n'a pas demandées. Si l'on ne connaît pas le prénom, on va essayer de trouver une façon de le dire, aussi simplement et sereinement que possible.

On évitera de se lancer dans des explications complexes, qui pouvaient donner l'impression d'en savoir plus et de ne pas vouloir le dire. Le jour où l'enfant voudra en savoir un peu plus, il reviendra à la charge, et ce d'autant plus facilement qu'il aura déjà obtenu une réponse aussi claire que possible à une question précise.

Parler vrai ne veut surtout pas dire tout déverser d'un seul coup, sur-le-champ.

Car les questions viennent généralement au moment où on les attend le moins, dans la voiture, pendant les courses, au moment de partir à l'école... Selon la question et la capacité ou non que se sent le parent de répondre à ce moment précis, il peut également être judicieux de se donner du temps, en répondant par exemple : « Tu as raison, c'est une question importante, il faut qu'on en parle tranquillement, ce soir avec Papa/ Maman, quand il/elle sera rentré(e). »

Parler vrai, ce peut être aussi reconnaître que l'on ne sait pas grand-chose. Le jour où l'enfant exprime un désir éventuel de remonter le temps à partir des données dont il dispose, il faut le préparer doucement à l'idée, selon le pays où il est né, que les renseignements fournis au moment de l'adoption ne sont pas forcément fiables, que la mère a pu choisir de cacher sa véritable identité sous un nom d'emprunt pour des raisons qui lui appartiennent, que l'adresse figurant dans le dossier a des chances d'être fausse.

Le plus difficile pour les parents, c'est quand ils ont des informations douloureuses sur le passé de leur enfant. L'adoption n'est pas un conte de fées, les géniteurs ne sont pas tous des parents aimants ou dévoués qui se sont sacrifiés pour leur enfant, même si, on l'a vu, la décision de remettre son enfant en adoption peut comporter une part d'amour. Il y a aussi des parents maltraitants, des enfants conçus lors d'un viol et rejetés par la mère qui ne supporte pas le souvenir vivant de ce traumatisme ; il y a des enfants trouvés dans une poubelle ou sur un tas d'immondices, condamnés à mourir si le hasard n'était pas passé par là ; il y a des parents sur lesquels on ne sait absolument rien, et des histoires de négligence ou de maltraitance par ceux qui avaient en charge l'enfant...

Ces détails, les parents les connaissent parfois, par ce qu'ils ont appris à l'orphelinat ou par les personnes qui avaient la charge de l'enfant. Ils ne sont pas nécessairement écrits. À eux de composer avec la vérité, de choisir les mots pour restituer à l'enfant ce qu'il peut entendre. Auparavant, les parents auront eu eux-mêmes à décanter ces vérités, à essayer de s'en détacher, ce qui est loin d'être évident : après tout, c'est leur enfant qui est au centre de l'histoire.

Certains parents éprouvent un grand soulagement à parler de ces questions avec d'autres parents, au sein de groupes de parole : ils se rendent ainsi compte qu'ils ne sont pas seuls à être confrontés à des vérités difficiles à dire.

La gestion des histoires douloureuses est parfois rendue plus difficile encore par les dossiers des enfants, quand ils sont très, voire trop détaillés. Jusqu'à récemment, les dossiers français étaient écrits par des professionnels pour d'autres professionnels, et nullement dans l'idée que les personnes concernées verraient un jour le leur. Un langage administratif sec y côtoie parfois une pléthore de détails peu nuancés, voire franchement péjoratifs, sur les parents de naissance ou sur leur attitude envers l'enfant.

À l'étranger, les rapports sur les circonstances du recueil d'un enfant, quand ils existent, peuvent être empreints d'une sécheresse ou d'un réalisme clinique que ne viennent pas adoucir des traductions sans détour.

Le dossier appartient à l'enfant. Les parents peuvent aider à le compléter; ils ne peuvent pas le retoucher, même si certains sont tentés de le faire en raison de la brutalité des éléments qu'il contient. Rien en revanche n'interdit aux parents d'écrire l'histoire de leur propre cheminement vers l'enfant, qui fait aussi partie de l'histoire de la famille. Enfin, la vie menée par leur enfant avant leur rencontre est la première partie d'une histoire qui regarde vers l'avenir.

Et certains pays d'origine ne s'y trompent pas en ajoutant, année après année, au dossier de l'enfant les lettres et les photos reçues après son adoption: dans les pays où seuls figurent dans le dossier de l'enfant une fiche de police indiquant son recueil au moment de son abandon et un certificat médical, les éléments, assurément postérieurs à l'adoption, permettent que le dossier ne soit pas désespérément vide et de jeter un lien entre le passé et le présent: il permet aussi à l'enfant de vérifier que ses parents ne l'ont pas simplement « pris » là où il était, pour disparaître ensuite sans jamais donner de nouvelles.

La recherche des origines

« D'où je viens? »

Dis, comment on fabrique les bébés? À travers cette question, l'enfant s'interroge sur son histoire, sur ses origines: d'où vient-il? Chez l'enfant adopté, cette question prend une autre ampleur: s'il s'inscrit dans une filiation, s'il sait qui sont ses parents, il sait aussi que, par sa naissance, il vient d'ailleurs. Les interrogations autour de la façon dont s'est effectué le passage d'hier à aujourd'hui vont l'accompagner dans sa construction d'adolescent: parfois, elles commencent très tôt et se prolongent jusque dans l'âge adulte. L'enfant peut vouloir savoir pourquoi il a été abandonné, qui sont ses père et mère de naissance. Mais tout ne vient pas forcément en même temps, tous n'entreprennent pas un cheminement identique.

La douleur de ne pas savoir

L'horreur de la Shoah a mis en évidence le besoin de mémoire, de connaître ne serait-ce qu'un détail infime sur les disparus : le lieu où ils moururent, un prénom, une date, un détail identifiant peuvent être autant de facteurs d'apaisement relatif qui permettent aux survivants d'aller de l'avant (d'où l'importance du Yad Vashem, lieu du souvenir des martyres et des héros de la Shoah, à Jérusalem, où le hall des Noms conserve la mémoire des victimes, recueillant le nom et les données biographiques de millions d'entre elles).

« Tu sais, maman, j'aimerais connaître l'âge de ma mère quand elle m'a mise au monde, ou la couleur de ses cheveux, des détails comme ça, c'est tout. »

Une jeune adoptée de 14 ans

D'où l'importance de recueillir un maximum d'informations au moment de la remise de l'enfant ou de s'assurer qu'elles seront conservées en lieu sûr. Pour l'enfant dont on ne saura sans doute rien, on peut s'imprégner de détails de son pays d'origine, rapporter des photos, des objets, des anecdotes dont il pourra, s'il le souhaite, se nourrir ; pour l'enfant en France, on se fera raconter par les professionnels ou l'assistante maternelle ces mois passés, avec ses habitudes, ses rires, en sachant que, le moment venu, il pourra retourner « là-bas » et voir par lui-même.

Une fois de plus, il y a un équilibre à préserver, entre répondre à l'attente, savoir l'entendre et ne pas l'anticiper ni « gaver » l'enfant d'informations qui le renvoient constamment à son passé.

Le droit d'accéder aux origines personnelles

La question des origines revêt une dimension juridique, sociale, psychologique : elle suscite des réactions passionnées

Article 7

L'enfant est enregistré dès sa naissance et a dès celle-ci le droit à un nom, le droit d'acquérir une nationalité et, dans la mesure du possible, le droit de connaître ses parents et d'être élevé par eux. [...]

Convention internationale des droits de l'enfant (Cide)

Article 30

1. Les autorités compétentes d'un État contractant veillent à conserver les informations qu'elles détiennent sur les origines de l'enfant, notamment celles relatives à l'identité de sa mère et de son père, ainsi que les données sur le passé médical de l'enfant et de sa famille.
2. Elles assurent l'accès de l'enfant ou de son représentant à ces informations, avec les conseils appropriés, dans la mesure permise par la loi de leur État.

Convention de La Haye (1993)

et a provoqué des débats de société où certains ont voulu faire un amalgame entre origines et adoption plénière, origines et accouchement sous X.

Plusieurs mythes, persistants mais jamais prouvés, entravent les discussions sur les origines : les parents « gommeraient » le passé des enfants ; ceux-ci ne pourraient pas se construire s'ils ne connaissent pas l'identité de leur mère biologique.

Le droit de connaître ses origines est inscrit dans la Convention internationale des droits de l'enfant (Cide) de 1989. Il est également inscrit dans la convention de La Haye de mai 1993 sur la protection des enfants et la coopération en matière d'adoption internationale.

En France, l'esprit de ces deux textes internationaux a inspiré diverses dispositions en matière de recueil d'information et de sauvegarde des dossiers, l'avancée la plus récente étant la loi du 22 janvier 2002 relative à l'accès aux origines des personnes adoptées et des pupilles de l'État, qui aménage l'anonymat ou le secret de l'accouchement sans le supprimer (voir p. 70-75).

En ce sens, la loi française conserve une spécificité qui lui est propre, à la différence de la législation d'autres pays, comme la Suisse.

Il est important de ne pas confondre accès au dossier et demande d'accès aux origines : toute personne adoptée en France a un dossier qu'elle peut demander à consulter.

Ce dossier réunit les informations qui ont précédé l'adoption. Dans le cas où les parents de naissance n'ont pas décliné leur identité, l'information ne figure pas dans le dossier. Dans le cas d'une personne ayant demandé le secret de l'accouchement, l'identité est conservée sous pli fermé : il faudra recueillir son accord ou, si elle est sous tutelle, celui de son tuteur, avant qu'elle ne puisse être communiquée au demandeur. Dans ces deux cas, le demandeur peut saisir

Suisse : l'enfant adopté a le droit de connaître le nom de ses parents biologiques

Désormais, en Suisse, un enfant adopté pourra connaître le nom de ses parents biologiques. Il devra toutefois attendre la majorité.
En effet, en mars 2002, le tribunal fédéral suisse a donné raison à un Suisse de 34 ans. Sa mère, qui l'avait abandonné à sa naissance, avait refusé que son identité soit révélée. Pour le tribunal fédéral, l'intérêt du fils, qui fut adopté, à connaître l'identité de sa mère doit passer avant le droit de cette dernière à préserver le secret de son identité.
[À noter que cette décision judiciaire concerne aussi les enfants nés d'une procréation médicalement assistée.]

le Conseil national pour l'accès aux origines personnelles (Cnaop) qui pourra rechercher le ou les parents de naissance et recueillir leur volonté.
On passe alors de la consultation du dossier à une procédure de recherche susceptible de déboucher sur une communication d'identité, une proposition de rencontre.

Comment procéder pour accéder à la connaissance de ses origines ?

La loi du 22 janvier 2002 relative à l'accès aux origines des personnes adoptées et pupilles de l'État définit (articles L. 147-2 et 147-3 du Code de l'action sociale et des familles) la procédure qui permettra à ceux qui le souhaitent d'obtenir des informations.
La demande peut être adressée au Conseil national pour l'accès aux origines personnelles (Cnaop) ou au président du conseil général. Le demandeur doit être majeur ou un mineur en âge de discernement. Dans ce dernier cas, l'accord de ses parents ou de ses représentants légaux est nécessaire. La demande peut aussi être faite par ses descendants en ligne directe s'il est décédé.
La loi précise que la demande « peut être retirée à tout moment dans les mêmes formes » (art. 147-3). Ce respect de la demande est renforcé dans l'article L. 147-6, qui déclare que « le conseil communique aux personnes [...], après s'être assuré qu'elles maintiennent leur demande, l'identité de la mère de naissance ». Le législateur a reconnu par là que la demande peut fluctuer dans le

Que le demandeur peut-il trouver dans son dossier ?

- L'identité des parents de naissance, si elle a été communiquée ou s'ils ont spontanément levé le secret.
- Tout renseignement sur la santé des père et mère de naissance, sur les circonstances de la naissance jusqu'à la remise en vue d'adoption.
- Les raisons de la remise au service de l'Aide sociale à l'enfance ou à un organisme autorisé et habilité pour l'adoption, ou la décision judiciaire prise à son égard (art. 147-5 du Code de l'action sociale et des familles).

temps : l'enfant peut vouloir savoir à un moment, puis ne plus vouloir, avant de redemander peut-être un jour. Cela signifie que le demandeur détermine jusqu'où il veut aller : accès à un nom, à une information sur les parents, à un échange de lettres, à une rencontre – c'est lui qui fixe les limites éventuelles.

Par ailleurs, le Cnaop recueille la déclaration de la mère ou du père de naissance, « par laquelle chacun d'eux autorise la levée du secret de sa propre identité ». Après avoir vérifié qu'il y a eu soit déclaration expresse de levée du secret de l'identité, soit consentement dans le respect de la vie privée, ou qu'inversement le père ou la mère n'ont pas expressément manifesté leur volonté de préserver le secret, le conseil communique l'identité de la mère ou du père de naissance aux personnes mentionnées ci-dessus (art. L. 147-6).

Le conseil peut recevoir une « demande du père ou de la mère s'enquérant de leur recherche éventuelle par l'enfant » ; cette demande sera conservée dans le dossier de ce dernier ; les parents ne recevront d'informations que si l'enfant a exprimé spontanément la volonté de cette recherche.

Il faut savoir que toutes les démarches n'aboutissent pas : certains parents restent introuvables, ou impossibles à identifier ; d'autres sont décédés. Plus d'une mère sur deux qui a pu être retrouvée (ce sont très majoritairement des mères) accepte de lever le secret ; d'autres refusent mais sont favorables à des échanges de lettre, voire à une rencontre anonyme.

« Une interrogation, trois étapes

À 9 ans : "S'ils m'ont laissé dans la rue, c'est qu'ils ne pouvaient pas faire autrement."
À 16 ans : "Je dois savoir, je ne sais plus où j'en suis."
À 20 ans : "J'ai d'autres préoccupations, on verra plus tard." »

Où se trouvent les dossiers ?

• Enfant pupille de l'État français

Le dossier de l'enfant est conservé sous la responsabilité du président du conseil général. Il peut être à tout moment complété, à l'initiative notamment des parents de naissance. Lors d'une consultation du dossier de l'enfant, les personnes mentionnées au 1° de l'article L. 147-2 du code précité [Code de l'action sociale et des familles : voir ci-dessous] sont avisées qu'elles peuvent demander à être informées du dépôt ultérieur de tout élément nouveau appelé à le compléter.
http://www/famille.gouv.fr/dossiers/cnaop/sommaire.htm

• Enfant confié par un Organisme autorisé par l'Adoption

C'est l'OAA qui conserve les dossiers, qu'il soit né en France ou à l'étranger. L'article L. 225-14-2 du Code de l'action sociale et des familles stipule que « lorsqu'un organisme autorisé et habilité pour l'adoption cesse ses activités, les dossiers des enfants qui lui ont été remis sont transmis au président du conseil général et conservés sous sa responsabilité ».

• Enfant adopté à l'étranger en démarche individuelle

Ce sont les institutions qui ont recueilli l'enfant ou les services d'État compétents, qui devraient conserver les dossiers. La réalité sur le terrain est bien plus aléatoire.
Pour satisfaire aux demandes dont il est saisi, « le conseil recueille également, auprès de l'autorité centrale pour l'adoption, de la Mission de l'adoption internationale ou des organismes autorisés et habilités pour l'adoption, les renseignements qu'ils peuvent obtenir des autorités du pays d'origine de l'enfant en complément des informations reçues initialement » (art. L.147-5 du Code de l'action sociale et des familles).

Le travail de médiation du Cnaop : entre demandeur et mère de naissance

« Je transmets quoi ?
- Transmets tout car on me dit : "Je suis à la recherche de ma vérité, de la vérité, je vous fais confiance pour tout me dire, quoi que ce soit." Je ne suis pas là pour broder de belles histoires ; la recherche des origines, c'est l'épreuve de la réalité, avec tous ses risques.

- Transmets tout mais seulement ce qu'on m'a dit de transmettre. "Ne lui dites pas que c'est un viol, ça lui ferait du mal" : c'est l'esprit de la loi, la mère de naissance a la totale maîtrise de ce qu'elle laisse, je ne dois rien ajouter.
- Alors, transmettre mes impressions? est-ce qu'elle est chaleureuse? comment s'exprime-t-elle? sa voix? Et moi, je note tout, fébrilement, mais les silences sont souvent plus riches que les mots. »

Laurence Prévot, chargée de mission au Cnaop

Y a-t-il un temps idéal pour entreprendre une recherche?

Chaque personne évolue à son propre rythme. Quelques-unes ressentent très jeunes un besoin d'en savoir plus, de vérifier par elles-mêmes les informations qu'elles ont reçues ou que leurs parents peuvent leur montrer dans les divers documents attestant de l'apparentement, du jugement d'adoption, etc. Ce besoin s'apaise le plus souvent, avec ce que leurs parents sont en mesure de leur communiquer, et avec un travail entrepris en parallèle (parfois en ayant recours à une psychothérapie) pour atténuer les souffrances ou les angoisses sur leur situation actuelle qui peuvent se cacher derrière une demande insistante: plus que la nécessité de savoir, ce peut être une vulnérabilité liée à l'abandon. Le professionnel peut aider à déterminer si une consultation du dossier peut se révéler utile.

Chez un enfant jeune, le désir d'en savoir plus ne signifie absolument pas un désir de rencontrer celle qui l'a mis au monde. Les parents doivent être dans leur rôle de parent, ne pas se laisser déstabiliser par des questions, ne pas les magnifier. Il faut savoir résister à un certain discours ambiant sur le « tout biologique » et les prétendus liens du sang, rassurer l'enfant dans la vérité de l'adoption et dans la solidité de l'amour de ses parents.

L'adolescence est une époque où certains veulent savoir, avec une certaine expectative et l'espoir d'ouvrir une dimension qui les fasse rêver. Le risque de déception et de révolte accrue risque d'être d'autant plus grand. Les sentiments d'ambivalence peuvent aussi être source de perturbation pour cet adolescent qui cherche à se détacher de ses parents – processus lié à l'adolescence – en surinvestissant un parent biologique absent et idéalisé, dont il va aussi falloir se détacher à terme. Il est important d'être à l'écoute de tout ce qui est sous-jacent à une demande d'accès au dossier ou de recherche.

« On assiste [parfois] au surgissement brutal du parent biologique, convoqué par l'adolescent adopté. C'est classiquement à l'adolescence qu'on questionne les origines. Le plus souvent, il s'agit de sa mère biologique. En effet, le père biologique est très peu abordé dans le discours des adolescents adoptés. C'est le lien avec la mère biologique qui paraît être le plus puissant et qui revient au-devant de la scène. L'adolescent adopté doit donc également se séparer de son attachement à ses parents biologiques, sans avoir le sentiment de leur être déloyal. »

Jean-Pierre Benoît et Marcel Rufo, Accueil, *« Les attachements (2e partie) », n° 143, mai-juin 2007*

Des adoptés qui ont pu entreprendre cette recherche se disent convaincus de l'importance de la faire à l'âge adulte, et ils mettent en garde les parents adoptifs contre les dangers d'exposer l'enfant à une telle démarche avant la construction de sa personnalité. Les chargées de mission du Cnaop vont dans le même sens: saisies de cas de demandeurs mineurs, dont quelques-uns, rares, d'enfants très jeunes (moins de 10 ans), elles font ou préconisent un travail d'accompagnement et d'écoute qui apporte un apaisement et permet à l'enfant, qui a pu vérifier que l'on entendait sa demande, de décider de lui-même d'en rester là pour le moment. Pour quelques enfants, la demande devient si pressante qu'il est recommandé de se faire aider pour décider ou non de l'opportunité d'une recherche.

« Je reste fermement convaincu que les retrouvailles ne peuvent avoir de sens qu'à l'âge adulte, à un moment où l'ambiguïté de la démarche peut apparaître plus clairement aux adoptés, aux adoptants et aux parents biologiques. »

Un adopté ayant retrouvé sa famille d'origine

« Un de mes amis qui a deux enfants adoptifs. L'aînée est allée consulter son dossier quelques jours après sa majorité. Elle a retrouvé toute sa famille d'origine. Elle connaissait son histoire (comme toujours ni simple ni rose) par ses parents adoptifs mais la mère de naissance lui a dit qu'elle n'avait jamais voulu l'abandonner et que les services sociaux la lui avaient enlevée. Résultats immédiats: une jeune fille en rébellion contre ses parents adoptifs, toujours chez sa famille d'origine, faisant des démarches pour aller voir deux de ses frères et sœurs qui étaient en prison. *A priori*, le temps fait son œuvre et les choses se calment. La jeune femme réalise qu'elle est en terminale, pas en prison... mais il y a eu dix-huit mois très difficiles à vivre pour elle et pour toute la famille. »

Un père adoptif

Les risques de la démarche

Souvent il vaut mieux souvent attendre car il existe des risques psychologiques inhérents à cette démarche de recherche. Chez un enfant, les repères parentaux peuvent s'en voir profondément perturbés. En outre, si les médias et les fictions font volontiers état de « rencontres » émouvantes avec la famille d'origine, si le travail du Cnaop souligne des mères se réjouissant du bonheur que leur enfant a pu trouver auprès des parents qui l'ont adopté, la réalité peut aussi être en deçà des attentes, comme en témoigne le contenu parfois très lourd de certains dossiers, auxquels nous avons déjà fait allusion.

Certains décrivent le fait d'avoir pris connaissance de leur dossier comme une « véritable renaissance », ou « la fin de la nuit », alors que d'autres resteront toujours dans un sentiment d'incompréhension, même après avoir eu connaissance des circonstances de leur naissance, même après avoir rencontré leur mère biologique. « Intellectuellement, sa décision était logique humainement, elle l'est moins », raconte une personne « née sous X » après avoir connu sa mère de naissance. La quête ne doit pas être présentée comme un baume apaisant, efficace en toutes circonstances ; la déception risquerait d'être forte et la retombée rude. Il est des mères biologiques qui, ayant refait leur vie, ont poursuivi leur chemin tant bien que mal, refusant catégoriquement de se laisser entraîner dans un quelconque échange affectif.

Tel jeune homme a sombré dans la dépression après avoir recherché sa mère et s'être entendu dire quand il s'est présenté : « T'as pas du fric ? »

Telle jeune femme raconte la nécessité impérieuse qu'elle a ressentie de rencontrer sa mère au moment de mettre au monde son propre enfant. Quand, au terme de plusieurs mois, elle a réussi à savoir qui était sa mère, cette dernière, qui avait refait sa vie, a refusé de la voir. Cette jeune adoptée reconnaît aujourd'hui avoir harcelé cette femme au téléphone, avoir mis le siège devant sa maison, avoir senti sa propre famille fragilisée par l'insoutenable besoin de rencontrer celle qui l'avait mise au monde, qui ne l'avait pas gardée. Quand, enfin, elles se sont rencontrées, ce fut très bref, très sec, du moins en surface. Avec le recul, cette jeune femme est consciente du désastre affectif qu'elle a frôlé, pour elle et pour sa famille, à travers une démarche qu'elle résume comme ayant débouché sur « l'expérience d'un nouvel abandon ».

La liberté d'accès et non une obligation à savoir

Chacun est libre de savoir d'où il vient ; il n'en a pas le devoir, il en a encore moins l'obligation – contrairement à ce que certains voudraient faire croire en affirmant qu'il faudrait rechercher à tout prix.Une partie de notre histoire, de celle de nos parents, nous échappe et nous échappera toujours.

La frontière de ce que l'on ne sait pas peut toujours être repoussée plus loin, car derrière une nouvelle réponse se cache une nouvelle question. Il y a des moments où l'enfant ne demande rien, ou « ne veut rien savoir », particulièrement chez les enfants adoptés plus âgés : il s'agit de temps de rejet, d'oublis volontaires, nécessaires pour se reconstruire et se donner de nouvelles racines[1].

Certains, tel Pierre Verdier, ancien directeur de la Ddass, considèrent pourtant que l'on ne peut pas vivre sans chercher, et assènent qu'il « faut continuer de chercher tant qu'on le peut[2] ».

Philippe Jeammet, psychiatre spécialiste des adolescents et des jeunes adultes, regrette « l'obstination à vouloir absolument qu'ils connaissent leurs parents biologiques... Est-ce vraiment si important? N'y a-t-il pas un effet de leurre? N'est-on pas en train de les aiguiller sur une fausse piste[3]? ».

1. À ce sujet, voir Ombline Ozoux-Teffaine, *Adoption tardive : d'une naissance à l'autre*, Paris, Stock ,1987.

2. Propos recueillis lors d'une émission diffusée sur France Inter le 3 décembre 2001.

3. Propos recueillis dans la revue *Valeurs mutualistes*, n° 216, février 2002.

Enfin, le pédopsychiatre Marcel Rufo[4] va dans la même direction : « Il existe [...] une théorisation mal intégrée, une espèce de terrorisme qui impose de dire la vérité aux enfants, toute la vérité sur leurs origines... »

La recherche des origines ne doit pas empêcher de vivre ; si elle devient obsessionnelle peut-etre convient-il, comme dans toute situation de comportement trop douloureux, de chercher un soutien auprès de professionnels qui porteront un regard neutre sur la situation.

Le droit de connaître un jour ses origines ou de choisir de ne pas les sonder n'est pas incompatible avec le droit à une enfance stable, le droit de grandir dans sa famille à soi. Le but premier est que l'enfant puisse à son tour construire son identité, sortir de l'enfance pour devenir un adulte épanoui. Or, pour construire son identité, ce qui importe avant tout, c'est une relation inscrite dans la durée entre soi et ses parents – d'où l'importance des liens indissolubles que crée notamment l'adoption plénière ; cette forme d'adoption offre une garantie de continuité à l'enfant qui, précisément, a vécu l'instabilité, la rupture, l'incertitude des lendemains ; elle lui donne la possibilité de sentir qu'il appartient pleinement à une famille.

4. Marcel Rufo, *Œdipe toi-même !*, Paris, éd. Anne Carrière, 2000.

La construction de l'identité

C'est cette stabilité affective et juridique des liens qui l'unissent à ses parents qui lui donnera la force de s'insurger et de se construire « contre » eux. Comme tout adolescent, il a besoin d'avoir en face de lui des rôles auxquels s'opposer, des parents « solides » qui se sentent parents et que la société a institués comme tels ; il souhaitera peut-être remonter aux sources ; il pourra osciller, hésiter, s'interroger, revendiquer pour – qui sait ? –, au dernier moment, tourner le dos à ce passé. Il parviendra à sa propre synthèse entre passé et présent ; il deviendra lui-même, avec toute son histoire.

Des mères de naissance ont bien compris que savoir ne saurait être une obligation. Il est intéressant à cet égard de citer le cas porté devant les tribunaux d'une mère biologique en Norvège qui ne voulait pas que son enfant sache qu'il était né d'un viol.

Cet exemple renvoie à celui d'une mère célibataire reçue par le pédopsychiatre Marcel Rufo[1]. Dans *Œdipe toi-même !*, il raconte la visite d'une femme venue demander conseil sur la manière d'aborder avec son fils la question du géniteur. Ce beau garçon qu'elle élève et qu'elle aime tant est en fait né d'une relation sexuelle forcée avec un chauffeur de taxi. Or elle a transformé cette histoire sordide en un récit romantique, s'inventant une liaison de passage avec un bel étranger parti à Katmandou, ce qui inspire à Rufo cette réflexion : « Non, toutes les vérités ne sont pas bonnes à dire et le mensonge fait partie du développement psychique de qualité. »

Le roman familial

Au besoin de savoir « noir sur blanc », certains enfants substituent – pour se protéger du sentiment de se construire sur un rien, sur un vide – tout un monde imaginaire. Ceux-là n'ont pas besoin d'« aller voir », de « chercher » ; ils puisent en eux-mêmes.

À partir des éléments communiqués par leurs parents et de tout ce qu'ils ont imaginé, ils se sont construit une histoire intime qui leur convient, avec laquelle ils sont en paix, qui les fait grandir dans une sérénité relative : c'est le roman familial de leur première existence, celui de la vie qu'ils partagent avec leurs parents adoptifs et dont la trame étonnerait sans doute ces derniers.

1. Marcel Rufo, *Œdipe toi-même !*, Paris, éd. Anne Carrière, 2000.

Le roman familial n'est pas un refus pathologique de la vérité dans lequel on se réfugie. C'est une construction, une transposition dans un monde nourri d'imagination et de sensibilité, la création d'un monde de mythe exclusif ancré dans la réalité et porteur, comme tout mythe, d'une vérité propre.

« On essaie de nous faire culpabiliser sur cette absence de désir de recherche. Or je n'ai jamais eu le sentiment du vide. Je vis bien, je ne cherche pas mes racines, je ne souhaite pas qu'on me recherche... Les racines, on se les fait... On ne parle de l'adoption que comme d'un échec, alors que c'est une chance d'être adopté, aimé. »

Une adoptée, mère à son tour

Les pédopsychiatres, dont Bernard Golse, nommé président du Cnaop en 2005, considèrent qu'il est important de respecter le roman familial que s'échafaude un enfant, tout en restant soi-même dans la réalité. Ce n'est surtout pas aux parents de construire ce roman, ni même de l'alimenter par des non-vérités, c'est à l'enfant de se le forger.

Comme nous le rappelle Marcel Rufo, fidèle en cela à Freud, tout enfant éprouve la nécessité pour se construire de bâtir son roman familial, de s'imaginer par exemple qu'il est né de parents autres que les siens. Il est donc important de laisser à l'enfant adopté un espace où il va pouvoir jouer avec l'idée de rechercher ses origines, de savoir qui l'a fabriqué.

Et les parents adoptifs, dans tout ça ?

La transparence et la sincérité caractérisent l'attitude de nombreux parents adoptifs sur la question des origines : ils sont prêts à aider leurs enfants dans leur démarche et certains cherchent à recueillir un maximum d'informations dès que leur enfant leur est confié. Et c'est avant tout de cela qu'a besoin l'enfant, de savoir qu'ils l'accompagneront sur un bout du chemin, sans pour autant le prendre au mot dès qu'il commence à parler de « chercher ».

« Se vouloir et savoir que l'on sera complètement parents mais avec ce passé qui appartient en propre à nos enfants. Savoir que nous n'aurons pas été au début de l'histoire et que le futur demandera peut-être un partage. Savoir que c'est à nous d'ouvrir les portes de ce passé mais à l'enfant de faire le chemin... s'il en a envie. »

Danielle Housset, présidente d'honneur d'Enfance et familles d'adoption

En même temps, ils reconnaissent que cette étape, surtout quand elle est liée à une phase conflictuelle de l'adolescence, n'est pas facile pour eux, qu'elle est souvent franchement douloureuse. La souffrance de leur enfant en quête de ses origines les fait souffrir.

En outre, ils sont nombreux à dire ressentir une « peur de le perdre » quand il part à la recherche de sa mère biologique, comme cette mère à qui son fils annonça : « Je ne sais pas si je reviendrai avec toi », au moment d'un voyage vers son pays d'origine, pour s'entendre dire, au moment où il semblait atteindre le but qu'il s'était fixé : « J'en ai assez, je veux rentrer à la maison. » Telle mère, qui a soutenu son fils dans ses démarches, avoue un sentiment de dépossession en le voyant tenir la main de sa mère de naissance, lui caresser la joue : « Ce sentiment de devoir le partager, on a beau s'y être préparée, ça fait mal : c'est là où on se rend compte qu'on n'est pas tout à fait des mères comme les autres », dit-elle.

Pourtant, les adoptés assurent que les parents ne doivent pas craindre que leur enfant les aime moins parce qu'il cherche. Au bout du compte, et sauf exception, il revient vers eux, qu'il interrompe ou non sa recherche ; il cherche simultanément à vérifier que leur amour, celui qui lui a permis de grandir, est indéfectible.

Dans leurs échanges sur la question de la recherche des origines, les parents adoptifs partagent leurs inquiétudes éventuelles avec d'autres, au sein de rencontres et de groupes de parole ou sur des listes de discussion, mais ils s'interrogent avant tout sur la position à tenir et sur la meilleure façon d'aider leur enfant.

Une première façon est de faire en sorte que l'enfant se sente « autorisé » à vouloir en savoir plus sur les premiers mois ou les premières années de sa vie. Cela signifie accompagner la demande de l'enfant sans la précéder et, comme le note un père adoptif, « balayer le chemin des pierres qui peuvent le faire trébucher ».

Les parents doivent aussi admettre qu'ils ne sont pas nécessairement le meilleur confident de leur enfant dans cette démarche. Il est important de s'assurer qu'il y a un ami proche, ou un confident formé à l'écoute, qui l'accompagnera : cela peut être quelqu'un qui a vécu un cheminement analogue, mais qui aura pu prendre du recul, conseillé par une association de familles adoptives comptant des adoptés ou par une association d'adoptés. Monica Bradley, thérapeute et conseillère en adoption, accompagne à Londres les personnes adoptées ainsi que les mères de naissance. Elle souligne l'importance de ce soutien qui doit pouvoir s'inscrire dans la durée et qu'elle situe en dehors de l'accompagnement professionnel : « Je demande toujours à la personne de trouver dans son entourage quelqu'un qui soit susceptible de l'aider, car je ne peux pas être le soutien unique et permanent.

Il faut impérativement pouvoir compter sur une personne de confiance à qui pouvoir parler à tout moment, et savoir que ce soutien ne peut pas venir des parents ou du conjoint car ils auront eux aussi un travail à faire sur eux-mêmes. » (*Accueil*, « Origine(s) et filiation », n° 144, septembre 2007).

Dans le cadre des retrouvailles possibles, une mère dit, en ce qui concerne sa fille, s'être préparée à la « ramasser à la petite cuillère si ça se passe mal » : « Dans notre cas, elle vivait l'idée des retrouvailles comme quelque chose de naturel et d'heureux, elle ne remettait pas du tout en cause “la famille” (c'est-à-dire nous tous), mais, sans préjuger de rien, je redoutais pour elle une déception, comme on sait qu'il y en a. » Le but ultérieur est, comme pour tout parent, de « lui apprendre à voler de ses propres ailes puis la laisser vivre sa vie ».

« Il craignait beaucoup la réaction de ses parents adoptifs et n'a pas voulu leur parler de l'enquête. Lorsqu'elle a été terminée, il s'est décidé à leur parler. Ils ont pris cela avec beaucoup de philosophie et étaient même très heureux pour lui. Ils sont même prêts à rencontrer la famille biologique, mais c'est lui qui ne veut pas. »

La compagne d'un adopté majeur

Les parents sont aussi là pour dire à l'enfant qu'ils seront toujours ses parents, même s'il y a un conflit passager, même s'il y a séparation physique provisoire, même s'il décide de partir à la recherche de sa famille d'origine.

Selon le psychiatre Philippe Jeammet[1], ils sont là pour « dire à l'enfant ce qu'il a besoin d'entendre : nous sommes tes vrais parents, quoi qu'il arrive. Cela ne t'empêche pas de t'informer sur tes origines, si tu le veux ».

Pour Bernard Golse, les « vrais parents » – expression que par ailleurs il conteste – sont « ceux avec qui on vit, qui nous élèvent, qui nous aiment et ne nous aiment pas à la fois ».

D'après le comédien Smaïn, pas de doute, sa mère, c'est celle qui l'a adopté, qui le « trimballe » dans sa poussette, « folle de bonheur », celle qu'il pleurera à son décès, qui lui sert de boussole dans ce monde « de douleur continuelle, où tout est à refaire, à réinventer pour survivre[2] ».

« La femme qui m'a mise au monde est peut-être ma mère de naissance, mais elle n'est pas la grand-mère de mes enfants. »

Une adoptée majeure, mère à son tour

1. Propos recueillis dans la revue *Valeurs mutualistes*, n° 216, février 2002.
2. Smaïn, *Sur la vie de ma mère*, Flammarion, 1990.

Le retour sur les lieux d'origine

Combler un vide dans l'histoire

Recherecher, ce n'est pas seulement vouloir savoir qui vous a engendré, mais c'est surtout comprendre pourquoi il y a eu abandon. Un voyage dans le pays d'origine peut contribuer à combler des vides dans l'histoire, même s'il ne débouche pas sur une rencontre avec la famille d'origine.

Ailleurs, c'est au contact de témoignages, de fictions littéraires ou cinématographiques que l'adopté peut se constituer un stock d'images, d'impressions et d'émotions qui l'aideront à peupler le roman familial qu'il aura élaboré pour « s'expliquer » son histoire à lui.

Le lieu d'origine n'aura d'importance que s'il choisit de s'y intéresser. Ce lieu – une ville en France, une île dans le Pacifique, un pays – doit être discrètement en attente, à disposition de l'enfant à travers des photos, des témoignages s'il les demande, des objets divers, de la musique, des livres... Il ne doit surtout pas être omniprésent. Il ne s'agit pas de se mettre à vivre « à l'orientale » ni « à l'africaine », ni même d'écouter à longueur de journée des musiques incas ou alors de s'obstiner à rechercher des recettes tsiganes, dans un folklorisme qui sentirait l'artifice. L'enfant est français, il vit, s'habille et pense comme les enfants de son âge ; il s'intéresse aux mêmes musiques, aux mêmes idoles, aux mêmes loisirs. De lui-même, à l'adolescence, il choisira peut-être de s'approprier certains éléments de la culture de son pays d'origine, comme ces deux jeunes filles nées à Bombay, dont Ombline Ozoux-Teffaine décrit la recherche des origines dans *Adoption tardive : d'une naissance à l'autre* (Paris, Stock, 1987) : elles s'habillent à l'orientale et rêvent de s'établir en Inde.

Dans ce même ouvrage, les études de cas d'adolescents engagés dans une telle quête confirment les témoignages de nombreux parents, à savoir que, au sein d'une même famille, le « besoin de savoir » n'aura pas la même intensité chez tous les enfants et ne prendra pas la même forme.

Parmi les situations évoquées par Ombline Ozoux-Teffaine figure un jeune Coréen qui, après avoir « exploré » son pays dans les atlas, ne souhaite pas revenir sur les lieux du passé, préférant ceux que lui réserve l'avenir. Au congrès d'Enfance et familles d'adoption en novembre 2007, la jeune éditrice Hélène Chan-ok Charbonnier a décrit comment son travail lui permet de faire connaître la création d'artistes et d'auteurs de son pays de naissance, la Corée, où elle n'est jusqu'à présent pas retournée. Quelques semaines plus tôt, dans un colloque organisé par l'Agence française de l'adoption, David Hamon, président de Racines coréennes, décrivait comment certains membres de l'association apprenaient la langue, se rendaient dans le pays, où certains avaient choisi d'élire domicile et de travailler.

L'adopté doit se sentir autorisé à interroger ses parents sur son lieu d'origine, à vouloir en savoir plus, à souhaiter s'y rendre. La pire des choses, pour lui, serait une fin de non-recevoir : « Aller là-bas ? Il n'y a rien à voir. Et si c'est pour chercher ta mère, ce n'est pas la peine. » Il n'attend pas non plus une idéalisation dithyrambique – il se demanderait alors : « Si c'est si bien que ça, pourquoi est-ce que je ne suis pas resté là-bas, pourquoi est-ce que j'ai dû venir ici ? » C'est d'ailleurs une difficulté qu'expriment certains adolescents adoptés en Polynésie, quand leurs parents ont idéalisé le territoire, la population et le mode d'adoption, sur la base d'un « don » qu'ils ne vivent pas nécessairement comme tel. Le maintien de liens est par ailleurs une source de complications ; brouillant les repères, il fragilise l'ancrage dans la filiation adoptive et complique leur quête d'identité et leur sentiment d'appartenance.

Tout simplement, l'enfant, l'adolescent, le jeune adulte, attend de ses parents qu'ils le comprennent, qu'ils l'écoutent, qu'ils entendent ce qu'il essaie d'exprimer à travers cet intérêt. Il attend d'eux qu'ils l'accompagnent dans sa démarche, qu'ils la partagent avec lui, même si, le moment venu, il restera là où il est, il partira, avec eux... ou sans eux.

C'est le cas par exemple de Sophie Bredier[1], une jeune Coréenne adoptée par des parents français et auteur avec Myriam Aziza de deux documentaires sur le déchiffrement du passé. Lorsqu'elle décide enfin de se rendre, jeune adulte, en Corée, elle le fait non pas avec ses parents, mais en compagnie d'une amie coréenne qui jouera le rôle de traductrice et d'initiatrice à la culture et à la société du pays.

Un retour aux sources

Certains enfants expriment très tôt un désir de « revoir » les lieux où ils sont nés, d'autres attendent l'adolescence, voire l'âge adulte, alors que quelques-uns ne le demandent jamais.

Cela n'a rien en soi d'extraordinaire : combien d'entre nous n'ont pas exprimé

1. Sophie Bredier et Myriam Aziza, *Nos traces silencieuses*, Production Agat films & Cie, Ina, Femis, 1998, et *Séparées*, Ina, Arte France, 2000.

le désir de revoir la maison où ils sont nés, le village où ils ont grandi, l'école maternelle qu'ils ont fréquentée ?
L'émotion toutefois est renforcée dans le cas d'une adoption par l'idée de remonter, à travers ce voyage, vers les premiers mois ou les premières années d'une vie qui avait commencé dans un « ailleurs », auprès d'autres parents.
Quand les enfants sont jeunes, il faut, comme pour tant d'autres demandes, leur laisser le temps, les rassurer tout en les faisant attendre. Ils ont besoin de comprendre ce qui sera possible ou ne le sera pas, de sentir ce qu'ils souhaitent et ce qu'ils redoutent à travers ce voyage, en un mot, d'être prêts – ce qui peut tout aussi bien les conduire à entreprendre effectivement le voyage qu'à y renoncer.

« "Je veux aller voir mon pays... et peut-être que je verrai mes parents... On y va l'année prochaine, d'accord ?" Doucement, nous rappelons que nous ne savons rien sur ces parents, ni qui ils sont, où ils sont, s'ils sont en vie mais nous disons : "D'accord pour le voyage ; quand tu voudras." Six mois plus tard : "Je veux aller voir mon pays... même si je sais que je ne verrai pas mes parents... Alors on y va l'année prochaine. D'accord ?" "D'accord. Quand tu veux." Six mois plus tard. "Je me sens trop petit pour y aller. J'attends encore un peu..." Deux ans après (il n'en avait plus reparlé depuis) : "Je crois que j'irai quand j'aurai 12 ans." Le voyage s'est fait pour ses 13 ans. Merveilleux. »

Des parents adoptifs

Préparer le voyage

Si un jour ils décident de faire le voyage, il faut leur laisser la possibilité de le penser, de s'y projeter afin qu'ils sachent comment ils désirent le faire. Les aider à préparer cette aventure, c'est les aider à aller vers la réalité. L'une des premières questions sera : avec qui : avec ses parents ? avec quelqu'un d'autre de la famille ? avec un ami ? seul ?
Autre point à éclaircir, ce que l'enfant veut faire de ce voyage : veut-il simplement visiter l'orphelinat, demander à voir son dossier et tenter d'obtenir des renseignements ; veut-il en même temps visiter le pays, faire un peu de tourisme, s'engager dans une action, y travailler ?
Les réalités du pays sont alors évoquées : la beauté de certains lieux, mais aussi la pauvreté, les difficultés éventuelles pour se déplacer... Ce ne sera pas forcément un voyage simple, ni sur le plan affectif ni sur le plan matériel...
Mal préparé, le voyage pourrait déboucher sur une grande désillusion susceptible de susciter de nouvelles souffrances. Il est important d'essayer d'obtenir un

maximum de renseignements avant le départ, comme s'assurer que l'orphelinat existe toujours. Certains parents maintiennent discrètement, sans en informer forcément leurs enfants, surtout quand ils sont tout jeunes, des contacts avec des personnes du pays afin de ne pas être pris au dépourvu le jour où ils auront besoin de répondre à des demandes plus précises de leur enfant ou d'organiser un voyage.

« Nous avions armé nos enfants en leur mettant tout jeunes dans la tête que leur double origine est un enrichissement... Le voyage dans le pays a été extraordinaire. L'aînée a travaillé avec quelqu'un que nous avions pu connaître, la cadette a œuvré dans un orphelinat. Depuis le voyage, quelque chose s'est modifié dans leur rapport aux origines. Ils sont revenus transformés, imprégnés, réconciliés avec eux mêmes. »

Une mère adoptive

Accompagner l'enfant dans sa démarche, sans se substituer à lui ni le précéder, ne signifie pas pour autant que l'on sera du voyage le jour où il décide de le faire... Le laisser partir seul peut être angoissant pour certains – et pour lui, même s'il ne veut pas l'admettre.

Certains organismes autorisés pour l'adoption, certaines associations d'adoptés organisent des rencontres d'adolescents et de jeunes adultes nés dans un même pays. Ces rencontres peuvent parfois suffire à apporter des réponses à l'enfant ; elles sont aussi une préparation progressive à un « retour » dans le pays, soit individuellement ou avec sa famille ou des amis, soit en compagnie d'autres adoptés.

Même bien préparé, ce genre de voyage est riche en émotions et en tensions. Ce ne sera pas un voyage comme les autres et on peut s'attendre aussi à ce qu'il prenne une tournure inattendue, qu'il fasse affleurer une quête plus profonde ou débouche sur une certaine frustration. Car dans le cas d'enfants qui cherchent même en sachant qu'ils n'ont que peu de chances de trouver quoi que ce soit, la déception risque d'être la conclusion du voyage. Pour d'autres, en revanche, le voyage aura un effet tout à fait salutaire.

« L'adolescence de notre fils a été la traversée d'une grande zone de turbulences : il a fait des fugues, il a volé, il nous rejetait, disant que nous n'étions pas ses vrais parents ; nous ne parvenions plus à nous parler. Ce fut une période très difficile, où l'aide d'un groupe de parole créé par des familles adoptives nous fut d'un grand secours. Puis, une année, il a accepté d'assister à une rencontre de jeunes adolescents adoptés dans le même pays que lui. Il y est allé, il est revenu enchanté, avec la ferme intention d'assister à la rencontre suivante… Depuis, même si tout n'a pas cessé du jour au lendemain, nous l'avons senti plus apaisé, plus en confiance, moins coupé de tout ce qui l'entoure… »

Des parents adoptifs

« **Une approche « par la bande » : dialogue entre un père et son fils (né au Mali)**

– Comment as-tu vécu tes deux séjours d'été au Burkina Faso et au Togo ?

– Je ne me considérais pas africain. J'avais même l'impression d'être le Français typique. Ce n'est qu'en jouant au foot avec des enfants que j'ai senti ce qui nous rapprochait ; en me baladant dans les environs, j'ai retrouvé certains réflexes, comme la précision avec laquelle je me servais d'un lance-pierres pour chasser. Le Mali, je n'ai pas voulu y retourner, j'ai peur de ne pas retrouver ceux que j'ai connus. »

Accueil, « *Origine(s) et filiation* »,
n° 144, septembre 2007

« *Faire famille* »

Retour sur une histoire par le biais d'un dossier, par un voyage, par des voies détournées (l'art, le bénévolat, une activité professionnelle) qui peuvent emprunter l'illusion de ne pas chercher, absence de quête : s'autoriser à traverser ces étapes, ou ces interrogations permet de se sentir enfin pleinement adopté et d'adopter à son tour ses parents, de s'approprier par les deux bouts sa propre histoire, dont ils font, eux aussi, désormais partie.

La solidarité, l'empathie, la communion de sentiments qui se tissent autour des événements familiaux, heureux (un mariage, une naissance), inéluctables ou tragiques (un décès), viendront renforcer ce sentiment puissant que l'on « fait famille ».

Conclusion

Pour moi, le parent biologique est celui qui donne la vie. Mais lorsque l'enfant est dans une situation désespérée l'entraînant vers un destin fatal, presque inéluctable, c'est le parent adoptif qui la lui donne.

Céline Boyard, Accueil, *« Origines et filiation », n° 144, septembre 2007*

Demain aussi, des milliers de devenirs possibles ?

L'adoption, on l'a vu tout au long de cet ouvrage, est l'affaire de tous :

- des parents – ceux qui sont dans l'impossibilité de l'être à ce moment-là et ceux qui souhaitent le devenir ;
- des institutions et des pays d'origine, qui ont pour mission de trouver des familles pour les enfants dont ils sont responsables ;
- des pays d'accueil, qui doivent garantir à ces enfants les mêmes droits et les mêmes opportunités qu'à ceux nés sur leur territoire ;
- enfin et surtout des enfants, qui, s'ils le souhaitent un jour, pourront apporter à la société un faisceau de ressentis et d'expériences de première main qui l'aidera à mieux préparer l'accueil d'autres enfants dans leur famille.

Les parents de naissance doivent être informés de leurs droits, des aides possibles qui leur permettent de garder leur enfant et de l'élever ; ils doivent être informés des effets concrets et définitifs qu'entraîne la décision de le confier en adoption. Tous ces aspects passent par une information encore trop souvent insuffisante, mal expliquée ou trop abstraite qui incombe aux services sociaux, aux responsables d'orphelinat ou aux organismes d'adoption.

Les parents adoptifs et les personnes ayant été adoptées enfants sont un exemple vivant de l'adoption, un miroir dans lequel se cherchent d'autres adoptants potentiels. Ils ont un rôle de témoignage irremplaçable, dont les professionnels de l'enfance qui travaillent dans l'adoption reconnaissent volontiers l'importance. Cette fonction de témoin, ils l'assument auprès des futurs adoptants, au sein d'associations comme Enfance et familles d'adoption, qui regroupe adoptants et adoptés, ou au sein d'associations d'adoptés, comme Racines coréennes ou La Voix des adoptés. Il est intéressant qu'ils l'assument aussi auprès des pays d'origine, permettant à ces derniers de connaître la réalité quotidienne des familles françaises qui se sont constituées ou élargies par adoption.

Pour que ce rôle de témoin puisse prendre toute sa dimension, toute sa légitimité, il est important que les parents aient fait tout ce qu'il est en leur pouvoir de faire, avant l'arrivée de l'enfant, puis tout au long de leur vie commune, pour que la vérité soit le lien qui les unit, pour qu'aucune ombre, aucun doute ne plane quant au parcours qui a permis qu'ils se rencontrent.

Si rien n'est jamais totalement limpide ou explicable dans une vie, l'utilisation de l'argent, les circonstances dans lesquelles s'est effectué le recueil du consentement des parents d'origine, l'attitude face aux autorités du pays, ou du nôtre (les tentations de pression ou de passe-droits), sont autant d'aspects de l'adoption que les futurs parents doivent regarder en face. Outre l'aptitude à inspirer d'autres adoptions, le bonheur familial dépendra en grande partie de la sérénité que l'on éprouve face à de telles questions. Les parents ont un devoir de clarté avec eux-mêmes tout au long de leur démarche. Ils doivent à leur enfant, et ces derniers devenus adultes ne le diront jamais assez, d'être en paix avec la démarche qu'ils auront choisie ou acceptée, ils doivent pouvoir le regarder dans les yeux : pour prendre un exemple un brin provocateur, lui dire que l'on désirait un enfant, que l'on a voulu le « sauver » risque de lui sembler un peu court comme explication – même s'il était effectivement juridiquement adoptable –, le jour où il apprendra qu'il a encore des parents de naissance, des frères et sœurs, et que les milliers d'euros qu'aura coûté la démarche ont permis de faire vivre toute une communauté...

Cela ne veut pas dire que l'éthique de l'adoption doive reposer sur les seules épaules des futurs parents. Ces derniers peuvent et doivent être vigilants. Ils peuvent alerter, et ils sont nombreux à le faire, sur les réalités rencontrées sur le terrain, quand celles-ci semblent contraires à l'éthique et à l'intérêt de l'enfant. Pour autant, on ne peut pas attendre d'eux qu'ils se substituent aux organismes d'adoption ni aux États. Leur souci est d'accueillir un enfant précis ; la situation de l'enfance dans le monde, les enjeux internationaux liés aux déplacements de populations, et plus particulièrement à l'adoption internationale, leur échappent ; et s'ils ont un devoir de vigilance, une volonté de témoignage, ils ne peuvent pas à eux seuls déplacer des montagnes, et ils ne doivent se sentir aucunement obligés de porter la responsabilité des dysfonctionnements juridiques, politiques ou diplomatiques.

Tout cela, c'est l'affaire des États. Dans les pays d'origine, les gouvernants doivent résister à la tentation de réduire l'adoption à une simple source d'entrée de devises ou, inversement, de faire baisser artificiellement l'adoption internationale pour masquer les insuffisances de l'adoption nationale, uniquement parce qu'ils sont fiers d'avoir rejoint les pays partie à la convention de La Haye. Ils doivent être encouragés à mettre en place une politique et des mesures de protection de la famille et de l'enfance, qui permettent aux familles de vivre correctement et aux enfants de vivre leur enfance auprès de ceux qui les ont mis au monde. Si la communauté internationale ne veille pas à ce qu'effectivement le principe de subsidiarité se mette en place, elle aura failli à sa mission d'améliorer le sort des enfants.

Les pays d'accueil, pour leur part, doivent veiller à ce que leur législation continue de garantir aux enfants adoptés le même statut qu'aux enfants de naissance : une filiation, une famille pour toujours, l'accès à la nationalité, les mêmes droits et obligations pour tous. Ils doivent combattre toute velléité de repli identitaire et toute tentative, plus ou moins énoncée, de transformer les enfants français nés à l'étranger en citoyens « de première ou de seconde classe ». Pour les enfants venus d'ailleurs comme pour ceux nés en France, l'adoption plénière est une pièce maîtresse qui les protège de l'incertitude du lendemain.

Affaire de tous, de l'adoptant aux plus hautes autorités de l'État, l'adoption impose une coresponsabilité dans l'intérêt de l'enfant.

Pour mieux défendre le droit à l'adoption de tout enfant privé de famille, et préparer les futurs parents qui se proposent de prendre pour leur un enfant qu'ils n'auront pas conçu, il est important d'entendre ce que les adoptés ont à dire sur leur vécu, sur leur expérience, la réflexion que cela leur suscite, de s'intéresser à leur devenir. Ils expriment tour à tour, selon leurs histoires croisées, une difficulté à être comme tout le monde, une aspiration à l'être, le poids de ne rien savoir ou d'en savoir trop, la peur de savoir, l'amour de leurs parents ou de leurs frères et sœurs par adoption, les joies, la nostalgie, le blues, les rires...

Ils ont grandi, traversé l'adolescence, ils sont devenus adultes au terme d'un cheminement qui les aura conduits ou non vers leur passé. Peu importe. C'est à eux de choisir comment ils souhaitent grandir, avec tout ce qu'ils sont. La roue tourne, elle avance sur la route de la vie. Enfants hier, ils sont aujourd'hui adultes, parents, regardant vers des lendemains d'espoir et d'amour, comme ceux que contemplaient à l'horizon leurs parents au moment de commencer leur cheminement vers eux. Quand on les écoute et qu'ils choisissent de parler, ils parlent d'une vie pas tout à fait comme les autres, mais où, comme d'autres, ils ont pu avoir ce à quoi tout enfant aspire : une famille pour soi, pour toujours. La très grande majorité de ceux que j'ai rencontrés disent souhaiter cela à d'autres enfants : une enfance et par là, dans le respect d'un droit aux origines, un droit à l'avenir. La liberté d'un devenir, une trajectoire personnelle.

> « Ne nous renvoyez pas à la figure que nous ne sommes pas vos enfants. Au contraire, parlez-nous de votre enfance, de nos grands-parents, de vous. Et, surtout, ne vous/nous posez pas trop de questions : plus vous serez solides, plus nous grandirons droit, avec les valeurs et les repères nécessaires pour affronter les doutes et les difficultés que tout un chacun doit affronter un jour. Nous sommes vos enfants, soyez nos parents. »
>
> *Laurence, adoptée, mère de famille*

Annexes

Adresses utiles

FAMILLES ADOPTIVES

ENFANCE ET FAMILLES D'ADOPTION (EFA)

221, rue La Fayette - 75010 Paris
Tél. : 01 40 05 57 70
Fax : 01 40 05 57 79
secretariat.federation@adoptionefa.org
www.adoptionefa.org
Informations sur l'adoption, législation, actualités, coordonnées des associations départementales à partir du site.
Publication de la seule revue francophone sur l'adoption, *Accueil* (trimestrielle).
Ligne d'écoute pour les familles
Tél. : 0810 00 21 01
Liste de discussion
http://fr.groups.yahoo.com/group/AdoptionEFA
Efa est aussi organisme de formation.

MOUVEMENT POUR L'ADOPTION SANS FRONTIÈRES (MASF)

39, avenue Gambetta - 75020 Paris
E-mail : masf@multimania.com
http://www.masf.multimania.com

ASSOCIATIONS DE PARENTS PAR PAYS D'ORIGINE (APPO)

Certaines ont adhéré au MASF. Pour les autres, voir les fiches pays du SGAI.

MAEVA POLYNÉSIE

Tél. : 04 72 31 71 89
maevapolynesie@wanadoo.fr
joselyne.terrien@wanadoo.fr
perso.wanadoo.fr/maeva-polynesie

ASSOCIATION DE PARENTS ADOPTIFS D'ENFANTS RECUEILLIS PAR KAFALA (APAERK)

Tél. : 06 83 36 58 56; 06 14 84 90 28
contact@apaerk.org
http://apaerk.org

ASSOCIATION PÉTALES France

BP50132 - 02303 Chaumy Cedex
secretariat.sylvie.fr@petales.org
Ligne d'écoute : 03 25 87 51 74

ADOPTÉS, PUPILLES DE L'ÉTAT, ENFANTS PLACÉS

FÉDÉRATION NATIONALE DES ASSOCIATIONS D'ENTRAIDE DES PUPILLES ET ANCIENS PUPILLES DE L'ÉTAT ET DE L'ASE

47, rue Pasteur - 54510 Tomblaine
Tél. : 03 83 29 91 81
contact@fnadepape.org
www.fnadepape.org

RACINES CORÉENNES

www.racinescoreennes.org

LA VOIX DES ADOPTÉS

www.lavoixdesadoptes.com

ADOPTION : ORGANISMES, MISE EN CONTACT

ORGANISMES AUTORISÉS POUR L'ADOPTION (OAA)

Voir la liste mise à jour sur les pages du SGAI

ORGANISMES AUTORISÉS POUR L'ADOPTION (OAA)

- Plaçant des enfants nés en France : voir p. 168-169
- Plaçant des enfants dits « à particularité » : voir p. 79,114-115

ENFANTS EN RECHERCHE DE FAMILLE (EFA-ERF) Service d'Efa (enfants dits « à particularité »)

221, rue La Fayette - 75010 Paris
Tél. : 01 40 05 57 78
erf.@adoptionefa.org
www.adoptionefa.org

ORGANISATION RÉGIONALE DE CONCERTATION SUR L'ADOPTION (ORCA) (enfants dits « à particularité »)

48, rue du Sergent-Blandan
P.O. 3945 - 54029 Nancy cedex
Tél. : 03 83 27 47 74

ADOPTION INTERNATIONALE : DÉMARCHES

SECRÉTARIAT GÉNÉRAL DE L'AUTORITÉ CENTRALE POUR L'ADOPTION INTERNATIONALE (MAI)

244, bd Saint-Germain – 75303 Paris 07
Tél. : 01 43 17 90 90
www.diplomatie.gouv.fr (Adoption)

AGENCE FRANÇAISE DE L'ADOPTION (AFA)

19, bd Henri-IV - 75004 Paris
Tél. : 01 44 78 61 40
www.agence-adoption.fr
Correspondants Afa dans chaque département (conseil général)

LÉGALISATIONS : MINISTÈRE DES AFFAIRES ÉTRANGÈRES

Bureau des Légalisations
34, rue La Pérouse - 75775 Paris cedex 16

CONSEILS AUX VOYAGEURS

www.diplomatie.gouv.fr/voyageurs/etrangers/avis/conseils/default2.asp

TRANSCRIPTIONS

Parquet du TGI de Nantes / service des adoptions internationales
BP 63 509 - 44035 Nantes cedex 1

DROIT(S), TEXTES DE LOI, CODES

CASIER JUDICIAIRE

Tél. : 02 51 72 96 18
www.cjn.justice.gouv.fr

MINISTÈRE DES AFFAIRES ÉTRANGÈRES

Service central de l'État civil
11, rue de la Maison-Blanche -
44941 Nantes cedex 9
Tél. : 02 51 77 20 20

COMMISSION D'ACCÈS AUX DOCUMENTS ADMINISTRATIFS (CADA)

66, rue de Bellechasse - 75700 Paris 07s
Tél. : 01 42 75 79 99
www.cada.fr

CAISSE D'ALLOCATIONS FAMILIALES (CAF)

www.caf.fr

CAISSE NATIONALE D'ASSURANCE MALADIE (CNAM)

Prestations pour les adoptants.
www.cnamts.fr/ass/adop/somadop.htm

ACCOMPAGNEMENT

MAISONS DE L'ADOPTION

Liste sur www.adoptionefa.org

MAISONS DE L'ADOLESCENCE

Liste sur www.adoptionefa.org

L'ARBRE VERT

Centre social Caf
4, rue d'Annam - 75020 Paris
Tél. : 01 47 97 89 19
www.enter-arbrevert.fr
Lieu d'accueil, d'écoute et d'échange, réservé aux familles adoptives. Accompagnement psychologique et social de la parentalité et de la filiation adoptives.

CENTRE D'OUVERTURE PSYCHOLOGIQUE ET SOCIAL (COPES)

20, rue de Dantzig - 75015 Paris
Tél. : 01 53 68 93 46
Fax : 01 53 68 93 45
copes-formation@wanadoo.fr
www.lecopes.org
Formation continue (gérée par l'Association pour la promotion de l'hygiène mentale infantile Phymentin).Le Copes propose aussi des consultations pour l'enfant et sa famille, relatives notamment aux questions de filiation.

AFRIQUE CONSEIL

55, rue du Château-d'Eau
75010 Paris
Tél. : 01 44 83 03 64
E-mail : afrique.conseil@wanadoo.fr
http://perso.wanadoo.fr/afrique.conseil
Équipe pluridisciplinaire ayant pour but de faire connaître les processus psychologiques susceptibles de mieux faire comprendre la culture africaine. Afrique Conseil propose aussi des consultations pour l'enfant et sa famille ainsi qu'une préparation à des voyages en Afrique.

ACCÈS AUX ORIGINES

CONSEIL NATIONAL POUR L'ACCÈS AUX ORIGINES PERSONNELLES (CNAOP)

14, avenue Duquesne
75350 Paris 07 SP
Tél. : 01 40 56 72 17
Fax : 01 40 56 59 08
www.famille.gouv.fr/dossiers.cnaop.accueil.htm

AUTRES REGARDS SUR L'ADOPTION

CONVENTION DE LA HAYE : SECRÉTARIAT PERMANENT

www.hcch.net

SERVICE SOCIAL INTERNATIONAL

www.iss-ssi.org

ÉTHICA

L'éthique dans l'adoption, vue des États-Unis (site en anglais)
www.ethicanet.org

MEANOMADIS

Un portail internet sur « Abandon, adoption, autres mondes ».
www.meanomadis.com

ASSOCIATION ESPACE ADOPTION (SUISSE)

www.espace-adoption.ch

ASSOCIATION DE PARENTS ADOPTIFS SUISSE

Case postale 2134, CH-1002 Lausanne
info@adopte.ch
www.adopte.ch

SITE ADOPTION DU QUÉBEC

www.quebecadoption.net

PARRAINAGE

UNION NATIONALE DES ASSOCIATIONS DE PARRAINAGE DE PROXIMITÉ

www.unapp.net

Bibliographie

Une revue incontournable : ***Accueil***

Publiée par Enfance et familles d'adoption (voir Adresses utiles), cette revue trimestrielle propose des dossiers sur presque tous les aspects de l'adoption évoqués dans cet ouvrage. Voir par exemple (la liste n'est pas exhaustive) : « L'enfant dans la procréation médicalement assistée et l'adoption » (n° 146, février 2008), « Réflexions autour du projet d'adoption » (n° 121, novembre 2001), « L'adoption monoparentale » (n° 111, mai 1999), « Accueil, santé et adoption » (n° 126, février 2003), « La puberté précoce » (n° 122, février 2002), « La place du père » (n° 137, novembre 2005), « Les grands-parents » (n° 128, août 2003) « L'arrivée de l'enfant » (n° 134, février 2005), « Enfants biologiques, enfants adoptés – vivre ensemble » (n° 117, novembre 2000), « Frères et sœurs » (n° 145, novembre 2007), « L'adoption des enfants grands » (n° 147, mai 2008), « L'enfant adoptif et ses prénoms » (n° 120, août 2001), « Nos enfants et la scolarité (Savoirs 1re et 2e partie) » (n° 135-136, mai et août 2005), « Origine(s) et filiation » (n° 144, août 2007), « Paroles d'adoptés » (n° 131, mai 2004), « Retour au pays : lieux du cœur, ici et ailleurs » (n° 119, mai 2001), « La Polynésie française » (n° 123, mai 2002), « Le bonheur dans l'adoption » (n° 139, mai 2006). La revue comporte aussi des rubriques sur la santé, sur l'accompagnement, sur la vie des familles, sur l'actualité nationale et internationale.

Ouvrages généraux : démarches et réflexions sur l'adoption

- *Adoption et éthique* (2000), *Santé et adoption* (2002), *Premiers entretiens internationaux de l'adoption* (2003), *Scolarité et adoption* (2005), *Place de l'adoption : regards, identités, intégrations* (2007) : actes de congrès, Enfance et familles d'adoption
- Hélène Diribane-Somers et Jean-Jacques Choulot, *Le Guide de l'adoption*, Odile Jacob, 2007.
- Jean Vital de Monléon, *Naître là-bas, grandir ici : l'adoption internationale*, Belin, 2003.
- Jean-François Chicoine, Johanne Lemieux et Patricia Germain, *L'Enfant adopté dans le monde en quinze chapitre et demi*, Éditions de l'hôpital Sainte-Justine, Québec, Canada, 2003.
- Fanny Cohen-Herlem, *L'Adoption d'enfants de cultures étrangères*, Pascal, 2008 (2001).
- Jean-Marie Colombani, *Rapport sur l'adoption*, La Documentation française, 2008.
- Cécile Delannoy, *Au risque de l'adoption*, La Découverte, 2006.
- Nazir Hamad, *L'Enfant adoptif et ses familles*, Denoël, 2001.
- Nazir Hamad, *Adoption et parenté : questions actuelles*, Érès, 2008.
- Sophie Le Callennec, *L'Adoption : du projet à l'enfant*, Érès, 2008.

– Jean-Louis Lerun, Antoine Leblanc, Isabelle Cluet, dir., *L'Enfant dans l'adoption*, petite collection « Enfance et Psy », Érès, 2006.
– Anne Masselot-Astruc, *Adoption, le guide pratique 2007*, Prat, coll. « Les guides pour tous », 2007.
– Jean-François Mattéi, *Enfant d'ici, enfant d'ailleurs : l'adoption sans frontière*, La Documentation française, 1995.
– Jean-François Mattéi, *Le Chemin de l'adoption : le cœur et la raison*, Albin Michel, 2000.
– Pascale Salvage-Gerest, *La Filiation par adoption, in* Droit de la famille, coll. « Dalloz Action », Dalloz, 2008-2009.

Fécondité, stérilité, parentalité
– Anne Cadoret, *Des parents comme les autres*, Paris, Odile Jacob, 2002.
– Brigitte-Fanny Cohen, *Un bébé mais pas à tout prix*, JC Lattès, 2001.
– Éric Dubreuil, *Parents de même sexe*, Odile Jacob, 1998.
– Marina Julienne, *Un bébé à tout prix*, Mango, 2001.
– Jean-Philippe Pierron, *On ne choisit pas ses parents : comment penser l'adoption et la filiation ?*, Le Seuil, 2003.

Abandon, accouchement sous X
– Sylvie Babin, *Maternités impansables*, L'Harmattan, 2001.
– Catherine Bonnet, *Geste d'amour : l'accouchement sous X*, Odile Jacob, 1990.
– Doris Bonnet, *Confier son enfant, données anthropologiques*, Enfance et psy n° 1 (1997), *Questions d'origine*, p. 70-76.
– Caroline Eliacheff, *À corps et à cris*, Odile Jacob, coll. « Poches », 1993.
– Jeanne Guillin, *Moïse, De l'oubli à la mémoire, un autre regard sur l'abandon* Lejeune Xavier, 2005.
– Sophie Marinopoulos, *Moïse, Œdipe et Superman : de l'abandon à l'adoption*, Fayard, 2003.
– Sophie Marinopoulos, *De l'une à l'autre : de la grossesse à l'abandon*, Éditions Hommes et Perspectives, 1997.
– Nicole Peltier, *Les Mères de l'ombre, faire adopter son enfant ?*, Le Cerf, 1995.
– Myriam Szejer, *Les Femmes et les bébés d'abord*, Albin Michel, 2001.
– (avec Hervé Bernard) *Des mots pour naître*, Gallimard, 1997.
– *Le Bébé face à l'abandon, le bébé face à l'adoption*, Albin Michel, 2000.
– Anne Ter Minassian, *Accepter l'anonymat des mères*, Enfance et psy n° 1 (1997), *Questions d'origine*, p. 97-102.

Origines, identité, témoignages
– Brian Baker, *Joiséphine Baker, le regard d'un fils,* Patrick Robin Éditions, 2006.
– Fanny Cohen-Herlem, *Adoption, comment répondre aux questions des enfants*, Pascal, 2005.
– Corinne Daubigny, *Les Origines en héritage*, Syros, coll. « Question d'enfance », 1994.
– Diane Drouy et Colette Frère, *Le Complexe de Moïse : regards croisés sur l'adoption*, Albin Michel, 2007.
– Céline Giraud, *J'ai été volée à mes parents*, Flammarion, 2007.
– Barbara Monestier, *Dis merci ! Tu ne connais pas ta chance d'être adoptée*, Anne Carrière, 2005.
– Kazuo Ishiguro, *Quand nous étions orphelins*, trad. François Rosso, Calmann-Levy, 2001.

– Smaïn, *Sur la vie de ma mère*, Paris, Flammarion, 1990.
– Michel Soulé et Bernard Golse, *Origines, identités, destinées, que dire à un enfant qui s'inquiète de son origine?*, ESF, 1996.
– Georgina Souty et Pascal Dupont, *Destins de mères, destins d'enfants*, Odile Jacob, 1999.

Pays d'origine

– Marie-Noël Charles, « Comment la filiation adoptive s'organise autour du don d'enfant en Polynésie française », *Le Bébé face à l'abandon, le bébé face à l'adoption*, p. 247-263.
– Lidia Natalia Dobrianskyj-Weber, « Abandon et adoption : regards sur l'Amérique latine », *Le Bébé face à l'abandon, le bébé face à l'adoption*, p. 264-282.
– Ferdinand Ezembé, « Don et abandon des enfants en Afrique », *Le Bébé face à l'abandon, le bébé face à l'adoption*, p. 225-246.
– Françoise Maury, *L'Adoption interraciale*, L'Harmattan, 1999.
– Badra Moutassem-Mimouni, *Naissances et abandons en Algérie*, Éditions Karthala, 2001.

Santé, éducation, « besoins spéciaux »

– Maurice Berger, *L'Enfant et la souffrance de la sépration*, Dunod, 1997.
– Josette Dufour, *Adopte-moi quand même*, Fayard, 1991.
– Annick-Camille Dumaret et Dominique J. Rosset, *L'Abandon des enfants trisomiques 21 : de l'annonce à l'accueil*, Centre technique national d'études et de recherches sur les handicaps et les inadaptations), 1996 (diffusion Puf).
– Michael Doris, *L'Enfant brisé*, Denoël, 1991.
– Nancy Newton-Verrier, *attachement et adotion, outils pratiques pour les parents*, De Boeck, 2007.
– Claire Gore, *Enfants délaissés, adoptions tardives : en France et en Europe*, ESF, 2001.
– Dominique Grange, *Victor, l'enfant qui refusait d'être adopté*, Stock/Laurence Pernoud, 1993.
– Ombline Ozoux-Teffaine, *Adoption tardive : d'une naissance à l'autre*, Stock, 1987.
– *Séparation, attachement, création de liens dans la famille adoptive*, Actes de la journée de réflexion du 9 juin 2006, Efa, 2006.
– Pierre Verdier et Marieke Aucante, *Ces enfants dont personne ne veut*, Dunod, 1997.

L'enfant et son développement (général)

– Élisabeth Badinter, *L'Amour en plus*, Flammarion, 1980.
– Claire Brisset et Bernard Golse, dir., *L'École à 2 ans, une fausse bonne idée*, Odile Jacob, 2006.
– Boris Cyrulnik, *Les Vilains Petits Canards*, Paris, Odile Jacob, 2001.
– *Un merveilleux malheur*, Odile Jacob, 1999.
– Anne Decerf, *D'une fracture à la renaissance*, Sainte-Foy (Québec), Presses de l'université de Laval, 2001.
– Michel Hanus, *La résilience à quel prix? Survivre et rebondir*, Maloine, 2001.
– Marcel Rufo, *Œdipe toi-même!*, Anne Carrière, 2000.
– Marcel Rufo, *Frères et sœurs, une maladie d'amour*, Fayard, 2002.

– Marcel Rufo, *Détache-moi*, Anne Carrière, 2005.

Livres pour enfants

– Martine Beck, *Léopardi Galoupi*, Flammarion, 1999.
– Marieke Boom et Henrike Wilson, *Moi aussi je veux une maman*, Nord-Sud, 2000 (à partir de 4 ans).
– Anne Bragance, *Anibal*, Laffont, 2000.
– Anne-Marie Chapouton, *Une famille pour Duvet*, Bayard, coll. « Les belles histoires », 1990 (à partir de 4 ans).
– Comtesse de Ségur, *L'Auberge de l'ange gardien* ; *Un bon petit diable* ; *Mémoires d'un âne* ; *Les Vacances*. La Bibliotèque Rose, Hachette.
– Catherine Dolto-Tolitch, *On s'est adoptés*, Gallimard jeunesse, coll. « Giboulées », 1996 (à partir de 3 ans).
– Grimm, *Tom Pouce* et *Hans-mon-Hérisson*, trad. Astrid Caudère, Paris, Hachette, 1993 (à partir de 6 ans).
– Keiko Kasza, *Une maman pour Choco*, L'École des loisirs, coll. « Lutin poche », 1996 (à partir de 3 ans).
– Rose Lewis et Jane Dyer, *Mon bébé du bout du monde*, Syros, 2001 (à partir de 3 ans).
– Pili Mandelbaum, *Noire comme le café, blanc comme la lune*, L'École des Loisirs, 2002.
– Jean Vital de Monléon, *Les Deux Mamans de Petirou*, Gautier Langereau, 2001 (à partir de 3 ans).
– Domitille de Pressensé, *Pastel a été adopté*, Actes Sud, 1999 (à partir de 7 ans).
– Denise Rebondy, *D'où je viens, moi ?*, Le Courrier du Livre, 1997 (aborder l'arbre généalogique en famille avant que l'école ne s'en charge...).
– Dominique Saint-Mars et Serge Bloch, *Nina a été adoptée*, Calligram, Série des Lili et Max, 1996 (à partir de 8 ans).
– Luis Sepœlveda, *Histoire d'une mouette et du chat qui lui apprit à voler*, Métailié/Seuil, 1996 (adaptation long métrage, bande dessinée, disponible en vidéocassette : Enzo d'Alo, *La Mouette et le chat*, Production CGG Tiger, Italie, 1999).
– Gabrielle Vincent, *Ernest et Célestine : les questions de Célestine*, Casterman, 2001 (à partir de 5 ans).

Films

– Sophie Bredier & Myriam Aziza, *Nos traces silencieuses*, 1998.
– Sophie Bredier & Myriam Aziza, *Séparées*, 2000.
– Vincent Dragon, *Le Sceau du dragon*, 1998.
– Radu Mihaileanu, *Vas, vis, deviens*, 2004.
– EFA, *Paroles d'adoptés.*
– Brillante Mendoza, *John John*, 2008.
– Thomas Gilou, *Michou d'Aubert*, 2006.
– Bertrand Tavernier, *Holy Lola*, 2004.

Glossaire

ADEPAPE
Associations d'entraide des pupilles et anciens pupilles de l'État et des personnes admises ou ayant été admises à l'Ase. Réunies au sein d'une fédération nationale, la Fnadepape.

Adoption simple
L'adopté ajoute à son nom d'origine le nom de l'adoptant. Il conserve tous ses droits successoraux dans sa famille d'origine et il a les droits successoraux d'un enfant légitime, mais il n'est pas héritier réservataire à l'égard de ses grands-parents. L'adoptant est investi de tous les droits d'autorité parentale. L'adoption peut être révoquée pour motif grave.

Adoption plénière
L'adoption confère à l'enfant une filiation qui se substitue à la filiation d'origine. L'adopté prend le nom de l'adoptant qui a les mêmes droits et obligations qu'un enfant légitime. Elle est irrévocable.

AFA
Agence française de l'adoption.

Agrément
Évaluation de la capacité des parents potentiels d'adopter un enfant. La demande doit être faite auprès du conseil général. La démarche comprend un ensemble d'investigations sociales et psychologiques. Elle est gratuite.

AMP
Assistance médicale à la procréation.

Apparentement
Moment où les autorités chargées de trouver des parents pour un enfant choisissent ceux-là et non tels autres. Pour les futurs parents, c'est le moment où un enfant leur est officiellement proposé.

APPO
Association de parents par pays d'origine.

ASE
Aide sociale à l'enfance : service départemental placé sous l'autorité du conseil général. Chargé notamment de la prise en charge et du suivi des enfants ne pouvant pas rester dans leur famille d'origine, que ce soit pour une durée limitée ou de façon permanente, comme les pupilles de l'État.

AUTORITÉ CENTRALE
Autorité centrale pour l'adoption internationale
Organisme public ayant compétence en matière d'adoption internationale dans les pays ayant ratifié la convention de La Haye.

CASF
Code d'action sociale et de la famille.

CH
Convention de La Haye du 29 mai 1993 sur la protection des enfants et la coopération en matière d'adoption internationale.

CIDE
Convention internationale des droits de l'enfant.

CNAOP
Conseil national pour l'accès aux origines personnelles.

COCA
Consultation d'orientation et de conseils en adoption: ces consultations se mettent en place dans de nombreux centres hospitaliers régionaux.

DAP
Délégation d'autorité parentale: dans certains cas, notamment les placements d'enfants, en famille d'accueil, en institution ou en vue d'adoption, l'autorité parentale n'est plus exercée par les parents de naissance, mais par un tiers: assistante maternelle, services sociaux, parents adoptifs.

Démarche directe
Rencontre directe entre les parents de naissance et les futurs parents adoptifs, sans intervention d'aucune instance autorisée et alors que l'adoptabilité de l'enfant n'a pas été forcément juridiquement établie. Dans de nombreux pays, cette démarche n'est pas autorisée.

Démarche individuelle
Les candidats à l'adoption choisissent le pays vers lequel ils souhaitent s'orienter; ils préparent eux-mêmes leur dossier, qu'ils transmettent soit directement à un organisme ou à une institution autorisés du pays d'origine, soit par le SGAIM.

EFA
Enfance et familles d'adoption.

Exequatur
Ordonnance par laquelle les tribunaux français rendent exécutoires en France les décisions des juridictions étrangères. Elle n'est pas nécessaire pour un jugement d'adoption plénière étrangère, mais elle l'est pour les jugements d'adoption simple.

Kafala
Institution de recueil familial bénévole d'enfants qui, dans le droit coranique, remplace l'adoption.

OAA
Organisme autorisé pour l'adoption: une fois que l'OAA a retenu la candidature d'un postulant, il élabore avec ce dernier un projet d'adoption en accord avec l'agrément, et se charge de la démarche mais aussi parfois du choix du pays, en fonction des besoins des enfants à placer.

ONED
Observatoire national de l'enfance en danger.

Pacs
Pacte civil de solidarité.

Parrainage
Solution permettant d'offrir un soutien familial à un enfant non adoptable, qui vit soit dans sa famille, soit en institution ou en famille d'accueil, avec parfois des allers-retours entre les deux. Le parrainage peut être de courte durée, intermittent (week-ends et vacances scolaires), de plusieurs années. Le parrainage est une action bénévole.

Pupilles de l'État
Enfants placés sous la tutelle du préfet et confiés à l'Aide sociale à l'enfance, qui est chargée de leur prise en charge. Parmi les pupilles de l'État, on trouve: des enfants dont la filiation est inconnue ou n'a pas été

établie, des enfants remis à l'Ase par les parents, des orphelins de père et de mère dont la tutelle n'a pas été organisée, des enfants dont les parents se sont vu retirer l'autorité parentale, des enfants ayant fait l'objet d'une déclaration judiciaire d'abandon. Ils sont juridiquement adoptables.

Résilience
Aptitude à transformer les difficultés, voire les traumatismes vécus, en une expérience créatrice, source de nouveaux départs, bref, à « survivre et rebondir ».
La résilience est souvent rendue possible par la rencontre de l'enfant et d'un adulte disposé à lui tendre la main et à l'aider à repartir.

SAF
Syndrome alcoolo-fœtal.

SGAI
Secrétariat général de l'autorité centrale pour l'adoptio internationale (ex-MAI).

SIAPE
Système d'information pour l'adoption des pupilles de l'État.

Index

A

B

C

D

E

F

G

H

R

S

T

U

V

Remerciements

La première édition de cet ouvrage paraissait en 2002; après une réédition en 2006, cette version a été remaniée. Elle reflète les changements intervenus ces dernières années et les évolutions en matière de savoirs, de compétences et de recommandations. Des aménagements techniques peuvent intervenir en matière de préparation à l'agrément, de recherche de familles pour les pupilles de l'État, de réorganisation de l'adoption internationale. hormis peut-être l'effacement à terme de la démarche individuelle, les procédures resteront sensiblement les mêmes, la réflexion sur le fond étant inchangée – et toujours indispensable. Que cet ouvrage puisse y participer…

La responsabilité finale de la rédaction revient à l'auteur, certes, mais comment remercier tout le monde sans oublier personne? Ce livre doit énormément au réseau d'amitié et de solidarité que le projet a suscité, aux vécus, aux expériences, aux réflexions, aux savoirs des uns et des autres.

Que de liens noués avec tous ceux qui ont bien voulu partager leurs vécus et leurs réflexions (parents, enfants, adultes ayant été adoptés) ! C'est à eux que va en premier ma gratitude: je n'oublierai pas ces moments d'émotions, de rires et d'intimité partagés, l'humilité face à tout ce qu'ils m'ont appris à travers la multitude de leurs histoires.

Un immense merci à toute l'équipe fédérale d'Enfance et familles d'adoption (bénévoles et salariés) et aux associations départementales de ce mouvement, qui s'investissent tant sur le terrain pour les enfants et les parents. Merci pour cette richesse de parcours multiples réunis autour d'une éthique commune, qui cimente les liens.

Le secteur associatif français est un creuset de compétences. Outre Efa, j'ai beaucoup appris d'autres mouvements et associations: l'Apaerk (pour la *kafala*), la Fnadepape (sur les enfants en France et le statut de pupilles auquel plus d'enfants devraient pouvoir accéder), Maeva (sur l'adoption en Polynésie), les Associations par pays d'origine, dont beaucoup sont regroupées au sein du MASF, Pétales (pour les familles confrontées aux difficultés liées aux attachements), Racines coréennes (pour leur regard sur leurs parents et leurs pays de naissance et de vie), la Société française de pédiatrie, l'Unaf, l'Unapp (pour le parrainage). Merci aussi au Conseil supérieur de l'adoption et au Conseil national pour l'accès aux origines personnelles car par la diversité de ceux qui y siègent, les compétences et les approches s'éclairent les unes les autres. Les responsables du SGAI, de l'Afa, des OAA, des Orca-Orcan et de L'Arbre vert, avec lesquels j'ai tant échangé, ont apporté des éclairages précieux sur les évolutions de l'adoption et des approches.

Dans le monde politique, j'ai rencontré, dans les cabinets ministériels, les services de l'État et des conseils généraux, dans les milieux politiques, des conseillers, des fonctionnaires et des élus animés du souci de bien faire dans l'intérêt de l'enfant – et frustrés par les lourdeurs de la machine administrative et des blocages idéologiques.

À l'étranger, mon chemin a croisé celui de représentants du secrétariat général de la convention de La Haye, du Service social international, d'acteurs de l'adoption de nombreux pays d'accueil et d'origine : on ne peut que s'enrichir des expériences des autres et d'un regard extérieur à celui de nos fonctionnements franco-français.

En dehors de ces instances, il est des personnes dont l'expérience ou le vécu, ou les deux à la fois, ont nourri ma réflexion, et avec lesquels des liens forts se sont établis. Elles se reconnaîtront.

Chez Hachette-Marabout, Hélène Gédouin, Fabienne Travers, Aline Sibony-Ismaïl et Anne Schapiro-Niel ont défendu ce projet et se sont montrées d'une grande patience quand je ne respectais pas les délais.

Depuis la première édition de cet ouvrage, la roue a tourné. Mon père nous a quittés, mais il reste parmi nous, avec son amour, son sourire et sa rigueur. L'arrivée de trois petites nièces a élargi le cercle de famille. Notre chatte, Mandy, repose désormais sous un châtaigner, rejeton d'une châtaigne qu'avait égaré un écureuil, il est né la même année que notre fils, qui illumine chaque jour nos vies.

Janice Peyré

Mise en page : Frédéric Voisin

Imprimé en France par Mame (Tours)
Dépôt légal : octobre 2008
978-2-501-05813-1 / 01
4080511